经济转型与低碳发展丛书

# 中国低碳城市交通发展研究

杨宝路　著

中国环境出版社·北京

图书在版编目（CIP）数据

中国低碳城市交通发展研究 / 杨宝路著 .—北京：中国环境出版社，2017.7

ISBN 978-7-5111-3125-6

Ⅰ . ①中… Ⅱ . ①杨… Ⅲ . ①节能—生态城市—城市交通—研究—中国 Ⅳ . ① F572

中国版本图书馆 CIP 数据核字（2017）第 061623 号

出版人　王新程
责任编辑　黄晓燕　孔　锦
责任校对　尹　芳
封面设计　岳　帅

更多信息，请关注
中国环境出版社
第一分社

出版发行　中国环境出版社
（100062 北京市东城区广渠门内大街16号）
网　　址：http://www.cesp.com.cn
电子邮箱：bjgl@cesp.com.cn
联系电话：010-67112765（编辑管理部）
010 67112735（第一分社）
发行热线：010-67125803 010-67113405（传真）
印　　刷　北京中献拓方科技发展有限公司
经　　销　各地新华书店
版　　次　2017年7月第1版
印　　次　2017年7月第1次印刷
开　　本　787×1092　1/16
印　　张　16.75
字　　数　340千字
定　　价　59.00元

经济转型与低碳发展丛书总序

# 中国经济中长期发展的低碳化趋势：环境资源约束、效率与持续增长

## 一、我们所处的发展阶段及面临的时代挑战、使命和发展愿景：发展与环境的双重挑战

提高收入、脱除贫困、改善民生、赶超发达国家的发展水平从而实现社会经济现代化，在世界民族之林中以其发展水平、竞争力赢得尊重、安全和发展的有利地位，这是广大发展中国家人民居于首位的诉求。这种发展的诉求是势不可挡的历史潮流和时代主题，是占人类人口大多数发展中国家人民与生俱有、不容剥夺的神圣发展权利，不可以任何理由而受到轻视和限制。

中国作为最大的、也是正在经历快速工业化和城镇化并向更高发展阶段迈进的发展中国家，历经 60 多载共和国建设和 30 多年改革开放，人均 GDP 从改革开放初期的几百美元提升到 2014 年的 7500 美元左右。经过 30 多年的大规模扶贫开发实践，中国让接近 7 亿人摆脱了贫困，以至于全球贫困人口数量减少的成就绝大部分来自于中国。中国已经全面解决了温饱问题，正在迈向 2020 年全面建成小康社会、基本实现工业化的目标。在这一过程中，中国实现了持续 30 多年年均增长约 10% 的高速发展，社会经济面貌发生了翻天覆地的变化。从增长经济学的角度看，这个高速发展主要依靠劳动力、资本及相应的能源、土地、水、矿产品和环境容量资源（或者对环境质量的损失）等要素投入增加的支撑。要素投入的增加为过去 30 多年的高速增长做出了主要的贡献。

但伴随着城镇化的发展，城镇人口及与之高度重合的中等收入人口占比的持续提高，基础设施、成片城市建成区、大量的房地产等流量增加的潜力依然很大，其存量运营的基数规模不断扩大，交通需求持续上升；对上述资本流量增加与基数渐增的存量起支撑作用的原材料等重化工业尽管面临产能过剩问题，但一方面依然维持高基数的运营，另一方面则持续存在着开拓新的市场、消化过剩产能的强烈动机。这些都导致在一个可预见的未来，能源消费总量依然会持续上升，环境污染压力、能源与水资

源安全等资源环境约束的问题会持续成为国民经济发展的约束。此外，投资收益率持续下降，廉价劳动力供给趋近刘易斯拐点，自然资源、环境容量、劳动力等要素供给的稀缺程度不断上升，经济社会发展的结构性矛盾日益突出，大量过剩产能使经济系统承担了沉重的财务、经济和社会成本，宏观经济的债务、金融、环境面临风险。在近期还面临着因国际市场复苏乏力而净出口疲软、国内有效需求不足等下行压力。在过去作为支柱产业的房地产业和重化工业发展乏力之时，新的增长点依然在酝酿之中，能否最终形成有效需求、提供足够的就业机会还有待观察。

与此同时，经济调整的中、长期周期、重大技术的研发周期和政府换届可能产生的政策和改革周期，也都会对近、中期的经济景气产生影响。在顺应经济周期性调整变化的过程中，结构调整与变化是核心议题之一。不同的发展阶段和收入水平，对应着不同的经济结构客观特征，这也就决定了结构调整的方向、目标、重点领域和政策措施手段。而这样的结构变动，其能源消费和二氧化碳排放的含义如何？受何种主要因素影响？这些都是值得深思的问题。

种种发展的新瓶颈和新变动机会与趋势表明：以往依靠要素投入大量增加去支撑经济高速增长的道路已经走到尽头。在经济起飞的原始资本积累阶段，通过超量蚀本占用消耗包括自然资源与环境容量资源完成资本原始积累，这个过程的社会代价已经十分突出，随着社会财富存量的提高和收入水平达到中等水平之后，也应有条件结束并转换到依靠知识、技术、治理而提高效率支撑增长的发展阶段，从而缓解透支自然资本带来的社会代价。

与此同时，中国经济与发达国家经济体的差距无论从人均收入水平、消费水平、经济结构、普遍技术水平和经济增长质量、投资效益看，还是从资源环境质量看，抑或是从人文社会发展、社会治理等方面看，都还存在着显著的差距。作为整个经济体，中国无疑依然是发展中国家，还有近半人口居住在农村地区，收入水平较低，还享受不到较高水平的基础设施、社会保障服务和其他重要的公共服务。向更高收入水平、更发达的发展阶段迈进，依然是中国面临的时代主题和今后几十年的奋斗目标。但显然传统的发展模式非但不能支撑中国向更高发展阶段迈进，而且已经转变为中国面临的“中等收入”陷阱的一个特征。探索和开创新的发展模式和发展路径已经成为中国发展战略和政策的紧迫理论和实践课题。

中国的发展还越来越面临着日益严格的全球温室气体排放的约束，这已经上升到了中国的国际责任问题。从整个世界经济体系发展的历史看，自1740年以瓦特改良蒸汽机为标志的产业革命爆发以来，先行实现工业化的发达国家大量使用煤炭和石油等化石能源，以全球人口的少数占比形成了大约70%的能源相关二氧化碳累积排放，导致了今天显著的全球气候变化和二氧化碳排放未来剩余容量的紧约束。人口众多的后起发展中国家在实现工业化、城镇化的发展过程中，受到了前所未有的全球范围碳排放制约。沿袭发达国家近现代经典高碳发展路径实现社会经济现代化与这个碳排放制约形成了趋势性的时代冲突。

全球变暖给中国提出的碳排放约束一方面是挑战，但其中也蕴含着机会。它和中国经济发展步入转方式、调结构、升级换代阶段的要求存在着某种吻合，都要求能源结构的转换，要求通过技术进步和结构调整而提高要素效率，要求增长的动力结构发生效率取向型的变迁以适应要素结构和稀缺程度的变化，摆脱现有要素的比较劣势，形成新的要素比较优势。由于碳排放与其他局地污染物排放是同根同源，比如都是大量使用化石能源所致，因此恰当应对碳排放约束，会成为中国经济升级换代的助推器或催化剂。

经历了 30 多年高速增长，以及经历了过去近 20 多年全球化进程的深化，中国在世界经济中的地位已经举足轻重，并和世界经济融为一体。因此，中国的新发展阶段和中国的转型，都必须置于整个世界经济体系中去看。在过去 20 多年中，世界经济还经历了以互联网技术、现代通讯和交通技术、新能源技术、新材料技术等为标志的科技革命，由此给世界经济的面貌、商业模式和生产者与消费者的理念带来了巨大的变化。特别是经历了 2008 年的全球金融危机及其之后的普遍衰退与复苏乏力，世界和中国都正处于一个调整和转型的时代。这个调整和转型要解决三个基本问题：一是全球新的增长点或增长动力在哪里？结构调整的方向和着力点是什么？二是对于处于不同发展阶段的经济体，其特定的调整重点、任务和背景是什么，与其他经济体的互动关系如何？三是为了支撑和促进这样的结构调整和转型，需要在国际和国别层面上做哪些体制和政策上的改革？

如今面对全球发展与环境的挑战，没有一个经济体可以独善其身并仅仅依靠自身的努力就可迎接全球挑战。国际多边与双边的合作、互动必然要对世界范围的调整发挥重要的作用。

## 二、发展路径的创新：近代世界工业化史的启示与中国面临的特殊背景

一个经济体的发展路径受到众多因素的影响，包括结构和效率、技术、资金、能力、制度、意识等各个方面，由其经济增长来源特征、资源及要素投入组合、经济结构、基础设施、产业组织、技术体系选择、体制政策及社会治理等诸多方面的特征所决定。创新发展路径的最终目的是以尽可能少的排放实现一定的发展水平，即通过经济增长模式、能源生产和消费模式、土地利用模式等的转型来减少发展对碳排放空间的依赖。

从增长函数看，经济增长率等于要素效率增长率和要素投入增长率之和，即可以分为要素规模的产出贡献及要素效率的产出贡献。如果把能源和碳排放（即碳排放容量资源）作为要素，则创新发展路径就是要让经济增长更多的依赖要素效率的提高，而降低对要素投入扩张的依赖。具体到能源和碳排放领域，则是尽可能的提高单位能源投入的产出效率以及单位碳排放的产出效率。这正是“转方式”之题中应有之义，也是经济体从欠发达向发达发展的必由之路和表征。

借助卡亚分解分析影响发展路径的驱动因子，即从人口、人均 GDP、单位 GDP 能

耗和单位能源的二氧化碳排放几个方面，考察对二氧化碳排放的影响，则可以发现，如要创新发展路径，需要从人口（包括总量、增速和分布等）、GDP（包括总量、增速、结构等）、能源强度（包括产业 / 产品结构和能效水平等）及能源碳强度（包括能源结构及相应的资源禀赋和可获取性）等驱动因子入手。

纵观近现代世界工业化的发展历史，完成工业化的发达经济体都经历了从工业化初期资本原始积累时期，依靠大量投入包括能源、自然资源在内的生产要素，以钢铁、建筑和汽车等工业为支柱产业，支撑基础设施建设和经济的快速增长，然后步入以金融等服务业和高端技术知识密集型产业为主的后工业化发展阶段。在这个发展进程中，伴随人均收入的提高，碳排放总量和能源消费总量先是提高，然后到达峰值（大约在人均 GDP 达到 25 000 美元[1]时），接着呈现下降趋势。综观工业革命以来全球各主要经济体二氧化碳的排放水平轨迹，目前还没有一个经济体能够摆脱上述“先增长后下降”的“倒 U 型”库兹涅茨曲线。如果进一步细致考察不同发达经济体库兹涅茨曲线的差别，就会发现在达到大体类似的发展水平的过程中，美国、澳大利亚等国家的库兹涅兹曲线要高于欧盟和日本。从两类发达经济体的碳排放水平现状看，美、澳等的排放水平大约是欧、日水平的 2 倍。

一个经济体排放水平随人均收入水平提高而由增长到峰值再到下降的过程所表明的是一个经济体在工业化、城镇化过程中，在从不发达到发达的过渡中，经济质量不断提升，对化石燃料依赖下降，而对技术和服务的依赖上升的过程。因此，能源碳强度的变化（单位能耗的排放量）、由基于技术进步的效率提高和经济部门结构变化而导致的能源强度的下降（生产单位 GDP 的能耗）以及投资、消费和净出口在 GDP 中占比的变化，乃至人口的变化趋势，都对库兹涅兹曲线的位置、形状产生了影响。这也意味着中国可以通过适当的政策和体制安排管控措施并充分发挥后发优势，有机会通过影响排放轨迹，实现区别于发达国家的发展路径创新，促进碳排放峰值更早更低的到来。

## 三、发展路径的创新：低碳发展是促进经济转型升级的助推器、切入点和抓手

在中国社会经济发展进入新常态背景下，围绕全面建成小康社会目标和本世纪中叶达到中等发达国家发展水平目标这“两个百年梦想”的宏伟目标，中国经济面临着向更高水平、更高质量升级的历史任务，这要求中国在未来的 35 年里创新发展路径，严格管控碳排放轨迹，大幅度降低碳排放强度，尽早尽低实现碳排放峰值目标。这进一步要求中国加快实施创新驱动发展战略，强化科技创新引领作用，不断降低增长对要素投入的依赖，增强科技进步和全要素效率改善对经济发展的贡献度，从能源结构、经济结构、能效与碳生产力、国民收入构成、人口结构与人力资本等多方面做出全面部署。

---

1　2010 年不变价，下同。

经济发展转入“新常态”意味着中国经济长期依赖要素投入实现高增长的发展模式已经走到尽头。随着以煤为主的能源资源禀赋在日益趋紧的全球碳约束下从过去的比较优势变成为比较劣势，如果不及时转向创新驱动的经济发展方式，推进以低碳为重要特征的科技革命和产业变革，中国就有可能陷入以资源、环境为主要制约的“中等收入陷阱”，这将严重影响“两个一百年”奋斗目标的实现。强有力的低碳制度、政策与技术体系是中国经济持续发展和升级、跨越“中等收入陷阱”、实现低碳转型的必要保障。

“新常态”要求在全面深化改革进程中调整经济结构，培育新的增长点。国家在战略性新兴产业规划中已经明确将低碳技术相关产业包括节能环保、新能源、新能源汽车等列为战略重点。研究表明，中国为实现包括2030年碳排放达峰目标的减排情景，从2015年到2030年间的年均控排直接增量投资需求将达到2100亿美元，2030年达到峰值以后为了实现碳排放持续下降，年均直接增量投资将达到5000亿美元[1]。低碳技术研发、示范和推广应用相关的持续巨额直接与间接投资将成为驱动中国经济结构增量调整的重要因素，具有成为促进经济增长和就业创业新引擎的潜力。在国家加快实施“一带一路”战略背景下，一些关键行业的低碳技术装备设计、制造、输出与运营也将成为中国参与国际竞争合作新的优势领域，并促进全球发展模式的低碳转型。

中国逐步提高能源效率，及时提出能源总量控制目标以及碳排放峰值目标，将主要依靠加快发展知识技术密集、物质资源消耗少、综合效益高、未来成长潜力巨大的战略性新兴产业和高端制造业以及和制造业相匹配的现代服务业等途径，给未来的发展增添新的后劲，这顺应了未来产业高端化的发展趋势和重塑竞争力格局的要求，与中国自身转变经济增长方式，促进长期可持续发展的目标是一致的。因此中国政府将低碳发展视为加快转变经济增长方式、调整经济结构和推进新的产业革命的重大机遇，这进一步提升了低碳发展在中国社会经济发展全局中的战略地位。

因此，在全面深化改革和推进生态文明建设的背景下，中国需要制定低碳发展整体战略，并提升其战略定位，与全面深化改革部署和社会经济发展战略之间建立紧密联系，将低碳发展作为提高要素生产率和驱动经济增长与转型的重要推动力，实现能源效率提高、能源结构转变、产业结构升级、收入结构优化、人力资本提升，从而全面实现发展路径的创新。要将制定和实施低碳发展战略置于中国实现两个百年梦想目标、确立在未来国际低碳发展大趋势下和低碳科技革命浪潮中国际竞争地位的高度去认识。

实现低碳发展转型，需要从时间、空间和结构三个维度优化转型路径，并在此基础上厘清低碳发展的总体思路、核心目标、战略重点、技术支撑、制度和政策保障体系。

时间维度是指随着中国承诺2030年达到碳排放峰值目标，尽快启动碳排放峰值管理进程，从排放量增速、峰值幅度和达到峰值后减排路径等方面，形成峰值管理框架，形成倒逼机制，以切实争取通过能动的努力使碳排放峰值比自然峰值来得更早、更低，从而实现发展路径的创新。因此，需要在短、中、长期不同的时间尺度内建立发展进

---

1　中国人民大学，2010。《中国人类发展报告2009/10：迈向低碳经济和社会的可持续未来》，联合国开发计划署中国代表处，北京。

程与节能减碳目标之间的密切关联，合理选择战略路径，分阶段设定社会经济发展和节能减碳目标。近期的战略重点是提高制造业能源效率、随着收入水平的提高而动态优化产业结构；提升能源结构低碳化程度，有前瞻性地完善城镇化、基础设施、交通、建筑等领域的低碳规划目标，避免锁定效应。中期的目标则是逐步实现交通和建筑部门的低碳化转型，构建低碳产业占据突出地位的产业体系，提升低碳技术领域创新能力，建设低碳城市、低碳城镇、低碳园区与社区。长期则是追求实现经济发展与碳排放脱钩，摆脱对化石能源的依赖，全面提升国民经济低碳竞争力并普及低碳生活方式与消费方式，建设低碳社会。在2020年前的短期、2030年前的中期和2050年前的长期分别对提高能源效率目标和重点领域、电力部门作为能源转化部门的脱碳程度目标和终端能源使用部门电气化程度、以及通过土地利用和土地利用变化和林业部门形成的碳汇乃至碳捕获及碳封存技术的开发与应用，做出分时间阶段和收入水平的战略部署，和中国经济升级达到发达经济体水平的战略目标是完全一致的。

空间维度是指结合全国主体功能区区划、全国土地利用规划、新型城镇化规划等战略布局，在城市群、城市、城区与小城镇、社区尺度优化空间布局，塑造低碳城市形态，推动区域和城市空间结构向多中心、多层次、组团式结构转变，降低因为城市职能设定失当、城市布局和基础设施设计不合理所导致的碳排放。在城市群层面，优化城市群布局，发展多层次有序聚集的城市群体系；协调区域发展，优化区域要素、资源配置与产业；构建城市群内低碳交通网络。在城市层面，构建紧凑型城市空间结构，防止城市蔓延；加强土地混合利用和多样化开发，促进职住平衡；实现城市基础设施体系布局低碳化。在城区与小城镇层面，则倡导“公共交通导向”的开发模式，促进职住平衡；提高连通性，优化城市机理；完善自行车与步行基础设施，构建慢行交通体系。在社区层面，则是推广低碳高效的社区空间开发模式与基础设施；培育低碳文化和低碳生活方式；探索推行低碳化运营管理模式。

结构维度是以提升碳生产率为低碳发展的核心目标，以转变经济发展方式和调整经济结构为主线，随收入水平的提高动态优化国民经济产业、行业和产品结构，实现碳排放控制与提升经济和技术竞争力的双赢。产业方面，要通过体制改革和政策引导，大力促进第一、二、三产业之间的结构优化，提高现代服务业和生产型服务业比重；行业方面，通过产业组织的整合，促进工业内部的行业结构和产品结构调整，增大高端制造业、高新技术产业、战略性新兴产业等高附加值工业比重。产品方面，在产业组织整合、企业产权制度和投融资体制与知识产权制度改革的基础上，构建完整的产业链，将品牌、研发创新、核心技术、高端制造能力、生产性服务能力等要素进行有机整合，增大高附加值产品的比重。

国际能源署（IEA）在最新发布的《能源技术展望2015》中评估了不同领域的技术对中国实现2050年低碳转型的贡献率。结果表明，工业、建筑和交通等部门的能源效率技术对减排的贡献将达到41%，可再生能源技术的贡献将达到31%，核能技术的贡献为10%，碳捕获利用与封存技术的贡献为11%，电力和终端能源消耗部门的燃料转换贡献占 7%。可见，以能源和碳要素效率取向的发展方式转型、能源结构与经济结构调整的低碳技术支撑体系对于实现低碳发展转型具有关键作用。

因此，基于国家推进“能源革命”的路线图和工作部署，借助国家加快实施创新发展战略的东风，把握以低碳技术发展为基础的低碳产业变革的重大机遇，从中国发展阶段和能源资源禀赋等基本国情出发，着眼于形成、保持和提高整体技术体系的竞争比较优势并将之转化为产业竞争优势，明确低碳技术创新的主攻方向和突破口，超前规划布局，按照最小成本和最大协同效益的原则加大投入，把握低碳技术创新的市场规律，通过在技术发展周期的不同阶段分别使市场在资源配置中起决定性作用和更好发挥政府作用，促进低碳技术的研发、示范、推广，构建完整的低碳技术体系，提升中国未来低碳发展的技术和产业竞争力。

因此，在近期（2020 年前），工业、建筑、交通和火电部门的能效技术将对碳排放控制发挥重要作用，低碳技术推广应用重点包括超超临界发电、第三代大型先进压水堆、陆上风力发电、高压干熄焦、余热余压回收、大型新型干法水泥窑、大型合成氨、绿色照明等技术。同时加大电力和工业碳捕集利用与封存、第四代核电、大规模储能技术、海洋地热能发电等关键低碳技术的研发力度，并加快整体煤气化联合循环发电（IGCC）、海上风电、第二代太阳能光伏薄膜电池、先进电炉炼钢、高效集成热泵系统、低成本高效太阳能建筑、纯电动汽车等技术的商业示范。

考虑到治理雾霾及其他局地大气污染物的紧迫性和中国煤炭资源禀赋的国情，在近期可通过推广高参数超超临界技术，加快火电行业装机增量调整，加速提高高参数超超临界机组装机占比（从目前的约 30% 提高到 2020 年的约 40%）。与此同时，加速煤炭利用方式的高效转变，在控制煤炭消费总量的前提下，通过非电煤炭使用部门的电气化和燃料替代而提高煤炭消费中电煤比重，减少非电煤比重。通过提高电煤应用的效率和增加煤炭消费中的电煤比重，同时实现控制局地大气污染物和碳排放的目标。为此，要提供相应的电气化和燃料替代技术支撑。

到中期（2030 年），整体煤气化联合循环发电（IGCC）、天然气联合循环发电（NGCC）、大规模海上风力发电、第二代生物质能、智能交通系统、智能电网、高效太阳能建筑等技术，经过十多年的示范，已经达到或接近商业化水平，将成为支撑中国低碳创新发展的重要技术。

而 2030 年至远期（2050 年）这一阶段，在能效技术依然具有显著效应的前提条件下，低成本碳捕集利用与封存技术，大规模陆地和海上风力发电技术，低成本的太阳能光伏发电和集中热发电技术，第四代核能技术，第二代生物质能技术，智能电网，电动汽车，高效蓄能技术，零能耗建筑等一系列先进低碳技术都将得到大规模应用，成为中国低碳技术和产业体系的重要支撑。

此外，新一代信息技术、物联网、新型材料、智能制造等通用技术对科技创新具有基础性支撑作用，将极大促进低碳技术的创新发展。低碳技术与新一代信息技术等的协同创新，正是推进新型工业化、城镇化、信息化、农业现代化和绿色化的重要技术途径，也是实现中国低碳发展转型的重要支撑。

低碳并不是一个抽象的概念，而是在一个具体的社会经济背景下，基于特定的社会经济发展阶段、特定的能源资源禀赋、特定的科技发展水平和创新能力，以及特定的社会意识基础与价值判断和体制能力等因素，而最大限度提高碳生产率的一种发展模式。其中，恰当的体制安排，对于实现低碳发展转型目标具有突出作用。

党的十八届三中全会提出，建设生态文明，必须建立系统完整的生态文明制度体系，用制度保护生态环境。中共中央和国务院“关于加快推进生态文明建设的意见”进一步提出形成源头预防、过程控制、损害赔偿、责任追究的生态文明制度体系，自然资源资产产权和用途管制、生态保护红线、生态保护补偿、生态环境保护管理体制等关键制度建设取得决定性成果。这些关键制度建设，对于低碳发展提供了重要的制度保障。

在此基础上，还需要加快应对气候变化立法，完善相关法规和标准，建立恰当的温室气体减控排目标分配与责任体系。一方面针对高集中度的行业，如电力、钢铁、水泥、石油化工等，建设国家统一的碳排放交易市场，将目标分解给企业，并开展碳排放配额交易，以发挥市场在资源配置中的决定性作用。另一方面，充分吸取欧盟在碳排放交易市场运行过程中的经验与教训，重视碳排放交易市场与碳市场覆盖范围外的部门减排目标设定、减排目标责任制、能源效率政策、可再生能源发展政策等的协调，统筹国家、省市和行业部门的低碳发展政策与行动。譬如将城市交通、建筑等部门相关的节能减排目标分解到城市中去，由城市政府通过城市规划、市政基础设施的建设与运营和相关地方政策促进这类减排目标的实现。为此，需要对现行简单沿垂直行政系列将国家控排目标直接分解为各省目标的做法进行改革。现行做法存在的一个较大问题是控排责任主体的错位。控排的责任归根结底主要应当落实到那些作为排放大户的企业中去，特别是电力、石油化工、黑色冶金等具有较高集中度行业的企业中去。目前国家直接控制的“万家企业计划”，涵盖了大约两、三万家大型企业，它们的排放量应当占到总排放量一个相当可观的比例。将国家控排目标直接分解到这些行业的大型企业中去，明确企业的控排责任和排放份额并籍此通过财税手段或排放贸易等经济手段予以刺激和管理、考核。而地方政府的主要责任则是对这些承担控排责任的企业进行监管，当好裁判。目前将国家控排目标分解给地方政府的做法，使得地方政府又当裁判员又当运动员，主体责任错位，容易造成地方政府要么为了完成考核指标而运用行政手段压辖区内的企业不计工本地控排，不能实现费用有效地控制减排成本；要么和企业一道“调整排放数据”，通过数据运作而达标。国家对地方政府的考核应当是看其是“金哨”还是“黑哨”，看其是否承担起了监管的职能，而不应当主要考核其是否尽到了控排责任。如果一定要考核地方政府的控排责任，也只能对地方政府因规划与运营城市公共设施而影响较大的建筑和交通等部门的控排绩效进行考核。在低碳发展制度体系中，温室气体统计、监测与核查以及温室气体目标责任评价考核是两项基础性制度。温室气体排放统计与核算体系，需要在现有统计制度基础上，将温室气体排放基础统计指标纳入政府统计指标体系，编制温室气体排放清单，并逐步建立和完善与温室气体清单编制相匹配的基础统计体系。此外，还需要建立和完善各级地方政府及重点企业的温室气体排放基础统计报表制度，并逐步完善温室气体排放基础统计，细化和增加能源统计品种指标，修改完善能源平衡表，完善工业企业、建筑业、交通运输业、服务业及公共机构的能源统计。对于温室气体排放目标责任评价考核制度，则可以根据中组部《关于改进地方党政领导班子和领导干部政绩考核工作的通知》要求，逐步将考核对象的低碳指标完成情况纳入各部门社会经济发展的综合评价体系以及干部考核体系，作为各部门达标评价、业绩考核以及各级领导干部政绩考核的重要内容。

最后，需要建立与低碳发展进程相匹配的包括规制、标准、财政政策、税收政策、信贷政策、价格政策以及碳排放交易市场在内的综合性政策体系，并加强政策实现前的影响评价以及政策实施后的效果评估。

首先是在七个试点省市基础上，加快建设全国性碳排放交易市场的建设，以实现更大程度、更广范围发挥市场机制在实现温室气体排放控制目标中的作用。其次，在国家开展综合税制改革的背景下，逐步引入针对二氧化碳和局地污染在内的综合环境税收体系，即在那些市场集中度不高，交易成本较高，不适于纳入碳排放交易市场的部门引入小额度渐进式的碳税税目，并将所得税收用于支持低碳发展，譬如低碳技术的研发与示范。最后，在低碳领域提升政府、企业、非政府组织与社会公众的能力和意识。强化低碳领域的人才培养和机构建设，增强低碳技术创新能力，加强政府监管能力，建立协调部门和地方利益的机制，加大信息公开，建立与完善公众参与和监督机制等。

在环境经济学界，同样是采用全社会费用有效控排的、基于市场的政策手段，却存在着一个由来已久的争论，即“科斯解决方案”（排放贸易）与“庇古解决方案”（环境税）之争。中国目前政策界的主流选择是推进排放贸易制度。笔者认为，为了实现前述技术路线图，在一个近、中、长期的时间尺度内，低碳的政策路线图应当是一个“三步走”的战略部署：第一步是能力建设，准备好无论选择什么政策手段都需要具备的条件，如法律条件、统计核算条件、诚信制度条件等。这个能力建设的过程可能要经历 5 ～ 10 年甚至更长的时间。与此同时，从迅速推动中国经济低碳转型的角度看，第二步可以以财税政策为主，同时通过试点等方式开始为第三步（明晰排放产权并对排放权进行交易的政策手段）做准备。之所以将财税政策作为近中期的重点，不仅是因为碳市场要在中国发挥作用还需要一个很长的发育过程，而且还是因为在中国背景下现阶段财税手段会具有更加显著和实质的作用，条件也更加成熟。但运用财税手段，绝不是简单的“补贴”和征税，更重要的是从调整要素比价出发，在总体不增加企业税负水平的前提下，对要素使用的征税进行结构性的调整。一个基本的示范性概念考虑是：对日益稀缺的环境质量破坏和能源资源使用增加税收，而对于尚且充裕的劳动力要素就业的强制性“就业税”（如强制性社保征收）要予以控制甚至减少；然后通过财政转移支付将征收的环境税（含碳税）支付给社保基金去补足减少对企业强制征收的“就业税”所造成的社保基金缺口。类似的税收结构调整有利于调整要素比价，引导整个经济向低碳方向转型。此外，除了考虑控制甚至减少企业“就业税”的选择，还可以选择考虑通过增值税的改革在总体上调整税收结构并平衡企业的税负水平。

## 四、全球低碳化和中国在参与全球气候治理中的战略选择

2012 年联合国气候变化谈判开启了德班平台进程，旨在全面加强履行公约的行动。其中一个核心的争论是 2020 年以后全球的减排机制和模式将是什么样子，各方正紧锣密鼓地为此就 2015 年巴黎协议进行谈判。联合国气候变化谈判，实质是全球管理与温室气体排放权益相关的各项权益、责任，是全球治理体系中的一个重要组成部分。“公平、有效、共赢”则是评价该治理体系是否成功的三个基本标准。

作为一个排放量超过全球四分之一的新兴发展中大国，中国如何作为将对全球气候协议的特征与效果产生重大影响。中国有压力，有必要也有动力和能力在全球新气候协议中承担与自身客观定位相符的责任。总的来说，中国应该立足于本国国情和客观定位，正视与大量一般发展中国家（特别是最不发达国家）的差别，同时理直气壮的申明这种发展中国家内部的差别并不能取代中国作为发展中国家与发达国家之间区别这一事实，更加积极参与到国际气候进程中，实现从参与方到主导方的角色转变，实现从“顺势而为”到“主动出击”的战略转身，以更加主动自信的姿态推动促进于中国有利的“公平、有效、共赢”的 2020 年后国际减排协议的达成，为全球应对气候变化作出新的贡献。

在上述新的形势下，中国应当以“发展路径创新”为概念基础，进行 2020 年后国际减排机制的设计。所谓发展路径创新，就是改变经济增长的来源，使得经济增长更加依赖于要素效率提高，而不断降低对要素投入的依赖。发展路径创新的概念，进一步确立了坚持发达国家和发展中国家区分的合理性与必要性。从发展路径的角度看，发达国家除了对累积排放有历史责任，还有开创、主导扩展和强化高碳发展路径的责任。发达国家开创了传统的发展路径，又在全球化过程中通过投资、贸易和价值观、知识、技术的传播在世界范围内向后起的发展中国家强化、传播了这些高碳发展路径模式，使得发展中国家大多在全球供应链中处于高能耗、高排放但是低附加值的不利地位。尽管发达国家大多进入后工业化社会的排放下行阶段，但在全球化背景下对发展中国家的排放增长趋势和路径依赖仍然脱不了干系。因此，改变发展中国家未来的发展路径，是全球系统调整的问题，发达国家对此也负有不可推卸的责任，需要与发展中国家全面合作，一方面自身率先垂范，做好示范；另外一方面要向发展中国家提供资金和技术、知识的支持，促其转型，摆脱路径依赖。

因此基于“发展路径创新”框架所涉及到的经济体的历史责任、发展阶段、经济活动内容、发展议程、国家关系、能力和国情等要素，发达国家和发展中国家之间仍然存在巨大差异，坚持“共同但有区别责任”原则仍然是设计全球减排机制乃至全球气候治理体制的前提与基石。

发达国家和发展中国家未来减排贡献可以在如下四类指标中分别选择承诺不同的指标形式：（1）发展路径转型总体进展量化指标：即全经济领域范围的减控排指标，包括基于特定年份的绝对量化减排指标、总量控制与峰值目标、人均指标等；（2）发展路径转型过程量化指标：即与影响转型的具体驱动因子相关联的指标，包括能源强度、能源结构（包括低碳能源比重）、具体行业指标（如能效、先进技术扩散率或产能占比等）和其他排放源或碳汇指标；（3）定性指标：即相应的政策措施种类、体制或法律安排进展、能力发展指标；（4）支持保障指标：即发达国家向发展中国家提供的资金、技术和能力建设支持指标，用于考核发达国家帮助发展中国家转型发展路径的力度和质量[1]。

发达国家应就第（1）类中的全经济体绝对量化减排指标和第（4）类支持保障指标作出约束性的贡献承诺，而对第（2）、（3）类指标可有选择性的形成约束性指标，形成其自主决定的贡献。新兴经济体发展中国家主要在第（2）、（3）类指标中选择承诺自主决定的贡献，在自愿的前提下也可选择第（1）类指标作为非约束性的意向性指标就自主决定的贡献作出承诺。对于其他一般的发展中国家则没有硬性的规定。

针对2020后减排机制，目前各国正在提交国家自主决定贡献（INDC），中国也在积极准备中。中国在2014年11月的“中美应对气候变化联合申明”中承诺的目标，即“计划2030年左右二氧化碳排放达到峰值且将努力早日达峰，并计划到2030年非化石能源占一次能源消费比重提高到20%左右”，从某种意义上，正是上述框架与指标的具体体现。而欧盟、美国已经提交的国家自主决定贡献，被批评较多的方面，就是对第（4）类支持保障指标，承诺的力度太小。

总而言之，中国需要妥善处理国际社会对中国减排的压力以及国内尽快实现低碳发展转型二者之间的关系，将国内低碳行动与国际谈判形成良性的内外互动，寻找全球利益和中国利益的平衡点，并成为推动国际气候进程继续前进的重要力量。而发展路径创新框架及一揽子指标，就具体体现了这一姿态，不仅向国际社会传递了积极信号，也在一定程度上确保了2030年峰值前的发展空间，近期碳排放仍可在合理范围内继续上升，又与国内转方式、调结构、建设生态文明的需求相符，有利于提高中国长期的低碳竞争力，促进中国增长动力转型、层次升级，是统筹国际和国内两个大局、综合考虑成本收益后的无悔选择。

## 五、资源与环境经济学和发展经济学的新发展

气候变化问题是一个具有最大时空尺度的外部性问题，它超越了世界范围内现有决策主体的常规决策时空视野。就实证经济学而言，试想：一个主权国家的决策主体需要如何处理全球气候利益和本国经济发展利益之间的关系呢？一个生命有限的投资者如何去为百年甚至是几个世纪之后子孙后代的外部收益去做出投资决策呢？上述决

1　本部分内容吸收了与国家气候变化战略研究和国际合作中心傅莎博士等合作研究的部分结论。

策中的费用和效益当如何衡量呢？长时间尺度内的费用和效益的量度，其贴现率当如何决定呢？

占世界人口少数的发达国家经济体的人们，享受着其祖辈留下的丰厚物质遗产和在全球经济秩序中占据的有利地位，而这些物质遗产和有利地位都与其祖辈在现代化历史进程中先行累积排放的温室气体有关，而这些发达国家自工业革命以来累积排放的温室气体，在人类总累积排放中依然占到多数比例，是造成今天气候变化的主要原因。同时，在当代全球化背景下，在国际经济体系中占据主导地位的发达国家，通过贸易、投资、技术转移和文化价值的传播与示范，将高碳的生产和生活方式转移传播到发展中国家，使后起的发展中国家形成高碳路径依赖。更进一步而言，尚未开启工业化进程因而累积排放寥寥的最不发达国家，在全球人口中占比可观，但在气候变化面前十分脆弱，适应能力有限，要为今天的全球气候变化承受诸多的“损失与损害”。今天的发达国家是否应当承担更多应对全球气候变化的责任，而在自身减缓气候变化上率先垂范并对发展中国家减缓与适应气候变化提供充分的技术和资金援助呢？主流规范经济学对此在伦理和价值判断上的论述尚语焉不详，或者因为研究者的背景与既得利益局限，存在着系统的偏差。这些，都给传统经济学研究提出了创新性探索以应对时代新挑战的要求。这些也都是世界范围内经济学科最前沿的难题，原有的经济科学理论本身也正在为此孕育着革命。

温室气体排放同时具有全球外部性和跨代外部性的问题特征。在一个主权国家内部，可以依据主权国家的强力，对环境产权做出强制性的定义，然后选择相关的政策手段，如规制手段、财政与税收手段（近似庇古的解决方案）和排放贸易手段（即科斯的解决方案）、通过社会教育而改变观念意识进而改变需求的手段等。但对于全球气候公共财富的管理，目前还不存在一个凌驾于各国主权之上的纯粹超主权的治理模式，无法在国际层面像主权国家内部那样依靠国家强制权力解决国际外部性和全球公共财富管理问题，只能通过跨国谈判和协商进程，通过各国共享的价值观和发展理念等，形成不断演进、强化的全球气候治理结构。这个全球气候治理结构的核心是国际责任体系的定义。通过谈判确定不同国家减控排责任的过程，在经济学意义上也是一个不断明晰和分配全球温室气体容量资源产权的过程。各方对这一产权分配的认识和立场，取决于对温室气体容量资源价值的认知和估价，以及此估价与其他方面（如重要双边外交关系、国家形象、与化石能源消耗相关的局地空气质量状况等）利弊得失的比较。对温室气体容量资源产权价值的估计，还会受到在特定发展阶段一个经济体的增长对温室气体排放的依赖程度、化石能源供求与价格长期变动趋势、相关技术变动趋势、政策环境变化预期、伦理偏好等诸多因素差异的影响。在保护全球气候公共财富，避免“免费搭车”的背景下，一个国家对自身责任的认定，还取决于对其他主要国家承担责任程度的认定和预期。因此，责任确定的过程必然是一个不断动态调整和演变的过程。这一过程首先是一个多变进程，其谈判进展会十分缓慢，有时也甚至显得十分脆弱、低效。但它却是为其他小多边、双边进程提供伦理的、政治的和法律的基础，依然是全球治理的主渠道。在全球气候治理的发展过程中，还会遇到处理国际民主或广泛参与和大国影响力之间关系的实际问题。这些都需要在理论上给予解释和论述。

气候变化问题还具有一个重要的特征，就是存在很大的不确定性以及巨大的甚至不可逆的风险。而且气候系统作为一种复杂巨系统，在其变化超过某个临界阈值以后，系统会进入正反馈状态，出现加速效应。譬如升温造成海冰融化，使得海洋反射太阳辐射的能力下降，海洋吸热能力下降，造成地表进一步升温。同时随着海洋吸收更多二氧化碳，海水升温及酸化，海洋碳汇能力下降，更多二氧化碳将进入大气层，进一步造成升温。升温还将造成永久冻土层融化，微生物活动增加，使得更多甲烷释放进入大气层，带来进一步升温。正是因为这些正反馈效应，使得国际社会特别强调预防性原则，气候公约就提出不应当以科学上没有完全的确定性为理由推迟采取应对气候变化的措施。但是，对于从社会经济系统应对这种全球生态系统的非线性加速变化，现有的经济学理论尚未作出深入系统的反应。

此外，低碳约束也给发展经济学提出了新的议题。其中比较突出的问题在于：跨学科的库兹涅兹曲线问题如何得到进一步的论述。尽管先行工业化国家工业化历史的实证时间序列数据表明存在着库兹涅茨曲线，但不同发达工业化国家有着不同的库兹涅茨曲线位置和形状，其影响因素是什么？后发的发展中国家在制定发展战略和政策时可以从中得到什么启发？在今天全球化的背景下，过去历史上基于单个经济体非充分开放条件下所形成的库兹涅茨曲线应当得到什么修正？如何在全球和国别尺度上进一步深入解析库兹涅茨曲线的形成机理？一个国家经济收入的构成差别（如人均 GDP 在投资、消费和净出口之间的构成）和人口素质及人口行业与地理分布（与正在全球范围内发生的城镇化模式有关）的差异，会怎样影响收入水平和人口规模作为增排因素对温室气体排放增加的影响程度？此外，在新的全球产业链与技术革命背景下，发展经济学经典的收入水平与产业结构变化之间的关系如何对改变排放轨迹发生作用？技术变动的学习曲线在具有不同产业组织特征的特定市场中如何变动？不同利益相关者的能源消费和排放行为会受什么因素的影响？全球化背景下跨国贸易和投资以及全球产业链的分工和传递格局，如何影响全球和单个经济体的未来排放轨迹？对这些基本关系的认识如何贡献于对未来中长期排放情景的研究和规划？

因此，针对气候变化问题，需要新的、更为跨学科的研究范式。将研究温室气体排放、对升温的影响以及其物理影响的物流分析，研究碳排放这类当前非市场交易物品的定价问题以及气候变化影响经济评估的价值流分析，揭示全球温室气体容量资源产权分配以及确定相关主体在特定制度安排下的性质、地位及相互关系的制度分析，研究主体行为动机、行为方式、影响行为的因素、行为所产生的结果等的行为分析，与针对目标、战略、手段、协调和评价等的政策分析进行有机结合，构建一个综合的分析框架，并在此基础上，形成跨期社会费用效益分析框架。

在该框架下，考虑气候变化问题的大的时间和空间尺度的外部性和不确定性以及存在大规模不可逆风险等特征，建立风险评价与管理视角，然后基于气候变化的科学原理，即温室气体排放路径、辐射强迫、温室气体浓度、温度上升以及物质影响之间的对应关系，综合气候变化问题的伦理或价值判断基础，从成本和收益两个角度评价应对气候变化目标和对策。成本角度，包括识别减缓和适应气候变化的技术选择，确定减缓和适应的程度，估计减缓和适应的成本以及分析成本在不同利益相关者之间的分担。而收益，则是通过减缓和适应气候变化措施所避免的未来气候变化损失。首先对气候变化在水资源、农业生产、生态系统、海岸带、公共健康等领域的物质影响利用环境经济学的评价方法开展经济损失评价并应用社会贴现率得到现值，然后评估减缓和适应气候变化的收益以及分析收益在不同利益相关者之间的分担。综合权衡成本和收益，确定关于温度、浓度和排放的目标，并提出相应的政策建议。

国际学术界按照上述框架构建了多个综合评估模型，而政府间气候变化专门委员会（IPCC）也是大体按照上述框架，组织了五次科学评估，为联合国气候谈判以及各国采取应对气候变化政策措施提供决策支持。

经济学说史表明，政策实践的发展和创新往往会带来理论的重大突破和发展。气候变化问题的复杂性对现有学说提出挑战，相应也孕育了巨大的机会。中国人民大学“能源与气候经济学项目组（PECE）”承担了教育部哲学社会科学重大攻关项目“低碳经济若干重大问题研究”，并与联合国环境规划署（UNDP）中国代表处合作编写了《中国人类发展报告（2009/10）：迈向低碳经济和社会的可持续未来”；此外还受中国国家发改委、贵阳市和青岛市等地方政府的委托，并与联合国气候变化框架公约秘书处、联合国开发计划署、世界银行、亚洲开发银行、国际能源署（IEA）等国际机构以及美国世界资源研究所（WRI）、能源基金会等智库和机构合作，就基于模型模拟的中长期经济能源与温室气体排放情景研究、低碳技术开发与转让、低碳城市规划、城市温室气体排放核算、全球气候治理结构等一系列问题展开了研究，是国内较早的系统开展气候变化经济学和低碳发展理论研究与专业人才培养的团队，十几年的研究积累了一些成果。现在有机会将这些成果汇总，形成“经济转型与低碳发展丛书”，即是对课题组已有工作的系统整理与回顾，也希望以文会友，与国内外同行进行交流，共同为中国应对气候变化和低碳发展的理论与实践探索作出应有的贡献。是为序。

国家应对气候变化战略研究与国际合作中心 副主任
中国人民大学环境学院 教授
中国人民大学“能源与气候经济学项目”主任

# 目　录

# 引言：新型城镇化背景下的低碳城市交通

## 一、城镇化：人的福祉提升与自由扩展

城市是人类文明的结晶。城镇化则是人类文明发展史上重要而复杂的社会、经济现象，也是现代化的必由之路。亚里士多德在《政治学》中曾有名言，道出了城市对人而言的终极意义："人们来到城市是为了生活，人们居住在城市是为了生活得更好。"芒福德名著《城市发展史》中写道："人类的城市梦进行了五千多年，只要人类存在，就有城市梦。"

在聚焦城镇化问题时，应回归"人的城镇化"这一城镇化的本质，从人的福祉提升与自由扩展、实现"城市梦"角度，辨析城镇化领域的重要概念，梳理城镇化与工业化二者之间的关系，明确当今时代新型城镇化的发展目标与核心理念。

### （一）城镇化进程中人的变化

#### 1. 城镇化概念辨析：居民生活的全面现代化转型过程

城镇化是一种重要而复杂的社会、经济复合现象，反映了一个居民生活由传统农业文明向现代文明全面过渡的现代化转型过程。

这一过程至少包含了人的生活由乡村向城镇过渡的四种转型：第一，生活地点的变化带来人口与社会结构的转型，城镇人口比重稳步上升，城市中产阶级逐渐扩大；第二，就业领域的变化带来经济与产业结构的转型，非农业活动比重逐步上升，工业化演进升级；第三，生活环境的变化带来地域空间与景观的转型，城镇建成区面积逐渐扩大，现代化景观与建筑增加；第四，生活方式的变化带来消费与需求结构的转型，居民逐渐向城镇生活方式与消费模式转化。

常见的城镇化水平测度指标主要有两类：第一类是人口比例指标，常见的是城镇常住人口在总人口中所占比例，即城镇化率[1]；第二类是土地利用状况指标，如城镇建设

1　中国长期实行户籍制度，有常住人口城镇化率和户籍人口城镇化率两种城镇化指标，前者显著高于后者，被统计为城镇常住人口的大量农业转移人口，未能在教育、就业、医疗、养老、保障性住房等方面享受城镇户籍人口的基本公共服务。

用地与建成区面积。应当注意，这两类指标主要用于评价城镇化的规模与速度，若要评价城镇化的质量，则应从人的生活水平与发展需求出发，因地制宜地构建城镇化发展的评价指标体系。

城镇化作为一种复杂的现象，对人类而言是一柄双刃剑，既能提高居民的生活水平与人力资本，为人的发展提供更多机遇，同时也会带来各种困扰人类社会的城市问题，“极有可能是无可比拟的未来光明前景之所在，也可能是前所未有的灾难之凶兆。”[1]农业用地转为城镇用地，会提高土地产出效率，但建设用地过度扩张则会影响农业生产，造成“城市蔓延”现象；农业转移人口变为城镇居民可以提升人的生活质量与人力资本，但这种转变通常不能在短期内完成，倘若处理不当，还会出现大量城镇失业人口、“城中村”与“贫民窟”，产生贫富差距扩大、社会矛盾加剧、犯罪率攀升等问题；城镇产业和人口的集中会带来集聚效应，但常常伴生环境污染、能源消耗、住房紧张、交通拥堵、热岛效应等资源环境问题。同时，城镇化具有“锁定效应”，城镇布局、城市形态、基础设施建设一旦形成，未来数十年甚至更长时间的发展路径即被锁定，若出现严重问题，纠正起来要付出巨大代价。

### 2. 城镇化驱动工业化：提高人的生活质量和创新能力

工业化与城镇化是现代化的两大引擎与主旋律。工业化带来城镇化水平的提高，而城镇化又成为工业化的驱动力。工业化的核心任务是提高物质产品的生产能力。城镇化的核心任务是提高人的生活质量和创新能力。城镇化是工业化发展的社会基础和手段，工业化是城镇化的物质基础和手段。城镇化不仅是工业化的结果，更是以聚集和创新驱动工业化升级的引擎，这种驱动作用在工业化后期尤为显著。

在现代化进程中，工业化与城镇化如鸟之双翼、车之双轮，必须协调发展，形成良性互动，不可偏废。当工业化滞后于城镇化时，会出现正规就业水平下降、城市贫困人口增加、基础设施落后、社会矛盾激化等问题，产业发展薄弱，城市问题凸显；当城镇化滞后于工业化时，人力资本积累与有效需求将受到严重抑制，创新能力不足，经济增长缺乏驱动力，经济结构难以走向高端。

钱纳里等发现，在工业化初期，工业发展所形成的聚集效应使工业化对城镇化产生直接和较大的带动作用，工业是城镇化的主要驱动因素；而当工业化接近和进入中期阶段之后，产业结构变化和消费结构升级的作用超过了聚集效应的作用，服务业对城镇化的拉动作用较大。

## （二）城镇化的价值观

城镇化归根结底是“人的城镇化”，城镇规划、建设、管理的主导权应属于生活在城镇中的全体居民，城镇化的发展道路应尊重城市发展规律，立足于城市实际，坚持

1 曾任联合国助理秘书长的沃利•恩道语。

走环境友好的可持续发展道路，贯彻引领中国发展全局的“创新、协调、绿色、开放、共享”五大发展理念，以实现可持续与宜居为发展目标。

### 1. 以人为本——公正

城镇化的终极目标是让人“生活得更好”。1996 年联合国第二次人类住区大会发布的《伊斯坦布尔宣言》强调：“我们的城市必须成为人类能够过上有尊严、健康、安全、幸福、充满希望和美满生活的地方。”“满足人的需要和提高人的能力”、实现“城市梦”是城镇化的出发点和落脚点。

回归以人为本的城镇化，关键是要促进城镇化进程的“公正”。公正即社会公平和正义，以人的解放、人的自由平等权利的获得为前提，是城镇化应然的根本价值理念。城镇化不仅是拉动经济增长的手段，更不可异化为资本与权力主导、只有少数土地开发利益相关者获利的“土地城镇化”。“公正”的城镇化应致力于提升全体居民的福祉，以所有人的全面现代化为首要和最终目标，既包括人的物质生活现代化（产品消费、公共服务、基础设施、环境质量等），也包括人的精神生活现代化（思想观念、价值追求、生活方式、知识结构等）。

公正的另一层含义是对城镇居民的“普惠”，即“包容性”（inclusive）。健康而可持续的城镇化必须是惠及所有人的城镇化，特别要惠及城市中的弱势群体。普惠的城镇化必须有序推进农业转移人口市民化，稳步推进城镇基本公共服务常住人口全覆盖，不断提高人口素质，促进人的全面发展和社会公平正义，使全体居民共享现代化建设成果。

### 2. 共治共享——民主

要实现公正的城镇化，就必须构建民主共治的城市治理制度。民主的实质和核心是人民当家做主，在城镇规划、建设、管理全过程实现普遍的公众参与，保护公众参与决策的权利。城镇化道路的选择权与城市治理权归根结底应属于生活在其中的全体居民，而非少数官员与专家。城镇化进程中必须尊重市民对城市发展决策的知情权、参与权、监督权，鼓励企业和市民通过各种方式参与城市建设、管理，真正实现城市共治共管、共建共享。

### 3. 因地制宜——多元

民主主导的城镇化道路选择是从当地居民需求出发的，也应是因地制宜的。一国或一地的城镇化道路不能照搬其他已有模式，必须基于自身实际情况，主导适宜本地的城镇化路径创新，创建各美其美的多元城镇化格局。在世界范围内，能成为国际城市、世界城市、金融中心、经济中心的城市如凤毛麟角，不应成为所有城市的发展目标。城市要从自身的地方性、宜居性、人性化、生活性等维度着眼，通过民主决策明确适合自身的发展目标、定位与城市功能。

#### 4. 环境友好——绿色

城市是人类有史以来最复杂的人工与自然复合巨系统。城镇化战略思维不应以工业文明以来的工具理性与技术主义为主导，而应将城市视为有机生命体，尊重自然格局，保护自然生态，在可持续发展的基础上建设环境友好的城市，推进生态文明价值观下的绿色城镇化。

## 二、世界城镇化进程及其启示

工业革命以来，伴随着工业化的城镇化浪潮已历时 200 余年。根据世界银行数据库，2007—2008 年，世界城镇化水平首次超过 50%，全球城镇人口首次超过农村人口，标志着全球正式进入城市时代。截至 2014 年，世界城镇化率达到 53.4%，城镇人口达到 38.6 亿人。世界各国城镇化的经验与教训为城镇化进程仍未完成的国家提供了深刻的启示。

### （一）世界城镇化的三次浪潮

从整个人类文明发展史看，城镇化是最近 200 余年来的新浪潮。从工业革命至今，世界城镇化水平飙升了 50%，全球已经历三次城镇化浪潮（图 0-1）。

第一次浪潮伴随着工业革命，发端于欧洲，首先发生在英国，继而在欧洲各国陆续推进。1750 年英国的城镇化率为 20%，1850 年达到 50%，1900 年上升到 75%，到 1950 年基本完成城镇化，历时约 200 年。

第二次浪潮是以美国为代表的北美洲城镇化。美国的城镇化进程晚于欧洲各国，但速度更快。1860 年，美国城镇化率不到 20%，1920 年城镇人口则已超过全国一半以上，到了 1950 年达到 71%，基本完成城镇化，历时约 100 年。

第三次浪潮发生在拉美及其他发展中国家。亚非拉各国取得政治独立后，工业化

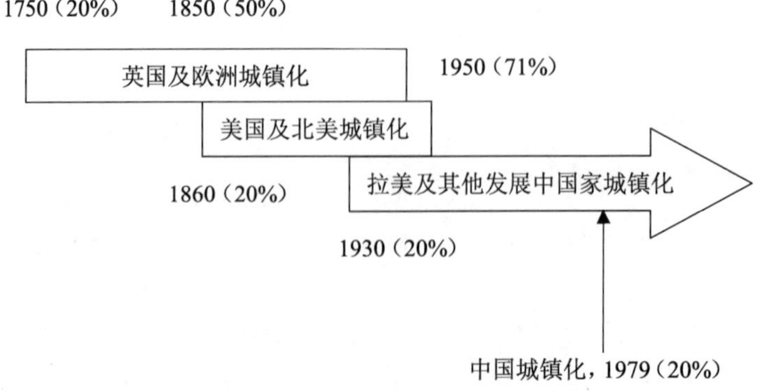


图 0-1 世界三次城镇化浪潮

进程提速，带动了第三次城镇化浪潮。拉美诸国的城镇化最快，城镇化率从1930年的20%左右增至1980年的64%，到2000年基本达到发达国家城镇化率水平，但城镇化质量仍有待提高，历时约70年。以中国为代表的很多亚洲和非洲发展中国家目前仍处在城镇化快速发展进程之中。

### （二）世界各国城镇化率与经济发展水平的关系

当城镇化率超过50%时，一个经济体的城镇化进程进入后半程。通过分析城镇化水平较高国家的人均收入情况，有助于总结城镇化与经济发展之间的关系。

根据对2014年城镇化率超过50%的国家和地区收入分组（表0-1）的分析，有以下几点发现。

表0-1　2014年城镇化率超过50%的国家和地区收入分组

| | 城镇化率大于或等于70% | 城镇化率60%～70% | 城镇化率50%～60% |
|---|---|---|---|
| 低收入国家 | | 朝鲜 | 冈比亚、海地 |
| 中低等收入国家 | | 亚美尼亚、玻利维亚、刚果（布）、佛得角、萨尔瓦多、乌克兰 | 科特迪瓦、喀麦隆、格鲁吉亚、加纳、危地马拉、洪都拉斯、印度尼西亚、摩洛哥、毛里塔尼亚、尼加拉瓜、叙利亚 |
| 中高等收入国家 | 白俄罗斯、巴西、哥伦比亚、哥斯达黎加、古巴、阿尔及利亚、加蓬、伊朗、约旦、黎巴嫩、利比亚、墨西哥、蒙古、马来西亚、秘鲁、土耳其 | 厄瓜多尔、伊拉克、黑山、巴拿马、苏里南、突尼斯、南非 | 阿尔巴尼亚、阿塞拜疆、博茨瓦纳、中国、斐济、牙买加、哈萨克斯坦、马其顿、巴拉圭、罗马尼亚、塞尔维亚 |
| 高收入国家 | 阿拉伯联合酋长国、阿根廷、澳大利亚、比利时、巴林、巴哈马、文莱、加拿大、瑞士、智利、捷克、德国、丹麦、西班牙、芬兰、法国、英国、希腊、匈牙利、冰岛、以色列、日本、韩国、科威特、卢森堡、马耳他、荷兰、挪威、新西兰、阿曼、卡塔尔、俄罗斯、沙特阿拉伯、瑞典、乌拉圭、美国、委内瑞拉 | 奥地利、塞浦路斯、爱沙尼亚、爱尔兰、意大利、立陶宛、拉脱维亚、波兰、葡萄牙 | 克罗地亚、斯洛伐克、塞舌尔 |

注：按世界银行公布的数据，2015年的最新收入分组标准为：人均国民总收入（人均GNI）低于1 045美元为低收入国家，在1 045～4 125美元为中等偏下收入国家（中低等收入国家），在4 126～12 735美元为中等偏上收入国家（中高等收入国家），高于12 736美元为高收入国家。

第一，各国城镇化水平与经济发展水平基本一致。人均国民收入较高的国家，通常城镇化水平也较高。大多数高收入国家城镇化率都高于 60%，低收入国家中城镇化率超过 50% 的国家则寥寥无几。

第二，很多已经基本完成城镇化的国家并未实现现代化。虽然城镇化是现代化的必由之路，但完成了城镇化并不意味着实现了现代化，成为发达国家。很多拉美国家城镇化率都超过了 70%，但人均收入并不高，且经济发展速度缓慢，甚至陷入了“中等收入陷阱”。一些依赖油气资源出口的国家城镇化率也很高，但经济结构不合理，尚未形成现代产业体系。对这些国家而言，在未来的经济发展中，城镇化作为内需的拉动作用不如城镇化率较低的经济体。

第三，已经基本完成现代化的国家城镇化率峰值未必很高。根据诺瑟姆曲线，通常城镇化率超过 70% 后才进入城镇化稳定阶段，达到城镇化率的峰值，但这并不是绝对规律。一些欧洲国家已经成为高收入发达国家，但由于历史原因及农业文明传统影响，城镇化率峰值低于 70%。

如图 0-2 所示，从 2014 年世界主要经济体城镇化率与人均 GDP 的关系可见，城镇化率达到 50% 之后，各经济体发展道路开始分化，形成了两条道路。

第一条道路是城镇化率与人均 GDP 同时提升的健康城镇化之路，在完成城镇化的同时基本实现现代化，成为发达经济体，以美国、日本、西欧各国、加拿大、澳大利亚、韩国等为代表。第二条道路则是城镇化率不断提升，经济发展水平与国民收入却没有得到同步提升，社会经济发展面临巨大挑战，甚至落入“中等收入陷阱”，以阿根廷、墨西哥、巴西、俄罗斯等为代表，主要是拉美和东欧剧变国家。

综观各国情况，城镇化率大于 50% 且人均 GDP 高于 25 000 美元时，一个经济体才真正走上发达国家的城镇化道路。对人均 GDP 在 15 000 ～ 25 000 美元的经济体而言，

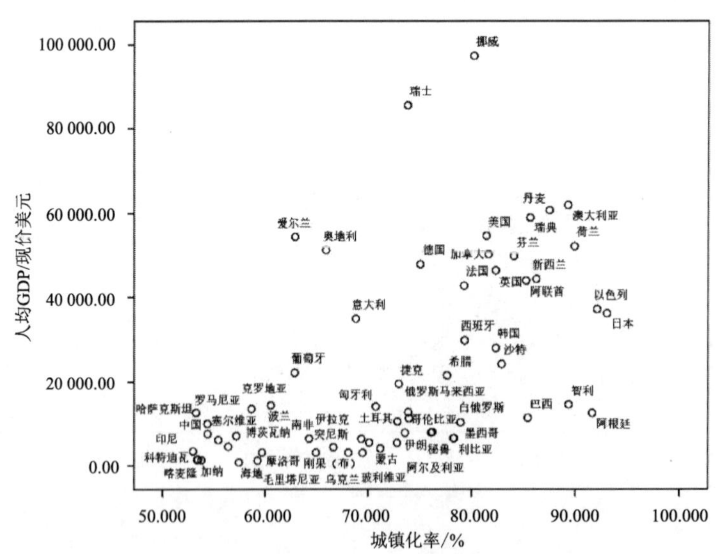


**图 0-2　2014 年世界主要国家人均 GDP 与城镇化率的散点图**

城镇化发展道路依然存在不确定性，仍有陷入“过度城镇化”或“半城镇化”等不可持续路径的可能。

## （三）世界各国城镇化率与人均碳排放关系

根据诺瑟姆曲线，当城镇化率超过 70% 时，通常城镇化进入稳定阶段。城镇化进程同时也伴随着资源能源的大量消耗，通过分析城镇化水平较高国家的人均二氧化碳排放情况，有助于总结城镇化与能源消耗及碳排放之间的关系。

如图 0-3 所示，从 2011 年世界主要经济体城镇化率与人均二氧化碳排放的关系可见，城镇化率超过 70% 的国家人均二氧化碳排放差异显著。

第一类国家在实现城镇化率较高水平的同时，人均碳排放仍然保持较低水平。其中有些国家是在基本完成城镇化后，再通过低碳转型将人均碳排放降低，如英国、德国等；有些国家是在城镇化进程中始终保持较低人均碳排放水平，实现了低碳城镇化，如意大利、法国、日本、巴西、墨西哥等国。第二类国家伴随着城镇化率的提高，人均碳排放也升至较高水平，且居高不下，走的是高碳城镇化道路，如美国、加拿大、澳大利亚等国。

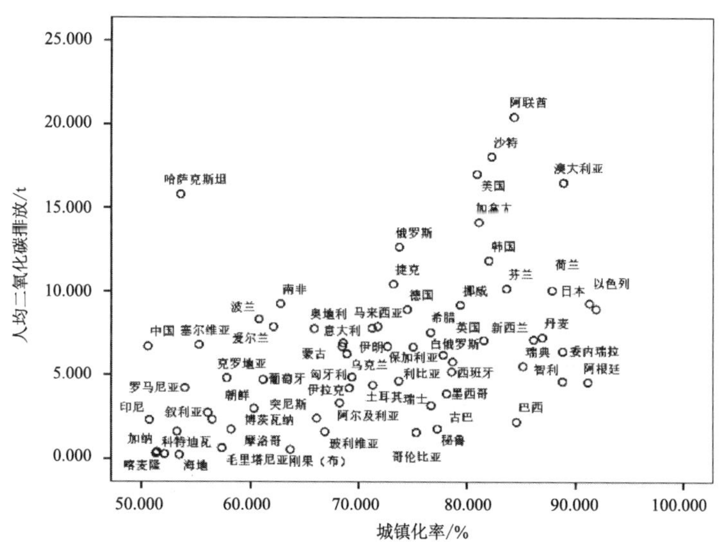


图 0-3　2011 年世界主要国家城镇化率与人均二氧化碳排放

## （四）世界城镇化的主要经验

### 1. 发挥市场机制的主导作用

市场机制在以美国、西欧、日本等发达市场经济国家的城镇化进程中发挥了主导作用，与城镇化相关的人口、土地、资本等经济要素能够自由流动和配置。计划经济驱动的城镇化，短期内可能发展较快，但长期内会面临不可持续的严重问题，发展难以为继。

#### 2. 政府实施必要的公共引导

英国、日本、韩国等国，在城镇化进程中充分发挥市场机制的资源配置作用，同时强调对市场竞争和社会保障进行必要的政府干预，制定和实施城镇化战略和公共政策，将城市规划作为重要政府职能，为基础设施建设与基本公共服务提供保障，控制城市蔓延，引导城镇化健康发展。

#### 3. 构建坚实的产业基础

产业发展与结构升级是城镇化演进的重要基础，缺乏产业支撑的城镇化难以为继。德国鲁尔区、法国洛林地区、美国匹兹堡都成功实现了由传统的煤炭、钢铁工业向高新技术产业和贸易中心的转型，保持较高城镇化水平。

#### 4. 布局合理的城镇体系

城镇化进程中，要形成大、中、小城市协调发展的城镇体系格局。东京都市圈和美国的纽约—波士顿—华盛顿城市带等地的发展较为成功。大城市的中心城市更加突出，同时通过发展数量众多的中小城镇，形成城市带和大批卫星城，有效抑制大城市膨胀，在空间和产业布局上形成功能互补的城镇体系。

#### 5. 实施法治化的城市治理

治理水平较高的城市基本都坚持“依法治市”原则。法治化是城市治理现代化的必由之路。城市管理部门的建立和政策制定、实施都要以法律形式予以制度化。同时，管理的透明化是建立良好城市治理结构的核心，信息开放共享与增强公众参与是重要途径。“沟通式规划”（Communicative Planning）提供了在现有居民中建立共识的基本理念及方法，已成为美国城市规划界的主流。

### （五）世界城镇化的重要教训

#### 1. 环境与资源问题未得到及时重视

在城镇化初期，各国长期忽视产业和人口聚集导致的环境问题，未能及时建设必要的基础设施，采取环境治理措施，出现了传染病蔓延、环境污染严重等问题，居民健康付出了重大代价。英国霍乱、伦敦烟雾事件、洛杉矶“光化学烟雾”事件等都导致居民在短期内大量发病、死亡。美国等国在城镇化进程中形成了高碳的生活方式与消费模式，城市空间形态被锁定，资源能源消耗与碳排放水平居高不下。

#### 2. 自由放任的城镇化导致城市蔓延

美国等国自由放任的城镇化模式导致城市蔓延与郊区化现象极为显著。城镇人口密度降低，居民对私人小汽车高度依赖，城镇布局、城市形态与交通基础设施主要与小汽车相配套，中产阶级外迁，市中心逐步成为低收入群体的集聚地。出现了土地资源浪费、市中心衰败、长距离通勤、资源能源消耗量大、犯罪率上升等严重问题。

#### 3.“过度城镇化”引发严重社会问题

亚非拉等发展中国家城镇化进程深受被殖民历史的影响，城乡二元结构显著，城市经济缺乏产业支撑，而人口则不断聚集，导致工业发展落后于城镇化。同时政府调控乏力，城镇中正规就业比例低，形成了规模庞大、人口众多的贫民窟，产生贫困人口增加、基础设施严重短缺、环境恶化、犯罪率上升、种族矛盾尖锐等问题。城市精英人群流失严重，中产阶级未能成为社会主体。

#### 4. 产业衰退引起城市衰落与城镇化倒退

当城镇化的产业支撑过于单一时，城镇发展相对脆弱，在产业面临衰退时，若不能及时实现转型，构建新的产业体系，城市有可能迅速衰落，成为“铁锈地带”（Rust Belt）。乌克兰顿涅茨克、阿塞拜疆巴库等城市由于资源枯竭而衰落。美国底特律由于汽车产业的衰退而陷入城市人口锐减、财政破产的衰败境地。

#### 5. 土地与房产资本化失控带来危机

城镇化高速发展时期通常也伴随着房地产资本化。城市土地与房产的稀缺性、不可移动性与民众对住房需求的刚性之间的矛盾，极易引发房地产投机而造成泡沫危机。日本在“二战”后未将房地产作为特殊商品予以有效调控，造成房地产价格飞涨，在泡沫破灭后，引发金融危机，城市竞争力下降，经济发展也陷入停滞。

## 三、中国城镇化进程与面临的挑战

经济学家斯蒂格利茨曾有著名论断：影响21世纪人类进程的有两件大事，一是以美国为首的新技术革命，二是中国的城镇化。城镇化是中国实现现代化的必由之路，中国的城镇化是新时期发展的重大机遇，同时也面临着以资源环境等问题为代表的空间严峻挑战。因此，“新型城镇化”成为关系中国现代化全局的大战略。

### （一）中国的城镇化进程回顾

农业文明时代，农村地区的余粮率和城乡人口交流的自由度决定了城镇化进程，

表 0-2 中给出了中国历史上若干时期的城镇化率。中国城市发展经历了三个阶段。

**表 0-2 中国历史上若干时期的城镇化率**

| 年代 | 城镇化率 /% |
|---|---|
| 战国（公元前 300 年，秦昭襄王七年） | 15.9 |
| 西汉（公元 2 年，汉平帝元始二年） | 17.5 |
| 唐（公元 745 年，唐玄宗天宝四年） | 20.8 |
| 南宋（公元 1200 年前后，宋宁宗庆元六年） | 22.0 |
| 清（公元 1820 年，嘉庆二十五年） | 6.9 |
| 清（公元 1893 年，光绪十九年） | 7.7 |
| 公元 1949 年 | 10.6 |

资料来源：赵冈．中国城市发展史论集 [M]. 新星出版社，2006.

第一阶段是从先秦到南宋。伴随着农业生产力的上升，城镇人口不断增加，城镇化率逐渐提高。到南宋时，城镇化率达 22%，升至中国古代城镇化率的顶点。最大城市的规模由二三十万人不断上升到近 250 万人。

第二阶段是从南宋后到 19 世纪中叶。由于人口增长速度超过耕地面积与单位面积产量的提高幅度，城镇化进程陷入停滞，城镇化率逐渐下降，到 19 世纪中叶到达谷底，降至不足 7%。城市人口不再向大都市集中，大都市规模比两宋时缩小许多。

第三阶段是 19 世纪中叶鸦片战争之后，中国被迫开放部分城市作为通商口岸，开放城市的现代化工业逐渐兴起，人口聚集，开始粮食进口，弥补了国内粮食供应之不足。南宋之后长期下降的城镇化率开始快速回升。

图 0-4 显示了 1949 年及其后中国的城镇化率变化趋势。1949—1957 年是城镇化恢复和短暂发展时期。历经 1958—1960 年的“大跃进”超高速城镇化和 1961—1976 年“极左”政策造成的城镇化调整与停滞时期，从改革开放后，城镇化水平开始稳步提高。

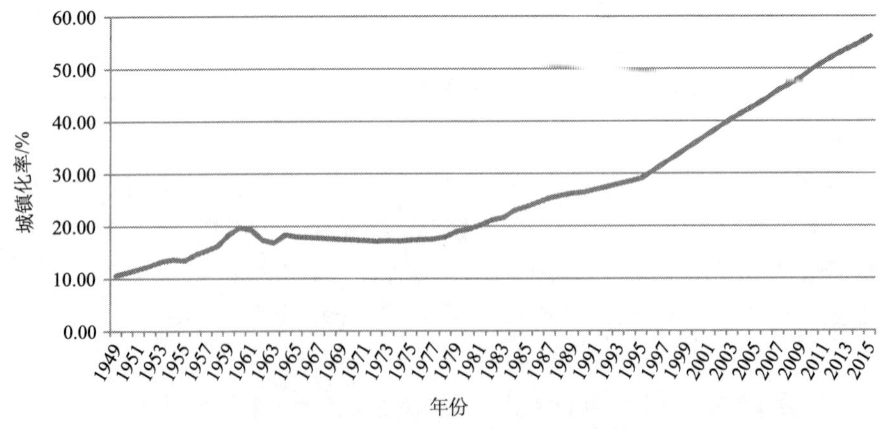


**图 0-4 1949 年及其后中国的城镇化率**

1984 年，中央政府颁布了新的户籍管理政策，允许农民自带口粮进镇务工经商和进镇落户，城镇化水平迅速提升。1992 年以后，土地批租政策迅速推广，粮油敞开供给，邓小平“南方谈话”后，市场经济的改革加快，进入快速城镇化阶段，到 2015 年年末，城镇化率已达 56.1%。

1978—2015 年，中国城镇人口增长超过 5 亿人，虽然绝对数量史无前例，但从世界范围来看，这样高速的城镇化并非没有先例。在相同发展阶段上，韩国、日本的城镇化速度快于中国，马来西亚、印度尼西亚、巴西、土耳其等国也曾经历类似高速的城镇化。与相同人均收入水平的国家相比，中国城镇化率依然偏低。更重要的是，中国的城镇化发展并不完全，有 2 亿多农业转移人口没有城市户籍，难以享受城市公共服务和社会保障。

## （二）中国城镇化发展趋势

### 1. 城镇化仍保持较快速度，但增速将逐渐趋缓

根据联合国关于世界城市化展望的研究报告，中国城镇化从现在到 2030 年还会保持一个较快的速度，届时城镇化率将提高到 65% ～ 70%。

根据世界性经验，旧大陆农业文明历史悠久的国家城镇化峰值一般比以移民为主的新大陆国家更低，通常在 60% ～ 70%。中国“十三五”之后的城镇化速度可能放缓，从农村进城人口将减少，城镇化质量提升成为发展重点。

### 2. 城市群成为城镇化主体形态，中小城市发展加快

近年来，中国城市规模结构中的大城市人口增长较快，而小城镇的人口增长较慢。根据人口普查数据，2000—2010 年，中国小城镇居住人口减少了 10 个百分点，约有 1 亿人口从小城镇迁往大城市。与中小城镇数量占比最多的发达国家城镇体系相比，中国小城镇发展相对滞后。

城市群是城市空间聚集的高级阶段，以城市群为主体的城镇化空间战略符合世界人口大国城镇化发展的一般规律。城市群将成为中国城镇化的主体形态，人口将进一步向 20 余个城市群聚集，同时，中小城市发展将加快。

### 3. 产业升级拉动城镇化发展，人力资本积累加速

英美等发达国家的工业革命是以轻纺工业为主导展开的，中国的工业化过程却同前苏联一样，是从发展重工业开始的。重工业对劳动力的吸纳能力相对较低，使城镇化发展滞后于工业化。随着中国经济进入新常态，以重工业为主导产业的城市面临产业结构转型升级的挑战。

根据钱纳里等的研究，在城镇化中后期，服务业对非农产业就业比重上升的拉动

作用远远超过了工业，城镇化进程的加快主要与就业结构服务化的加快相联系。中国未来的城镇化进程将与经济发展转型升级的进程相伴而行，战略性新兴产业和现代服务业将驱动城镇化发展，人力资本积累加速。

#### 4. 居民消费追求个性化与舒适性，服务消费成为新热点

经过 30 余年的快速城镇化，大部分城镇居民的日常生活消费已基本得到满足，模仿型排浪式消费阶段渐趋式微，个性化、多样化消费渐成主流，居民对产品质量安全、品质、性能与品位的需求逐渐上升，居民消费正在加速现代化。

今后城镇居民商品消费将更注重品质与性能。消费者开始追求个性化与舒适性，对商品的品质、设计、新功能的开发要求越来越高，对各种食品和保健品的安全性、营养水平、保健功能越来越重视。中高收入家庭在化妆品、奢侈品、儿童消费品、高档食品和保健品等方面对国外产品的消费将显著提升。

服务消费正在并将持续成为城镇居民新的消费热点。休闲娱乐、旅游和个人护理服务等消费增长态势尤为显著。

#### 5. 城镇基本公共服务水平提高，渐趋实现均等化

长期以来，中国城镇居民享受的公共服务范围与水平都远优于农村居民。进城常住的农业转移人口市民化是今后中国城镇化的重要任务，其核心是实现城市中户籍人口与常住农业转移人口的基本公共服务均等化。基本公共服务体系要满足城镇居民一生中生存与发展的基本需求，贯穿出生、教育、劳动、养老不同阶段，包括衣食、居住、健康、文体等诸多方面。中国未来的城镇化，将提升城市基础设施承载能力，增加义务教育、劳动就业、基本养老、基本医疗卫生、保障性住房以及市政设施等基本公共服务供给，将进城常住的农业转移人口纳入城镇住房和社会保障体系。

### （三）中国城镇化面临的资源与环境约束

中国城镇化所带来的人的生活地域、就业结构、需求结构和公共服务的变化，需要大量的基础设施建设与公共服务供给，产生巨大的资源能源需求与环境污染物排放，面临着空前的资源与环境约束。

如表 0-3 所示，在第一次城镇化浪潮时，人类尚未认识到资源环境对城镇化的制约，城镇化发展粗放；第二次城镇化浪潮时，出现了公共卫生、生态环境保护和城市美化三大运动；第三次城镇化浪潮时，各国开始重视人类和自然环境的协调发展，可持续发展理念成为人类发展主题。到了中国城镇化快速发展时期，全球气候变化成为世界上所有国家共同面临的挑战，控制化石能源消费与温室气体排放已成国际大势。因此，中国在城镇化发展进程中面临的资源与环境约束比历史上任何一个国家都更加严峻与复杂。

表 0-3 中国的城镇化与全球三次城镇化浪潮比较

| | 第一次浪潮 | 第二次浪潮 | 第三次浪潮 | 中国城镇化 |
|---|---|---|---|---|
| 城镇化人口规模 / 亿人 | 2 | 2.5 | 10 | 6 ～ 8 |
| 城镇化时期 / 年 | 180 ～ 200 | 100 | 40 ～ 50 | 35 ～ 45 |
| 对外移民数量 / 亿人 | 0.2 ～ 0.5 | 0.5 | 0.6 ～ 1.2 | 数量较少 |
| 能源和原材料价格 | 低 | 低 | 高 | 极高 |
| 环境约束 | 低 | 中 | 中 | 高 |

### 1. 城市能耗与碳排放持续上升

随着城镇化的快速推进，中国城市能耗与碳排放也在持续上升。当前中国多数城市的温室气体排放主要来自能源供应与工业部门，但同时交通、建筑部门的温室气体排放也在快速增长。中国的城镇化与基础设施建设尚未完成，交通与建筑碳排放仍将持续上升，而中国政府已承诺在 2030 年达到碳排放峰值并力争早日达峰。因此，中国未来 10 余年的城镇化面临严苛的能源消费与碳排放约束。

### 2. 城市资源能源结构性短缺严重

土地、水和能源是支撑城镇化发展的三大核心资源，这三大资源的“瓶颈”效应已越来越明显。中国适宜人类居住和耕作的土地比例不高，人地矛盾突出，一些城市建设用地过快扩张，建成区人口密度偏低。中国人均水资源约为世界人均水平的 1/4，且时空分布不均，城市水资源短缺问题极为突出。在全国 600 多个城市中，400 多个城市缺水，其中 100 多个城市严重缺水。城市水环境污染问题也加剧了水资源的供需矛盾，导致许多地方出现水质型缺水。中国的能源资源生产结构具有“富煤、贫油、少气”的基本特征，人均拥有的煤、石油和天然气储量约为全球平均水平的 60%、8%、7%，人均能源资源占有量严重不足。

### 3. 城市空气、水和土壤污染加剧

城镇化先行国家经验表明，城镇化中后期是空气、水和土壤污染最为严重的时期，污染的成因复杂、成分多变、治理成本高昂、周期较长。由于中国长期以工业化引领城镇化，工业污染源密集分布于城镇地区，加上生活污水、移动污染源与生活垃圾等城市生活污染，对人居条件、投资环境和民众健康负面的影响会更大。2014 年全国开展空气质量新标准监测的 161 个城市中，有 145 个城市空气质量超标。2014 年，全国 202 个地级及以上城市开展了地下水水质监测工作，较差级的监测点比例为 45.4%，极差级的监测点比例为 16.1%。首次全国土壤污染状况调查结果显示，全国土壤总的点位超标率为 16.1%。

### 4. 资源型城市可持续发展面临严峻挑战

中国有262个以本地区矿产、森林等自然资源开采、加工为主导产业的资源型城市，约占全部城市数量的40%，其中69个被确定为资源枯竭型城市。资源枯竭城市的棚户区改造、沉陷区治理、失业矿工安置等历史遗留问题严重，转型发展内生动力不强，现代制造业、高技术产业等处于起步阶段，人才、资金等要素集聚能力弱，创新水平低，进一步发展接续替代产业的支撑保障能力严重不足，城市面临衰落甚至逐渐消亡的风险。尚未进入衰退期的资源型城市也面临开发强度过大、资源综合利用水平低、生态环境破坏严重等问题。

## 四、新型城镇化的低碳内涵——让城市更可持续、更宜居的发展路径创新

2015年年末中国的城镇化率已达56.1%，城镇化进程已进入后半程。针对空前严峻的资源环境约束与众多其他挑战，要实现《国家新型城镇化规划（2014—2020年）》、2015年中央城市工作会议、《国务院关于深入推进新型城镇化建设的若干意见》和《中共中央　国务院关于进一步加强城市规划建设管理工作的若干意见》等对中国新型城镇化在提高城市可持续性与宜居性方面的战略与政策部署，就必须因势利导，化挑战为机遇，以资源环境约束倒逼城镇化路径转型至健康可持续的新型城镇化道路，以提高城镇化质量为核心，建设可持续、宜居城市，实现“城市梦”，完成现代化。

中国的城镇化发展路径创新，就是既要完成“人的城镇化”，最终实现“人的现代化”，又要实现可持续发展，通过经济增长模式、生产和消费模式、城镇发展与土地利用模式等的转型，以尽可能少的环境影响与资源消耗实现居民生活由传统农业文明向现代文明全面过渡的现代化转型，提升居民福祉。

全球气候变化是当前世界上所有国家共同面临的严峻挑战，低碳发展是普遍认同的发展理念，中国政府已承诺在2030年达到碳排放峰值并力争早日达峰，城镇化发展的决定性阶段恰好与碳排放达峰的关键时期重合。因此，中国要实现低碳城镇化发展路径创新，减少城镇化发展对碳排放空间的依赖。

目前中国的城镇化进程尚未完成，城镇居民的总量和所占比例仍将持续提升，物质与精神生活水平将全面提高，而支撑居民生活水平提高的基础则是产品与服务的生产与消费（基础设施与公共服务是其中重要的组成部分），相关经济活动都对应着能源消耗与碳排放。借鉴KAYA分解的方式，可以对影响城镇化发展未来碳排放的驱动因素进行分析。由下式可知，城市未来二氧化碳排放主要影响因素包括人口、人均产品与服务消费、单位产品与服务消费的能耗、单位能源消耗的二氧化碳排放量。

$$CO_2\text{排放}=\frac{CO_2\text{排放}}{\text{能源消耗}}\times\frac{\text{能源消耗}}{\text{产品与服务消费}}\times\frac{\text{产品与服务消费}}{\text{人口}}\times\text{人口}$$

在城镇化进程尚未完成的发展阶段，城镇人口将持续增长，支撑生活水平提升的人均产品与服务消费也要提高，城市低碳发展的主要途径是降低单位产品与服务的能耗和单位能源二氧化碳排放强度。

发挥城镇化对经济发展创新的驱动作用，可以降低单位产品、服务的能耗和单位能源二氧化碳排放强度。产品创新、技术创新、市场创新、资源配置创新和组织创新可以重新组合生产要素、提高要素效率。城市的本质是聚集，治理良好的城市可以带来更多的良性竞争与交流，进而产生各种创新，经济增长更多地依赖要素效率的提高，降低对能源与碳排放空间等要素投入扩张的依赖。提升城镇化质量，提高基础设施、公共服务与城市治理水平，可以更好地激励聚集带来的创新，有利于代表产业优化升级方向的战略性新兴产业和现代服务业发展。

优化城镇空间布局，可以塑造居民形成低碳生活方式，降低单位产品与服务消费的能耗。科学规划建设城市群，严格控制城镇建设用地规模，合理控制城镇开发边界，优化城市空间形态，促进城市紧凑发展，提高国土空间利用效率，可以控制居民交通活动水平，避免城市空间形态的高碳锁定。

## （一）城市低碳发展的重要意义

随着城市在经济发展、技术创新和人类发展中扮演越来越重要的角色，城市居民社会经济活动水平的提高，城市已经成为能源消耗和温室气体排放的主要驱动因素。目前，全球能源活动约 3/4 的碳排放都是在城市这一载体发生的，这一比例仍在持续增长，且大部分增量将来自处于快速城市化阶段的国家，如中国和印度等国。城市不仅是主要的能源消费者和温室气体排放源，也在提高能源利用效率、推动低碳生产和生活方式，以及促进低碳技术创新等方面扮演着关键角色。

在中国，中央政府为地方政府规划和管理其发展、能源、资源和环境等方面提供指导。在中央政府提出的发展原则和方针的基础上，地方政府将制定和实施有关城市规划的地方政策，确定和批准适合地方发展所需的优先项目，管理地方财政支出。与西方许多已经完成工业化的国家不同，中国城市的主要温室气体排放源是制造业部门，而不是交通和建筑。大规模的基础设施投资，其运行需要大量的高能耗产品以及原材料，以及城市的生活方式将可能成为中国未来碳排放中最突出的特点。由于中国是一个面积辽阔、人口庞大的国家，国家层面的战略和政策都必须要分解到省级乃至城市的层面才能够得到有效实施。与此同时，绝大多数的投资、消费等经济活动也都发生在城市。因此，城市是中国实施国家气候和能源战略与政策的重要主体。

在中国现有管理体制下，节能减排目标责任制是目前中国在节能和减排领域的重要管理手段，国家制定的低碳发展目标将面向全国各省市进行分解落实，以推动各地区实现绿色低碳发展转型。通过目标的层层分解和下达，各级地方政府都面临实现碳排放控制目标的压力，并由各级政府的一把手直接对能源强度和碳强度目标的实现负责。例如，中国在“十二五”规划中确定到2015年的温室气体排放控制目标，并通过制定和颁布《“十二五”控制温室气体排放工作方案》将该目标分解至各省、自治区和直辖市。国家发改委也发布了《单位国内生产总值二氧化碳排放降低目标责任考核评估办法》作为配套措施保障温室气体排放控制目标的实施保障。各省、自治区、直辖市则根据国务院的通知以及本地区所分配到的任务，再将该目标进一步分解至各地级市。

因此，如图0-5所示，在城市层面上制订和实施低碳发展战略与规划，核心是实现城市温室气体排放控制目标，并通过低碳发展，实现促进城市发展转型，提高城市竞争力，保障城市能源供应，治理城市大气污染，提高城市宜居水平等协同效益。

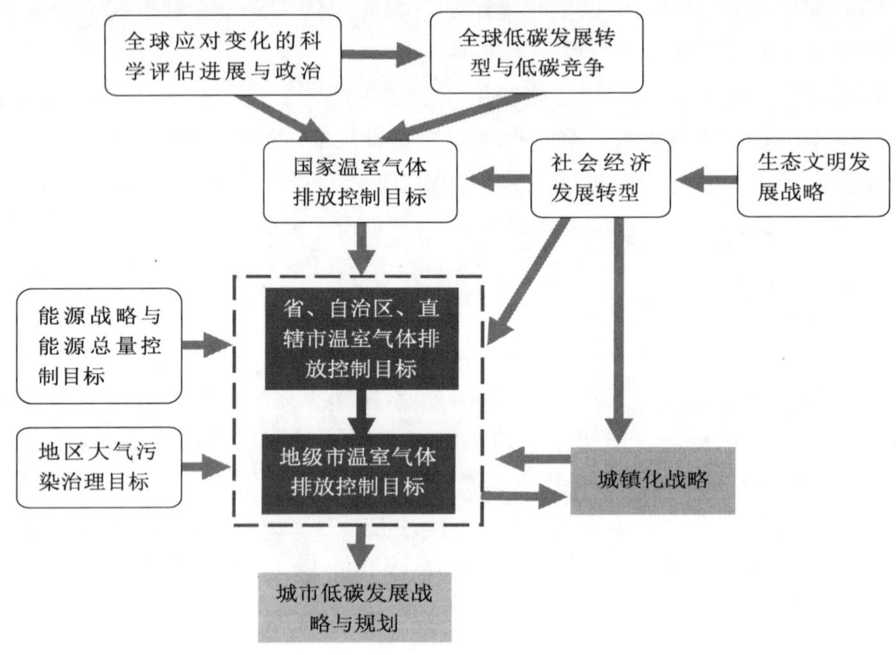


图0-5 城市制定低碳发展战略与目标的主要决定因素

## （二）新型城镇化背景下城市低碳发展的挑战与机遇

在决定城市未来低碳发展前景的各项因素中，中央和各级地方政府大力推进的城镇化战略是重要的影响变量。《国家新型城镇化规划（2014—2020年）》[1] 提出到2020年常住人口城镇化率达到60%，而国务院发展研究中心估计到2030年中国的城镇化率将有望达到65%，这意味着大约再有3亿人（占全球城市新增人口的20%）进入城市[1]。城镇化过程中会带来大量的基础设施建设与公共服务需求，构成了中国经济增长与结构调整的巨大而持续的动力源泉，既对传统城镇化路径下的能源消耗与温室气体排

1 李伟：中国未来能源发展战略探析，2014年2月12日《人民日报》第12版。http://www.drc.gov.cn/zxxw/20140212/1-223-2878725.htm.

放形成了巨大挑战，同时也为城市经济社会发展向低碳模式转型带来了空前机遇。

新型城镇化是以人为核心的可持续城镇化，近期的切入点与主要任务体现为对“三个1亿人”问题的解决，即到2020年，要解决约1亿进城常住的农业转移人口落户城镇、约1亿人口的城镇棚户区和城中村改造、约1亿人口在中西部地区的城镇化。“三个1亿人”城镇化对城市低碳发展分别带来了相应的挑战与机遇（表0-4）。

**表0-4 “三个1亿人”城镇化对城市低碳发展带来的挑战与机遇**

| “三个1亿人”城镇化 | 挑战 | 机遇 |
| --- | --- | --- |
| 约1亿进城常住的农业转移人口落户城镇 | 城市基础设施、公共建筑与保障性住房等大规模建设带来的能源需求和温室气体排放 | 构造低碳基础设施系统，培育低碳生活方式与消费模式，调节城镇体系人口空间布局 |
| 约1亿人口的城镇棚户区和城中村改造 | 改造过程中的能耗与温室气体排放，改造后可能形成高碳的城市社区 | 利用城市更新契机，建设低碳城市社区，以低碳理念统领社区规划设计、建设、运营管理全过程 |
| 约1亿人口在中西部地区的城镇化 | 建成区面积过快增长可能会导致“城市蔓延”，产生“空城”“睡城”，形成“高碳”的城市形态，产业结构有可能高碳化 | 根据环境承载能力，培育相对低碳的产业体系，以“业”兴“城”，促进“产城融合”，推进土地节约集约利用，形成职住平衡、紧凑型的城镇空间形态 |

进城常住的农业转移人口落户城镇的核心是实现城市中户籍人口与常住农业转移人口的基本公共服务均等化。这就需要提升城市基础设施承载能力，增加义务教育、劳动就业、基本养老、基本医疗卫生、保障性住房以及市政设施等基本公共服务供给，将进城常住的农业转移人口纳入城镇住房和社会保障体系。为实现此目标，新型城镇化进程中将在城市基础设施、公共建筑与保障性住房等方面进行大规模建设，若不按照低碳标准进行规划、设计、建设和运营，将带来大量的能源消耗和二氧化碳排放的增长，并对未来排放形成锁定效应。因此，在促进农业转移人口落户城镇过程中，一方面要构造低碳基础设施系统；另一方面要促进农业转移人口形成低碳生活方式与消费模式。此外，还应通过差别化落户政策调节各城镇体系与城市群的人口空间分布，构造多层次有序聚集的城市群体系与紧凑型的城市形态。

城镇棚户区和城中村改造是中国现阶段城市更新的重要任务。城市更新是针对城市发展过程中结构和功能衰退以及随之带来的城市环境、生态、形象以及综合竞争力的下降等问题，通过结构与功能调整、环境治理改善、设施建设、形象重塑等手段，使城市重新保持发展活力，实现持续健康发展，并提高综合竞争力的过程。城镇棚户区和城中村改造是对社区单元城市形态、城市功能空间布局的系统性变革，也是对社区生产方式、生活方式和价值观念的重塑过程。改造后形成的现代化城市社区形态与生产、生活方式将对城市未来的能源消费与温室气体排放产生深远影响。因此，要抓住城镇棚户区和城中村改造的契机，逐步建设低碳的城市社区；以低碳理念统领社区更新改造全过程，倡导功能混合的土地利用模式与紧凑的空间布局形态；培育低碳文化和低碳生活方式；探索推行低碳化运营管理模式；推广节能建筑和绿色建筑，鼓励采用低碳技术和低碳设备；建设高效低碳的基础设施。

促进中西部地区的城镇化是优化全国城镇空间格局的重要策略。现阶段城镇化发展很不平衡，与东部地区相比，中西部城市发育明显不足，城镇化率与东部地区相差较大。促进中西部地区城镇化的措施包括“十三五”时期的基础设施建设重点向中西部倾斜；中西部地区积极承接东部地区产业转移，在有条件的地方设立国家级产业转移示范区，做大做强中西部中小城市和县城，提升人口承载能力，逐步减少大规模人口“候鸟式”迁徙。中西部地区的人口密度相对较低，快速城镇化中“园区”“新城”建设带来的建成区面积过快增长可能会导致“城市蔓延”，产生“空城”“睡城”，形成“高碳”的城市形态。如果在承接东部产业转移时，不对高耗能产业进行严格控制与管理，也会导致产业结构的高碳化。因此，中西部地区要根据自身环境承载能力，培育相对低碳的产业体系，以“业”兴“城”，促进“产城融合”，探索对新区建设规划进行碳排放评估，推进土地节约集约利用，形成职住平衡、紧凑型的城镇空间形态。

## （三）新型城镇化发展的低碳含义

新型城镇化是以人为核心，促进人类发展水平提高的大战略。根据国务院发展研究中心的测算，中国城市人均能源消费约为农村的 3 倍，每增加 1% 的城镇化率，相应需要新增 6 000 万 t 标煤的能源消费，在能源结构没有大的变革条件下，对应的新增二氧化碳排放量约为 1.5 亿 t[1]。

因此，中央城镇化工作会议特别强调，“提高城镇化质量，切实提高能源利用效率，降低能源消耗和二氧化碳排放强度”。李克强总理也在很多场合反复强调，“能源资源不足是我国的一个基本国情，这个国情决定了我国城镇化必须按照科学发展的要求，走节约集约、绿色低碳发展的路子”。可见，绿色低碳是国家新型城镇化规划中“新型”这一概念的重要体现。只有走绿色低碳的“新型”城镇化道路，才能在实现城镇化目标的前提下，实现城镇化目标与能源消耗与碳排放增长的“脱钩”，避免传统城镇化路径带来的资源与环境压力，实现社会经济发展与资源环境保护的“双赢”。图 0-6 概念性地示意了低碳对于新型城镇化路径的重要意义。因此，城市制定和颁布的城镇化战略与目标，对于城市能否实现低碳发展目标具有重要影响。反之，城市低碳发展目标的实现，也将降低城镇化战略推进过程中的资源与环境消耗，保障城市城镇化战略和目标的实现，两者是相辅相成的关系。因此，在城市最高决策层面，需要加强低碳战略与城镇化战略的整合与协调，增强战略、政策和目标之间的协同。

1 李伟：中国未来能源发展战略探析，2014 年 02 月 12 日《人民日报》第 12 版。http://www.drc.gov.cn/zxxw/20140212/1-223-2878725.htm.

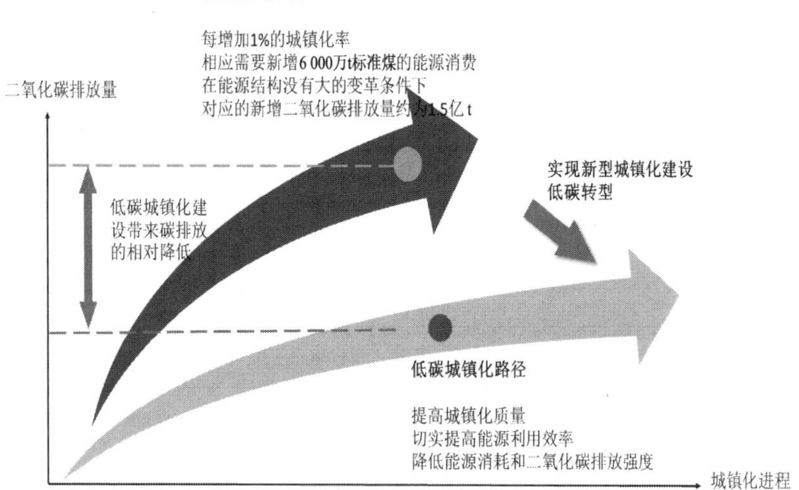


图 0-6　新型城镇化的低碳含义

新型城镇化的以人的城镇化为核心、优化空间布局和形态、提高可持续发展能力等重要发展理念体现为战略实施过程中对应的关键目标与重要任务，具有广泛而深刻的低碳含义。

### 1. 以人的城镇化为核心的低碳内涵

传统发展模式中由利润驱动的工业化和城镇化，消耗大量能源，严重污染环境，“土地城镇化”快于人口城镇化，限制农业转移人口市民化，扩大城乡收入差距，形成了高碳高排放的城镇化发展模式、城乡二元结构、城镇内部户籍居民与常住农业转移人口的二元矛盾。新型城镇化以人的城镇化为核心，合理引导人口流动，有序推进农业转移人口市民化，稳步推进城镇基本公共服务常住人口全覆盖，提高人类发展水平，激发扩大内需的最大潜力，促进产业结构转型，变投资驱动为消费驱动，为现代服务业的发展提供巨大动力，从而降低了单位 GDP 能耗与碳强度。

### 2. 优化空间布局和形态的低碳内涵

传统城镇化发展模式导致城镇空间分布和规模结构不合理，与资源环境承载能力不匹配。东部一些城镇密集地区资源环境约束趋紧，中西部资源环境承载能力较强地区的城镇化潜力有待挖掘；部分特大城市主城区的人口压力偏大，而中小城市则集聚产业和人口不足，小城镇数量多、规模小、服务功能弱。空间布局的不合理与不平衡增加了经济社会和生态环境成本。特大、超大城市的人口规模、用地、用水、用能超出了环境和社会承载能力，吸附了大量的金融资本，挤占了小城镇发展资源，加剧了城乡之间、东中西部之间、大中小城镇之间发展的不平衡[2]。新型城镇化以优化布局，集约高效为原则，科学规划建设城市群，严格控制城镇建设用地规模，合理控制城镇开发边界，优化城市内部空间结构，促进城市紧凑发展，提高国土空间利用效率。从而促进城市公共服务本地化，控制交通活动水平，避免城市空间形态的高碳锁定。

#### 3. 提高可持续能力的低碳内涵

传统城镇化模式缺乏对环境承载能力的重视与评估，不可持续的城镇化发展导致环境质量恶化、能源过度消耗、生态严重破坏和资源极度短缺等问题凸显。大工业、大城市建设为主的城镇化导致的造城运动，使得许多山水田园、绿色低碳、生态和谐的小城镇和小村庄不复存在。新型城镇化以生态文明、绿色低碳为原则，追求可持续城镇化，将可持续发展与生态文明理念全面融入城镇化进程，节约集约利用土地、水、能源等资源，强化环境保护和生态修复，减少对自然的干扰和损害，推动形成绿色低碳的生产生活方式和城市建设运营模式。

### （四）新型城镇化背景下城市低碳发展的协同效益

新型城镇化是以人为本的城镇化，关系中国现代化全局的大战略，是最大的结构调整。城市低碳发展不仅可以控制温室气体排放，还能够实现促进城市发展转型与竞争力提升、促进能源节约、治理大气污染、保障城市能源供应、提高城市活力、宜居水平与适应气候变化能力等协同效益，与新型城镇化的核心目标高度契合。

#### 1. 低碳发展有助于提高碳生产力，从而促进城市竞争力提升

在缺乏成熟的可大规模应用的低成本替代能源技术的前提下，生产和消费部门对化石能源的替代能力有限。由于能源成本的相对刚性，随着国际气候进程的推进，碳排放空间逐渐成为一种稀缺资源，并在国际和国家层面上形成一种新的“要素”市场——碳排放市场。与此同时，由于能源在经济系统中的基础性地位，逐渐稀缺的碳排放空间一定程度上决定了城市经济发展的空间。因此，碳生产力[1]已经成为衡量城市竞争力的核心指标之一。发展低碳经济、获得较高的碳生产力，会成为城市新的比较优势，从而在城市竞争以及国际和区域贸易上居于有利的地位。而城市继续发展高耗能、高碳排放的产业，则会受到新的产业政策和国际贸易规则的制约，这会对城市的长期竞争力产生深刻影响。

随着工业化和城市化进程走向深入，中国大部分城市面临的资源、能源和环境约束都日益严格，外部竞争日趋激烈，节能减碳压力与日俱增，处于转方式、调结构的关键节点。因此，在国家制定和逐级分解节能减碳目标背景下，城市需要顺应未来世界经济大势，顺应国家战略和政策向低碳化方向调整给市场、技术、资金、资源能源与环境带来的变化，通过倒逼，实现城市产业高端化和技术升级换代、培育新的经济增长点，从而提升城市中长期的竞争力。

1　每排放一单位 $CO_2$ 当量所创造的 GDP 产出。

### 2. 低碳发展与节约能源在战略、目标和措施方面高度一致

$CO_2$ 占中国 2005 年全部温室气体排放的 72.4%，而能源活动相关的 $CO_2$ 则占全部 $CO_2$ 排放的 93.7%[3]。国务院颁布的"'十二五'控制温室气体排放工作方案"[4] 对能源相关的 $CO_2$ 排放提出了定量的"十二五"期间国家碳强度目标，而对于非能源活动 $CO_2$ 排放和其他温室气体排放只提出了定性的目标。因此，控制能源活动相关的 $CO_2$ 排放是现阶段城市低碳发展的核心任务。而控制能源活动相关的 $CO_2$ 排放的根本途径是减少化石能源燃烧，即通过节约能源以及优化能源结构实现。受制于非化石能源的资源禀赋、现有国家能源供应体制以及城市能源基础设施的锁定效应，对很多城市而言，实现能源结构的优化短期内存在一定困难。因此，控制 $CO_2$ 排放将主要依靠节约能源实现，两者存在高度的一致性。国家"十二五"规划中提出 2015 年单位 GDP 能耗相对 2010 年下降 16% 的目标 [5]。考虑能源结构优化，单位 GDP 碳排放强度目标在能耗目标基础上增加 1 个百分点，目标设为下降 17%。因此，如果能够实现节能目标，大体上也能够实现碳排放强度下降目标。事实上，对比国务院颁布的"'十二五'节能减排综合性工作方案"以及"'十二五'控制温室气体排放工作方案"，两者在目标、主要行动措施以及保障措施等方面基本一致。

但是需要注意的是，低碳发展的核心内涵是最大限度地提高碳生产力水平，核心特征是经济发展伴随的碳排放相对较少，从而实现经济发展与碳排放脱钩，代表了一种新型的发展模式和路径，是社会经济沿着可持续发展路径前进的一种经济形态，因此其内涵外延要比单纯地减少化石能源使用实现 $CO_2$ 排放控制要广。低碳发展要求在节约能源的各种措施之外，更加注重经济发展方式转型，经济结构调整，产业竞争力提升，城市空间格局优化以及低碳技术研发、示范和推广应用。

### 3. 低碳发展有助于促进城市大气污染防治，维护人体健康

当前，温室气体减排措施与防治大气污染之间的协同效应更受决策者和社会公众的关注。自 2011 年以来，尤其是 2013 年 1 月以后，以雾霾天气和 $PM_{2.5}$ 为表征的大气污染问题已经逐渐演变为影响中国公共卫生和社会稳定的政治问题，成为中国环境乃至能源政策转变的重要里程碑。雾霾问题是中国快速工业化、城镇化过程中复合型大气污染问题的累积呈现，主要是由高耗能、高排放的产业过度发展，区域产业结构恶化、产业空间布局不合理，以煤为主的能源结构强化，环境保护政策措施执行力度不足等因素引起，问题的核心是煤炭等化石能源过度、不合理和非清洁的使用。

总体上大气污染与温室气体具有共同的污染源，因此针对控制其中一方的技术或者措施，很多情况下对另一方也有抑制作用。IPCC 第三工作组在第五次评估报告中认为，与基准情景相比，更严格的温室气体减排措施将较大幅度削减 $SO_2$ 与黑碳这两种典型空气污染物的排放水平。调整经济结构、淘汰落后产能、煤炭总量控制及削减、增加清洁低碳能源供应、推广绿色低碳交通和建筑等各项大气污染防治措施的核心目

标是提高能源利用效率，降低能源使用总量，控制煤炭消费总量，实现能源结构调整的清洁化，也与城市绿色低碳发展的目标高度重合。

温室气体减排作为应对气候变化这一典型的全球性环境问题的措施，其效益具有长期性和全球性等特点，与社会公众的直观感受有一定偏差，不易得到公众支持。因此，在严重的空气污染已经成为影响居民健康和社会稳定的政治问题的时候，大气污染防治政策和措施已经成为推动中国实施煤炭总量控制以及确定低碳发展目标的重要内生驱动因素，进一步强化了在区域和城市层面推动绿色低碳发展转型的必要性和可行性，有助于城市低碳发展目标的实现。因此，城市在制定低碳发展战略与目标时，需要把握时机，加强与大气污染防治措施之间的协同，形成政策合力。

## 五、新型城镇化背景下的低碳城市交通

交通部门通常是发达国家城市碳排放占比较高的部门，同时也是政府最难找到有效且成本较低的政策，以减少温室气体排放的部门，因此是低碳发展的重点与难点。随着中国城镇化与机动化进程的快速发展，交通部门在城市碳排放中所占比重迅速上升。在一些已经基本完成工业化、第三产业在经济结构中占比较高的城市，交通部门甚至已成为碳排放占比最高的部门。根据发达国家城市发展的经验，必须在城镇化与工业化快速发展阶段即推进低碳城市交通发展，塑造低碳城市空间布局与基础设施系统，培育居民低碳交通行为，避免锁定效应。

随着中国交通需求规模的迅速扩大以及交通模式向高速、快捷、舒适的方向演变，交通部门的能源消费，尤其是作为机动车燃料的石油产品的消费正在迅速增加。交通部门能源消耗的增速高于全社会能源消耗的增速，已成为近年来中国能源消费增长最快的终端部门。中国交通运输能耗自 1996 年的 1.1 亿 t 标准煤增长到 2014 年 4.3 亿 t 标准煤，几乎翻了两番[1]。与国际水平相比较，发达国家的交通运输能耗占比一般为 20% ～ 40%，中国现在仅为 13.7%。从人均交通运输用能来看，各主要发达国家人均交通用能都在 0.6 t 标准油以上，中国 2014 年人均交通用能仅为 0.15 t 标准油，远低于发达国家的水平[1]。如果按照传统发展模式，随着中国城镇化水平和人民生活水平提高，增速将还会进一步加快。特别在城市地区，交通部门能源消费的迅速增加，在空气污染、温室气体排放、能源安全、道路拥堵、噪声污染、交通安全、土地利用等诸多方面给城市的可持续发展带来了一系列重大挑战。因此交通部门温室气体减排在提高能源安全、增加可达性与机动性、促进就业、缓解交通拥堵、保护人体健康、减少交通事故等诸多方面具有协同效益，在实现温室气体减排的同时，可以促进城市交通可持续发展。

本书聚焦新型城镇化背景下中国的低碳城市交通发展，基于低碳城市交通发展的重要意义、面临的问题与挑战，通过文献研究、理论研究与基于大规模问卷调查的案

1 解振华在 2017 年中国电动汽车百人会论坛上的演讲 . 交通减排是国际谈判重要筹码 . http://auto.sina.com.cn/news/hy/2017-01-14/detail-ifxzqnip1139595.shtml.

例研究，尝试建立低碳城市交通的分析框架，借鉴国内外成功经验与研究成果，探索中国不同类型与发展阶段城市的低碳交通发展对策。

控制交通活动水平、优化交通方式构成与运输体系组织方式、提高燃料利用效率和促进清洁能源应用是实现交通部门减排的四类手段。控制交通活动水平需要通过改变企业、组织或消费者个体行为来实现，优化交通方式也需要改变消费者的出行方式选择行为，提高燃料利用效率和促进清洁能源应用则需要通过政策促使单位或个人购买、使用低碳交通工具，应用低碳技术。对于中国的低碳城市交通研究与低碳交通政策制定而言，居民交通行为分析是重要基础，因此也是本书的重点。

对于快速城镇化的发展中国家而言，正处于塑造城市形态的关键时期，城市形态对于交通碳排放具有系统性影响，且一旦形成，即将锁定未来数十年的交通能耗与碳排放，因此优化城市空间形态具有巨大的减排潜力。本书聚焦于新型城镇化背景下的低碳城市交通发展，因此如何通过优化城市形态促进低碳交通发展也是本书的重点。

本书第 1 章将对低碳城市交通研究进行概述，政府间气候变化专门委员会（IPCC）气候变化第五次评估报告中关于交通和人类住区减缓气候变化的研究与实践进展综述是重要文献基础，此外还将概括中国交通部门能源消费现状及带来的挑战，并对本书中涉及的低碳城市交通研究重要概念进行辨析。

本书第 2 章将介绍低碳城市交通研究的主要内容，并尝试建立一般分析框架，介绍城市低碳交通发展现状分析、情景分析、减排潜力分析的基本方法，并提出低碳城市交通发展重点行动的分析框架，简述常见的政策措施。

本书第 3 章将对适用于中国城市的交通部门温室气体核算方法进行研究，介绍自上向下与自下向上两种核算方法的具体步骤，着重对自下向上的核算方法加以阐述，并结合具体案例，探讨基于出行调查的居民碳足迹核算方法及其应用。

本书第 4 章是城市居民交通行为研究与低碳化策略分析。在对居民交通行为研究进行综述的基础上，结合具体案例城市的调查数据，对城市居民的一系列交通行为及其影响因素展开研究，并进而分析低碳化策略。

本书第 5 章聚焦于城市形态优化与低碳城市交通。在对低碳城市空间形态相关概念与研究进行综述的基础上，结合具体案例城市的调查数据，针对城市形态对居民交通行为的影响展开研究，并进而分析城市形态优化对促进低碳城市交通发展的作用。

本书第 6 章以北京市为案例，对中国后工业化超大城市的低碳交通发展策略进行研究。处于后工业化阶段的城市，工业化与机动化基本完成，交通已成为能源消耗与温室气体排放量最大的终端部门，交通带来的空气污染、道路拥堵、城市蔓延、噪声污染与交通事故等其他问题也日趋严峻，亟待转向低碳交通发展路径。

本书第 7 章将以青岛市为案例，对中国快速城镇化进程中特大城市的低碳交通发展策略进行研究。处于快速城镇化与大规模交通基础设施建设时期的城市，建成区面积迅速扩张，机动车拥有量快速增加，交通活动水平持续增长，交通部门的排放量与占总排放的比重都将上升，将成为未来低碳发展所面临的重要挑战。

# 第一章　低碳城市交通研究概述

## 一、交通部门减缓气候变化综述

2014 年，政府间气候变化专门委员会（Intergovernmental Panel of Climate Change，IPCC）发布了气候变化第五次评估报告，其中第 3 工作组第 8 章是专门针对交通部门减缓气候变化的研究综述[1]。该章基于相关研究文献，介绍了交通部门的温室气体排放现状与未来发展趋势，分析了控制交通活动水平、优化交通方式构成、提高燃料利用效率和促进清洁能源 4 类交通减排手段中各类政策措施的减排潜力与成本，并针对工业化国家、新兴经济体与最不发达国家分别提出了适宜采取的交通低碳化措施。本节将在对评估报告第 8 章内容要点与关键信息进行总结的基础上，综述交通部门减缓气候变化的研究与实践进展，探讨相关结论对中国交通部门低碳发展的启示。

### （一）交通部门减缓气候变化研究进展

在当今国际社会，气候变化已成为国际环境、政治、经济、贸易与科技各领域普遍关注的热点问题。气候变化已经对全球社会经济的可持续发展带来了严峻的挑战，在农业、水资源、生物多样性、海平面上升、公共卫生、能源安全与生态安全等诸多方面造成一系列复杂而深远的影响。

应对气候变化的策略可以分为减缓对策与适应对策两大类。其中减缓对策是指实施减少温室气体排放及增加碳汇的各项政策，其关注的重点部门是电力、交通、建筑等高能耗部门，力求通过采取各种减缓措施减少这些高能耗部门的温室气体排放，从而稳定温室气体在大气中的浓度，减轻气候变化对全球社会经济的可持续发展造成的负面影响。交通部门是仅次于电力热力供应部门的第二大二氧化碳排放部门，同时也是能源需求以及温室气体排放量增长最快的终端消费部门。综观世界各国，特别是发达国家减缓气候变化的实践，在所有利用能源的活动中，交通部门已成为政府最难找到政策以减少温室气体排放的部门。

1　IPCC. Climate Change 2014:Mitigation of Climate Change. IPCC Working Group Ⅲ Contribution to AR5, Chapter 8: Transport. Cambridge University Press,2014.http://www.ipcc.ch/report/ar5/wg3/.

2015 年，“联合国气候变化巴黎大会”达成了具有历史意义的《巴黎协定》，为 2020 年后国际应对气候变化行动作出了框架性安排。《巴黎协定》重申要将全球平均温升控制在工业化之前水平的 2℃之内，并努力将温升控制在 1.5℃以内，中国提出了争取到 2030 年前后，二氧化碳排放量达到峰值并尽早达峰的自主贡献目标，交通部门成为减缓气候变化的重点部门之一。

（1）交通部门的排放现状与趋势：已成增长最快的能源终端使用部门，减排形势严峻

自 IPCC 第四次评估报告以来，全球客运、货运活动水平增长引起温室气体排放量快速持续上升，相应的排放增量超过了减缓措施所实现的减排量。2010 年交通部门的温室气体直接排放达 70 亿 t 碳当量，在 1970 年水平的基础上翻了一番，占能源相关二氧化碳排放量的 23%，已成增长最快的能源终端使用部门。如果考虑交通部门的全生命周期排放，包括基础设施建设、交通工具制造与燃料生产供给（well-to-tank）等间接排放，交通部门排放水平将更高。

一些经合组织（OECD）国家的人均轻型车活动水平增长速度非常缓慢，可能已达到稳定水平。发展中国家人均交通排放小于发达国家，但随着城市化与机动化水平快速提高，发展中国家人均交通排放增长速度大幅快于发达国家。

对交通部门内部的排放结构进行分析，可以发现交通部门 2010 年排放量的 72% 源自道路交通，水运与航空各占约 11%。1970—2010 年交通部门 80% 的排放增长来自道路交通。2010 年交通部门的能源消费占终端能源使用的 27.4%，其中 40% 用于城市交通。

如果没有燃料碳强度和能源强度的大幅改进与交通结构低碳化和控制活动水平等政策措施的综合实施，交通部门的排放会持续快速增长，且比其他能源终端使用部门增长更快，到 2050 年，交通部门二氧化碳排放可能会在 2010 年的水平上再翻一番。

（2）减缓潜力分析：应重视通过基础设施建设促进交通方式低碳化的作用

交通部门温室气体直接排放由交通活动水平、交通方式构成、交通工具的能源强度、不同燃料组成对应的排放因子四类因素所决定[1]。因此，发展低碳交通领域的重点行动可以分为控制交通活动水平、优化交通方式构成与运输体系组织方式、提高燃料利用效率和促进清洁能源应用四类。

在未来依然有通过技术减排措施实现单位交通周转量二氧化碳排放强度持续下降的潜力。主要技术手段包括传统燃料交通工具的能效改进，天然气、电力、氢能和生物燃料等能源在交通领域的应用。在 2010 年基础上，2030 年各种交通工具的能效水平可以分别提高 30% ～ 50%。天然气燃料系统比传统燃油系统的全生命周期温室气体排放少 10% ～ 15%，在交通领域的应用比例已在上升。电动汽车全生命周期的减排潜力很大程度上取决于电力生产部门能否实现低碳化。利用氢能的燃料电池成本较高，尚

1 Schipper L, Marie-Lilliu C, Gorham, R. Flexing the Link Between Transport and Green House Gas emissions [J]. International Energy Agency, 2000.

处于示范阶段。生物燃料单位活动水平的直接温室气体排放比汽柴油低 30% ～ 90%，但可能会导致土地利用变化引起的间接排放，其减排潜力取决于生物原料能否实现可持续生产。

通过改变行为实现减排的措施不确定性更大，较难估计减排潜力。实证研究表明，出行成本下降还会使消费者倾向于提高交通活动水平，即存在“反弹效应”。总体上看，通过促进消费者出行行为低碳化，可以在一定程度上控制交通活动水平或优化交通出行结构，从而具有减排作用。

与 IPCC 第四次评估报告相比，第五次评估报告的交通一章特别强调了基础设施与城市形态对交通碳排放的锁定效应，并认为通过新建或改造基础设施实现交通部门减排的潜力巨大。从交通基础设施角度看，城市经历了“慢行城市”“公交城市”“汽车城市”三个发展阶段。20 世纪 50 年代以来，发达国家城市开始逐渐演变为依赖小汽车出行的“汽车城市”，近年来，一些欧洲城市开始向“公交城市”与“慢行城市”复归，城市规划上的“新城市主义”推崇传统欧洲城市紧凑而多样化的空间布局，德国、荷兰和丹麦等欧洲国家的一些城市公共交通与慢行交通在出行结构中所占比例显著上升，取代了一部分小汽车出行。反之，随着城市化与机动化的同步快速发展，发展中国家城市开始从“慢行城市”或“公交城市”向“汽车城市”迅速演变。交通基础设施的生命周期长达 50 ～ 100 年，对未来数十年的交通碳排放具有锁定效应。因此就长期而言，在新基础设施建设和城市更新改造时，向公共交通基础设施与慢性交通设施投资可以有效促进交通方式向低碳化方向转变，这种减排潜力在快速城市化的发展中国家尤其巨大。促进客运方式低碳化的基础设施包括：快速公交系统（BRT）、轻轨与地铁、步行与自行车基础设施、高速铁路（所需电力要来自低碳电力生产系统）等。促进货运方式低碳化的基础设施包括：铁路、水运基础设施、与电子商务相配套的高效物流系统等。

通过采取改进技术与改变行为的减排措施，并在新的基础设施建设和城市更新中对低碳交通基础设施进行投资，可以使 2050 年交通部门最终能源需求比基准线下降 40%，这一减排潜力比第四次评估报告中的更大。

（3）减排成本评估：各种减排措施社会减排成本的不确定性与巨大差异性

目前，对各种减排措施完全社会成本的研究还不够完善，很多客运和货运交通减排措施的完全社会减排成本依然很不确定。相似的减排措施在不同国家和地区的减排成本可能会相差悬殊。不同减排措施相比较，减排成本也存在巨大差异。很多短期致力于改变行为的措施和提高轻型、重型车船能效的措施减排成本很低，甚至是负的，而发展燃料电池汽车、新一代飞行器、高速铁路等措施的减排成本则很高，2030 年的二氧化碳减排成本可能超过 100 美元 /t。鉴于对成本的估算具有巨大的不确定性，IPCC 第五次评估报告建议不同国家与地区在研究交通部门减排成本时，要根据自身具体情况，尽可能收集准确的相关信息，选择适宜的模型方法，采用合理的各种假设，在参考估算成果时要重视其不确定性。

（4）温室气体减排与可持续交通发展的关系：交通减排在发展中国家和城市地区的协同效益可能更大

可持续交通发展的目标是通过增加可达性促进经济发展和减少贫困，特别要为贫困居民提供安全、平等、通畅、可承受的基本交通服务。交通部门温室气体减排在提高能源安全、增加可达性与机动性、促进就业、缓解交通拥堵、保护人体健康、减少交通事故等诸多方面具有协同效益，因此在实现温室气体减排的同时，可以促进可持续交通发展。

缺少基本交通服务的贫困人口主要集中在发展中国家，交通方式的多样化，特别是大容量公共交通体系在发展中国家提高贫困人口生活水平的效益更为突出。交通部门 94% 的能源来自石油，面临的能源安全问题比其他部门更为严峻。城市地区对机动化交通的依赖尤其严重，而增加替代能源比重、通过优化城市形态减少出行需求等措施对改善城市地区的能源安全问题作用明显。交通拥堵主要发生在人口稠密、机动车保有量较高的大城市，研究显示，发展中国家大城市交通拥堵所造成的时间损失占 GDP 的比例更高，达喀尔为 3.4%，马尼拉为 4%，北京为 3.3% ～ 5.3%，曼谷为 1% ～ 6%，利马达到 10%（市民平均日出行时间达到 4h）。发展公共交通与慢行交通，收取拥堵费等交通需求管理措施可以在减排的同时缓解交通拥堵，在发展中国家的大城市作用更突出。机动车尾气已经成为损害城市居民健康的局地污染物的主要来源，中国、印度等发展中国家大城市的交通污染问题尤其严重。交通局地污染物与温室气体同根同源，提高燃油效率、增加替代能源比例、控制机动车活动水平等措施可以同时实现交通温室气体减排与局地污染物减排，对保护发展中国家城市居民健康而言尤其重要。

（5）减排政策措施：工业化国家、新兴经济体与最不发达国家适宜采取的交通低碳化措施存在差异

IPCC 第五次评估报告列举了控制交通活动水平、优化交通方式构成与运输体系组织方式、提高燃料利用效率和促进清洁能源应用四大领域的常见政策措施，并指出地区差异是进行交通低碳化措施选择时必须考虑的重要因素。一些制度、法律、财政和文化障碍限制了低碳交通技术的应用与交通行为改变。在 OECD 国家，受现存的基础设施所限，交通方式转变难以发生，因此更依靠先进机动车技术的应用。对于城市化率快速增长的新兴经济体而言，重点是对低碳交通基础设施进行投资，以避免被锁定到高碳强度的交通模式上。在最不发达国家，应优先为步行者考虑，将非机动交通与公共交通服务集成化有助于经济和社会繁荣。

## （二）对中国交通部门低碳发展的启示

（1）随着新型城镇化发展与经济转型升级，交通部门将成为中国低碳发展的重点与难点

现阶段工业、能源部门是中国温室气体排放的主要来源，但随着工业化和城镇化发展，交通部门排放将持续快速增长，在总排放中所占比例也将逐步提高。根据《国

家新型城镇化规划（2014—2020年）》，2020年中国常住人口城镇化率将达到60%，很多研究认为2030年将达到65%，城镇人口将增加3亿多人。同时随着中国经济发展进入新常态，消费在经济增长中的贡献率将逐步提高。以发达国家的经验，交通碳排放所占比例随着人均GDP增加而上升，进入工业化和城镇化后期，交通和建筑部门的碳排放可能要占到总排放的2/3，成为温室气体排放的主要来源，而且交通是最难实现经济发展与碳排放脱钩的部门。IPCC第五次评估报告第8章指出，如果不能通过强有力的综合减排政策使得交通排放与GDP增长脱钩，全球交通碳排放在2050年之前将持续增长。中国已经提出了2030年前后二氧化碳排放量达到峰值且将努力早日达峰的计划，如果不能有效控制交通部门的碳排放持续增长趋势，将对2030年峰值目标的实现带来严峻挑战。鉴于交通基础设施对未来数十年的排放具有锁定效应，必须在城镇化快速发展的现阶段开始全面重视交通部门的低碳发展，特别是在城市层面上要将交通部门作为低碳发展的重点部门。

（2）发挥空间规划与低碳交通基础设施建设的减排潜力，避免城市化与依赖小汽车的机动化同步发生

IPCC第五次评估报告第8章特别强调了对于快速城镇化的发展中国家而言，投资建设低碳交通基础设施和优化城市空间形态具有巨大的减排潜力。美国与欧洲在文化上同种同源，但城市化形态却存在巨大差异。欧洲是城镇化时期在先，且经历了“慢行城市”与“公交城市”两个发展阶段，在20世纪汽车进入家庭后，城市基本保持了紧凑的空间格局，保留并完善了公共交通和慢行交通基础设施。而在美国，城镇化与机动化则基本上是同步发生的，大规模的高速公路投资和郊区化的空间演化趋势则加剧了城市蔓延，最终形成了高碳的城市形态与交通模式。而对中国而言，目前正处于快速城镇化与机动化阶段，如果城镇化和依赖小汽车的机动化同步发生，将重蹈美国高碳城市形态与交通模式的覆辙。因此，中国在国家与区域层面上要优化多层次城镇体系布局，发展以低碳电力生产为基础的高速铁路系统，形成低碳的城际交通模式；在城市层面上要通过空间规划形成紧凑的城市形态与职住平衡的功能布局，投资建设BRT、轻轨与地铁、慢行交通等基础设施，形成低碳的城市交通模式。

（3）促进交通与能源、工业等部门的协调，实现全生命周期的交通减排

从全生命周期排放角度看，交通部门的温室气体排放包括直接排放与间接排放，直接排放指的是交通工具的燃料燃烧碳排放（tank-to-wheel），间接排放则包括交通基础设施建设、交通工具制造与燃料生产供给的碳排放（well-to-tank）。只减少交通工具的直接排放可能无法实现全生命周期的减排，甚至可能增加全生命周期排放。IPCC第五次评估报告第8章估算了电动汽车与插电式混合动力汽车的全生命周期排放，如果电力来源于传统火电厂，则电动车每千米的全生命周期碳排放可能比高效燃油汽车或混合动力轻型车更高。由此可见，必须通过促进交通部门与能源、工业等部门的协调低碳发展，实现交通部门全生命周期的减排。用电力取代燃油的低碳化取决于能源供给部门的电力生产能否实现低碳；交通工具的生产制造、基础设施建设及其原材料的

制造则依赖于相关工业行业能否实现低碳；城市形态与交通基础设施布局则取决于城市空间规划，电动汽车的充电设施分布、停车位的管理等则受建筑部门影响。

（4）加强对消费者交通行为的研究，通过交通行为低碳化实现减排

控制交通活动水平、优化交通方式构成与运输体系组织方式、提高燃料利用效率和促进清洁能源应用是实现交通部门减排的 4 类手段。控制交通活动水平需要通过改变企业、组织或消费者个体行为来实现，优化交通方式也需要改变消费者的出行方式选择行为，提高燃料利用效率和促进清洁能源应用则需要通过政策促使单位或个人购买、使用低碳交通工具，应用低碳技术。

在制定各类低碳交通发展政策时，要以对消费者行为的深入研究作为依据，但中国当前的一些政策则缺乏这样的研究基础。2009 年，科技部、财政部、工信部、发改委共同启动“十城千辆节能与新能源汽车示范推广应用工程”，要通过提供财政补贴，计划用 3 年左右的时间，每年发展 10 个城市，每个城市推出 1 000 辆新能源汽车开展示范运行，到 2012 年，全国新能源汽车运营规模预计占到汽车市场份额的 10%。而到 2012 年年底，新能源车的运营规模甚至不足汽车市场份额的 1%，且其中 80% 是公交车，市场对“十城千辆”政策反应冷淡，政策并没有达到最初预期。另一方面，工信部制定了中国乘用车燃油经济性标准并推动实施，而 2013 年却有 36% 的企业没有完成平均油耗目标[1]。近年来，高油耗的 SUV 销量上涨迅速，远超乘用车销量整体涨幅，2013 年销量上涨 50.6%，已占中国乘用车销量的 16.9%，2015 年销量达 622 万辆（图 1-1）。政策引导的方向是促进新能源汽车快速发展，抑制高油耗汽车的增长，但反映了消费者选择行为的市场实际趋势却表现为前者发展缓慢，后者快速增长。可见，只有深入研究消费者行为的影响因素与形成机制，才能找到改变消费者行为的关键要素，制定出能够发挥预期效果的减排政策。

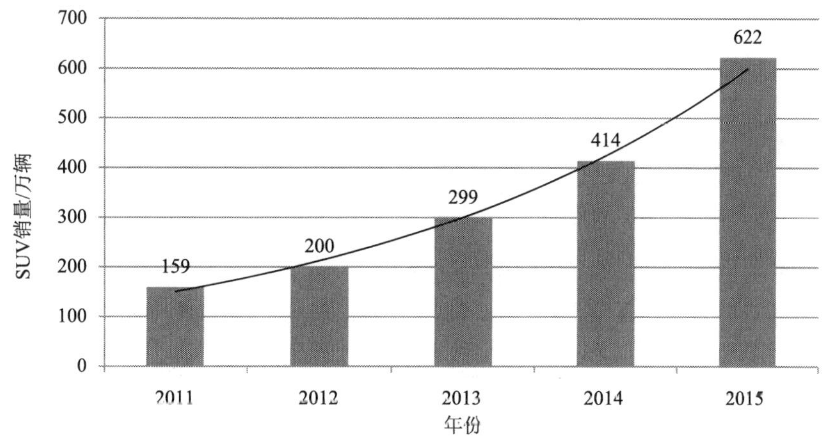


图 1-1　近年来中国 SUV 销量变化趋势

1　工信部，等 . 关于 2013 年度中国乘用车企业平均燃料消耗量核算情况的公告。http://www.miit.gov.cn/n11293472/n11293832/n12845605/n13916898/16146444.html.

## 二、人类住区减缓气候变化综述

纵观人类历史上的数次城镇化浪潮，随着城镇化进程的加速，交通的机动化水平也常常呈现同步增长趋势。要研究低碳城市交通发展，必须将交通放在城镇化背景下加以分析。前文提到，IPCC 第五次评估报告分析交通部门温室气体减排时，特别强调了基础设施与城市形态对交通碳排放的锁定效应，并认为通过新建或改造基础设施实现交通部门减排的潜力巨大。本节将在对 IPCC 第五次评估报告第三工作组第 12 章“人类住区、基础设施与空间规划”[1] 内容要点与关键信息进行总结的基础上，综述人类住区减缓气候变化的研究与实践进展。

IPCC 第五次评估报告第三工作组第 12 章是应对气候变化评估报告中新增的一章，在前四次评估报告中都未曾出现。这一章内容基于近年来城市地区减缓气候变化问题的研究文献，梳理了城市地区温室气体排放与减缓途径的分析框架，特别聚焦了基础设施建设对城市低碳发展带来的挑战与机遇，以及城市形态与温室气体排放之间的关系，并重点分析了采取空间规划措施减缓气候变化的基本策略与常见政策。这一章的重要意义体现在题目中的三个关键词上。

“人类住区”：在报告中，本章位于能源、交通、建筑、工业、农林土地利用等部门章节之后，国际合作章节之前，但并不是对某一经济部门的分析，而是针对以城市为代表的各类“人类住区”的系统分析。本章讨论的减缓措施并不仅仅是城市空间范围内能源、交通、建筑、工业等各部门减缓措施的简单综合，而是针对全球城市化大趋势，尝试总结一个系统集成的分析视角，形成人类住区减缓气候变化的完整框架，特别对系统优化方面的减缓策略与关键问题加以研究。

“基础设施”：未来 20 年是全球快速城市化与大规模基础设施建设期，因此也是城市减缓气候变化的关键时期。到 2030 年，城市区域的面积将增长至 2000 年的 3 倍，基础设施建设及其原材料的生产消费将成为温室气体排放的重要驱动因素。能源、交通、建筑、工业等章都曾对与基础设施及其原材料生产相关的减缓问题予以讨论。本章对城市基础设施领域的减缓问题进行相对完整的综合分析，并着重分析基础设施与城市形态的关系，介绍优化城市形态领域的减缓途径。

“空间规划”：通过空间规划措施实现减缓是前四次评估报告较少介绍的内容，近年来相关研究文献逐渐增加，多数文献是对发达国家城市的研究，也出现了针对中国等新兴经济体和快速城市化国家及地区城市的研究。很多研究表明，城市形态对城市温室气体排放有重要影响，通过空间规划措施可以实现系统性的减排。中国正处于快速城镇化阶段，并将新型城镇化作为结构调整、拉动内需重大战略，在这一阶段，空间规划措施的减缓作用突出，减排潜力巨大。

1 IPCC. Climate Change 2014: Mitigation of Climate Change. IPCC Working Group Ⅲ Contribution to AR5, Chapter 12: Human Settlements, Infrastructure and Spatial Planning. Cambridge University Press, 2014.

### （一）城市系统的温室气体排放：现状、趋势与驱动因素

IPCC 第五次评估报告对全球及各区域城市系统温室气体排放的现状进行了简述，并基于不同的城市化情景研究，描述了未来城市地区温室气体排放的变化趋势。在此基础上，概括了城市温室气体排放的四类驱动因素，并分析了各类因素对城市排放的具体影响。

全球未被冰川覆盖的陆地上，只有不足 3% 的土地属于城市地区，但这里却集中了全球超过一半的人口，产出了全球约 80% 的 GDP，能源消费与二氧化碳排放也分别约占全球总量的 3/4。可以说，城市是人类社会、经济活动的核心地区，是能源消耗的高强度地区，也是因人类活动而产生的温室气体排放的关键源和主体地区。城市化对各区域的温室气体排放影响差异显著，发展中国家由于正处于伴随着工业化的城市化进程，因而城市人均排放要高于全国人均水平，而发达国家则相反，其城市化水平已基本稳定，城市人均排放普遍低于全国平均水平。

全球城市人口增长率将从 2011 年的 52% 增加到 2050 年的 64% ～ 69%，城市人口的增长主要发生在发展中国家，尤其是这些国家的中小城市，而城市的空间扩张速度更快，将为城市人口扩张速度的两倍。2006 年城市地区能源相关的二氧化碳排放在相应总量中的占比为 71%~76%，确切的城市排放核算结果取决于空间与功能边界的划定，以及核算方法的选择。未来发展中国家的城镇化过程意味着更多人口的收入水平提高与生活水平的提高，从而意味着能耗和排放需求的增加。

城市温室气体排放的驱动因素可以概括为四类：经济因素、社会人口因素、技术因素、基础设施和城市形态因素。

经济因素包括经济增长、产业结构、国际贸易中的分工等因素。经济增长与居民收入的提高通常都会带来温室气体排放的增加。产业结构通常由国际与区域贸易格局、城市的比较优势与资源禀赋所决定，对温室气体排放有系统性的影响，主要影响工业、服务业、城际间交通运输的排放。收入因素则直接影响建筑与交通的排放。

社会人口因素包括人口结构与变化趋势（人口规模、年龄分布、家庭特征等）、文化特征（生活方式与消费模式）、社会分配（基础设施与公共服务分配是否均等）等因素。社会人口因素主要对发展中国家正处于快速城镇化进程中的城市有一定影响，影响主要体现在建筑与交通领域。处于成熟状态的城市社会人口特征相对稳定，受社会人口因素影响较小。

技术因素对城市所有部门温室气体排放都有重要影响。主要减排潜力在发展中国家城市对新技术的跨越式发展应用。发达国家的成熟城市则是重要的技术研发地。

基础设施与城市形态因素包括土地利用的方式与城市设计和空间安排等。基础设施与城市形态因素对快速发展中的城市的温室气体排放有重要影响，那些城市很大一部分基础设施正在建设中。对成熟城市而言，由于基础设施已经建成，城市形态因素的作用主要体现在城市更新改造领域。基础设施与城市形态因素具有锁定效应，尤其

对交通部门温室气体排放有重要影响。

### （二）基础设施与城市形态对城市温室气体排放的影响

IPCC 第五次评估报告在分析了城市温室气体排放的四类影响因素后，得出了一个重要结论：基础设施与城市形态是在城市层面减缓气候变化的重要抓手。在得出这一结论后，报告还着重介绍了基础设施与城市形态对城市温室气体排放的影响及相关的减缓政策措施。

城镇人口快速增长引致的基础设施建设将成为多部门排放增长的驱动因素，作为基础设施建设重要原材料的钢铁与水泥的生产都是高耗能产业。此外，基础设施投资巨大，运行时间长，一旦建成将具有极强的锁定效应，使城市未来数十年的能源消费与温室气体排放路径、居民生活方式与消费模式难以改变。

基础设施与城市形态密切相关。城市形态尤其决定了交通基础设施的结构特征与空间布局，从而反映为出行需求和机动车行驶里程等因素对交通温室气体排放的影响。特别对发展中国家而言，交通基础设施的增长和城市形态的形成对未来长期排放趋势有重要影响。

城市形态是土地利用、交通系统、城市设计元素的空间安排，包括城市物理范围内街道与建筑的布局和住区的内部结构等。

城市形态方面影响能源与温室气体排放的四大主要因素包括：密度、土地混合利用、连通性和可达性。这些因素之间互相影响，具有相关性。近年来，研究者对城市形态与温室气体排放的关系进行了很多实证研究，多数集中在发达国家城市，也有一些针对发展中国家城市。这些研究结果表明，高密度居住与就业的共地分布，公共交通的显著改进，土地的高混合利用，以及高连通性和可达性的城市或社区可以在长期实现大幅减排。

### （三）减缓气候变化的空间规划策略与政策工具

IPCC 第五次评估报告分别分析了快速城市化的城市与发展成熟城市在空间规划领域的减排策略。

对于快速发展的城市而言，重点是确保城镇化和基础设施发展遵循更为可持续和低碳的路径。对于成熟或已建成的城市，空间规划实现减排的潜力在于城市更新领域的城市形态优化与基础设施更新。关键的减缓策略包括：高密度居住与就业的共地分布，高密度土地利用，提高可达性，投资公共交通和采取交通需求管理措施。将这些策略捆绑在一起实施，可以在短期实现减排，并在长期实现更大程度的减排。

IPCC 第五次评估报告基于各城市的实证研究与成功实践经验，梳理了宏观（都市圈）、中观（城区和廊道）、微观（社区和街区）三个层次的低碳空间规划政策工具。

宏观层面的规划政策包括：多中心并以公共交通为导向的都市圈规划、城市开发边界管理、职住平衡的功能分区等。

中观层面的规划政策包括：廊道开发边界管理、以公共交通为导向的廊道规划等。

微观层面的规划政策包括：棕地再开发的城市再生与填充式开发，在社区规划中运用"新城市主义"和传统社区设计理念、增加步行区并对机动车使用予以限制等。

根据政策的作用方式不同，可将空间规划政策工具分为规制政策与基于市场的经济激励政策。

政府在调节民间开发商行为时，可以采取鼓励混合土地利用的功能限制、最小密度限制与容积率奖励、划定绿带与城市开发边界、低碳社区设计与建筑标准、限定最多停车位的停车场设计标准等。政府在自身作为主体直接进行开发时，可以使用开发权转让政策优先开发公共交通站附近土地，增加绿地以增强城市碳汇能力。

基于市场的经济激励手段包括促进紧凑型发展的房地产税与开发影响费、道路收费、停车收费与拥堵费等政策。

对经合组织城市地区使用一般均衡模型的研究表明：在实现同样的温室气体减排目标时，城市开发最低密度政策和拥堵费结合使用，比征收碳税的政策总成本更小。

## （四）城市基础设施与空间规划减排的制度保障与融资渠道

IPCC 第五次评估报告指出了一个全球城市温室气体减排面临的困境：未来城市温室气体减排的最大机遇在快速城市化国家，但这些国家的治理水平、技术、资金、制度能力相对薄弱。未来主要的城市开发与大规模基础设施建设将发生在发展中国家的中小城市，这些城市的相关能力更为薄弱。减排潜力最大的那些城市恰恰又是各种制度能力最为缺乏的那些城市。

报告继而提出了增强城市空间规划减排制度能力的政策建议：第一，促进减缓气候变化与经济发展、减少贫困、提供基本公共服务、治理局地污染、增强城市活力等其他城市优先考虑的发展目标相结合，形成综合协调的低碳城市发展目标；第二，由中央政府或地区政府授予城市足够的管理权限，成立专门对城市发展与基础设施建设的空间规划问题进行统一、综合管理的政府机构，推广都市圈规划模式，建立城市发展的区域协调机制；第三，推动土地规划、城市规划与产业部门规划的融合，支持土地利用与交通一体化规划模式；第四，提供支持低碳基础设施建设与空间规划制定实施的资金保障机制。

城市基础设施的常见融资渠道包括：中央政府投资、地方政府间转移支付、城市政府财政收入、私人部门投资、公私合作模式（PPP）、发行城市债券或通过金融中介向资本市场融资、碳金融模式等。土地价值获取（land value capture）是一种创新的融资模式，城市政府可以尝试用新基础设施带来的地价升值收入来为新公共交通基础设施融资。

### （五）有待进一步研究的知识体系与方法学问题

第 12 章是 IPCC 第五次评估报告中新增的一章，首次尝试从人类住区、基础设施与空间规划视角对减缓气候变化问题进行分析，在对相关研究与实践进行综述的基础上，也提出了该领域有待进一步研究的重要知识体系与方法学问题，主要包括：

第一，在全球范围内，城市层面缺乏具有一致性和可比性的排放数据，发展中国家的城市尤其缺乏可靠的数据基础和排放清单研究，这使得评估城市占全球温室气体排放比例、总结城市化模式及其排放路径困难重重，对减排政策的效果评估也难以进行，不同城市排放水平与减缓气候变化行动方案间无法比较。

第二，优化城市形态、基础设施和土地利用模式的相关规划与政策措施究竟能实现多少减排，目前有很多分散的实证研究，但对此问题尚缺乏系统的科学认知，导致难以对空间规划减排潜力进行定量化的分析，也无法在统一的费用效益分析框架内与其他减排措施进行比较。

第三，全球数以千计的城市正在实施气候变化行动方案，但较少有城市将空间规划措施作为减缓气候变化的重要行动，且对于城市气候行动方案及其效果的评估很少，很多城市的减排政策的实施效果缺少系统性报告，这导致实现城市减缓气候变化目标的程度非常不确定。

第四，未来城市化路径还有较大不确定性，城市对于如何确定不同发展目标的优先次序缺乏科学认知，低碳空间规划策略在很多城市的现行体制下较难融入城市议程与实践进程。

### （六）对中国城市低碳规划的启示：构建“多规合一”的低碳空间规划机制

IPCC 第五次评估报告建议发展中国家推动土地规划、城市规划与产业部门规划的融合，从而为有效实施空间规划减排措施提供制度保障。这一建议对于中国城市空间规划体制改革而言，具有重要的现实意义。

基于全国主体功能区划所确定的全国各地区主体功能定位和空间结构，中国的规划大体可以概括为三级规划体系，按照行政层级分为国家级规划、省（自治区、直辖市）级规划、市县级规划。城市层面上，综合规划层次包括城市总体规划、城市土地利用规划和城市国民经济和社会发展五年规划，在这三个综合性规划之下，城市层面还有大量针对产业、工业园区、能源、环境、交通等特定领域编制的专项规划，形成了产业规划、土地利用规划和城乡规划三大体系。这三类规划都具有空间含义，但对于很多城市而言，这三类规划在空间安排上存在各成系统、相互抵牾的诸多具体问题。

在低碳发展领域，国家发改委组织两批低碳试点省市编制了低碳发展规划，并将低碳发展融入各个产业规划的编制中，提出优化空间布局作为低碳发展的重要措施。

住建部与部分地区合作，在原国民经济和社会发展规划、城市总体规划、土地利用规划这“三规”的基础上，尝试编制“低碳生态城市规划”，将低碳发展理念、指标与行动融入现有城乡规划体系。国土资源部发布了《节约集约利用土地规定》与《关于推进土地节约集约利用的指导意见》，提出合理确定城市用地规模和开发边界，强化城市建设用地开发强度、土地投资强度、人均用地指标整体控制，提高区域平均容积率，优化城市内部用地结构，促进城市紧凑发展，也具有重要的低碳发展意义。

为了在新型城镇化背景下充分利用空间规划措施减缓气候变化，促进城市低碳空间形态的形成，在城市层面要通过促进产业规划、土地利用规划与城乡规划的“三规融合”，为有效实施空间规划减排措施提供制度保障（图 1-2）。

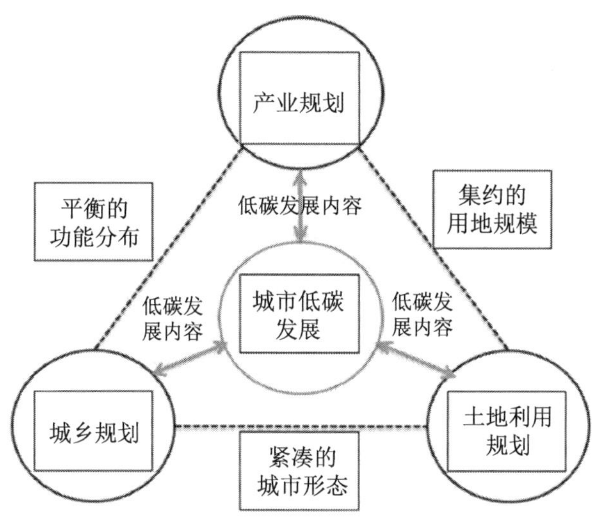


**图 1-2 构建“三规融合”的低碳空间规划机制**

产业规划与土地利用规划融合的关键是确定集约的用地规模。各产业部门应在城市低碳发展规划的指导下，按照低碳发展理念提出产业发展的土地利用目标。国土部门则应在充分研究的基础上，确定人均城镇建设用地、城市土地平均容积率、各功能区容积率和不同用途容积率、建筑密度、单位土地投资等土地利用效率和效益的控制标准，并予以严格执行。

土地利用规划与城乡规划融合的关键是塑造紧凑的城市形态。城乡规划部门应将组团式、紧凑集约、功能复合的城市空间发展理念落实到城乡规划具体制定过程中，建立以密度管理为核心的低碳城市规划建设评价指标，严格控制人均城市建设用地面积。国土部门则应与城乡规划部门建立统一的空间信息系统，制定针对不同功能区的密度标准。

城乡规划与产业规划融合的关键是确保产业发展与城市发展空间匹配，推进土地的混合利用，实现“职住平衡”与“产城融合”。城乡规划部门应规划具备各种基本公共服务功能的组团，在城市、城区、街道与社区 3 个层次上提高土地的混合利用程度，充分考虑各产业规划的发展需求。各产业部门应在城市低碳发展规划的指导下，与城乡规划的功能布局对接，实现产业发展目标与城市空间安排的协调。

从规划内容和编制过程来看，要建立“三规”之间的密切沟通与动态反馈机制，从低碳发展角度对城市空间形态发展状态及趋势予以定期评估，根据评估结果实现各规划制定部门间多向互动与各规划空间布局的及时调整。

## 三、中国交通部门能源消费现状及带来的挑战

自 1978 年以来，中国城镇人口在总人口中所占比重持续上升，城镇化率从 1978 年的 17.92% 提高至 2015 年年末的 56.1%，始终处于快速城镇化发展阶段。随着城镇化率的持续上升，机动化进程也在逐渐加快。从 20 世纪 90 年代开始，中国政府将汽车工业确立为推动经济发展的支柱产业。近年来，中国政府明确提出在交通领域提高人民生活水平的战略目标，即积极发展城乡公共交通、鼓励轿车进入家庭。近年来，中国民用汽车拥有量呈现指数上升的增加趋势，其中载客汽车增长尤为迅速，在民用汽车拥有量中的比重也在不断上升。由于城镇地区民用汽车拥有量中以载客汽车为主，这说明城镇化水平的快速提高成为民用汽车拥有量加速上升的重要驱动因素。截至 2015 年年底，全国机动车保有量达 2.79 亿辆，其中汽车 1.72 亿辆。汽车占机动车的比率迅速提高，近 5 年汽车占机动车比率从 47.06% 提高到 61.82%，居民机动化出行方式经历了从摩托车到汽车的转变，交通出行结构发生了根本性变化。全国有 40 个城市的汽车保有量超过百万辆，北京、成都、深圳、上海、重庆、天津、苏州、郑州、杭州、广州、西安 11 个城市汽车保有量超过 200 万辆。近年来，小型载客汽车，特别是私家车保有量始终保持较快增长态势（图 1-3）。到 2015 年，小型载客汽车达 1.36 亿辆，其中，以个人名义登记的小型载客汽车（私家车）达到 1.24 亿辆，占小型载客汽车的 91.53%。与 2014 年相比，私家车增加 1 877 万辆，增长 17.77%。全国平均每百户家庭拥有 31 辆私家车，北京、成都、深圳等大城市每百户家庭拥有私家车超过 60 辆（图 1-4）[1]。

随着经济的快速增长，城镇化进程的加快，机动车保有量的指数上升，中国交通运输需求和服务也呈现迅猛增长的态势。从 1978 年开始，城市区域内部与城际交通需求都增长迅速。以全国公路旅客周转量为例，到 2008 年已达 12 476 亿人千米，相当于 1990 年的 4.8 倍（图 1-5），尽管近两年有所下降，但 2015 年仍达 10 742.66 亿人千米[2]。在交通运输需求和服务增加的同时，交通部门内部各种交通方式构成也在明显发生变化，消费者对于出行时间、舒适性和快捷性的偏好逐渐显现出来。铁路运输在城际交通中的比例持续下降，公路运输成为主导交通方式。同时，高速铁路的建设如火如荼，随着高速铁路网络的逐渐密集，高速铁路在铁路运输内部逐渐替代传统铁路运输的趋

1 公安部交管局统计 [EB/OL]. http://china.cnr.cn/gdgg/20160125/t20160125_521231828.shtml.

2 交通运输部 . 2015 年交通运输行业发展统计公报 [EB/OL]. http://zizhan.mot.gov.cn/zfxxgk/bnssj/zhghs/201605/t20160506_2024006.html.

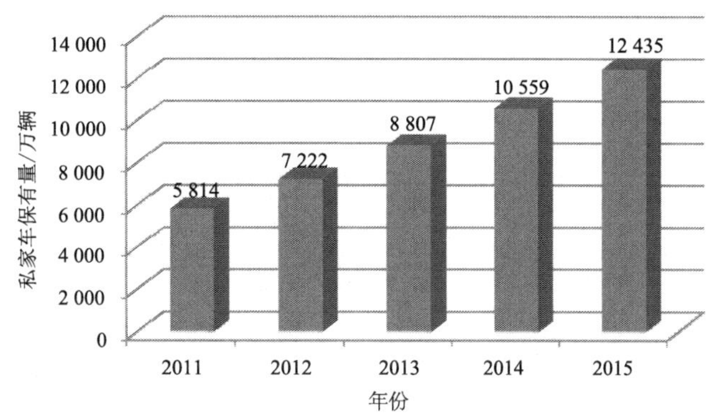


图 1-3 2011—2015 年中国私家车保有量变化情况

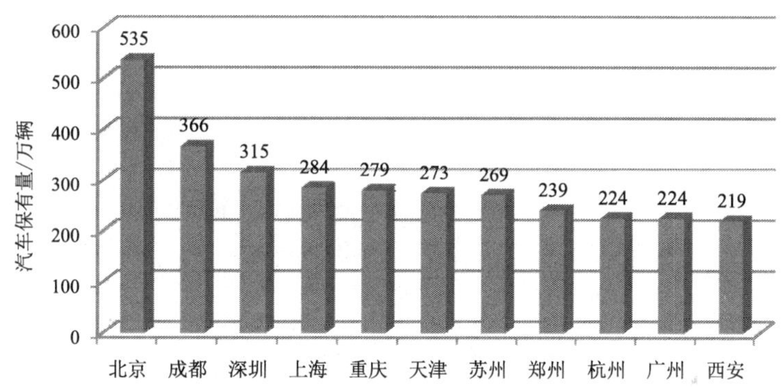


图 1-4 2015 年年末中国内地汽车保有量超过 200 万辆的城市

势愈加明显。在城市交通中，非机动交通逐渐被机动交通所替代，机动车出行量以及能源消费也迅速增加，交通拥堵、空气污染、噪声污染、交通事故等问题也越加凸显。

随着中国交通需求规模的迅速扩大以及交通模式向高速、快捷、舒适的方向演变，交通部门的能源消费，尤其是作为机动车燃料的石油产品的消费正在迅速增加。交通部门能源消耗的增速高于全社会能源消耗的增速，已成为近年来中国能源消费增长最快的终端部门。从交通领域能源消费总量来看，中国 2014 年交通运输能源消费量为 4.3 亿 t 标准煤，占全社会终端能源消费量的比重为 13.7%，交通领域的二氧化碳排放占中国总排放量的 8% 以上。从交通领域能源消费增长来看，中国交通运输能耗自 1996 年的 1.1 亿 t 标准煤增长到 2014 年 4.3 亿 t 标准煤，几乎翻了两番[1]。随着中国城镇化水平和人民生活水平提高，增速将还会进一步加快。

与国际水平相比较，发达国家的交通运输能耗占比一般为 20% ～ 40%，美国是 39%，西班牙是 36%，意大利是 30%，日本也在 24% 左右，中国现在仅为 13.7%。从人均交通运输用能来看，各主要发达国家人均交通用能都在 0.6t 标准油以上，中国

1　解振华在 2017 年中国电动汽车百人会论坛上的演讲 . 交通减排是国际谈判重要筹码 . http://auto.sina.com.cn/news/hy/2017-01-14/detail-ifxzqnip1139595.shtml.

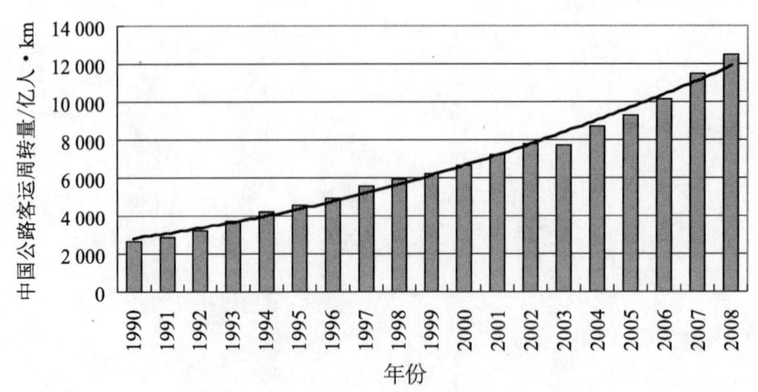


**图 1-5 中国公路客运周转量变化趋势**

2014 年人均交通用能仅为 0.15t 标准油，远低于发达国家的水平[1]。如果按照传统发展模式，今后还会有较大增长。

2009 年，中国汽车保有量达到 6 200 万辆，消耗了 13 480 万 t 成品油，占全国汽柴油总产量的 63.2%。其中车用汽油消费量为 6 260 万 t，占汽油产量 7 192 万 t 的 87%，车用柴油消耗 7 220 万 t，占柴油产量 14 124 万 t 的 51%（国家发改委，2010）。近年来，汽油消费增长速度虽有所减缓，但 2015 年中国汽油表观消费量仍同比上涨 9.5%，达 11 530.7 万 t（国家统计局，2016）。

交通部门能源消费的迅速增加在空气污染、温室气体排放、能源安全、道路拥堵、噪声污染、交通安全、土地利用等诸多方面给中国的可持续发展带来了一系列重大挑战。

## （一）空气污染

交通部门造成的空气污染主要来自道路交通领域的机动车使用过程中的尾气排放。近年来，中国机动车排放标准越加严格，加强了控制机动车污染的力度。然而，由于机动车保有量一直保持高速增长态势，汽车污染物总排放量仍持续增长，在城市空气污染中的分担率逐渐攀升。机动车排放成为一些大中城市空气污染物的主要来源。一些城市由煤烟型污染转变成以机动车排放为主的尾气型污染。一些城市臭氧浓度逐步增高，个别城市发生光化学污染的可能性在不断增加。随着机动车保有量的快速增加，中国城市空气开始呈现出煤烟和机动车尾气复合污染的特点，直接影响居民健康。2014 年，全国机动车排放污染物 4 547.3 万 t，比 2013 年削减 0.5%，其中氮氧化物（$NO_x$）627.8 万 t，颗粒物（PM）57.4 万 t，碳氢化合物（HC）428.4 万 t，一氧化碳（CO）3 433.7 万 t。汽车是污染物总量的主要贡献者，其排放的 $NO_x$ 和 PM 超过 90%，HC 和

1 解振华在 2017 年中国电动汽车百人会论坛上的演讲 . 交通减排是国际谈判重要筹码 . http://auto.sina.com.cn/news/hy/2017-01-14/detail-ifxzqnip1139595.shtml.

CO 超过 80%[1]。

近年来，尤其是冬季，全国多个地区频繁发生大面积、长时间的空气重污染过程，已成为危害居民身体健康、影响居民生活质量的重大环境问题。根据环保部对若干大气污染防治重点城市的污染物源解析工作成果，机动车、工业生产、燃煤、扬尘等是当前中国大部分城市环境空气中颗粒物的主要污染来源，占 85% ～ 90%，其中北京、杭州、广州、深圳的首要污染来源是机动车[2]。根据环保部部长陈吉宁 2017 年 1 月 6 日在大气污染防治媒体见面会上提供的数据，2016 年全国机动车保有量已达 3 亿辆，其中汽车有 1.9 亿辆。北京 31.3%、上海 29.2%、杭州 28% 的细颗粒物均来自机动车。在雾霾最严重的京津冀周边地区，北京、天津、河北、山西、山东、河南 6 省（直辖市），国土面积虽只占全国 7.2%，机动车保有比重则高达 28%。北京如果不解决车的问题，特别是重污染车的问题，改善空气质量是比较困难的[3]。

## （二）温室气体排放

交通部门的温室气体排放在中国总排放中所占比例已接近 10%，而且是增长最快的终端部门。据 IEA 2005 年估计，中国交通部门温室气体排放量已达 2.67 亿 t（其中道路交通排放 1.68 亿 t），约占全国总排放的 7.2%，比 1990 年增加了 126.7%，其中道路交通增加了 174.6%。由于纯电动汽车、燃料电池汽车等新能源汽车尚未进入大规模商业化阶段，又因耕地等资源禀赋所限，替代燃料在中国的发展空间极为有限，交通部门的能源消费依然以石油产品为主，短期内不会发生较大变化，因此随着交通需求在未来的持续上升，以石油为主要燃料的交通能源消费结构将使得交通部门的 $CO_2$ 排放继续攀升。预计到 2020 年，中国的交通部门二氧化碳排放量将比 2010 年的排放水平增加 54%[4]。

城市化进程在一定程度上推动了机动化水平的提高与交通需求规模的扩大，从而使得交通能源消费与温室气体排放增加。据估计，中国的城市交通系统燃料消耗与二氧化碳排放占交通部门的 30%（Schipper, Lee et al., 2007）。随着城市化进展的加速，城市交通系统燃料消耗与温室气体排放在交通部门中所占比例将进一步上升。

## （三）能源安全

由于交通部门的能源消费始终以石油产品为主，且在中国全部石油消费中所占比例持续上升，因此交通部门能源需求的迅速增加直接带动了中国对原油和成品油等石油

1　环境保护部 .2015 年中国机动车污染防治年报 .http://www.zhb.gov.cn/gkml/hbb/qt/201601/t20160119_326622.htm.

2　http://jjckb.xinhuanet.com/2015-04/02/content_543150.htm.

3　http://www.zhb.gov.cn/xxgk/hjyw/201701/t20170109_394444.shtml.

4　国开金融，能源创新组织，能源基金会 . 绿色智慧城市开发导则 . http://energyinnovation.org/what-we-do/urban-sustainability/7118-2/。

基燃料需求的激增。这与中国原油资源相对匮乏的资源禀赋构成了尖锐的矛盾。进入20世纪90年代后，中国石油供需缺口日益扩大。1993年，中国首次成为石油净进口国。2009年中国生产原油1.89亿t，净进口原油却达到1.99亿t，原油进口依存度首超50%的警戒线，达53%（国家能源局，2010）。2011年，中国超过美国成为全球第一大石油进口国和消费国，当年，官方公布的数据显示中国原油对外依存度达55.2%，也首次超越美国的53.5%。近年来，中国石油消费增速放缓，但仍保持中低速增长，2015年对外依存度首次突破60%，达到60.6%，石油安全面临的形势更加严峻。当前，中国石油消费超过了GDP增速，预计到2020年，石油消费总量将达到6亿t左右。到2030年，中国石油消耗量的80%需要依靠进口[1]。由于中国高耗油车型比例过大，节能环保产品比例相对较小，燃油经济性相关技术相对落后，因此乘用车单车平均油耗远高于日本和欧洲等工业发达国家的水平，中国新增的炼油能力几乎全部被新增汽车消耗。

### （四）道路拥堵

尽管近年来城际与城市内部各种交通基础设施逐年递增，但交通基础设施及服务供给的增长速度仍不及交通出行需求的增长速度高。在交通负荷不断增加的情况下，部分公路与城市道路的交通拥堵日趋严重。以北京市为例，1994—2003年，北京交管局对北京市严重堵车路、路段的统计逐渐上升。1994年为36处，1995年为55处，1999年猛增到99处，2003年经过专项治理，仍达87处。2010年9月16日，高峰峰值时段全市拥堵道路超过140条，创历史最高纪录。预计在没有有效限制措施的情况下，2015年北京市机动车保有量将达700万辆，届时平均每小时车速将低于15km。当机动车保有量达500万辆和600万辆时，不采取限行措施，高峰时拥堵时间将超过5.5h；采取限行措施，中度以上拥堵时间也将达3～4h（北京交通发展研究中心，2010）。城市交通拥堵造成居民单次出行时间过长、运输效率低下以及交通环境污染恶化等诸多问题。据估计，北京、上海、广州、深圳等15座城市因交通拥堵日均损失近10亿元，而北京的月均拥堵成本高达60亿元（牛文元，2010）。2017年1月10日，交通运输部科学研究院等多家机构发布了《2016年度中国主要城市交通分析报告》，全国有1/3的城市高峰通勤受到拥堵的威胁，报告调研的60个主要城市中有32个城市高峰拥堵延时指数超过1.8。低效的城市道路交通体系不但给城市发展带来经济损失，还会降低城市居民的生活质量，使幸福感下降，严重影响城市的可持续发展。

### （五）噪声污染

在中国的很多大中城市，交通带来的噪声污染问题日趋严重。以北京市为例，尽管政府采取了许多措施，加快道路建设并对部分旧有道路进行了大规模的改造，但城

1　中国石油集团经济技术研究院，国内外油气行业发展报告，2016。

区的交通噪声平均仍在 71dB 左右，根据北京市监测部门对建成区环境噪声定点监测结果，夜间交通干线道路两侧区域噪声值为 61 ～ 66 dB，超过国家标准中四类区规定的 55 dB 限值（杨晓娜等，2005）。

### （六）交通事故

在全世界范围内，交通事故造成的人员伤亡不断增多。20 世纪 90 年代以来，全球因交通事故每年有 50 万人死亡，250 万人受伤，且伤亡人数呈逐年上升态势。中国的情况更为严重，尽管机动车拥有量不足全球总量的 1/10，但因交通事故而造成死伤的人数却超过了全球总量的 1/5。

## 四、低碳城市交通研究的重要概念

本节将对低碳城市交通研究领域涉及的重要概念进行研究与界定，主要包括交通、交通需求、出行、城市交通、城市空间结构及其演化等。此外，本节还将对出行与活动，交通需求与出行行为等一些概念间的联系与区别进行辨析。

### （一）交通与交通需求

#### 1. 交通概念的内涵界定

“交通”通常被广义地定义为“人、货物、信息在地点间，并且伴随着人的思维意识的移动”（邵春福，2004）。由于人和货物的移动与信息的移动在速度上的差异，并且信息的移动已经形成了独立的学科，所以，交通又被狭义地定义为“人或货物在地点间，并且伴随着人的思维意识的移动”。不能将自然界的物体单纯在地点间的移动认为属于交通的范畴。伴随着思维意识的移动可以分为两种：① 移动的本身有价值，即人们通过移动获得精神快乐和休闲等，如旅行、驾车兜风等非日常性移动。② 移动的结果有价值，即人们通过移动获得对自己或社会有价值的结果，如人们“工作”的移动结果既为社会创造财富，又为自己的生活奠定经济基础；“购物”移动使人们从物质和精神获得满足等，这些均属于日常性移动。

本书主要关注“人在地点间，并且伴随着人的思维意识的移动”，即客运交通。

#### 2. 交通需求及其分类

在经济学领域，按照供给与需求原理，有两种对交通需求的定义，第一种认为交通需求是人在主观上想要实现有意识的移动的愿望；第二种将交通商品与服务市场上消费者表现出来的对于交通商品与服务的具体有效需求称为交通需求。本书主要采用第一种对交通需求的定义，而将第二种定义所涉及的内容纳入交通出行行为的范畴。依照第一种定义，交通需求可以分为两类：① 本源性交通需求，其移动的目的是移动者自己，且由他人难以代替的交通需求。例如，上学、访友、观光、度假、看病等均是为了自己的交通需求，并且是不能由他人代替的行为。② 派生性交通需求，由其他活动引起的，并且可以由他人代替的需求交通。例如，业务、工作等产生的交通需求。

传统的交通研究较多关注的内容为业务、工作等日常性交通需求，因此属于派生性交通需求的范畴。但是，随着人民生活水平的提高和周休两天制度在大多数国家的实施，近年来本源性交通需求也被作为研究对象广泛地研究着。例如，对旅游交通和假日交通的研究等。

根据目的的不同，可以将交通需求按照需求层次进行分类。马斯洛的需求层次理论将人的需求按照由低到高的层次分为生理需求、安全需求、社交需求、尊重的需求和自我实现的需求（Abraham Maslow，1970）。交通需求也可以简单分为生存性交通需求（mandatory，如上班、上学等）、维持性交通需求（maintenance，如购物、就医等）和消遣性交通需求（discretionary，如休闲健身、文化娱乐等）等。

在对居民交通需求进行研究时，居民的工作日交通需求通常是关注重点，其中生存性交通需求——通勤需求又是重中之重。

## （二）有关出行的若干概念研究

### 1. 出行

出行（trip），指的是具体的交通行为，可以认为是居民出于某种目的而进行的位移，通常具有特定的出发地（origin）和特定的目的地（destination），每次出行都具有特定的方向性，对单独的一次出行而言，通常是单方向的（陆化普，1998）。在广义上，居民的任何一次移动都构成一次出行，但是在一般的交通与出行行为研究中，出行必须与交通基础设施或交通工具有关，必须发生在某种城市道路之上，或者必须借助某种交通工具实现移动。居民在工作单位之内，住宅小区之内，休闲娱乐场地之内，或同一建筑物内部的移动通常都不属于出行。出行是交通研究和分析的基本要素，交通规划之中经常应用的传统的物理模拟模型一般都以出行为基本分析单元。

以城市内部的出行为研究对象时，“出行”指城市居民在城市道路的移动，或乘坐其他交通工具在城市建成区内部的移动。

### 2. 出行目的

出行行为有五个特性值得特别注意：出行目的、出行时间分布、城市出行的空间分布、选择所用的交通方式、出行成本。每一个特性都将会以某种形式出现在分析城市出行所采用的分析工具或方式中。下面将分别对这五个特性的概念进行研究与界定。

由于出行是伴随着人类思维意识的个体移动，因此必然有一定的出行目的。按照出行目的的不同划分，通常的出行类型包括（迈克尔 · D. 迈耶，埃里克 · J. 米勒，2008）：

①工作出行：出行目的地为工作地点，如工厂、商店或办公室，即通勤。

②购物出行：出行目的地为零售机构，不管它的场地大小或商品种类如何。有一些出行者到商店“只看不买”，最终并没有购买任何商品，这种出行也属于购物出行。

③社交或娱乐出行：目的地为消遣或娱乐场所（如集会场所、游乐园、音乐厅或影剧院、体育比赛场馆）的文化出行。包括目的地为社交活动场所（聚会、拜访朋友）的出行。因外出就餐而产生的出行通常也被认为属于此类出行。

④商业出行：日常工作期间的交通，这类交通的起点往往是工作场所。

⑤学校出行：学生去学校的出行。

由于出行被定义为单向运动，因此，常常用“基于家”这种说法来形容出行的目的，而且常常将出行简单归结为以下五种类型之一：基于家工作、基于家购物、基于家上学、基于家的其他活动以及非基于家的活动。

通常可将居民的出行目的划分为：通勤（通学）及回程，购物出行，社交出行，文化、娱乐、休闲出行（游憩出行），商业出行（除通勤与回程之外日常工作期间的交通，起点往往是工作场所），其他出行。其中通勤出行一般是研究重点。

### 3. 出行的时间分布

交通是居民参与城市活动的最主要的方式，居民依据需求与偏好的不同而在每天的不同时间从事不同的活动，因此城市出行分布呈现时间上的变化。最明显的就是通常在每天清晨 6：00—9：00 与傍晚 16：00—19：00 的交通高峰期或拥堵时间。城市内部上下班与上下学的活动多出现在这两个时段。

早晨和傍晚与通勤或回程相关的出行导致高峰时间的交通需求明显大于其他非高峰时间。交通峰值现象是公共交通服务的特点，城市公共交通系统在早晨和傍晚的高峰时间客流量显著高于其他时间。

在特殊时期交通需求的峰值导致公路和公共交通设施的拥堵。对于任何交通设施来说，拥堵只是一种状态，在这种状态下，对这种设施的使用量极大，以至于给该设施的使用者们带来了时间上的延误。这种情形通常发生在交通量与交通设施的通行能力接近时。交通经济学领域的实证研究显示，城市公路的需求峰值接近每小时平均需求的两倍。而对于公共交通设施而言，峰值需求有时会达到平均需求的 3 ～ 4 倍。公共交通乘客人数显著的峰值特征，对公共交通运营者提出了挑战，要求他们必须提供足够的通行能力来处理高于平均需求数倍的峰值需求。

从 20 世纪 60 年代开始，解决交通拥堵问题的传统对策通常是提高道路和公共交通网络的通行能力，以便在高峰期能适应增长的交通需求。其后一些成本通常更低、效果有时更好的解决途径逐渐得到更多的关注。“错峰上下班”方案得到广泛应用并取得了较好效果，即通过对工作时间的合理安排，使大量通勤者在不同的时间上下班，以期降低或“削平”峰值。另一类受到广泛重视的政策是鼓励居民通过通信手段来替代交通出行，减少交通需求。

治理交通拥堵的经济激励政策已在许多城市发挥重要作用。如中心区域的拥堵收费政策、以道路收费价格歧视为主要形式的高承载率车辆优先政策、高峰期与非高峰期公共交通差别定价政策等。

关注低碳城市交通发展时，研究城市居民交通行为的最终目的是关注城市交通能源需求与温室气体排放，而非交通拥堵问题，因此通常不对出行的时间分布进行专门研究。但由于控制城市交通能源需求与温室气体排放的政策与治理交通拥堵的政策存在一定程度的重合，因此在进行政策研究时，也需要关注出行的时间分布问题。

#### 4. 出行的空间分布

任何一次出行都是从某一个地点出发，到某一个目的地结束，起点和目的地都位于城市的特定地理位置上。因此，城市地区出行的空间分布直接关系到土地使用和交通系统网络结构的模式。

出行的空间分布要求城市交通管理部门对路网上的交通流量进行尽可能精确的描述。研究区域通常被划分到交通分析小区，它体现了出行起点与目标点的地理位置。每个交通小区都具有土地使用和人口统计学上的特点，可以根据这些特点估计这一区域可能产生的交通量以及吸引到的出行数量。

了解出行的空间分布成为城市交通研究中的一个重要组成部分，因为它表明了城市地区哪里容易产生交通问题、现有的交通系统能满足哪些层次的需求，以及哪些地区必须采取措施来提高系统功能。

#### 5. 出行方式分布

出行方式是交通系统中的基本组成部分。城市地区不同出行方式的交通比例（如公共交通、私人汽车、自行车、步行等）根据所在城市的不同而大不相同。城市地区公共交通在中心商业区出行中承担的比例通常显著高于其他地区，且在交通高峰期会相应地增加。

影响城市居民交通方式选择的因素众多。最重要的影响因素是对于某一次具体出行而言，选择不同出行方式时的出行时间差别。相关研究表明，在可以使用汽车交通的条件下，实际的或感觉到的公共交通出行时间大于使用汽车的出行时间时，出行者就会更倾向于使用汽车。其他重要的影响因素包括出行方式的可行性，如汽车的拥有权或公共交通的可达性，实际成本同预期成本的差别，舒适性或便利程度，如在目的地附近停车的可行性。出行方式的选择还与职业、收入、年龄以及其他社会经济特征有关。

近年来，许多国家的城市交通政策非常关注居民出行方式的转换。如以下具体政策：高速公路上为高承载率汽车（如共享车辆、公共汽车）设计了优先通道，以便通过减少出行时间而使这些方式更具吸引力；停车政策通过限制可达性、提高停车价格、减少整体停车泊位供给来减少汽车作为通勤方式的吸引力；通过各种措施改善公共交通服务，以便提高其作为一种交通方式的吸引力。

出行者选择不同出行方式对应着差异巨大的能源消耗与温室气体排放。若不考虑制造交通工具等过程中的能耗与温室气体排放，通常可以认为非机动出行不产生能耗与温室气体排放。若选择地铁等轨道交通方式，根据一般的承载率，每个出行者乘坐轨道交通每行驶 100 km 约产生 0.23 kg 二氧化碳排放量。公共汽车每行驶 100 km 约消耗柴油 0.016 t，排放 52.13 kg 二氧化碳（IPCC 清单指南）。以北京市为例，根据北京公交网的数据，2006—2008 年北京公交车年平均承载量为 0.4 人 /km，同时，北京公交车有近 74% 为柴油车、22% 燃料为液化天然气和汽油，约 4% 为无轨电车，综合估计每个出行者乘坐公交车每 100 km 的二氧化碳排放量约为 1.3 kg。假设出行者独自一人驾驶私家车出行，根据目前的平均燃料经济性水平，每行驶 100 km 约排放二氧化碳 18.9 kg。由此可见，北京市居民采取私家车出行单位里程产生的二氧化碳排放约是公共汽车出行的 15 倍，轨道交通出行的 82 倍。

城市居民出行方式通常包括：步行、自行车与电动自行车、公共汽车、市内轨道交通（地铁与轻轨）、私家车等。重要的换乘出行方式包括：轨道交通与公共汽车之间的换乘、自行车与公共交通（公共汽车与轨道交通）之间的换乘、私家车与公共交通（公共汽车与轨道交通）之间的换乘。

#### 6. 出行成本

对于出行者而言，狭义的出行成本是与出行有关的现金支出——燃油费、停车费、通行税、出租车费或公共交通票价，对于私人汽车出行者而言也包括车辆购买、维修以及保险、相关税费等费用。而对出行成本更广义的理解包括交通出行的社会成本，主要有：交通设施的成本以及不由使用者直接埋单，但其成本已经包含到非交通商品的价格中的商品；用于交通系统的建设、维修和运营的公共成本；交通相关影响给社会带来的非货币成本，如空气污染对健康的影响、交通事故引起的伤亡以及出行的时间成本。

在关注微观出行主体时，主要采用狭义的出行成本概念。但在进行公共政策研究时，会关注交通出行行为的社会成本。

### （三）交通需求与出行行为的概念辨析

如上文所述，“交通需求”是人在主观上想要实现有意识的移动的愿望，而“出行”指的是人有目的进行的由特定的出发地到目的地的单方向移动。由此可见，交通需求与出行的根本差异在于，前者是一种主观上的愿望，而后者是可以被观察到的，客观存在的移动现象。对于城市居民而言，交通需求是主观愿望，却是由客观因素决定的。由于交通需求是一种引致需求，居民为了满足生存性、维持性或消遣性等需求而不得不实现空间上的移动，客观存在的城市空间布局决定了居民是否需要出行与出行的距离，从而决定了居民的交通需求。出行行为是可以被观察到的客观现象，但对于城市居民而言，却是可以主观选择的行为。居民对于出行频率、出行时间、出行方式等的选择决定了出行行为。

居民的交通需求在现实中会表现为居民交通出行方面的一系列选择行为，包括出行距离的确定、出行频率的确定、出行方式的选择等。交通需求是交通出行行为的基础，交通出行行为则是交通需求的具体表现形式。交通需求反映了居民空间移动的潜在需求，可以通过不同形式的交通出行行为得到满足。

## （四）城市交通与城市空间结构

交通是一个空间特性极其突出的范畴，城市交通始终与城市空间结构形态及其演化交织在一起，密不可分。研究交通出行行为必须关注城市空间结构及其演化的相关概念。

### 1. 城市交通

城市交通按照服务对象的不同，可以划分为城市客运交通和城市货运交通两个主要组成部分。本书由于主要以城市居民出行行为为研究对象，因此重点研究城市客运交通。

城市客运交通受到各种复杂因素的影响，这些因素涉及自然环境、社会、经济、政治、军事、文化等各个方面。在各类影响因素中，本书重点关注的是社会因素与经济因素的影响及其作用机制。

从空间上进行分类，可以将城市交通划分为城市内部交通、城市行政区域内的交通，以及不同城市之间的城际交通。本书的研究空间主要是城市内部，因此重点关注城市内部交通行为，但某些研究也会涉及城市行政区域内的交通。

### 2. 城市空间

城市空间有很多种定义，从不同研究角度出发，对于城市空间概念的界定也会有所差异。在人文地理学和经济地理学的研究中，将城市空间等同于地理空间，主要体现出城市的物质属性，即城市地理区域内的各种物质。在社会学和人类学的研究中，将城市空间等同于社会空间，主要体现出城市居民的各种社会属性，即社会阶层、社区分布等。在城市经济学与区域经济学研究中，将城市空间等同于经济空间，研究重点是城市空间范围内发生的各种经济活动，由于这种研究中的空间是要素市场意义上的空间，因此在空间上通常要大于地理空间的范围。在心理学研究中，将城市空间等同于心理空间。从城市居民的认知和感知角度来理解和研究城市的空间属性。在信息学研究中将城市空间等同于信息空间，在生态学研究中将城市空间等同于生态空间。对低碳城市交通研究而言，主要关注城市的地理空间属性、社会空间属性和经济空间属性。

### 3. 城市空间结构及其演化

城市空间结构是建立在城市空间概念之上的一个范畴。从不同角度研究，城市空间结构有不同的内涵。地理空间属性对应着城市的物质环境，社会空间属性对应着城市居民的各种功能活动，经济空间属性对应着各种经济活动与要素市场的空间分布。

低碳城市交通研究主要关注城市的地理空间属性、社会空间属性和经济空间属性。因此通常从研究居民出行行为目的出发，在城市空间结构方面主要关注城市物质性、社会性与经济性要素的空间分布状态，包括人口居住的分布、就业的分布以及各种用地功能的分布等内容。

# 第二章
# 低碳城市交通研究的分析框架与主要内容

交通部门通常是发达国家城市碳排放占比较高的部门，同时也是低碳发展的重点与难点。随着中国城镇化与机动化进程的快速发展，交通部门在城市碳排放中所占比重迅速上升。在一些已经基本完成工业化、第三产业在经济结构中占比较高的城市，交通部门甚至已成为碳排放占比最高的部门。虽然对于多数城市而言，能源供给与工业部门仍然是现阶段碳排放占比最高的部门，但根据发达国家城市发展的经验，必须在城镇化与工业化快速发展阶段即推进低碳城市交通发展，塑造低碳城市空间布局与基础设施系统，培育居民低碳交通行为，避免锁定效应。《中共中央关于制定国民经济和社会发展第十三个五年规划的建议》明确指出要“推进交通运输低碳发展，实行公共交通优先，加强轨道交通建设，鼓励自行车等绿色出行。实施新能源汽车推广计划，提高电动车产业化水平”。

本章将对低碳城市交通研究的分析框架、一般步骤与相关方法学加以介绍。

## 一、城市低碳交通发展的一般分析框架

交通部门温室气体排放由交通活动水平、交通方式构成、交通工具的能源强度、不同燃料组成对应的排放因子四类因素所决定（Schipper L, et al., 2000）。因此，发展低碳城市交通领域的重点行动可以分为控制交通活动水平、优化交通方式构成与运输体系组织方式、提高燃料利用效率和促进清洁能源应用四类（图 2-1）。

针对以上四类交通碳排放的驱动因素，低碳城市交通发展策略应遵循以下优先序列（图 2-2）：首先，从交通出行需求着眼，从源头控制交通活动水平，在满足居民生产与生活需求的基础上，尽可能减少出行量与出行距离；其次，在控制交通活动水平的基础上，优化交通出行结构，引导居民选择相对低碳的非机动交通与公共交通等出行方式；最后，在控制交通活动水平与优化出行结构的基础上，提升燃料利用效率与清洁能源的应用比例，减少单位交通活动的能耗与碳排放。

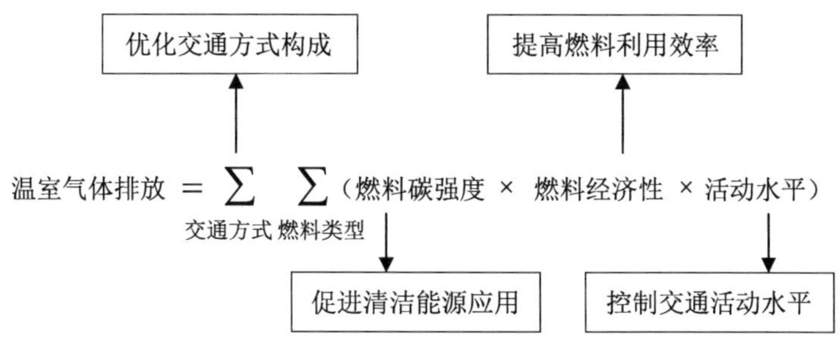


**图 2-1　决定交通部门温室气体排放的因素与低碳交通发展对策**

**控制**

控制交通活动水平：优化城市空间布局，整合土地利用以及交通规划，促进职住平衡，提升交通系统的效率，在满足居民生产与生活需求的基础上，尽可能减少出行量与出行距离

**优化**

优化交通出行结构：通过增加和优化公共交通与非机动交通基础设施与服务的供给，引导居民选择低碳出行方式，通过交通需求管理，促进小汽车的合理使用

**提升**

提升燃料利用效率与清洁能源的应用比例：改善车辆技术、燃料性能和道路交通运行状况，推广生态驾驶技术，提高燃料经济性水平，促进新能源车辆与清洁车辆的应用

**图 2-2　低碳城市交通一般发展策略**

根据部门分析的一般步骤，城市低碳交通研究的主要步骤如图 2-3 所示，本章将对各步骤的研究内容与常用方法进行介绍。

**城市低碳交通发展现状分析**

分析城市定位、特征与交通区位，交通基础设施现状与各种交通方式的客货运周转量，各种交通工具保有量；编制交通部门能源消费和碳排放清单，分析交通部门温室气体排放的主要驱动因素

↓

**未来温室气体排放的情景分析**

根据交通部门相关规划与趋势，进行交通活动水平与交通方式构成情景分析；再根据相关规划、政策进展与技术发展情况，对交通能源强度与交通燃料构成两大驱动因素进行情景分析，得到交通能源需求情景与排放情景

↓

**减排潜力与技术需求分析**

分析控制交通活动水平、优化交通方式构成、提高燃料利用效率和促进清洁能源应用等各种措施的减排潜力或相关效应，分析技术需求与投资需求

↓

**提出城市低碳交通发展的重点行动与政策建议**

针对不同驱动因子，借鉴国内外城市经验，提出适用于目标城市的重点行动清单与综合政策建议

图 2-3　交通研究的一般步骤

## 二、城市低碳交通发展现状分析

城市低碳交通发展现状分析主要包括交通发展现状分析、交通温室气体排放现状分析、交通部门温室气体排放的主要驱动因素分析等内容。

### （一）城市交通发展现状分析

城市交通发展现状分析是城市低碳交通研究的基础，通过文献研究、开展调查与访谈等形式，广泛收集年鉴、统计数据、研究报告等各种信息，充分利用大数据资源和新一代信息技术，明确城市定位、特征与交通区位，深入分析城市交通发展现状。

明确城市定位、特征与交通区位，需要对城市自然地理条件、社会经济发展、产业发展背景、所在区域发展状况等进行分析。

在明确城市交通区位的基础上，要重点对城市所在区域公路、铁路、航港、民航、

城市交通的基础设施建设、客货运周转量、交通工具保有量、交通出行调查等数据进行深入分析，全面了解城市交通发展各方面详细信息，并识别城市交通发展的优势、劣势、面临机遇与挑战。

## （二）城市交通温室气体排放现状分析

在对城市交通温室气体排放现状进行分析时，交通部门采用“大交通”的概念，包括所有的交通运输工具，即从事运营的交通运输工具、非运营的企事业单位和私人所拥有的交通工具以及农业机械中的运输机械。城市交通温室气体排放核算方法通常可分为自上向下与自下向上两类（专栏 2-1）。

**专栏 2-1：城市交通温室气体排放核算方法**

- **自上向下的核算方法**

基于城市能源平衡表，对部门划分进行适当调整，得到国际通行的交通部门温室气体排放量。交通部门可以进一步划分为营运交通和非营运交通。营运交通的能源燃烧量，包括能源平衡表的“交通运输、仓储和邮政业”部门除全部原煤、洗精煤、其他洗煤和型煤以及15%的电力消费外的所有能源品种消费；非营运交通的能源燃烧量，包括“农、林、牧、渔业”的全部汽油消费和25%的柴油消费，加上“工业”（减去“用作原料、材料”）、“建筑业”“批发、零售业和住宿、餐饮业”和“其他”的95%的汽油消费和35%的柴油消费，再加上“生活消费”的全部汽油消费和95%的柴油消费。

- **自下向上的核算方法**

在自下而上核算城市交通部门的温室气体排放时，需要获取的基本数据是交通活动水平与各种燃料的温室气体排放因子。以道路交通为例，基于交通活动水平与燃料效率估算温室气体排放量的计算方法，其基本步骤为：确定移动车辆类型，收集各类型机动车保有量及行驶里程、各种类型车辆的耗油量指标（燃油经济性水平），利用保有量及行驶里程、耗油量指标推算出燃料消耗数据。自下向上的核算方法，适用于具备较为完善的机动车管理体系和交通调查数据的城市，其对交通出行、各类型机动车的保有量、行驶里程、耗油量指标等数据的掌握比较充分翔实。

来源：王克，邹骥．中国城市温室气体清单编制指南 [M]. 中国环境出版社，2015.

编制城市交通温室气体排放清单时，基于城市能源平衡表，通过自上向下的核算方式，可以较快获得较为完整全面的城市交通部门能源相关 $CO_2$ 排放清单，并可与其他部门排放量进行比较，分析交通部门在城市整体排放中所占比例。但若要对交通部门进行深入的部门分析，例如，分析不同的交通出行模式和机动车类型的排放并研究相应具有针对性的部门低碳发展政策，则必须进行更为精细的自下向上核算，利用更微观的交通部门数据进行核算，得到城市交通部门排放的内部结构（表 2-1）。

通过编制城市交通温室气体清单，既要分析交通部门温室气体总排放量的变化趋势，又要识别变化原因及交通部门内部的关键子部门。在此基础上，分别对交通活动水平、交通方式构成、交通能源强度、交通燃料构成等驱动因素的发展趋势进行分析，识别城市交通部门温室气体排放的主要驱动因素。进行自身时间序列纵向比较和与其他城市的横向比较，识别低碳交通发展面临的主要问题。

**表 2-1 城市交通部门温室气体排放的内部结构分析表示例**

| | 基准年 | | 当前或目标年 | | |
|---|---|---|---|---|---|
| | $CO_2$ 排放 / 万 t | 比例 /% | $CO_2$ 排放 / 万 t | 比例 /% | 增长率 /%（相对基准年） |
| 非营运交通 | | | | | |
| 居民 | | | | | |
| 营运交通 | | | | | |
| 道路运输业 | | | | | |
| 城市公共交通业 | | | | | |
| 水上运输业 | | | | | |
| 其他（包括装卸搬运、仓储、邮政） | | | | | |
| 总计 | | | | | |

## 三、城市交通部门温室气体排放的情景分析

城市交通部门温室气体排放的情景分析通常采用“两步法”。

第一步：根据交通部门相关规划与趋势，进行交通活动水平与交通方式构成情景分析，即交通需求情景分析。通常可利用常用的交通需求预测模型，在交通发展现状与未来的人口数据、经济发展预测数据基础上，预测目标年或某一时间点，各种交通模式下不同种类的交通工具的交通需求情况，得到各种交通运输方式的周转量数据。

第二步：在交通需求情景分析的基础上，根据相关规划、政策进展与技术发展情况，利用 LEAP 模型等分析工具，对交通能源强度与交通燃料构成两大驱动因素进行情景分析，得到交通能源需求与温室气体排放情景。具体而言，首先要将交通需求量与各种交通模式以及不同交通工具的能源效率相结合，以模拟未来交通能源需求，所得结果将是分设备、分燃料品种的交通能源需求。其后，根据交通能源需求得到的各种交通模式下的不同种类的交通工具汽油、柴油、天然气、液化石油气、电能等能源的消耗量，选取相应的排放因子，得到城市未来交通温室气体排放水平。

## 四、城市交通碳减排潜力分析

分析控制交通活动水平、优化交通方式构成、提高燃料利用效率和促进清洁能源

应用等各种措施的减排潜力或相关效应，并评估相应的技术需求与投资需求。

## （一）控制交通活动水平

优化城市空间布局和有效的交通需求管理是控制交通活动水平的重要途径。

很多实证研究显示，城市形态是决定城市交通活动水平的重要因素，从而对城市交通碳排放也具有重要影响。提高密度，增加土地混合利用程度以促进职住等城市功能平衡，增强连通性与可达性，可以缩短出行距离，控制交通活动水平。对于相同人口规模的城市而言，城市形态更加紧凑的城市人均交通排放要远远小于相对密度较低的城市。以巴塞罗那和亚特兰大为例，两城人口总量相近，巴塞罗那还要略多于亚特兰大，但其城市面积远小于亚特兰大，城市形态更为紧凑，因此人均交通碳排放量仅为亚特兰大的 1/10 左右（图 2-4）。对中国城市的案例研究也表明，当城市人口密度降低时，居民机动化出行的碳排放呈现上升趋势（Zheng, et al., 2009）。

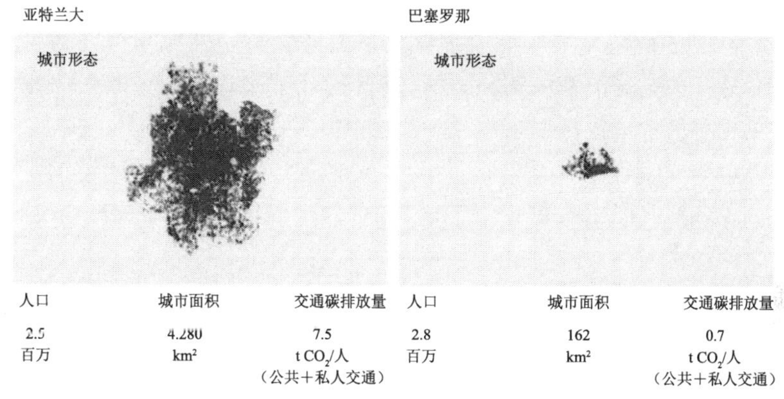


资料来源：The Global Commission on the Economy and Climate, *The New Climate Economy Report*, 2014。

**图 2-4　紧凑城市的减排潜力——亚特兰大与巴塞罗那的对比**

通过优化城市空间布局，整合土地利用以及交通规划，可以促进职住平衡，提升交通系统的效率，在满足居民生产与生活需求的基础上，尽可能减少出行量与出行距离，从而通过控制交通活动水平实现城市交通碳减排。

优化城市空间布局一方面指土地混合利用，即在同一区域内合理配置居住区、商业区等，提高同一土地的复合功能；另一方面指优化道路系统。

土地混合利用有利于平衡职住关系，通过影响居民的出行方式、出行距离等交通行为选择，对居民交通碳排放产生影响。从碳减排的角度考虑，土地混合利用要优于大面积单一的商业区或住宅区。

从低碳交通角度考量，一般而言，密而窄的道路系统要优于疏而宽的道路系统。在道路网密度方面，国内城市路网在长度和面积上并无太大问题，但在结构和连接性上明显不足。欧美等机动化程度较高的国家，很多城市二三十年前道路面积率就已经稳定在20%以上，在道路网布局方面，这些城市基本上都采用了“窄而密”的方格网布局模式，如芝加哥核心区街道尺度为97 m×113 m，旧金山核心区街道尺度为83 m×167 m，曼哈顿核心区街道尺度为60 m×167 m。美国AASHTO(American Association of State Highway and Transportation Officials)推荐的城镇干路网密度为2.5～5.0 $km/km^2$，城镇道路网总密度为10～15 $km/km^2$。

可以通过调查及大数据分析，评估城市空间形态指标对交通需求的影响，从而对不同城市空间形态发展路径的碳排放情景进行比较分析，评估优化城市空间布局的交通碳减排潜力。

交通需求管理是通过对交通需求的源头管理和引导，降低道路交通负荷，实现交通供求关系动态平衡的综合性策略的统称。从城市交通需求产生机理可以看出，交通出行具有一定的弹性和可塑性，交通需求管理的主要出发点就是利用交通出行的这一特性，从交通需求的不同阶段、不同侧面采取对应策略，通过对交通需求特性的调整、交通选择行为的引导、道路交通量时间与空间分布特性的调节与管理，实现建设交通负荷小的城市、促进公共交通发展、降低道路交通负荷、强化步行与自行车等绿色交通方式广泛应用，实现交通领域的温室气体减排。

广义的交通需求管理包括以下手段：

规划手段，即交通需求源头管理手段。从交通发生源角度，通过调整城市结构和土地使用形态，实现职住均衡、就近上下学、就近生活出行，从源头上减少交通总出行量、缩短交通出行距离。

政策手段，通过对公共交通实施优先政策，提高公共交通的服务水平，从而提高公交分担率。

经济手段，提高小汽车购买、拥有、使用成本，提高小汽车停车费，财政补贴公共交通等手段，达到适当抑制小汽车、促进公共交通优先发展的目的。

行政手段，利用行政强制手段或交通管理、企事业单位管理手段等调整交通需求特性和交通出行者的选择行为，包括改变交通出行时间、出行路线等。

科技手段，利用智能交通系统技术提供全方位的信息、进行交通诱导和交通控制、制定科学交通出行方案等。

宣传教育手段，通过宣传教育，改变人们的不良出行习惯，自觉自愿低碳环保出行。

中国各大城市已分别采取了对小汽车购买和使用限制等交通需求管理政策，如摇号政策（北京）、车牌拍卖政策（上海）、摇号与拍卖结合（天津、广州、杭州、深圳）、机动车尾号限行（北京、天津、贵阳、杭州等）、差异化停车收费政策（北京、广州、南京等），从实施效果看，对机动车保有量与交通活动水平的激增起到了一定的控制作用，同时也具有低碳效应。

## （二）优化交通方式构成

关于不同交通方式的碳排放强度，不同研究的结果有所差异，但大多数研究结果认为，若不考虑生产交通工具的生命周期排放，通常各种常见的交通方式运输单位周转量的碳排放从低到高依次为：非机动交通（步行与人力自行车等）、电动自行车、水运、铁路与轨道交通、公共汽车、小型汽车、民用航空。表 2-2 是一项代表性研究成果的数据。

**表 2-2　相关研究中不同交通方式的碳排放强度**

| 交通类别 | 交通方式 | 碳强度 /（g/ 人・km） |
| --- | --- | --- |
| 小型汽车类 | 私家车、出租车、单位配车 | 135.0 |
| 公共汽车类 | 公共汽车、单位班车、物业巴士、购物巴士 | 35.0 |
| 轨道交通类 | 地铁、城铁（轻轨） | 9.1 |
| 个人助动类 | 电动自行车、残疾助动车、轻型摩托车 | 8.0 |
| 非机动类 | 步行、自行车 | 0 |

数据来源：毛保华，等 . 中国低碳生态城市发展报告 2013 [M].

住房城乡建设部、国家发展改革委、财政部三部委 2012 年发布了《关于加强城市步行和自行车交通系统建设的指导意见》，要求到 2015 年，市区人口在 1 000 万以上的城市，步行和自行车出行分担率达到 45% 以上。有研究显示，更适宜步行的城市形态，可使交通部门的温室气体排放量减少 29%[1]。

同一交通类别中包括不同形式的交通解决方式，例如，大运量城市轨道交通通常有 BRT、轻轨、地铁等形式，不同交通解决方式的碳排放强度与单位成本也有所差异，（表 2-3）。

**表 2-3　各种城市轨道交通的成本与碳排放强度等指标**

| 指标 | BRT | 轻轨 | 地铁 |
| --- | --- | --- | --- |
| 建设成本 /（百万美元 /km） | 5 ～ 27 | 13 ～ 40 | 27 ～ 330 |
| 建设时间 / 年 | 1 ～ 2 | 2 ～ 3 | 4 ～ 10 |
| 最高时速 /（km/h） | 60 ～ 70 | 60 ～ 80 | 70 ～ 100 |
| 直接碳排放强度（$gCO_2$/ 人 · km） | 14 ～ 22 | 4 ～ 22 | 3 ～ 21 |
| 承载力（单向每小时：千人） | 10 ～ 35 | 2 ～ 12 | 12 ～ 45 |

数据来源：IPCC, Working Group III Contribution to AR5, Chapter 8: Transport.

因此，低碳交通目标下优化交通出行结构的策略是尽可能提高非机动交通和公共交通等相对低碳出行方式所占比例，引导小汽车的合理使用。具体而言，主要对策包括：实施公交优先战略，优先发展城市公共交通；建设完善的自行车和步行道路系统与配

1　He Dongquan, et al. “Energy Use of, and $CO_2$ Emissions from China’s Urban Passenger Transportation Sector - Carbon Mitigation Scenarios upon the Transportation Mode Choices.” Transportation Research Part A: Policy and Practice 53, No. 53–67, July 2013.

套政策体系；建设一体化综合交通枢纽；提供多样化的公共交通服务；引导小汽车的合理使用；建设绿色低碳交通文化等。主要对策的内容要点与目标效果如表 2-4 所示。

**表 2-4 交通出行结构优化关键对策**

| 对策 | 主要内容与要点 | 目标与效果 |
|---|---|---|
| 优先发展城市公共交通 | 构建以公共交通为主体的综合交通系统，提高公交服务水平 | 提高公交竞争力和公交分担率 |
| 建设完善的自行车系统 | 打造连续安全舒适的自行车交通系统 | 提高短距离出行的自行车分担比例，引导形成绿色交通出行模式 |
| 建设完善的步行道路系统 | 打造连续安全舒适温馨的步行交通系统 | 通过提供高质量的步行出行环境条件提高短距离出行的步行分担比例，引导形成绿色交通出行模式 |
| 引导合理使用小汽车 | 对小汽车保有和使用进行全面合理引导 | 降低小汽车通勤使用率 |
| 建设一体化综合交通枢纽 | 多种交通方式的无缝衔接、零距离换乘，强化枢纽与周边土地一体化开发 | 方便换乘、引领城市交通结构和城市空间结构调整，建设绿色、高效、安全的综合交通系统 |
| 提供多样化的公共交通服务 | 根据不同的需求特性提供不同层次、多样化、有特色的公交服务 | 提高公交分担率和公交吸引力，满足多样化的公交需求 |
| 建设绿色低碳交通文化 | 充分认识回归非机动交通与公共交通、建设绿色交通系统的重要意义 | 提高绿色交通认知水平与绿色出行意识 |

来源：陆化普．中国低碳生态城市发展报告 2014 [M].

概括而言，优化交通方式构成的策略可分为发展公共交通系统、倡导非机动交通方式出行、控制机动车购买及使用[1]。

### 1. 发展公共交通系统

（1）道路公共交通

公交系统作为覆盖面最广、路线最灵活的公共交通方式，是发展公共交通系统的重中之重。

发展道路公交系统，首先要进一步优化调整地面公交线网，完善线网功能结构，满足城市最广大居民的通勤出行需要。根据交通流量，合理分配公交线网密度；研究沿途城市功能布局，科学设计公交线路；不断深化公交站点分布，拓展公交线网覆盖面。

其次，构建公交快速通勤网络。实行公共交通优先政策，开辟公交专用道，赋予公交车辆道路优先行驶权。

此外，还应发展校车服务，鼓励开行单位班车。

（2）轨道交通和快速公交系统

发展城市轨道交通（主要是地铁和城铁）能够缓解道路拥堵压力，是出行高峰时

1 中国人民大学环境学院硕士研究生孙雨参与了相关文献的综述与内容整理。

段居民规避因道路拥堵而造成的时间延误的不二选择。轨道交通较道路公交更清洁，单位运量也更大，随着轨道交通线路体系的不断完善，将满足更大范围居民的出行需求。

快速公交系统（Bus Rapid Transit，BRT）是利用现代化公交技术配合智能交通和运营管理，开辟公交专用道路和建造新式公交车站，实现轨道交通运营服务，达到轻轨服务水准的一种独特的城市客运系统。快速公交系统一般采用直达线、大站快运、常规线、区间线和支线等灵活的运营组织方式，是对城市道路运输系统的有力补充。

（3）公共交通运营服务

提升公共交通运营服务水平，能够吸引更多居民采用公共交通方式出行。一方面，提升公交系统硬件设施条件、增加运行车辆数量、缩短发车间隔，以提升居民乘车的舒适度、缩短等待时间；另一方面，构建立体化公交换乘体系、加快综合客运交通枢纽建设，增加各交通方式之间的联运能力，最大限度地方便居民使用。

### 2. 倡导非机动交通方式出行

步行和自行车出行基本上不产生碳排放，因其灵活便捷而被居民广泛采用。除了作为居民通勤出行单独采用的交通方式，步行和自行车还同时与公共汽车、地铁被绝大多数居民组合采用，作为从居住地点或者通勤终点到公交、地铁站点的“最后一公里”的有效补充。因此，倡导非机动交通方式出行，是降低居民通勤碳排放、增加公共交通使用率的有效手段。

具体而言，可从以下方面着手：第一，充分利用旧胡同、街坊道路和支路开辟自行车交通系统，逐步形成地区性的自行车通行网络；第二，在市级商业区、中央商务区（CBD）等重点功能区以及新城，普遍建立与城市风貌和自然环境和谐的无障碍步行系统；第三，在新建住宅区，建设良好的自行车交通和步行设施，提高居住环境质量；第四，完善行人过街设施和行人步道系统，禁止挤占人行道和自行车道，确保自行车和行人出行安全、便利；第五，发展驻车换乘（P+R）系统，方便非机动交通方式与机动方式的组合使用。

20 世纪 60 年代荷兰的 Woonerf 计划提出了“交通稳静化”的理念，即“将街道空间回归行人使用”，之后，德国、瑞典、丹麦、英国、法国、日本、以色列、奥地利和瑞士等欧洲国家掀起了交通稳静化潮流，倡导恢复一个“安全、安静、富有生活气息”的都市环境。一方面采取各种手段发展慢行交通；另一方面在街区周边道路上增加并优化公共交通服务。所采取的主要措施有：降低机动车辆速度、提高安全性、保障生活的质量等。

倡导非机动交通最为突出的城市是哥本哈根，它被国际自行车联盟 (International Cycling Union) 命名为 2008—2011 年的世界首个“自行车之城”。1912 年，哥本哈根拥有 50 km 的自行车道，街道主要由电车轨道和自行车占据，几乎没有小汽车，之后的 50 年汽车不断增加，自行车受到抑制，1972 年自行车数量达到最低。之后采取自行车推广策略，主要采取的具体措施有：

第一，提升效率：增加自行车道总长度，做好街区之间的网络连接；主要交通性道路建立自行车绿道系统，只允许自行车使用；增加自行车专用的近路，相对增加机动车绕行；十字路口缩减自行车道宽度，绿灯提前放行自行车。

第二，提升安全性：道路上所有交通灯变化频率按照自行车的平均速度设置；在机动车和非机动车道之间做好隔离；拓宽人行道并完善无障碍设施和座椅等街道设施。

第三，道路动态控制：在某些路段设置成特定时段自行车专用，在非机动车高峰时期可以用LED路面指示等手段使得一部分机动车道（如公交专用道）转变成自行车道。

第四，与其他交通模式整合：规定地铁和出租车携带自行车；在公共交通枢纽设置公共自行车；完善交通枢纽的自行车停放设施。

总之，推行非机动交通方式最重要、最根本的要素是使非机动交通的速度与方便性超过私家车。在机动车拥堵状况严重的城市中速度这一点并不存在很大难度，更需要做到的是保护自行车路权，提升安全性，做好自行车与公交之间的衔接，完善公共自行车使用与租赁系统等。

### 3. 加强机动车管理

（1）机动车总量控制

在总量上对机动车的购买或使用进行控制从而抑制小汽车交通的产生，是抑制私家车交通需求最直接的方式。其主要的政策包括：第一，提高车辆进口税。第二，对私家车施行购买限制。以北京为代表的一些城市实行的是机动车牌照摇号限购政策，即符合一定条件的单位和个人才可以登记，申请购车指标，指标的分配通过摇号产生。而以上海为代表的一些城市则对新增车辆额度实行拍卖制度，对车辆牌照实行有底价、不公开拍卖的政策，从而对机动车数量进行总量控制。第三，车辆登记税。新加坡于1968年施行机动车购置税费政策，大幅提高车辆购置成本，1990年起通过车牌限制制度将机动车年增长率控制在低于3%的水平，2009年调整为低于1.5%，交通拥堵改善效果显著。

（2）机动车使用控制

综合考察国内外城市已有的机动车使用控制经验，具有显著效果和借鉴性的措施包括拥堵收费、停车收费、鼓励共乘、实行弹性工作制、利用油价杠杆调控等政策。

拥堵收费通常采取两种形式，一是增加特定地区的通性收费；二是增加拥堵时段的收费。世界各主要城市的相关研究与政策如表2-5所示。

**表2-5 世界各主要城市研究或实施的交通拥堵收费政策与项目**

| 国家 | 城市 | 政策项目 | 起始年份 | 主要措施与经验 | 绩效 |
|---|---|---|---|---|---|
| 比利时 | 布鲁塞尔 | 两级政府如何实施城市交通收费改革研究 | 2005 | 改革目标应定位于社会福利最大化，停车费与拥堵收费必须配合使用 | |

| 国家 | 城市 | 政策项目 | 起始年份 | 主要措施与经验 | 绩效 |
|---|---|---|---|---|---|
| 美国 | 达拉斯 | 基于信用的交通拥挤收费项目研究 | 2005 | 通过政府的信用分配，确保合格的出行者能够承受交通拥挤收费 | 模型预测大多数出行者将受惠，交通拥堵有所缓解 |
| | 奥兰治 | 城际高速公路的收费车道 | 1995 | 在高度拥堵的公路上，额外建立收费车道 | 越来越多的出行者愿意使用付费车道，交通状况有所改善 |
| | 洛杉矶 | 港口通行证 | 2005 | 对在高峰期进出港口的公路运输集装箱收取交通拥堵费，对非高峰期进出的免费 | 高峰小时大货车数量显著下降，连接港口和城市的主要道路交通有所改善 |
| | 纽约 | 市中心区交通拥堵收费提案 | 2007 | 借鉴伦敦做法 | 未能实施 |
| | 多个城市 | 城市合作 | 2007 | 联邦政府提供10亿美元，公开遴选城市，对实施交通拥堵收费的若干城市进行项目资金补助 | 实施中 |
| 挪威 | 奥斯陆 | 城市环形收费 | 1986 | 在城市各主要进出口对高峰时段车辆进行收费，获取资金用于补助交通项目建设 | 获得了支持城市交通建设的资金 |
| 瑞典 | 斯德哥尔摩 | 对城市中心交通拥堵收费进行半年实验 | 2006 | 在获取公众支持后，大规模试验交通拥堵收费，对实验前后的数据进行系统收集与科学分析 | 公众能感受到出行时间节省，实验的经济效益和环境效益也非常显著 |
| 法国 | 巴黎 | 对大巴黎地区实施道路拥堵收费进行模拟 | 2006 | 利用数学模型对交通拥堵收费进行分析 | 模拟结构显示，在路段或者划片进行拥堵收费，社会福利增加不明显，基于出行时间的拥堵收费效果更佳 |
| 英国 | 伦敦 | 伦敦内城交通拥堵收费 | 2003 | 对于高峰期进入伦敦内城的小汽车进行收费，政策实施前后开展了大量基础研究 | 内城交通明显改善，公共交通乘客增加，在技术和政治上取得成功，但经济效益存在争议 |
| | 爱丁堡 | 市中心区交通拥堵收费对购物者的影响研究 | 2005 | 研究市中心区交通拥堵收费后，购物者行为有何变化 | 购物者最关心停车问题，交通拥堵收费可能减少拥堵，改进公共交通服务 |
| 新加坡 | 新加坡 | 对高峰期进入市中心的车辆收费 | 1976 | 采纳多项智能交通技术 | 城市道路交通拥堵始终处于低水平，大量出行者选乘公共交通 |

停车收费政策主要包括以下措施：

第一，消除最小停车位配置。20世纪70年代，美国的波士顿、波特兰和纽约等城市开始了消除最小停车位配置额的实践，尤其是在地铁站周边地区，不仅减少车位而且提高收费，再如中国香港的某些住宅区平均4～8户才拥有一个车位。

第二，加强路内停车和路外停车设施的统筹管理。不需要为每一个建筑单独提供停车，尽量向公共开放，修改建筑物最低停车配建标准。

第三，基于使用率的路内停车浮动定价。

第四，将停车收费所获得的盈利再次运用于公共设施建设等。

第五，减少路内停车，鼓励停车与目的地分离。对于供应紧张的商业区路内停车，以差异化收费或施加停车时间上限的手段鼓励短时间停车。

鼓励共乘政策也可以提高机动车载客运输效率。洛杉矶等城市推行了高载客汽车专用道（HOV）政策，充分利用现有道路容量，鼓励私家车使用者拼车出行。其他鼓励共乘政策包括：对于合乘车辆免收过路费，为合乘车辆提供优先停车面积等。

实行弹性工作制，调整工作时间，也可以减少通勤高峰时间的机动车使用。例如，规定灵活的工作时间，压缩工作日，通过调整某些行业的上下班时间，错开上下班高峰等。

通过油价这一价格杠杆也可以调节私家车主对小汽车的使用行为。由于消费者对于油价具有一定的消费价格弹性，因此在油价上涨时会倾向于减少私家车的使用行为。以日本为例，国内油价保持在较高水平，对控制私家车的使用行为产生了一定的效果。

## （三）提高燃料利用效率与促进清洁能源应用

通过改善交通工具与燃料来促进交通低碳化发展有两类技术手段：一是通过提高交通工具及系统性能来提高燃料利用效率，包括提高引擎、动力传动系与机动车设计、使用新型轻质材料、提高空气动力学性能等；二是用天然气、生物燃料、清洁一次能源产生的电力和氢能等低碳能源替代石油产品，以降低燃料碳强度。

因此，在提高燃料利用效率与促进清洁能源应用方面，低碳交通关键技术大类包括传统机动车节油技术和提高燃料经济性技术、代用燃料汽车技术、混合动力汽车技术、电动汽车技术、燃料电池汽车技术等。

促进燃料效率提高的政策抓手是燃料经济性标准。根据国际文献的综合比较，中国目前的乘用车新车平均燃油经济性处于世界中等水平，与日本和欧盟相比，仍存在一定的节油潜力。中国的私家车燃油经济性受国家标准制约而不断提升。根据《乘用车燃料消耗量限值》（GB 19578—2004），以整车装备在1.205～1.32 t的车型为例，第一阶段油耗限值为9.5 L/100 km（最迟执行日期2006年7月1日），第二阶段油耗限值为8.6 L/100 km（最迟执行日期2009年1月1日），第三阶段限值继续降低至6.9 L/100 km，执行期限为2011—2015年分段实施。2012年国务院发布的《节能与新能源汽车产业发展规划(2012—2020年)》中特别提出，“到2015年，当年生产的乘用车平均燃料消耗量降至 6.9 L/100 km，节能型乘用车燃料消耗量降至 5.9 L/100 km 以下”。2014 年 12 月 22 日，《乘用车燃料消耗量限值》（GB 19578—2014）和《乘用车燃料消耗量评价方法及指标》（GB 27999—2014）两项强制性国家标准正式发布，于 2016 年 1 月 1 日起实施。第四阶段标准适用范围，在第三阶段汽、柴油车的基础上，增加对天然气、新能源（含纯电动、插电式混合动力、燃料电池）乘用车的考核。通过对单车和企业同时考核，实现 2020 年国产乘用车平均油耗降至 5.0 L/100 km 的目标。第四阶段标准从 2016 年开始导入，将促进我国乘用车燃料经济性水平逐年改善，直至 2020 年所有乘用车企业必须满足企业平均燃料消耗量目标值要求。据测算，到 2020 年，通过实施第四阶段标准将节省燃油约 3 500 万 t，减少 $CO_2$ 排放约 1.13 亿 t。

2016 年 10 月，中国《节能与新能源汽车技术路线图》发布，提出中国汽车产业技术未来 15 年发展以新能源汽车和智能网联汽车为主要突破口，以能源动力系统优化升级为重点，以智能化水平提升为主线，以先进制造和轻量化等共性技术为支撑，全面推进汽车产业的低碳化、信息化、智能化和高品质，并提出节能汽车、纯电动和插电式混合动力汽车、氢能燃料电池汽车、智能网联汽车、动力电池、汽车轻量化、汽车制造七大领域的技术路线图。总体目标是：到 2030 年，汽车产业碳排放总量先于国家提出的“2030 年达峰”的承诺和汽车产业规模达峰之前，在 2028 年提前达到峰值，新能源汽车逐渐成为主流产品、汽车产业初步实现电动化转型，智能网联汽车技术产生一系列原创性科技成果，并有效普及应用，技术创新体系基本成熟，持续创新能力和零部件产业具备国际竞争力。主要里程碑是：到 2020 年，乘用车新车平均油耗 5.0 L/100 km，商用车新车油耗接近国际先进水平，新能源汽车销量占汽车总体销量的比例达到 7% 以上，驾驶辅助 / 部分自动驾驶车辆市场占有率达到 50%。到 2025 年，乘用车新车平均油耗 4.0 L/100 km，商用车新车油耗达到国际先进水平，新能源汽车销量占汽车总体销量的比例达到 20% 以上，高度自动驾驶车辆市场占有率达到约 15%。到 2030 年，乘用车新车油耗 3.2 L/100 km，商用车油耗同步国际先进水平，新能源汽车销量占汽车总体销量的比例达到 40% 以上，完全自动驾驶车辆市场占有率接近 10%[1]。

中国“十三五”控制温室气体排放工作方案中提出，到 2020 年纯电动汽车和插电式混合动力汽车的生产能力要达到 200 万辆，累计产销量要超过 500 万辆，营运火车、营运客车、营运船舶单位运输周转量二氧化碳的排放量要比 2015 年分别下降 8%、2.6% 和 7%，城市客运单位客运量二氧化碳的排放量比 2015 年要下降 12.5%。

## 五、重点行动与政策建议

### （一）低碳交通重点行动的分析框架

针对不同的驱动因子，可采用相应的低碳交通政策与行动（图 2-5）。

1 工信部，《节能与新能源汽车技术路线图》，2016。

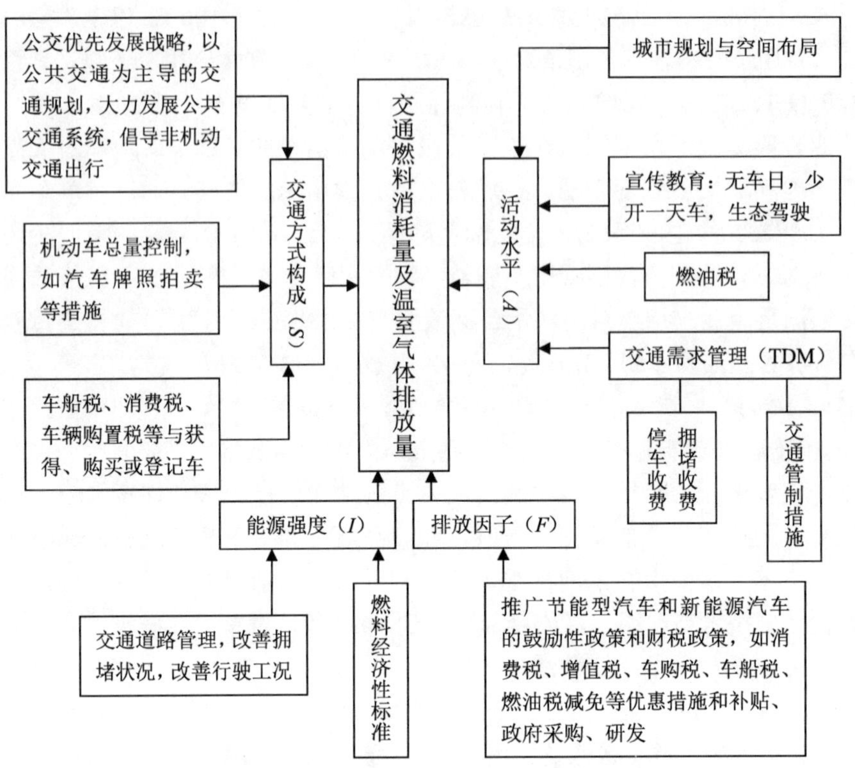


**图 2-5 促进低碳交通发展的政策框架**

不同发展阶段、不同规模以及不同空间结构形态的城市，其交通需求存在着显著差异，发展城市低碳交通应采取的重点行动也有所不同。根据城市人口规模，可将城市分为城区人口 300 万人以上、100 万～ 300 万人和 100 万人以下三个等级，这三类城市发展低碳交通的重点行动和优先顺序存在差异。

城区人口超过 300 万的城市，一般是全国、大区域中心城市或其他省会城市。发展低碳交通的重点通常包括：构建以大流量快速轨道交通为主体，常规公共交通为辅助的公交体系，引导私人机动化交通出行方式向公共交通转移，倡导自行车、步行等非机动交通的发展；优化功能区布局，疏解主中心过度密集的人口，发展职住平衡、功能完备的副中心与新城，控制出行总量，缩短出行距离；加强交通需求管理，合理引导私人机动车的购置和使用，创新交通运输组织管理模式，发展智能交通系统；提升交通工具燃料经济性水平，促进清洁能源交通工具的应用。

城区人口在 100 万～ 300 万的城市，通常是主要城市圈（带）中围绕特大城市的二级城市，或是城镇体系发育阶段形成的核心城市，目前正处于人口进一步集聚、建成区面积扩张较快的阶段。发展低碳交通的重点通常是：促进交通规划与土地利用规划的结合，鼓励以公共交通为导向的开发模式（TOD），注重发挥交通引导城市空间结构合理发展的作用，控制未来城市交通的出行总量与出行距离；在城市发展的过程中，应同步或提前规划、建设公共交通系统，控制私人机动化出行增长速度，条件成熟时启动轨道交通建设；提升交通工具燃料经济性水平，促进清洁能源交通工具特别是电动汽车的应用。

城区人口在100万以下的城市，属于中小城市，公共交通发展水平较低，交通需求的迅速增长与私人机动车普及率的较快提升对城市交通低碳化带来较大压力。发展低碳交通的重点通常是：尽快构建低成本、高效率常规公共交通系统，提高公共交通服务水平，培养居民公交出行习惯并使之稳固化；在加快构建公交系统的同时，注重改善自行车、步行等出行环境，维持非机动交通在出行结构中所占的较高比例；及时开展科学合理的空间布局规划，避免城市无序蔓延。

### （二）城市低碳交通发展的政策措施

常见的城市低碳交通政策根据政策目标的差异，可以分为六大类，包括：提高车船燃料经济性；城市规划与土地利用的优化；加快公共交通基础设施建设，实施“公交优先”战略；发展非机动交通；加强机动车出行需求管理，推广现代运输组织方式；推广智能化信息化技术在交通部门的应用。表2-6中列出了若干常见的城市低碳交通发展政策措施。

国内外各大城市在促进城市低碳发展方面有丰富而多样的政策实践，对相关政策的专题研究也取得了诸多成果，可资城市低碳交通决策者与研究者借鉴。专栏2-2对伦敦的拥堵收费政策进行了简介。

**表2-6　若干常见的城市低碳交通发展政策措施**

| 政策类别 | 具体措施 |
| --- | --- |
| 提高车船燃料经济性与清洁能源比例 | 1. 增加天然气、混合动力、电动汽车在公交系统中的应用；<br>2. 严格执行营运车辆燃料消耗量限值标准，加快淘汰老旧车辆；<br>3. 推广“油改气”和“油改电”，提高船舶与港区的清洁能源消费比重；<br>4. 鼓励公众购买小排量汽车和新能源车辆 |
| 城市规划与土地利用的优化 | 5. 城市交通与土地利用相协调，平衡人口和就业岗位分布 |
| 加快公共交通基础设施建设，实施公交优先战略 | 6. 地铁线路的建设；<br>7.BRT建设的规划与建设；<br>8. 公交路线的新增与优化，全力打造“易达、低价、舒适”的现代化公共交通体系；<br>9. 灵活机动的公交票制票价；<br>10. 鼓励共乘交通，扶持和鼓励提供班车、校车服务 |
| 发展非机动交通 | 11. 优化城市路网功能结构，推进自行车专用道和行人步道网络建设，打造城市绿道系统；<br>12. 在有条件的区域鼓励自行车的使用，优化调整自行车和步行系统，建立自行车公共租赁体系 |

| 政策类别 | 具体措施 |
| --- | --- |
| 加强机动车出行需求管理，推广现代运输组织方式 | 13. 在城市中心区适当控制停车泊位供应；<br>14. 差别化的停车收费政策；<br>15. 市中心的拥堵收费与低排放区政策；<br>16. 高峰时段区域限行交通管理措施；<br>17. 发展多式联运与甩挂运输 |
| 提高现代交通管理和运输服务水平 | 18. 推广出租车差别化运营方式，加快建立以移动互联网和电话预约方式为主、巡弋出租和专用候车点出租为辅的出租汽车服务体系；<br>19. 智能城市公交调度系统、出租车智能调度信息服务平台的建设；<br>20. 倡导低碳出行理念，通过建立交通信息平台等方式，帮助公众制订出行计划和提供多样化出行方式的选择；<br>21. 倡导网络购物、网络办公、网络会议等替代选择，减少公众机动车出行 |

**专栏 2-2：伦敦的拥堵收费政策**

拥堵费是指驾驶员进入城市特定区域（通常是市中心）必须支付一定费用。该政策旨在平衡供求关系（“供”是指城市街道空间，“求”是指人们乘车前往市中心的需求），通过利用市场机制，防止道路因汽车数量过多而出现拥堵。

新加坡于 1975 年率先推出拥堵费政策。但与新加坡不同的是，伦敦在制定政策时广泛征求了公众意见，并向公众说明减少城市驾车出行和向更可持续交通转型的理由。该政策成功将伦敦市中心的车辆减少了 30%，并鼓励居民选择路面公交、地铁、骑车或步行出行。斯德哥尔摩和米兰后来也采取了类似政策。

伦敦于 2003 年 2 月开始在市中心地区对行驶车辆实施拥堵收费。收费区域覆盖伦敦市中心内环路（不包括内环路）以内 21 $km^2$ 的范围。

拥堵收费实施一年之后，收费时段进入收费区内的私家车减少 30%，拥挤水平平均下降了 30%。41% 收费区域内的居民认为出行速度提高，拥堵时间减少。收费时段进入中心区的巴士和长途客车增加 20%。早高峰（07：00 ～ 10：00）使用地面公交进入收费区的巴士乘客从 77 000 人次增加到了 106 000 人次。同时因为拥堵收费减少了拥堵水平，地面公交的可靠性得到了显著提高，晚点率等造成的等待时间在整个伦敦范围内下降了 20%。因为进入拥堵收费区域的车辆减少，区域的安全和环境效应提升，拥堵收费带来的经济贡献值达到 5 000 万英镑（数据来源：伦敦交通局）。

伦敦市公共交通的分担率已由 2003 年的 37% 上升至 2012 年的 44%，同时期非机动车交通也上升了一个百分点。这与拥堵收费实施有着密切关系（数据来源：Travel in London, Report 6）。至今，中心拥堵区的交通量一直稳定在比拥堵收费实施前低 30% 的状况。

伦敦的拥堵收费政策既有效减少了市中心地区私家车活动水平，又提高了公共交通和非机动交通比例，优化了交通出行结构，具有显著的低碳效应。

资料来源：WRI，http://www.wri.org.cn/londoncongestion.

# 第三章
# 中国城市交通温室气体排放核算方法研究

城市交通温室气体排放核算是低碳城市交通研究的基础，有必要针对中国城市的实际情况，选择或开发中国城市交通温室气体排放核算方法。前一章中专栏 2-1 对城市交通温室气体排放核算方法进行了简介，本章将介绍核算方法的具体步骤，着重对自下向上的核算方法加以阐述，并结合具体案例，探讨基于出行调查的居民碳足迹核算方法及其应用。

“十二五”期间国家定量的碳强度目标只针对与能源活动相关的 $CO_2$ 排放，而对于非能源活动二氧化碳排放和其他温室气体排放只提出了定性的目标（国务院，2011）[1]。能源活动相关的 $CO_2$ 排放几乎全部来自能源燃烧。因此，本章重点介绍交通部门能源燃烧相关的 $CO_2$ 排放核算方法。

## 一、“自上向下”的中国城市交通温室气体排放核算方法

基于城市能源平衡表等能源统计信息核算城市交通温室气体排放的方法，可被称为“自上向下”的核算方法。

### （一）城市交通部门的界定

中国现有统计体系中，交通部门的划分方法与国际通行的划分方法不同，无法充分反映能源消费特性，也不便于制定针对措施。统计年鉴等统计资料中的“交通运输、仓储和邮政业”，仅包括对从事运营的交通运输企业的统计，而不包括非运营的企事业单位和私人所拥有的交通工具的能源消费统计。这种分类方式不利于未来对交通用能和排放的检测和管理。因此，为了核算城市交通温室气体排放，先要对城市交通部门进行重新界定。

进行温室气体排放核算时，城市交通部门采用“大交通”的概念，包括所有的交

1　国务院关于印发“十二五”控制温室气体排放工作方案的通知，2011。http://www.gov.cn/zwgk/2012-01/13/content_2043645.htm。

通运输工具，即从事运营的交通运输工具、非运营的企事业单位和私人所拥有的交通工具以及农业机械中的运输机械。在此基础上，将城市交通部门按两个维度进行分类：按照交通运输工具所属者的经营属性，分为营运交通和非营运交通；按照交通运输工具的运输对象，分为客运交通和货运交通。

农业机械中的农用运输机械消费大量的柴油、汽油，此部分能源消费量也应归于交通部门。

## （二）“自上向下”核算方法的总体步骤

使用基于能源平衡表方法进行城市交通部门温室气体核算，可分为以下三个步骤。

**步骤 1：基于能源平衡表进行交通部门重新划分**

按照中国现有的统计体系，能源终端消费部门和行业被划分为：①第一产业，即农、林、牧、渔业；②第二产业，包括工业和建筑业；③第三产业，包括交通运输、仓储和邮政业，批发、零售业和住宿、餐饮业和其他；④生活消费，包括城镇生活消费和乡村生活消费。而能源的中间消费，即能源加工转换损失，则在能源加工转换部门发生。而国际上在进行能源和温室气体排放的核算与分析时，则通常将能源中间消费和终端部门划分为电力生产、热力生产、农业、工业、交通和建筑 6 个部门。

中国现有统计体系的部门划分与国际通行的划分方法不同，无法充分反映交通部门的能源消费特性，也不便于制定针对性措施。因此需要对部门进行重新划分，使之符合国际通行的标准。由于中国没有建立与国际通行的部门划分方法相匹配的统计体系，因此只能利用现有的统计数据，通过一定的调整方法，使按中国统计体系分类的交通部门能够与按国际通行方法分类的交通部门相对应。

基于能源平衡表进行部门重新划分，主要通过“油品分摊方法”，将工业，建筑业，批发、零售业和住宿、餐饮业，生活消费等产业用于交通的能源（如汽油、柴油）消费量拆分出来，划入新的交通部门。因此确定油品分摊的合理比例，是进行部门合理重新划分的关键。在参考前人研究的基础上（王庆一，2010；清华大学气候政策研究中心，2011），调整能源燃烧量的具体方法如表 3-1 所示。

**表 3-1　交通部门用于燃烧的能源消费总量调整方法**

| 部门 | 子部门 | 能源平衡表中对应部门 | 调整方法 |
|---|---|---|---|
| 交通 | 营运交通 | 终端消费量—第三产业—交通运输、仓储和邮政业 | 除全部原煤、洗精煤、其他洗煤、型煤和 100% 热力、15% 电力外的所有能源品种消费 |
| | 非营运交通 | 终端消费量—第一产业—农、林、牧、渔业 | 全部汽油和 25% 的柴油消费 |
| | | 终端消费量—第二产业—工业 | 扣除用作原材料后，95% 的汽油和 35% 的柴油 |
| | | 终端消费量—第二产业—建筑业 | 95% 的汽油和 35% 的柴油 |

| 部门 | 子部门 | 能源平衡表中对应部门 | 调整方法 |
|---|---|---|---|
| 交通 | 非营运交通 | 终端消费量—第三产业—批发、零售业和住宿、餐饮业 | 95% 的汽油和 35% 的柴油 |
| | | 终端消费量—第三产业—其他 | 95% 的汽油和 35% 的柴油 |
| | | 终端消费量—生活消费 | 全部汽油和 95% 的柴油 |
| | | 终端消费量—第三产业—其他 | 除 95% 汽油和 35% 柴油外所有能源品种消费 |
| | | 终端消费量—第三产业—交通运输、仓储和邮政业 | 全部原煤、洗精煤、其他洗煤、型煤，100% 的热力和 15% 的电力消费 |

来源：王克，邹骥 . 中国城市温室气体清单编制指南 [M]. 中国环境出版社，2015.

需要强调的是，由于中国能源数据可获得性差，且统计体系与国际通行体系有很大差异，因此只能利用现有的统计数据，采用变通的方法，在能源平衡表基础上进行调整。但是具体的调整比例只能通过相关行业能源消费统计、专家咨询和专项调研等估算，且多数是针对国家层面的平均值。这些调整比例参数在应用于某一城市时，必然存在很大的不确定性。这也给未来中国能源统计工作的进一步完善提出了要求。如果条件允许，各个城市可以对交通运输车辆的汽油柴油消费、农用运输车辆的柴油消费等进行专项调查，以确定更为精确的调整比例。

交通部门可以进一步划分为营运交通和非营运交通。营运交通的能源燃烧量，包括能源平衡表的“交通运输、仓储和邮政业”部门除全部原煤、洗精煤、其他洗煤和型煤以及 100% 的热力和 15% 的电力消费外的所有能源品种消费；非营运交通的能源燃烧量，包括“农、林、牧、渔业”的全部汽油消费和 25% 的柴油消费，加上“工业”“建筑业”“批发、零售业和住宿、餐饮业”和“其他”的 95% 的汽油消费和 35% 的柴油消费，再加上“生活消费”的全部汽油消费和 95% 的柴油消费。

**步骤 2：确定适合城市情况的排放因子 [1]**

某种燃料的 $CO_2$ 排放因子，由该燃料的潜在排放因子和氧化率两个因素决定（图 3-1）。

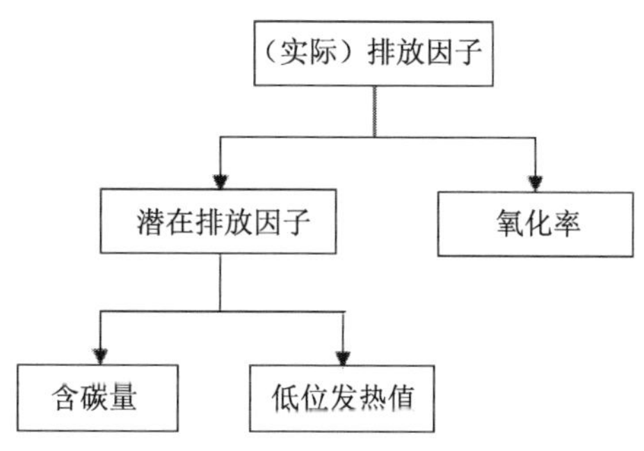


**图 3-1　燃料的排放因子**

1　王克，邹骥 .《中国城市温室气体清单编制指南》，中国环境出版社，2015。

潜在排放因子包括燃料的含碳量和低位发热值。燃料含碳量一般用单位能量含碳量（kgC/GJ）来表示，因为用单位能量含碳量表示的数值通常比单位质量含碳量波动小，可比性和可核查性强。低位热值是指燃料完全燃烧，其燃烧产物中的水蒸气仍以气态存在时的发热量（kcal/kg），即燃料的高位热值扣除水蒸气的凝结热量。

燃料的潜在排放因子表示当燃料中的所有碳都转化为二氧化碳时，潜在向大气释放碳的最大可能值。当燃烧过程达不到 100% 有效时，燃料中就有一部分碳没有排入大气中，而是残留在烟灰、颗粒物和灰烬中。燃料的碳氧化率表示的是燃料在燃烧过程中被氧化的比率，即用于燃烧的燃料最终有多少真正被氧化，并排放到大气中。

排放因子，包括燃料含碳量、低位发热值和氧化率，原则上都需要通过实际测试获得，以便正确反映当地燃烧设备的技术水平和排放特点。但是由于利用能源平衡表进行自上向下核算时，本身就进行了一定程度的简化，忽略了不同燃烧设备和技术的差别，因此在当地数据无法获得时，也可以采用缺省排放因子（表 3-2）。

尽管对于自上向下核算，采用缺省排放因子具有一定合理性，但是确定排放因子的原则仍然是尽可能采用本地实测数据，以提高对当地的适用性。

**步骤 3：核算能源燃烧 $CO_2$ 排放总量和分部门排放量**

通过步骤 1，可以得到交通部门的能源燃烧量。根据能源燃烧量和相应的排放因子相乘计算 $CO_2$ 排放，公式如下：

$$E=\sum E_i=\sum F_i\times \mathrm{EF}_i \tag{3-1}$$

式中，$E$——$CO_2$ 总排放（t）；

$E_i$——燃料 $i$ 产生的 $CO_2$ 排放（t）；

$F_i$——燃料 $i$ 的消费量（kg 或 $m^3$）；

$\mathrm{EF}_i$——燃料 $i$ 的排放因子（kg $CO_2$/kg 或 kg$CO_2$/$m^3$）；

$i$——燃料类型（如汽油、柴油、天然气、LPG 等）。

## （三）某市交通部门核算结果举例

基于某港口城市能源统计数据，利用自上向下的核算方法，可以得到某市交通部门的二氧化碳排放量（表 3-3）。

从核算结果中可见，交通部门中，营运交通是主要的 $CO_2$ 排放源。水上运输业是营运交通中最大的排放源，占交通部门总排放的比重超过 1/4。道路运输业的排放也较高，2009 年占交通总排放的 16.2%。而非营运交通虽然在交通排放中的比重低于营运交通，但是增长速度很快，2009 年已经达到 683.1 万 t $CO_2$，相对于 2005 年增长了 70.0%。

随着港口业的进一步发展和私家车保有量的不断增加，某市未来交通运输需求量增长将会较为迅速。

表 3-2　不同能源类型的 $CO_2$ 排放因子

| 燃料品种 | A | | B=A×(44/12)×1000 | | C | | D=B×C×$10^{-9}$ | | E | F=D×E | |
|---|---|---|---|---|---|---|---|---|---|---|---|
| | 单位热量含碳量 | 单位 | 单位热量 $CO_2$ 含量 | 单位 | 低位发热值 | 单位 | 潜在排放因子 | 单位 | 氧化率 | 实际排放因子 | 单位 |
| 原煤 | 25.8 | kgC/GJ | 94 600 | $kgCO_2/TJ$ | 20 908 | kJ/kg | 1.98 | $kgCO_2/kg$ | 0.94 | 1.86 | $kgCO_2/kg$ |
| 洗精煤 | 25.8 | kgC/GJ | 94 600 | $kgCO_2/TJ$ | 26 344 | kJ/kg | 2.49 | $kgCO_2/kg$ | 0.94 | 2.43 | $kgCO_2/kg$ |
| 其他洗煤 | 25.8 | kgC/GJ | 94 600 | $kgCO_2/TJ$ | 10 454 | kJ/kg | 0.99 | $kgCO_2/kg$ | 0.94 | 0.93 | $kgCO_2/kg$ |
| 型煤 | 33.6 | kgC/GJ | 123 200 | $kgCO_2/TJ$ | 17 584 | kJ/kg | 2.17 | $kgCO_2/kg$ | 0.90 | 1.95 | $kgCO_2/kg$ |
| 煤矸石 | 25.8 | kgC/GJ | 94 600 | $kgCO_2/TJ$ | 8 363 | kJ/kg | 0.79 | $kgCO_2/kg$ | 0.94 | 0.74 | $kgCO_2/kg$ |
| 焦炭 | 29.5 | kgC/GJ | 108 200 | $kgCO_2/TJ$ | 28 435 | kJ/kg | 3.08 | $kgCO_2/kg$ | 0.93 | 2.86 | $kgCO_2/kg$ |
| 焦炉煤气 | 12.1 | kgC/GJ | 44 400 | $kgCO_2/TJ$ | 17 353 | $kJ/m^3$ | 0.77 | $kgCO_2/m^3$ | 0.99 | 0.76 | $kgCO_2/m^3$ |
| 高炉煤气 | 70.8 | kgC/GJ | 260 000 | $kgCO_2/TJ$ | 3 763 | $kJ/m^3$ | 0.98 | $kgCO_2/m^3$ | 0.99 | 0.97 | $kgCO_2/m^3$ |
| 转炉煤气 | 49.6 | kgC/GJ | 182 000 | $kgCO_2/TJ$ | 7 945 | $kJ/m^3$ | 1.44 | $kgCO_2/m^3$ | 0.99 | 1.43 | $kgCO_2/m^3$ |
| 其他煤气 | 12.2 | kgC/GJ | 44 800 | $kgCO_2/TJ$ | 20 222 | $kJ/m^3$ | 0.90 | $kgCO_2/m^3$ | 0.99 | 0.89 | $kgCO_2/m^3$ |
| 原油 | 20.1 | kgC/GJ | 73 700 | $kgCO_2/TJ$ | 41 816 | kJ/kg | 3.08 | $kgCO_2/kg$ | 0.98 | 3.02 | $kgCO_2/kg$ |
| 汽油 | 18.9 | kgC/GJ | 69 300 | $kgCO_2/TJ$ | 43 070 | kJ/kg | 2.98 | $kgCO_2/kg$ | 0.98 | 2.93 | $kgCO_2/kg$ |
| 煤油 | 19.6 | kgC/GJ | 71 900 | $kgCO_2/TJ$ | 43 070 | kJ/kg | 3.10 | $kgCO_2/kg$ | 0.98 | 3.03 | $kgCO_2/kg$ |
| 柴油 | 20.2 | kgC/GJ | 74 100 | $kgCO_2/TJ$ | 42 652 | kJ/kg | 3.16 | $kgCO_2/kg$ | 0.98 | 3.10 | $kgCO_2/kg$ |
| 燃料油 | 21.1 | kgC/GJ | 77 400 | $kgCO_2/TJ$ | 41 816 | kJ/kg | 3.24 | $kgCO_2/kg$ | 0.98 | 3.17 | $kgCO_2/kg$ |
| 石油焦 | 27.5 | kgC/GJ | 101 000 | $kgCO_2/TJ$ | 31 947 | kJ/kg | 3.23 | $kgCO_2/kg$ | 0.98 | 3.16 | $kgCO_2/kg$ |
| 液化石油气 | 17.2 | kgC/GJ | 63 100 | $kgCO_2/TJ$ | 50 179 | kJ/kg | 3.17 | $kgCO_2/kg$ | 0.98 | 3.10 | $kgCO_2/kg$ |
| 炼厂干气 | 18.2 | kgC/GJ | 66 700 | $kgCO_2/TJ$ | 46 055 | kJ/kg | 3.07 | $kgCO_2/kg$ | 0.98 | 3.01 | $kgCO_2/kg$ |
| 天然气 | 15.3 | kgC/GJ | 56 100 | $kgCO_2/TJ$ | 38 931 | $kJ/m^3$ | 2.18 | $kgCO_2/m^3$ | 0.99 | 2.16 | $kgCO_2/m^3$ |
| 液化天然气 | 15.3 | kgC/GJ | 56 100 | $kgCO_2/TJ$ | 51 434 | kJ/kg | 2.89 | $kgCO_2/kg$ | 0.98 | 2.86 | $kgCO_2/kg$ |

资料来源：《2006 年 IPCC 国家温室气体清单指南》《中国能源统计年鉴 2011》《省级温室气体清单编制指南》。

表 3-3 某市交通部门二氧化碳排放量

| | 2005 年 | | 2009 年 | | |
|---|---|---|---|---|---|
| | $CO_2$ 排放量 / 万 t | 比例 /% | $CO_2$ 排放 / 万 t | 比例 /% | 增长率 /%（相对 2005 年） |
| **非营运交通** | 401.8 | 34.0 | 683.1 | 38.8 | 70.0 |
| 居民 | 78.0 | 6.6 | 105.2 | 6.0 | 34.8 |
| **营运交通** | 779.3 | 66.0 | 1 076.5 | 61.2 | 38.1 |
| 道路运输业 | 217.7 | 18.4 | 285.7 | 16.2 | 31.2 |
| 城市公共交通业 | 114.0 | 9.7 | 173.7 | 9.9 | 52.4 |
| 水上运输业 | 329.8 | 27.9 | 450.5 | 25.6 | 36.6 |
| 其他（包括装卸搬运、仓储、邮政） | 117.9 | 10.0 | 166.5 | 9.5 | 41.3 |
| **总计** | 1 181.2 | 100 | 1 759.5 | 100 | 49.0 |

## 二、“自下向上”的中国城市交通温室气体排放核算方法[1]

“自下向上”是基于不同交通方式交通活动水平数据，计算不同交通工具能源消耗与温室气体排放的核算方法。“自上向下”与“自下向上”并非两套相互独立的核算方法，而是相互补充的关系。“自上向下”核算方法更容易获得城市交通部门温室气体排放全貌，“自下向上”核算方法可获得交通部门内更准确、更精细的不同交通方式、不同交通工具、不同出行主体的温室气体排放，可以为居民低碳交通行为研究提供支持。

### （一）确定核算范围

交通部门属于温室气体排放的移动源。国家清单与城市清单在移动源温室气体排放范围界定上存在一定差异，因此在自下向上核算交通部门排放时，首先要确定移动源的范围，明确核算范围包含哪些交通工具、交通方式，以及如何核算跨行政区域的交通排放等问题。

#### 1. 交通工具

正如前文所述，进行温室气体核算时，交通部门采用“大交通”的概念，包括所有的交通运输工具，即从事运营的交通运输工具、非运营的企事业单位和私人所拥有的交通工具以及农业机械中的运输机械与移动装置。中国能源统计体系中交通运输部门一般只包含专业交通营运部门的能源消费量，居民部门、商业部门和工业部门的大量社会交通用能并不在交通运输部门统计范围之内。因此需要对交通用能进行整合，对汽柴油等消费量在部门间进行重新调整。

1 参看笔者在《中国城市温室气体清单编制指南》（中国环境出版社，2015）一书中撰写的相应章节。

### 2. 交通方式

在中国目前的交通管理体制下，铁路与民航活动水平数据通常不由各城市直接进行统计报告。因此，在自下向上核算交通部门排放时，可以根据城市的具体情况确定主要的移动源子部门。应纳入移动源核算范围的包括道路交通、城市内轨道交通和水运部门（包括各种内河、湖泊、海运的船舶以及港口作业设施等）。对于有航空公司注册在本地的城市而言，在有条件的情况下，可对注册航空公司的航空排放进行核算。由于管道交通并不属于机动设施，当排放量较少时，在核算交通排放时可以不作考虑。

### 3. 行政区域

交通工具等移动源的活动有可能跨越行政区域，如跨市、跨省的公路、水路客货运输等。应以城市行政区域内交通工具保有量和营运交通工具的工商注册归属为基础，计算其排放量。交通运输业应按照企业工商注册登记的城市作为核算其排放归属的依据。居民部门的排放则应按照居住地点计入所在行政区域。

## （二）基本方法

自下向上核算交通工具温室气体排放的基本方法是用交通活动水平数据乘以相应的排放因子，以获得排放量数据。

以道路交通为例，基于交通活动水平与燃料效率估算温室气体排放量的计算方法，其基本步骤为：确定移动车辆类型，收集各类型机动车保有量及行驶里程、各种类型车辆的耗油量指标（燃油经济性水平），利用保有量及行驶里程、耗油量指标推算出燃料消耗数据。基于车辆行驶距离估算温室气体排放量的计算方法，适用于具备完善的机动车管理体系的城市，其对各类型机动车的保有量、行驶里程、耗油量指标等数据的掌握比较充分翔实。

基于车辆行驶距离估算温室气体排放量的方法，计算公式如下：

$$\mathrm{CE}=\sum_{i}\sum_{j}V_{i,j}\times \mathrm{VKT}_{i,j}\times F_{i,j}\times \mathrm{EF}_{i} \tag{3-2}$$

式中，CE——温室气体排放量，t $CO_2$；

$V_{i,j}$——使用燃料 $i$ 的车辆类型 $j$ 的数量，辆；

$\mathrm{VKT}_{i,j}$——使用 $i$ 的类型 $j$ 的车辆的年行驶里程，km；

$F_{i,j}$——车辆 $j$ 的燃料经济性水平，t/km；

$\mathrm{EF}_{i,j}$——燃料 $i$ 的温室气体排放因子 t $CO_2$/t；

$i$——燃料品种；

$j$——车辆类型。

核算的基本步骤为：

第一步，确定车辆的制造商、车型、燃料种类和年份。

第二步，根据车辆种类确定年行驶里程数。

第三步，决定每辆车的燃料效率。

第四步，将年里程数转化成燃料消耗量。

因此，以道路交通为例，要基于交通活动水平与燃料效率自下而上核算一个城市交通部门温室气体排放，需要收集某一城市的 4 类数据：

①分类型的机动车保有量；

②各类型机动车的年行驶里程；

③各类型机动车的燃油经济性水平；

④燃料燃烧氧化率等排放因子数据。

### 1. 机动车保有量

分类型的机动车保有量数据通常可以从公安交通管理局、车管所等车辆管理部门获得。常见的民用汽车拥有量与构成统计表格如表 3-4 所示。

**表 3-4 民用汽车拥有量和构成**

| | 分类 | 辆 |
|---|---|---|
| 汽车 | 1. 载客汽车<br>其中：轿车 | |
| | 2. 载货汽车 | |
| | 3. 其他汽车 | |
| 电动车 | 4. 电动车 | |
| 摩托车 | 5. 摩托车 | |
| 农用运输车 | 6. 农用运输车 | |
| 挂车 | 7. 挂车 | |
| 其他 | | |

所收集的载客汽车、载货汽车等数据应细分至车型，如大型、中型、轻型、微型车辆的保有量。

### 2. 行驶里程

车辆的行驶里程数据较难获得，目前中国尚无公开的车辆行驶里程常规统计数据。获取车辆行驶里程数据需要结合大规模的交通调查与常规统计，不同城市的数据基础差异较大。很多已有的研究尝试通过各种方法估测车辆行驶里程，多数需要基于大规模的调查，例如，通过在停车场调查车辆并查看行驶里程表，估算各类型车辆的年行驶里程（霍红，2002；Hui Guo，et al.，2006；Haikun Wang，et al.，2007）。城市在采取自下向上方法核算交通部门排放时，应首先尝试基于本城市大规模交通调查与长期研究所得行驶里程相关数据进行核算，在本地缺乏相关数据基础时，可以参照全国或者其他相似城市的数据，但是行驶里程受众多因素影响，在不同地区差异很大，应用全国或者其他城市的数据，不确定性较大。常见的分车型行驶里程数据统计如表 3-5 所示。

**表 3-5　不同车型运行里程数据统计**

| 机动车类型 | | 年行驶里程 /km |
|---|---|---|
| 载客汽车 | 轻、微型 | |
| | 中型 | |
| | 大型 | |
| | 出租车 | |
| | 公交车 | |
| 载货汽车 | 轻、微型 | |
| | 中型 | |
| | 重型 | |
| 简易机动车 | | |
| 摩托车 | | |
| 拖拉机 | | |

### 3. 燃料经济性水平

关于使用传统燃料的机动车燃料经济性水平，已有的国家燃油经济性标准与大量研究文献可供参考（表 3-6），在工信部发布的“轻型汽车燃料消耗量通告”中可以查询国内生产的各种车型的燃料消耗量数据[1]。各城市可以以之为基础，根据本地的车型构成、道路工况及相关调查予以调整。

**表 3-6　中国不同车辆类型百公里油耗**

| 车辆大类 | 车辆类型 | 燃料类型 | 百公里油耗 /L | 备注 |
|---|---|---|---|---|
| 汽车 | | | | |
| 载客汽车 | 微型汽车 | 汽油 | 7.05 | 工业和信息化部统计数据，《乘用车燃料消耗量限值》（GB 19578—2004） |
| | | 其他 | — | |
| | 小型汽车 | 汽油 | 8.97 | 工业和信息化部统计数据，《乘用车燃料消耗量限值》（GB 19578—2004） |
| | | 柴油 | 7.80 | |
| | 中型汽车 | 汽油 | 10.66 | 工业和信息化部统计数据，《轻型商用车辆燃料消耗量限值》 |
| | | 柴油 | 9.40 | |
| | 大型汽车 | 汽油 | 37.95 | 研究文献 |
| | | 柴油 | 33 | |
| 载货汽车 | 微型汽车 | 汽油 | 8.08 | 工业和信息化部统计数据 |
| | | 柴油 | 7.00 | |
| | 轻型汽车 | 汽油 | 14.49 | 《营运货车燃料消耗量限值及测量方法》（JT 719—2008） |
| | | 柴油 | 12.60 | |

1　中国汽车燃料消耗量网站 . http://chinaafc.miit.gov.cn/index.html.

| 车辆大类 | 车辆类型 | 燃料类型 | 百公里油耗 /L | 备注 |
|---|---|---|---|---|
| 载货汽车 | 中型汽车 | 汽油 | 21.70 | 《营运货车燃料消耗量限值及测量方法》（JT 719—2008） |
| | | 柴油 | 18.87 | |
| | 重型汽车 | 汽油 | 35.73 | |
| | | 柴油 | 31.07 | |
| 低速汽车 | | | | |
| 三轮汽车及低速载货汽车 | 三轮汽车 | | 4 | 研究文献 |
| | 低速载货汽车 | | 12.6 | 参照轻型货车 |
| 摩托车 | | | | |
| 摩托车 | 普通摩托车 | | 2.08 | 研究文献 |
| | 轻便摩托车 | | 1.85 | |

数据来源：蔡博峰，冯相昭，陈徐梅，2012。

#### 4. 排放因子

基于行驶里程与燃料经济性水平得到分类别的燃料消耗量之后，再分别乘以相应的排放因子，即可得出自上而下核算的城市交通温室气体排放。理想情况下，各个城市应选取本地的排放因子。在没有相关研究基础的情况下，可以选取相关文献中的缺省值。根据《IPCC 国家温室气体清单指南》（2006）与《中国温室气体清单研究》（国家气候变化对策协调小组办公室，国家发展和改革委员会能源研究所，2007），适宜中国城市交通部门采用的基于低位发热量的排放因子如表 3-7 所示。

**表 3-7　相关文献中基于低位发热量的交通领域 $CO_2$ 排放因子**　　单位：kg/TJ

| 交通方式 | 燃料类型 | 《IPCC 国家温室气体清单指南》 | | | 《中国温室气体清单研究》 |
|---|---|---|---|---|---|
| | | 缺省值 | 低限 | 高限 | |
| 道路 | 汽油 | 69 300 | 67 500 | 73 000 | 69 300 |
| | 柴油 | 74 100 | 72 600 | 74 800 | 74 067 |
| 铁路 | 柴油 | 74 100 | 72 600 | 74 800 | 73 187 |
| 水路 | 柴油 | 74 100 | 72 600 | 74 800 | 73 187 |
| | 燃料油 | 77 400 | 75 500 | 78 800 | 73 187 |
| 航空 | 航空煤油 | 71 500 | 69 800 | 74 400 | 71 500 |

数据来源：IPCC，2006；国家气候变化对策协调小组办公室，国家发改委能源研究所，2007。

### （三）某市自下向上核算方法的应用 [1]

完整的城市交通部门温室气体排放核算应包括三个范围：范围一，城市地理边界内部移动源燃料燃烧排放；范围二，移动源消费外调供电；范围三，燃料生产流通环

1　中国人民大学环境学院岳昆博士开展了相关研究，岳昆．基于出行行为研究的私家车低碳化对策分析 [D]. 中国人民大学，2013.

节的排放，发生在城市地理边界外部的水运和航空排放等。

鉴于某市数据的可得性，在应用自下向上方法进行交通部门温室气体核算时，主要针对范围一，即城市内部区域的交通活动和排放，不包括外调供电以及城际间的铁路、水运和航空等交通方式所产生的排放，即以公路交通的排放核算为主。

**步骤 1：估算不同车型的各种燃料消费量**

首先，明确分车型的车辆保有量。城市民用机动车在统计口径上根据车辆结构和制动方式分为汽车、电动车、摩托车等类别，从中国的实际情况来看，城市中运行的机动车中，数量最多的为汽车和摩托车。汽车根据运载对象的不同，又可以分为载客汽车、载货汽车以及其他汽车三类。某市民用机动车的构成见表 3-8，仅从保有量来看，2011 年载客汽车和摩托车的数量最高，分别达到 96 万辆和 60 万辆。

**表 3-8　某市 2011 年民用机动车拥有量和构成**

| | 分类 | 拥有量 / 辆 |
|---|---|---|
| 汽车 | 1. 载客汽车 | 961 326 |
| | 其中：轿车 | 586 434 |
| | 2. 载货汽车 | 156 316 |
| | 3. 其他汽车 | 45 569 |
| 电车 | 4. 电车 | 73 |
| 摩托车 | 5. 摩托车 | 603 244 |
| 农用运输车 | 6. 农用运输车 | 41 361（2010 年） |
| 挂车 | 7. 挂车 | 17 121 |
| 其他 | | 243 |

数据来源：某市统计年鉴 2012。

由于车型和具体用途的不同，载客汽车与载货汽车中，需要进一步区分大、中、小等车型以及汽柴油等燃料品种，以精确计算不同车型下的油耗和排放。由于缺乏某市相关统计，因此参考 2010 年中国全国车辆的车型分布和燃油品种分类（表 3-9）。可以得知载客汽车中，轻型、微型的车辆占比最高，达到 95.7%。

**表 3-9　2010 年全国道路分车型拥有量结构**

| 车型 | 载客汽车 | | | 载货汽车 | | |
|---|---|---|---|---|---|---|
| | 大型 | 中型 | 轻型、微型 | 重型 | 中型 | 轻、微型 |
| 辆数 / 万辆 | 116.44 | 146.07 | 5 861.61 | 394.8 | 269.75 | 933 |
| 占比 /% | 1.9 | 2.4 | 95.7 | 24.7 | 16.9 | 58.4 |

数据来源：2011 中国汽车工业年鉴。

某市的车用燃料以汽油和柴油为主，天然气、电力等能源的车用占比较低，因此核算仍以传统燃料为主。某市的车用燃油品种参考全国情形：2010 年柴油车比例整体不足 5%，其中轿车为代表的乘用车中，柴油车比例不足 1%。[1]

1　科技网，国内柴油车比例有望提升到 5%。http://www.stdaily.com/stdaily/content/2012-05/14/content_467581.htm.

其次，确定不同车型的运营里程和燃料强度。某市没有分车型运行和能耗的权威统计，因此参考中国其他城市的相关研究。根据已有研究，中国当前不同车型的运行里程和燃料强度如表 3-10 所示。

**表 3-10　中国机动车分车型的运行特征**

| 机动车类型 | | 年行驶里程 /km | 燃料强度 / ( L/km ) | |
|---|---|---|---|---|
| | | | 汽油 | 柴油 |
| 载客汽车 | 轻、微型 | 16 425 ～ 27 215 | 0.084~0.126 6 | 0.113 4 |
| | 中型 | 31 300 | 0.373 1 | 0.255 8 |
| | 大型 | 95 500 ～ 124 000 | 0.452 5 | 0.331 1 |
| | 出租车 | 138 000 | | |
| | 公交车 | 45 757 | | |
| 载货汽车 | 轻、微型 | 44 000 | 0.086 7 ～ 0.169 5 | 0.153 1 |
| | 中型 | 63 300 | 0.334 4 | 0.233 6 |
| | 重型 | 105 600 | | 0.301 2 |
| 简易机动车 | | 23 000 | | 0.037 3 |
| 摩托车 | | 6 612 ～ 7 303 | 0.027 2 | |
| 拖拉机 | | 30 900 | | 0.086 7 |

数据来源：①许盛. 南京市温室气体排放清单及其空间分布研究 [D]. 南京大学，2011；②刘欢，贺克斌，王岐东. 天津市机动车排放清单及影响要素研究 [J]. 清华大学学报 , 2008(3): 371-374；③李珂，王燕军，等. 乌鲁木齐市机动车排放清单研究 [J]. 环境科学研究 , 2010(4): 407-412。

最后，在上述各步骤所得数据的基础上，计算各个车型的保有量和燃料消费量。得到某市 2011 年分车型的道路燃料消耗情况（表 3-11）。

**表 3-11　某市 2011 年公路燃料消费量（按照城市平均水平计算）**

| | | 保有量 / 辆 | 年行驶里程 / km | 燃料种类 | 燃料消耗强度 / ( L/km ) | 年耗油 / 万 t |
|---|---|---|---|---|---|---|
| 载客汽车 | 总量 | 961 326 | | | | |
| | 轻、微型 | 919 989 | 21 820 | 汽油 | 0.089 3 | 130.85 |
| | 中型 | 23 072 | 31 300 | 汽油 | 0.373 1 | 19.67 |
| | 大型 | 18 265 | 109 750 | 汽油 | 0.452 5 | 66.21 |
| 载货汽车 | 总量 | 156 316 | | | | |
| | 轻、微型 | 91 289 | 44 000 | 汽油 | 0.086 7 | 25.42 |
| | 中型 | 26 417 | 63 300 | 汽油 | 0.334 4 | 40.82 |
| | 重型 | 38 610 | 105 600 | 柴油 | 0.301 2 | 102.34 |
| 其他汽车 | | 45 569 | 23 000 | 柴油 | 0.037 3 | 3.26 |
| 摩托车 | | 603 244 | 6 958 | 汽油 | 0.027 2 | 8.33 |
| 拖拉机 | | 41 361 | 30 900 | 柴油 | 0.086 7 | 9.23 |
| | | | | 汽油总计 | | 291.3 |
| | | | | 柴油总计 | | 114.8 |

**步骤 2：计算二氧化碳排放量**

将燃料消费量乘以分燃料品种的排放因子，计算 $CO_2$ 排放量。

根据步骤 1，计算出 2011 年某市道路汽油消费量 291.3 万 t，柴油消费量 114.8 万 t。分别乘以排放因子，得到 $CO_2$ 共计约排放 1 260 万 t，其中[1]：

汽油燃烧 $CO_2$ 排放量为 291.3 万 t×3.07 t $CO_2$/t 汽油 =894 万 t

柴油燃烧 $CO_2$ 排放量为 114.8 万 t×3.19 t $CO_2$/t 柴油 =366 万 t

同时，根据不同车型的燃料消耗量和种类，可得分车型的 $CO_2$ 排放量，以及在道路交通中的排放占比（表 3-12）。

表 3-12 2011 年某市不同车型 $CO_2$ 排放占道路交通排放比例

| 分类 | 车型 | $CO_2$ 排放占比 / % | 分类 | 车型 | $CO_2$ 排放占比 /% |
|---|---|---|---|---|---|
| 载客汽车 | 轻、微型 | 31.9 | 载货汽车 | 轻、微型 | 6.2 |
| | 中型 | 4.8 | | 中型 | 9.9 |
| | 大型 | 16.1 | | 重型 | 25.9 |
| 其他 | 其他汽车 | 0.8 | （碳排放共计约 1 260 万 t） | | |
| | 摩托车 | 2.0 | | | |
| | 拖拉机 | 2.3 | | | |

2011 年，载客汽车在某市的公路交通中的 $CO_2$ 排放占比约为 52.8%，其中小型客车排放又占载客汽车的 60% 左右，这意味着客运交通尤其是中小型客车的运行，是城市交通领域温室气体排放的重点控制目标。

公路交通的排放核算针对的是全市范围内的机动车辆。对于市区来说，排放影响更大的是道路客运车辆，主要类别包括私家车、公共交通和出租车等。这些客运车辆，既是城市道路交通中温室气体排放占比较高的移动排放源，同时又与居民的出行关系密切，其排放量与出行者的出行距离、方式以及出行频率等直接相关。

## 三、基于出行调查的居民碳足迹核算[2]

基于居民出行行为的碳足迹核算属于“自下向上”的核算方法，但主要目的并非得到完整的交通部门排放清单，而是为了识别交通部门更准确、更精细的排放特征，并对居民的低碳出行行为进行分析，为制定相应的政策提供依据。

本节聚焦居民通勤行为，从城市居民通勤碳排放的影响因素分类出发，构建居民通

1 根据 IPCC 排放清单，确定燃料的发热值和排放因子。
动力汽油和柴油的缺省净发热值分别为 44.3 TJ/Gg 和 43.0 TJ/Gg。（1TJ=1 000 GJ，1 Gg=$10^6$kg）
动力汽油和柴油的缺省排放因子分别为 69 300 kg/TJ 和 74 100 kg/TJ。分别计算汽柴油的排放因子：
车用汽油排放因子 =44.3 TJ/Gg×69 300 kg/TJ=3.07 t/t
车用柴油排放因子 =43.0 TJ/Gg×74 100 kg/TJ=3.19 t/t

2 中国人民大学环境学院硕士研究生孙雨参与了本节的研究与撰写。

勤碳排放核算模型，并以北京、青岛为案例城市，将概念模型转化为反映城市发展特征的、具有可操作性的计算模型，形成从出行者角度出发的通勤碳排放核算方法，设计调查问卷并组织实施入户调查，基于调查所得数据，核算居民碳足迹，对结果进行分析。

## （一）居民通勤碳排放概念模型

### 1. 核算对象

根据出行目的的不同，城市居民的交通行为一般可以分为两大类：生存性交通（其出行目的主要是上班、上学、公务等）和生活性交通（其出行目的有购物、娱乐、探亲、就医等）。其中，生存性交通对出行的速度和时间经济性要求较高，希望道路具有较高的“通”的功能；而生活性交通则更注重交通设施的服务水平和舒适度，对时间经济性的关注较生存性交通更弱，希望道路具有较高的“达”的功能。

对城市居民而言，通勤（即上班、上学等日常性反复）属于生存性交通，通勤出行的需求弹性较小、目的地固定，是一种稳定的满足居民基本需要的出行。城市居民在日常性的刚性出行时，通常重视出行的可靠性，需要快速、准时地到达目的地，对于时间和费用的要求较严格（黄树森等，2008）。

由于生活性交通出行较为分散且选择多样、出行次数难以统计，而通勤出行更具稳定性、规律性，因而本研究在进行城市居民交通碳排放核算时，选取其通勤行为作为研究对象。城市居民通勤行为主要包括通勤方式、通勤时间、活动区域分布、通勤里程等。

### 2. 核算方法

概念模型采用 ASIF 方法进行居民通勤碳排放的核算，其核算公式具体的表述形式如下：

$$G=\sum_{\mathrm{mod}es}\sum_{fuels}A_{m,f}S_{m,f}I_{m,f}F_{m,f} \tag{3-3}$$

式中，$G$——交通部门温室气体排放（Greenhouse gas emissions）；

$A$——交通活动水平（transport Activity）；

$S$——交通方式构成（modal Shares）；

$I$——不同交通方式的能源强度（energy Intensity）；

$F$——不同燃料组合对应的排放因子（Fuel mix）。

可见，在该分析框架中，$A$、$S$、$I$、$F$ 代表了交通部门温室气体排放的 4 个驱动因素，简化而言，就是交通里程、交通方式、燃料经济性、$CO_2$ 排放因子。

使用 ASIF 方法进行通勤碳排放的核算时，受技术等条件限制，能源强度（$I$）、排放因子（$F$）两个因子在一定的时间段内具有稳定性。因此，在确定交通方式构成（$S$）的基础上，不同维度的活动水平（$A$）选择，对应着不同维度的通勤碳排放水平（$G$）。

例如，活动水平取人均量时，核算出的通勤碳排放水平也是人均量；活动水平取群体总量时，核算出的通勤碳排放水平也是群体的排放总量。又如，活动水平取单次量时，核算出的通勤碳排放水平也是单次量；活动水平取一段时间内的多次量时，核算出的通勤碳排放水平也是同一时间段内的多次出行的排放总量。可以根据不同的研究需要，选择变量的不同维度，灵活运用该模型。

## （二）案例城市调查情况简介

本研究采用实地问卷调查获取一手数据，于 2010 年 9 月和 2011 年 7 月分别在案例城市北京、青岛开展两次大规模入户问卷调查。[1]

### 1. 北京调查情况简介

在案例城市北京市的入户问卷调查于 2010 年 9 月进行，具体调查范围包括北京市 6 个城区（东城区、西城区、朝阳区、丰台区、石景山区、海淀区）和若干乡镇。

调查对象的年龄范围限定于 15 ～ 65 周岁人口。在每个区对街道（乡、镇）及居（村）委会的抽样均采用按与人口成比例的不等概率系统抽样（PPS 系统抽样）；在每个进入样本的居（村）委会中，对户的抽样采用等概率系统抽样，即等距抽样；而在每个入样户中采用简单随机抽样确定具体调查对象。调查样本中包括 139 个街道（地区、乡、镇）的 204 个居民社区（行政村）。

在案例城市北京开展的实地调查共获得有效问卷 2 040 份。在对入户问卷调查数据进行统计和处理之后，有固定工作或学习地点的共 1 250 人。在实证研究中，主要采用这部分数据进行北京市居民通勤行为特征研究。

### 2. 青岛调查情况简介

在案例城市青岛市的入户问卷调查于 2011 年 7 月进行，具体调查范围包括青岛市 7 个市辖区（市南区、市北区、西方区、李沧区、崂山区、黄岛区、城阳区）。[2]

调查对象的年龄范围限定于 15 ～ 65 周岁人口。在每个区对街道（乡、镇）及居（村）委会的抽样均采用按与人口成比例的不等概率系统抽样（PPS 系统抽样）；在每个进入样本的居（村）委会中，对户的抽样采用等概率系统抽样，即等距抽样；而在每个入样户中采用简单随机抽样确定具体调查对象。调查样本中包括 45 个街道（地区、乡、镇）的 100 个居民社区（行政村）。

在案例城市青岛开展的实地调查共获得有效问卷 1 000 份。在对入户问卷调查数据

---

1　本研究共享了北京奥组委“奥运会总体影响（OGI）”项目、青岛低碳发展规划项目创造的研究条件。

2　这里使用调查发生的 2011 年青岛市行政区划。2012 年 12 月，国务院做出《关于同意山东省调整青岛市部分行政区划的批复》、山东省政府发出《关于调整青岛市部分行政区划的通知》，决定对青岛市部分行政区划实施调整。调整的主要内容是：撤销市北区、四方区，合并设立新的市北区；撤销黄岛区、县级胶南市，合并设立新的黄岛区。调整之后，青岛市行政区划变更为 6 区 4 市。

进行统计和处理之后，有固定工作或学习地点的共 736 人。在实证研究中，主要采用这部分数据进行青岛市居民通勤行为特征研究。

## （三）居民通勤碳排放计算模型

由于居民通勤出行的频次一般较为有限及变化不大，本书不将通勤频次作为重点研究对象，在通勤碳排放的计算模型中，活动水平（$A$）取单次通勤里程，核算得到的碳排放水平（$G$）为一次通勤碳排放。

使用 ASIF 参数进行居民通勤碳排放核算，要确定通勤里程（$A$）、通勤方式（$S$）、燃料经济性（$I$）、二氧化碳排放因子（$F$）4 个因素。

### 1. 通勤里程（$A$）

生活性交通（如购物、娱乐等），本书中用“一次通勤里程”，即居民的居住地点与通勤目的地之间的单程出行距离，作为衡量通勤里程的变量。

除选择私家车出行的居民之外，采取其他通勤方式的居民对自身出行里程难以有较为准确的估计，通过调查获得的一次通勤里程与实际里程有较大的差距。因而，在代入公式核算之前，要对居民一次通勤里程进行一定的修正。

里程修正方法是基于调查信息中各个样本的居住地址和通勤目的地，根据其采取的通勤方式，利用电子地图核实通勤距离，并修正被调查者所给出的通勤里程数据。

具体操作步骤如下：

第一步，根据被调查者选择的通勤方式，选择不同的查询窗口（驾车、公交、步行）。

第二步，在特定方式的窗口下，在起点栏内输入样本的居住地址，终点栏内输入样本的通勤目的地，查询一次通勤里程。

第三步，在结果输出窗口下，选择合适的偏好设置（时间较短、路程较短、较快捷等），得到相应的里程数值。

里程修正的操作中遵循如下一系列原则：

第一，对于查询窗口的选择，对公共交通（公共汽车、地铁）出行，按照“公交”方式查询距离；对私人交通（自行车、私家车、出租车、单位派车）出行，按照“驾车”方式查询距离；对步行出行，按“步行”方式查询。

第二，对于居民的居住地址，精确到社区（居委会）/ 村委会；对于居民的通勤目的地的地址，精确到街道门牌号（如 ×× 路 ×× 号）。如果居民给出的通勤目的地仅为某个道路，如“北三环”“安立路”等，则采用电子地图给出的相应默认地点，通常为该道路的中点。

第三，对于偏好设置，步行、自行车出行，选择偏好为距离最短；对采用公共交通（公共汽车、地铁）出行，选择偏好为较快捷；对私家车出行，选择偏好为时间最短；单位班车、单位配车出行与私家车出行采用相同的偏好设置。

第四，里程修正过程中，在本小区、本村工作的，出行距离统一计为 1 km；在家工作的，出行距离为零。

第五，根据电子地图查出的修正后的出行距离，四舍五入，取整数。

按照操作步骤，遵循上述里程修正原则，对调查中有固定工作或学习地点的 1 986 个样本（北京 1 250 个，青岛 736 个）逐条进行里程修正。

北京市调查中所提供的通勤目的地无法查得的涉及 32 个样本，修正后可用于分析使用的有效样本共 1 218 个；青岛市调查中所提供的通勤目的地无法查得的涉及 9 个样本，修正后可用于分析使用的有效样本共 727 个。

使用修正后的调查数据，案例城市居民一次通勤里程情况统计如表 3-13 所示。

**表 3-13　案例城市居民一次通勤里程分布**　　单位：km

| 案例城市 | 平均值 | 5% 截尾平均值 | 中位数 | 标准差 | 最小值 | 最大值 | 偏度系数 | 峰度系数 |
|---|---|---|---|---|---|---|---|---|
| 北京 | 7.75 | 6.43 | 4 | 10.162 | 0 | 171 | 5.750 | 61.243 |
| 青岛 | 6.45 | 5.18 | 4 | 8.883 | 1 | 132 | 5.229 | 60.552 |

从里程均值方面看：北京市居民的一次通勤里程平均为 7.75 km，其中最大的样本为 117 km，剔除 5% 最大观测量和最小观测量后的居民一次通勤里程平均为 6.43 km。青岛市居民的一次通勤里程平均为 6.45 km，其中最大的样本为 132 km，剔除 5% 最大观测量和最小观测量后的居民一次通勤里程平均为 5.18 km。

单就一次通勤里程而言，北京市里程高于青岛市。这与城市规模的大小、居民住所与就职地分布有关。

案例城市居民一次通勤里程分布情况如图 3-2 所示。

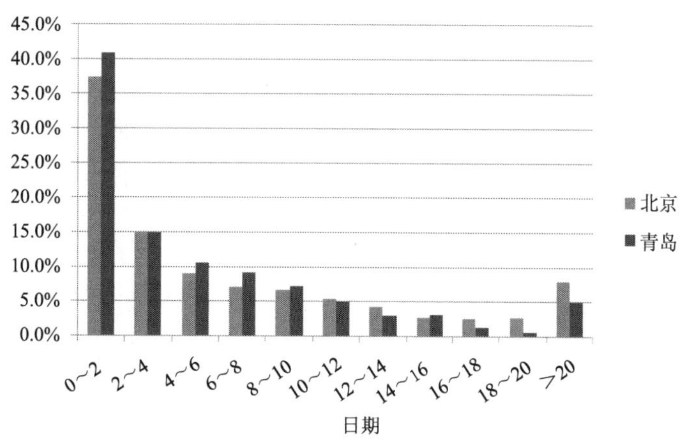


**图 3-2　案例城市居民一次通勤里程分布**

从通勤里程分布情况看：在北京市调查中，通勤距离为 0 ～ 2 km 的比例最大，约占 37.3%；其次是出行距离为 2 ～ 4 km 的，约占 14.9%。从分布情况可知，绝大多数的通勤是 10 km 以内的中短距离出行，大于 20 km 的通勤出行一般出现在远郊区县，主要表现为向市区内迁移。

在青岛市调查中，通勤距离为 0 ～ 2 km 的比例最大，约占 40.9%；其次是出行距离为 2 ～ 4 km 的，约占 14.9%。从分布情况可知，绝大多数的通勤是 10 km 以内的中短距离出行，大于 20 km 的通勤出行多发生在黄岛区或由城区居民向下辖县级市方向的迁移。

通过比较发现，北京市、青岛市居民一次通勤里程都主要集中在 10 km 以内，且以 4 km 以内为最多。但是青岛市居民在 4 ～ 10 km 的通勤活动水平要高于北京市，而在 10 ～ 20 km 区间的通勤活动水平则较北京市更低。这与两市城市空间形态的不同有一定关系，城市居民住职分布决定通勤出行的起点和终点，而其间可采用的交通方式又决定了起点和终点之间的路线选择，从而对应着不同的路径与里程。具体的影响机制将在后续章节中展开分析。

### 2. 通勤方式（*S*）

通勤方式即居民通勤出行时选择的交通方式，包括公共交通、私人交通等。由于居民在通勤出行时往往采取多种方式，因而在核算时需要掌握其通勤出行的方式构成。

根据调查，案例城市居民通勤方式构成情况如表 3-14 所示。

**表 3-14　案例城市居民通勤方式分担率统计**

| | 北京 | | 青岛 | |
|---|---|---|---|---|
| | 交通方式 | 通勤分担率 /% | 交通方式 | 通勤分担率 /% |
| 单一方式 | 步行 | 23.1 | 步行 | 30.2 |
| | 自行车 | 27.3 | 自行车 | 4.1 |
| | 地铁 | 2.0 | | |
| | 公交 | 20.6 | 公交 | 27.3 |
| | 单位班车 | 1.4 | 单位班车 | 6.5 |
| | 私人汽车 | 9.6 | 私人汽车 | 16.4 |
| 组合方式 | | | 步行 + 机动 | 7.5 |
| | 公共交通 + 非机动 | 10.4 | 公交 + 非机动 | 4.9 |
| | | | 公交 + 机动 | 8.0 |

注：“公共交通”指地铁、公共汽车，“非机动”指步行及自行车，“机动”包括除公交和地铁之外的摩托车、班车、出租车等。

在北京市被单独采用的通勤方式中，所占比例最大的方式分别为步行、自行车与公共汽车，这与刚性出行的可靠性与低费用有关。此外，在步行和自行车无法满足通勤出行需求时，绝大多数居民更倾向于选择公共交通，这说明在北京市公共交通可达性较好，在很大程度上满足了居民的通勤出行需求。

在青岛市被单独采用的通勤方式中，分担率最高的分别为步行、公共汽车、私人汽车。步行、自行车作为单一通勤方式，主要满足区内就业及就近就业的需要，更具便捷性和灵活性。而大部分区外就业则主要通过公共汽车、私人汽车及单位班车等通勤方式完成。

私人汽车作为单一的通勤方式，在北京、青岛的分担率高达 9.6% 和 16.4%。由于在各主要出行方式中，私人汽车的人均能耗和二氧化碳排放量是最高的，因而，推进绿色出行、发展绿色交通，就要适当降低通勤过程中小汽车的使用，引导以私人汽车为主要通勤方式的居民转向使用公共交通，减少其通勤碳排放。

除了单一的通勤方式，相当数量的居民在通勤时选择多种交通方式的组合，在覆盖通勤全程的同时也保证了时效性。步行和自行车是最主要的辅助方式，多与地铁、公共汽车等组合使用，一般完成从居住地到公共交通站点、班车站点及停车场的“最后一公里”的出行需求，弥补了地铁、公共汽车因路线设计有限而存在的覆盖范围不足问题。

此外，地铁和公共汽车的组合使用也是常见的通勤方式之一。一般而言，在换乘不是十分不便的情况下，居民倾向于在通勤路径中扩大地铁的使用，以规避路面拥堵及等待公共汽车所带来的时间延误，而在地铁线路无法覆盖到的部分，公共汽车站点的众多以及线路的丰富得以发挥良好的作用。

值得注意的是，在北京市，地铁的分担率远少于公共汽车和小汽车，以地铁为单一出行方式的分担率仅为 2%。相比较而言，步行、自行车、公共汽车等方式与地铁组合使用的分担率较高，加总结果为 4.5% 左右。尽管如此，地铁出行的分担率仍与公共汽车的分担率水平有较大差距。这可能是由于居民通勤线路较为分散，同时在调查开展的 2010 年，北京市地铁发展有限，轨道交通线路网仍然不够密集、站点较少，无法覆盖居民的居住地与工作地分布，致使乘地铁出行难以与丰富多样的公交线路、方便灵活的小汽车出行所比拟。

在 2010 年 9 月之后，北京市于当年 12 月开通了 15 号线一期一段、昌平线一期、大兴线、房山线（大葆台至苏庄段）和亦庄线 5 条通往郊区新城的线路，这 5 条新线路的开通使北京地铁里程一次性增加了 108 km。2011 年 12 月，8 号线二期北段、9 号线南段、15 号线一期东段和房山线未开通的剩余路段开通试运营，除 15 号线以外的 3 条线路都是为缓解北京交通拥堵而提前开通的。2012 年 12 月，6 号线一期、8 号线二期南段北土城至鼓楼大街段、9 号线北段和 10 号线二期开通试运营，北京地铁网络进一步扩展，同时结束了房山线和 9 号线脱网的尴尬局面。至此，北京市地铁总里程达到 442 km，超过上海成为全国第一。经过这三次大规模的地铁路网扩张，地铁将成为更多北京市居民通勤出行的方式选择，大大发挥其快捷高效清洁的特点，为缓解北京市道路交通拥堵、丰富居民出行方式选择、降低居民通勤碳排放作出巨大的贡献。

### 3. 二氧化碳排放参数（$I \cdot F$）

本书用“二氧化碳排放参数”综合表征燃料经济性（$I$）与二氧化碳排放因子（$F$）的共同作用。

二氧化碳排放因子主要与采用的能源类型有关，IPCC 曾在国家温室清单指南（2006）中给出全球适用的缺省值，为了更能切实反映我国水平，本书采用 2011 年国家发改委发布的《省级温室气体清单编制指南》中给出的参考值，涉及的部分数值见表 3-15。

**表 3-15 各种能源碳排放参考系数**

| 能源名称 | 平均低位发热量 /（kJ/kg） | 折标准煤系数 | 单位热值含碳量 /（t 碳 /TJ） | 碳氧化率 | $CO_2$ 排放系数 /（$kgCO_2/kg$） |
|---|---|---|---|---|---|
| 汽油 | 43 070 | 1.471 4 kg 标准煤 / kg | 18.9 | 0.98 | 2.925 1 |
| 柴油 | 42 652 | 1.457 1 kg 标准煤 / kg | 20.2 | 0.98 | 3.095 9 |
| 天然气 | 38 931 | 1.330 0 kg 标准煤 / $m^3$ | 15.3 | 0.99 | 2.162 2 |
| 电网名称 | | 覆盖区域 | | | $CO_2$ 排放系数 /（kg/kW · h） |
| 华北电网 | | 北京市、天津市、河北省、山西省、山东省、内蒙古西部地区 | | | 1.246 |

注：低（位）发热量等于 29 307 千焦（kJ）的燃料，称为 1 kg 标准煤（1 kgce）。

燃料经济性主要与车辆类型、车况、路况相关。

对于地铁，参考北京市城市规划设计研究院同类研究，其二氧化碳排放参数（即 $I{\cdot}F$，下同）为 0.001 kg 标准煤 /（人 · km）。

对于小汽车，参考北京市城市规划设计研究院同类研究，其二氧化碳排放参数为 0.090 64 kg 标准煤 /（车 · km）。为了便于比较分析，青岛市小汽车也使用此取值。

对于公交车，根据案例城市公交集团发布的当年（即北京市 2010 年，青岛市 2011 年）公交车辆类型结构及燃油经济性水平，加权平均得到每车百千米二氧化碳排放水平。再根据案例城市发布的当年公交运营里程、客运总量，结合调查得到的人均公交出行里程，得到公交平均每车载客量。前后两值相除，即为居民选择公交出行的二氧化碳排放参数。

案例城市公交车辆构成及相关参数取值如表 3-16 所示，根据计算，北京市公交每车百公里排放 82.897 7 $kgCO_2$，青岛市公交每车百公里排放 82.727 9 $kgCO_2$。

**表 3-16 案例城市公交车辆构成及相关参数**

| 车辆类型 | 数量 / 辆 | 占比 /% | 燃油经济性水平 | 燃料的 $CO_2$ 排放系数 |
|---|---|---|---|---|
| 北京 | | | | |
| 柴油车 | 16 642 | 81.5 | 31.5 L · $10^2$ km | 3.095 9 $kgCO_2/kg$ |
| 天然气车 | 3 133 | 15.4 | 36.00 $m^3$ · $10^2$ km | 2.162 2 $kgCO_2/m^3$ |
| 无轨电车 | 640 | 3.1 | 107.38 kW · h · $10^2$ km | 1.246 $kgCO_2/kWh$ |

| 车辆类型 | 数量 / 辆 | 占比 /% | 燃油经济性水平 | 燃料的 $CO_2$ 排放系数 |
|---|---|---|---|---|
| 青岛 | | | | |
| 汽油车 | 276 | 7.6 | 34.97 L · $10^2$ km | 2.925 1 $kgCO_2/kg$ |
| 柴油车 | 2 631 | 72.9 | 31.5 L · $10^2$ km | 3.095 9 $kgCO_2/kg$ |
| 天然气车 | 555 | 15.4 | 36.00 $m^3$ · $10^2$ km | 2.162 2 $kgCO_2/m^3$ |
| 无轨电车 | 145 | 4.0 | 107.38 kW · h · $10^2$ km | 1.246 $kgCO_2$/kW · h |
| 电瓶车 | 4 | 0.1 | — | — |

注：(1) 北京市取用 2010 年统计数据，青岛市取用 2011 年统计数据，与调查年份保持一致；

(2) 燃料的 $CO_2$ 排放系数参考《综合能耗计算通则》(GB/T 2589—2008)、《省级温室气体清单编制指南》(发改办气候 [2011]1041 号)；

(3) 汽油的密度取平均 0.72 kg/L；柴油的密度取平均 0.84 kg/L；

(4) CNG（压缩天然气）公交车气耗是 30 ～ 40 $m^3/10^2km$，有空调与没空调会有一定差异，平均取 36 $m^3$。LNG（液化天然气）公交车相对节能，气耗约 30 $m^3/10^2km$。2010 年时北京市天然气车还以 CNG（压缩天然气）车为主，LNG（液化天然气）车数量很少，因而参数以 CNG 车燃油经济性为准。2011 年时青岛市公交车全部为 CNG 车，到 2013 年才首次投放 LNG 车进入运营。

案例城市调查年份公交车运营情况如表 3-17 所示，根据计算，北京市公交车平均载客量为 39.7 人 / 车，青岛市公交车平均载客量为 25.2 人 / 车。

**表 3-17　案例城市公交车运营情况**

| 案例城市 | 总行驶里程 / 亿 km | 客运总量 / 亿人次 | 人均出行里程 / km | 公交车平均载客量 /（人 / 车） |
|---|---|---|---|---|
| 北京 | 9.9 | 35.75 | 11 | 39.7 |
| 青岛 | 2.2 | 7.7 | 7.2 | 25.2 |

注：(1) 北京市数据来自北京公交网，统计截至 2010 年 9 月；青岛市数据来自人民网，统计截至 2011 年年底；

(2) 人均出行里程根据问卷调查数据计算得到。

综合上述信息，案例城市主要机动化交通方式的二氧化碳排放参数取值见表 3-18。

**表 3-18　案例城市机动化交通方式 $CO_2$ 排放参数**

| 交通方式 | 二氧化碳排放参数 / [ $kgCO_2$/( 人 · $10^2$km) ] | 交通方式 | 二氧化碳排放参数 / [ $kgCO_2$/( 人 · $10^2$km) ] |
|---|---|---|---|
| 北京 | | 青岛 | |
| 地铁 | 0.25 | | |
| 公交 | 2.09 | 公交 | 3.28 |
| 小汽车 | 22.27 | 小汽车 | 22.27 |

注：(1) 单位换算时，采用国家发改委提供的参考系数：2.456 7 $tCO_2$/t 标准煤；

(2) 对于通勤出行选择小汽车的情况，本书认为被调查者独自一人驾驶小汽车出行。

在案例城市调查的通勤方式中，基于每车的载客量水平，班车采用与青岛市公交相同的排放参数，出租车、单位配车采用与小汽车相同的二氧化碳排放参数。

对于非机动出行（步行、自行车），本书认为其不直接产生交通能耗和温室气体排放，因而相应系数为0。

## （四）案例城市核算结果

在选定分析框架，确定核算参数之后，就可以使用案例城市调查数据，进行居民通勤碳排放核算。

由于居民在一次通勤出行中，可能组合采用多种通勤方式，因而在核算中，需要将一次通勤里程的修正结果进一步进行分解，得到每种方式对应的里程。这一操作也需要使用电子地图，对1 986个样本逐条进行分解与对应。在此之后，代入二氧化碳排放参数（$I{\cdot}F$）进行计算，结果四舍五入，取两位小数。

经核算，北京市居民通勤碳排放水平为0.42 kg（$CO_2$）/ 人次，青岛市居民通勤碳排放水平为0.53 kg（$CO_2$）/ 人次。其分布情况如表3-19所示。

表3-19　案例城市居民一次通勤碳排放水平

| 案例城市 | 平均值 | 5% 截尾平均值 | 中位数 | 标准差 | 最小值 | 最大值 | 偏度系数 | 峰度系数 |
|---|---|---|---|---|---|---|---|---|
| 北京 | 0.42 | 0.18 | 0.00 | 1.534 | 0.00 | 38.08 | 13.72 | 303.11 |
| 主城区 | 0.40 | 0.211 9 | 0.04 | 1.141 | 0.00 | 8.02 | 3.872 | 15.944 |
| 青岛 | 0.53 | 0.34 | 0.16 | 1.168 | 0.00 | 15.81 | 5.83 | 53.27 |

注：北京市调查包括主城区及郊区样本，而青岛市调查则均为主城区样本。

观察表3-19，北京市居民一次通勤碳排放水平均值小于青岛市，但是其5%截尾平均值远小于青岛市。这主要是由于郊区样本的加入，使得北京市居民一次通勤碳排放水平分布更加分散。而比较两市主城区排放均值，北京市水平略低于青岛市。结合之前的分析，北京市居民一次通勤里程（7.75 km）高于青岛市居民一次通勤里程（6.45 km），而其人均一次通勤碳排放水平反而低于青岛市，这反映出北京市居民的通勤方式较青岛市更低碳。

案例城市居民一次通勤碳排放水平按地区划分的具体情况如图3-3和图3-4所示。

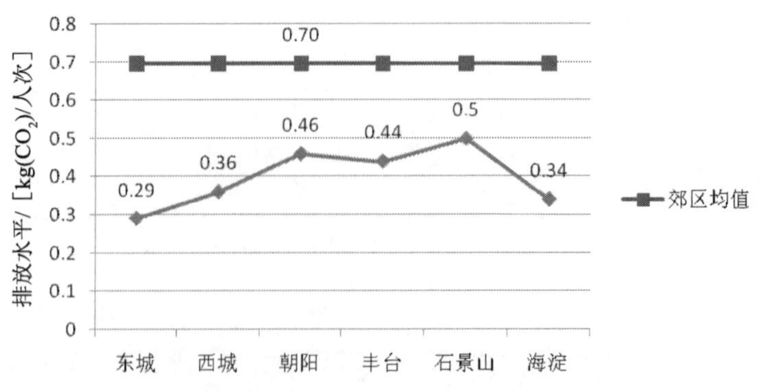


图3-3　北京市居民分区通勤碳排放水平

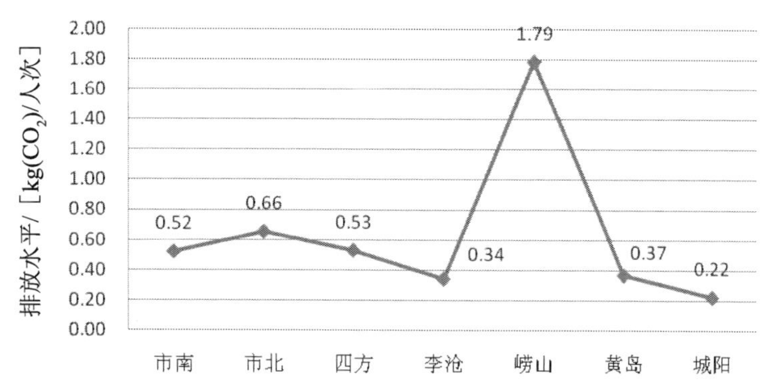


**图 3-4　青岛市居民分区通勤碳排放水平**

北京市主城区（东城区、西城区、朝阳区、丰台区、石景山区、海淀区）居民平均通勤碳排放为 0.40 kg（$CO_2$）/ 人次，远低于郊区的平均水平 0.70 kg（$CO_2$）/ 人次。可以看出，首都功能核心区（东城区、西城区）的人均碳排放水平低于城市功能拓展区（朝阳区、丰台区、石景山区、海淀区）。其中的一部分原因是首都功能核心区的居民有更高的区内就业比例，这部分居民通勤距离较小；此外，首都功能核心区具有更发达的公共交通网络，有更多机会采用更低碳的通勤方式。

青岛市主城区（市南区、市北区、四方区、李沧区、黄岛区、崂山区）中，大部分市辖区居民的一次通勤碳排放水平分布在 0.22 ～ 0.66 kg（$CO_2$）/ 人次，崂山区居民平均一次通勤碳排放最高，均值为 1.79 kg（$CO_2$）/ 人次。以崂山区的代表街道——中韩街道为例，其居民一次通勤里程多为 10 km 以上，且有较多居民选择私人汽车为通勤方式，如此高能耗的通勤方式是导致其一次通勤碳排放水平偏高的原因之一。

# 第四章
# 城市居民交通行为研究与低碳化策略分析

如第 1 章中所述，控制交通活动水平需要通过改变企业、组织或消费者个体行为来实现，优化交通方式也需要改变消费者的出行方式选择行为，提高燃料利用效率和促进清洁能源应用则需要通过政策促使单位或个人购买、使用低碳交通工具，应用低碳技术。在制定各类低碳交通发展政策时，要以对居民交通行为的深入研究作为依据，这也是中国城市制定低碳交通政策时相对缺乏的研究基础。

本章在对居民交通行为研究进行综述的基础上，结合具体案例城市的调查数据，对城市居民的一系列交通行为及其影响因素展开研究，并进而分析低碳化策略。

## 一、居民交通行为研究综述

按照学科视角与方法学类别的差异，国内外对交通系统中消费者行为的研究可以归纳为以下三类（McFadden，2007）。

（1）物理模拟方法研究。求解交通出行量、流量等。例如，重力模型，适用于集计（aggregate）、长期预测，是中观研究中交通规划的重要组成部分。

（2）微观经济学研究。通过计量经济学方法，构造微观经济学的最优选择模型，对个体的理性选择行为进行研究。最适用于对拥堵收费、停车收费之类的需求管理政策进行分析，属于微观层面的交通研究。

（3）人类空间行为研究。对人类空间行为进行的研究起源于社会学家与心理学家的基础工作，目前已涵盖了多个学科领域，涉及经济地理学、社会学、人类学、认知心理学与大脑科学等多学科方法。最适用于研究社会属性、城市空间结构、家庭因素、心理因素等变量对个体交通行为的影响，也属于微观层面的交通研究。

下文将分别对这三类研究进展简要进行综述。

### （一）物理模拟方法研究

早期对消费者交通行为的研究主要目的是为交通规划服务，通常以重力模型及各种动力学方法等物理模拟方式为主。从 20 世纪 60 年代初期开始，研究主要集中在城市交通模型及需求预测方面。

### 1. 交通需求预测“四阶段模型”

从 20 世纪 50 年代末开始，几乎所有西方发达国家（也包括一些发展中国家）都在主要大城市进行城市交通规划（UTP）的研究。在城市交通规划中使用的交通需求预测方法通常是经典的“四阶段”模型（Wohl and Martin, 1967; Domencich and McFadden, 1975; Stopher and Meyburg, 1975; Manheim, 1978）。基本框架如图 4-1 所示。

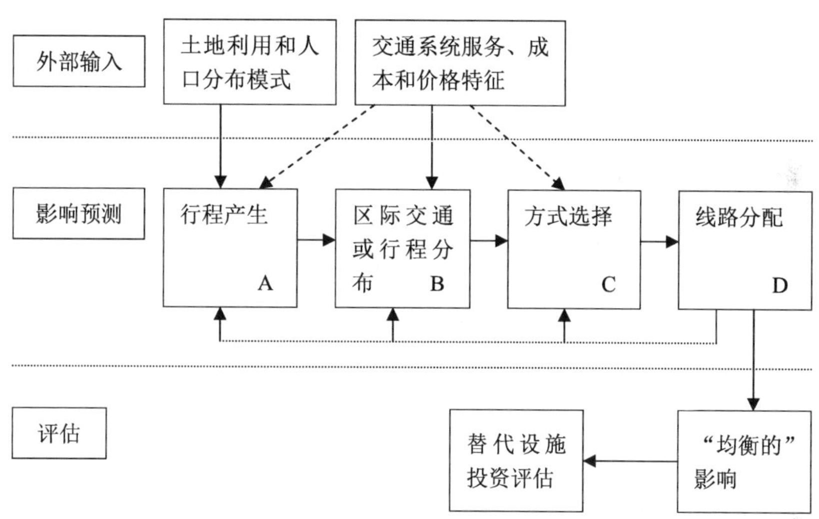


注：实线箭头表示固定的联系；虚线箭头表示偶然或罕见的联系

**图 4-1　交通需求预测方法的“四阶段”模型**

研究中将所研究区域分为若干小“交通区”。“行程产生自模块”将每个交通带中特定目的的个人行程量与相应的居民社会经济特性变量联系在一起。在估计子模型时经常运用多重线性回归方法。由于候选的独立变量中一般不包括运输系统的服务属性，因此，假定行程产生关于服务质量是非弹性的，尽管大量经验证据表明这种假定是不正确的。通常用类似的回归方程来估计各交通带（所吸引的）上不同目的的行程数量，而用就业数据或零售场地面积等变量作为预测指标。

在 UTP 模型的第二个部分——“行程分布子模块”中，对每对起点、终点交通带间的个人行程量进行了预测，并根据行程目的进行了分层。模块的输入是前述步骤中估计的各交通区上的行程量（吸引量），以及两个带间的运输系统所提供服务的有限特征。

在这个部分中最常使用的函数说明是所谓的重力模型（Isard，1960）。

20 世纪 30 年代由于牛顿重力定律的启发，空间相互作用的重力模型得到了发展。在相对复杂的模型设定下，自由参数的数目很多，从而得到很高的拟合优度，但也对估计程序提出了挑战。尽管 Wilson（1967）在假定运输的区域费用（同时考虑时间和货币成本）是常数的前提下，曾采用统计力学（研究随机运动的分子的总体行为的学科）的数学方法证明了某些种类的重力模型能够很好地描述出行者的总体行为，但该模型的理论依据仍是薄弱的。Niedercorn 和 Bechdolt（1969）以及 Golob 和 Beckman（1971）在给定的效用函数假定下，曾从经济理论中推出了重力模型的类型特征。

UTP 图解中的第三个主要部分为方式选择模块，该模块负责将每对交通区的行程数分配于各可选行程方式。最常见的情况是只考虑两种方式：私人汽车（或其他私人运输工具）和公共运输。此模块较前两个子模块有较大差异，常见方法是将交通份额与两种方式的时间或 / 和成本差额 / 比率联系起来。起点交通带的社会经济特征可加以直接运用或用于分层。这种关系通过使用回归技术得到了发展，有时也进行简单的判断。

经过 20 世纪 50 年代和 60 年代的发展，UTP 模型的线路分配部分的复杂性大大提高了。在美国政府现行的一套 UTP 程序中，根据汽车行程中暗示的出行时间，以概率形式将汽车行程在候选路线中进行分配。容量约束条件是以不同类型公路节点的一般速度 / 交通量的关系（这种关系是由经验决定的）为基础的。这被应用于迭代程序中，以平衡各个路网节点的车辆流量和速度。运输网格分配与上述程序类似，但往往更简单。均衡节点速度暗含的服务特性可反馈到前面论述的各个子模块的相应变量之中，但这种做法相对较少见。

第一子模块、第二子模块和第三子模块共同构成了 UTP 方法的需求部分。仅第一个模块（即行程产生模块）影响需求的总体水平，在典型情况下，并与可选替代方案的价格和出行时间无关。随后的模块基本上是分配模块，将总需求分别在目的地、方式、线路间进行分配。在应用中，通常对每天行程时间的选择并没有明确进行处理：假定行程高峰期和非高峰期间的交叉弹性为 0，并分别预测 24 h 和行程高峰期的交通流量。

### 2. “四阶段模型”的缺陷及其重要改进

由于 UTP 研究方法具有高成本、缺乏政策敏感性以及存在技术缺陷，这些方法受到了广泛批评（Manheim, 1979）。主要技术问题有：缺乏有力的支持几个子模块的行为理论；忽略了一些重要的随机关系（如服务对出行水平的影响）；子模块间的相关变量在概念上和经验上不一致；顺序结构中隐含着强烈的行为假定。而且预测模型中使用的假定和关系不同于 UTP 估计阶段计算出行者福利时使用的假定和关系。

针对于传统四阶段模型的缺陷，其后的城市交通需求预测模型研究与开发主要集中于两方面的改进。

（1）ABA（Activity-based Approach）：基于活动的分析方法

这一改进主要体现为对四个子模块之间的复杂关系的深入考察。在基于活动的分析模型中，四个子模块之间并不相互独立，不遵循机械的生成顺序，通常以家庭为基本研究单位，强调活动参与是引起出行的内在原因。这种改进使模型考虑到了连续的时空间维度和制约下的决策过程以及家庭的影响。

（2）城市交通—土地利用综合模型

这类模型将四阶段模型中的人口、就业、土地利用等外生变量纳入模型内部，考虑土地利用与交通之间的相互作用关系。已开发成熟的城市交通—土地利用综合模型有 20 余种（EPA，2000），其中较为常用的是 TRANUS、MEPLAN 等模型。具体而言，这类模型以城市活动的投入产出关系为基础，在交通模型中对“四阶段”技术方法进行了改进，交通流（O-D）直接由内含投入产出空间联系的土地使用模型生成，增加了房屋（土地）生产和交通供给子模型，加强了供给决策的模拟。利用这类模型可以对土地利用和交通发展的不同政策进行比较和分析，综合分析土地利用与交通政策及土地市场各种行为的混合效应。输入输出的是分区的人口、就业、土地利用、交通运输等数据。

### 3. 城市土地利用与交通系统一体化研究

作为对传统交通需求预测模型的重要改进，基于城市土地利用与交通一体化视角，对消费者交通行为进行研究，为交通需求及能源需求预测与情景分析服务的研究在近年来发展迅速。

城市交通—土地利用综合模型是将人口、就业、土地利用等外生变量纳入模型内部，考虑土地利用与交通之间的相互作用关系。已开发成熟的模型有 20 余种（EPA，2000）。

在所有目前应用的模型中，区位可达性发挥着中心作用。交通供需相互作用产生的起迄点之间的交通费用被反馈到居民和岗位活动分布模型中，从而在土地使用模型中，出行费用被看作将区域的居民和岗位数分布到特定的城市小区中去的关键，这使得城市交通系统的变化可以影响到土地使用，进而又反过来影响到新的出行产生的位置和水平。所以，一体化就是指交通系统和土地使用系统之间的互馈机制。

主要有以下五种不同的方法在土地使用系统和交通系统之间建立了这种互馈机制：

（1）基于 Lowry 理论的模型

Lowry（1964）的“都市模型”（model of metropolis）是现在绝大多数的城市土地使用实用模型的滥觞。最初的 Lowry 模型将人口、就业、零售（所有服务及非基本产业）的空间分布和土地使用融合于一个不断重复的迭代过程。从本质上讲，此模型是由两个相互影响模型连接而成，其中一个模型根据外在提供的基本就业（即在制造业和基本产业中就业）的岗位水平将产业人口分配到预先定义好的土地使用小区中去；通过一个合适的活动率（activity ratio，指地区总人口和地区总就业的比率）来确定这些产业人口的家庭；这些产业人口和他们的家庭又产生服务需求，这一需求又可以通过新一轮的空间相互影响模型的运行得到满足。为了估计土地占用情况或者建筑面积的使用情况，通常需要分成两个阶段进行：首先，居住和就业活动要在小区间以一定的水平分配，然后确定一个合适的活动建筑面积空间率（activity-to-floor space ratio），用此活动率来确保一些规划上的限制能得到满足。基于 Lowry 理论的模型是五种模型中最为根本的模型。

（2）基于空间投入产出分析理论的方法

投入产出分析将产业活动作为外在的输入量引入 Lowry 模型为基础的城市发展过程当中去，其基础是把经典的投入产出分析模型扩展到可以包括空间的非聚集性。基于投入产出理论的分析模型包括 MEPLAN、TRANUS 等模型，应用最为广泛的是 MEPLAN。在 MEPLAN 中土地系统和交通系统被当成两个平行的，又相互影响着的两个市场。在每一个系统中的行为都被当作是价格或类似价格的信号（包括出行的费用）。在 MEPLAN 中交通需求直接通过与土地使用模型描述的空间经济系统的相互影响预测得到，出行分布预测被某种形式的贸易量（trade flows）直接替代。土地使用和交通模型之间联系将这些贸易量（劳工、材料、服务）转换成特定方式的出行矩阵。这些出行通过方式划分之后，用多路径概率分配方法分配到路网上去。

（3）基于数学规划的方法

从早期的以竞租方程为代表的居住区位线性规划模型的使用开始（Herbert，Stervern，1960），具有线形约束条件的凸规划的数学形式得到广泛使用。从理论角度讲，利用最优化方法去寻求同时解决交通活动特征和城市活动分配这两个问题尚存在争论。但是，这种数学方法有助于分析者构造出新的不同的模型结构，同样也提供了一个将各种规划限制纳入考虑的有效机制。

（4）基于城市经济学的方法

基于城市经济学方法是用非经典的经济学理论去描述土地——特别是居住用地的使用特征，而这一过程是建立在确定土地价格的过程之上的。通常，居民个体都采用效用最大化的原则去确定最优的居住位置，反过来这也取决于居民在土地价格、房价与到市中心的交通成本两者之间的取舍（tradeoff），低地价和低交通成本不可兼得。对城市居民而言，选择离市中心近的区域意味着承受较高土地价格来换取交通的便利，而选择远离市中心的郊区意味着承受较高的交通成本来换取相对廉价的土地。简而言之，城市居民要在以下两个选择中做出抉择：一是较高交通成本，较低土地价格（城市郊区）；二是较低交通成本，较高土地价格（城市中心）。结果，城市中某一区位的单位土地价格与该区位的交通通勤费用成反比，土地价格随距离 CBD 的空间距离的增加而递减（丁成日，2007）。这种取舍可以用竞租函数的形式表示，即居民愿意住到每一个地点的所负的费用大小。从供给方面考虑，每一个地方都是被设想租给出价最高的人。通过引入线形规划，Mills（1967、1972）进一步描述了这种空间市场均衡的过程。在此均衡过程中，当所有的特定类型的居民都对自己所处的区位感到满意时，市场就会处于一种均衡状态。Anans（1984）和 Kim（1989）分别将这一描述拓展到非线性的和熵 / 效用最大化了的形式和网络规划的形式。Oppenhein（1995）则描述了一个更好的数学形式，它把基于经济学理性（效用最大化）的个体选择行为与在交通供给和出行需求之间寻求均衡的城市系统的行为联系起来。Kim 模型是这一理论方法的典型代表。

（5）基于微观模拟分析的方法

基于微观模拟分析的方法首先从一个预先设定的概率分布当中生成一些随机数，这些随机数代表一些特定的响应或响应值；然后在这些响应值和特定的出行者的特性或出行选择之间建立联系，从而构造出详细的出行行为或出行活动特征；再通过对所有这些个体的出行特征的模拟，提供作为规划研究的集计值。交通、就业及居住的微观模拟模型（micro-analytical simulation of transportation, employment and residence，MASTER）是英国的 Mackett 开发的基于微观模拟技术的土地使用—交通模型。它用蒙特卡洛方法来模拟一系列的个体及家庭的活动决策行为过程。

国际上已经开发成熟并得到应用的城市土地利用与交通一体化模型如表 4-1 所示。

**表 4-1　较为成熟的城市土地利用与交通一体化模型**

| 模型 | 主要开发者 | 模型描述 | 类型 |
| --- | --- | --- | --- |
| MEPLAN | Alex Anas | 对土地利用和交通发展的不同政策进行比较和分析 | 空间输入输出 LUTM |
| TRANUS | Modelistica | 综合分析土地利用与交通政策及土地市场各种行为的混合效应 | 空间输入输出 LUTM |
| UrbanSim | Paul Waddell | 描述土地利用、交通、公共政策的相互作用对自然、社会的影响 | CA+MAM 混合模型 |
| LTM | Bryan | 对影响土地利用的多个驱动因子进行集成分析 | 新 Lowry 模型 |
| IRPUD | Michael Wegener | 模拟长期发展对居住、交通、公共政策、土地及基础设施的作用 | 新 Lowry 模型 |
| SLEUTH | Keith Clarke | 分析城市化进程及其新兴城区对土地利用和自然环境的影响 | CA |
| CUF-1/-2 | John Landis | 模拟政策对城市发展的影响 | CA+ 多变量逻辑回归混合模型 |

目前国际上已经有学者利用城市土地利用与交通一体化模型对城市规划政策的交通能源需求与温室气体排放含义进行研究。Lefevre（2009）结合班加罗尔的城市规划与相关政策，利用城市交通—土地利用综合模型 TRANUS 对班加罗尔城市交通能源消费进行情景分析，着重对城市交通政策与土地利用政策进行评估并提出相应的政策建议。

TRANUS 是一种城市网络模型，它是目前应用最为广泛的一种城市交通—土地利用综合模型。它突出的特点是综合考虑到城市交通与土地利用之间的关系，并对城市交通需求及其能源需求进行模拟。对于动态的模拟，土地使用受前一时间阶段土地使用和交通可达性的影响，而交通系统则受以前的基础设施以及目前的由土地使用产生的活动特征的影响。TRANUS 对传统空间模型的改进有：以城市活动的投入产出关系为基础，在传统的只考虑物质流动的空间功能联系概念上，增加了资金流动概念，使价格机制得以在模型内部建立；考虑了土地使用与交通系统及其内部要素之间相互反馈的时序差异，是将时空因素结合起来的动态平衡模型；在土地使用模型中引入了一个随机变量，使之对区位非交通因素的影响有所反应；在交通模型中对“四阶段”技术方法进行了改进，交通流（O-D）直接由内含投入产出空间联系的土地使用模型生成，不再需要出行生成和出行分布子模型；增加了出行时段选择子模型，并增强了出行方式选择模型的多方式选择功能；由于增加了房屋（土地）生产和交通供给子模型，因而加强了供给决策的模拟。此模型可以利用土地和交通平衡价格的调节机制，有效模拟和评价市场经济条件下各种政策，包括土地使用和交通规划及政策的效果，从而有助于制定房地产市场和交通市场协调供给的规划和政策，使土地开发和交通设施建设得到合理控制，实现它们在数量和空间结构上的匹配。Lefevre 在班加罗尔应用 TRANUS 特别添加了一个能源消费模块，预测不同的交通需求情景相应的交通能源需求。

Lefevre 在构造政策情景时主要考虑三类政策，即交通基础设施投资、土地利用管制与土地价格调节政策。根据不同的政策假设，Lefevre 构造了三类情景：基准情景、轨道交通情景与轨道交通综合情景。在基准情景中，已经体现在规划中的城市道路建设项目将继续得以实施，政府不会出台新的土地利用政策与经济政策。在轨道交通情景中，穿过城市中心的两条地铁将得以开工建设。在轨道交通综合情景中，除了地铁的建设项目，政府还会出台新的土地利用政策与交通政策，包括特点区域的土地利用管制，工业用地与住宅用地的混合开发，停车收费政策，新的道路收费政策等。Lefevre 情景研究选择的基准年为 2003 年，时间跨度为 2003—2020 年。

情景分析的结果显示，在基准情景下，2020 年班加罗尔城市交通能源消费与二氧化碳排放与 2003 年的水平相比增加了 70%。在轨道交通情景下，这两个变量将增长约 51%。而在轨道交通综合情景下，这两个变量只会增长约 9%。

情景分析的结论引申出两点重要的政策建议。

（1）快速城市化与机动化过程中的发展中国家大都市面临交通能源消费及其相应的二氧化碳排放激增的挑战。但是，如果政策设计得当，实施效果良好，这些城市可以在快速发展的过程中保持交通能源消费与二氧化碳排放量基本稳定。这些政策应该包括地铁网络的建立，旨在增加土地混合利用水平的土地管理政策，燃油税与停车费等交通需求管理政策。

（2）仅仅依靠地铁等轨道交通项目的建设还不足以应对城市面临的交通能源消费与二氧化碳排放激增的挑战。如果能够灵活地将交通政策与土地利用政策综合使用，取得的政策效果将会远远优于单独依靠增加交通基础设施投资的手段。

### （二）微观经济学研究

物理模拟方法所构造的城市交通模型虽然也关注消费者的交通行为，但研究者多数为交通规划领域的学者与工程师，研究目的主要是为交通规划中的交通需求预测服务，因此并不对消费者交通行为的微观机理及其主要影响因素进行研究，同时也缺乏政策敏感性。从 20 世纪 70 年代开始，很多经济学家与政策研究学者开始在交通行为研究领域引入微观经济学理论与研究方法，建立了对消费者交通需求与出行行为进行分析的随机效用理论与离散选择模型。

### 1. 微观经济学交通行为模型的发展与特征

自 1970 年开始，美国加州伯克利分校经济系教授麦克法登（McFadden）在旧金山市铁路系统交通方式需求预测中提出了基于微观经济学理论的 MNL 模型，为离散选择模型在交通及经济等领域中的研究开辟了一个新的领域，从而带动了美国的多个研究小组和一批学者将这项研究推向了实用化阶段。这种建模思路具有很大的优势，尤其是模型中能够导入多种政策变量，进而可以评价和决策多种政策方案的实施效果。基于个人决策的离散分析被称为非集计模型（Disaggregate Model），与传统的集计模型（Aggregate Model）相比，在分析单位、模型标定方法、适用范围、政策表现能力、数据的使用效率和自变量导入可能性等方面均不相同，两种模型各种性质上的差异如表 4-2 所示。

**表 4-2　集计模型与非集计模型的比较**

| | 集计模型 | 非集计模型 |
|---|---|---|
| 分析单位 | 交通小区 | 个人或家庭 |
| 因变量 | 小区统计值（连续） | 个人选择（离散） |
| 自变量 | 小区数据 | 个人数据 |
| 统计学预测方法 | 回归分析等 | 极大似然 |
| 政策效果 | 交通小区代表值的变化 | 个人变量值的变化 |
| 交通现象的描述 | 出行频率—出行分布—交通方式划分—线路分配 | 出行的发生与吸引—目的地选择—交通方式选择—路径选择 |

传统的集计类模型主要存在以下不足（陆化普，1998；关宏志，2004）：

第一，模型的建立多取决于建立者的主观决定，缺少明确的行为假设和严密的统计方法；

第二，出行者的交通活动被分解为发生、分布、方式选择和分配四个阶段，各阶段之间的一致性较差，且未考虑一天之中多次出行的相互关系及各种约束条件；

第三，模型具有空间和时间上的局限性，数据的扩展和再利用能力较弱；

第四，为保证预测精度，模型的建立需要大量数据；

第五，数据集计处理时，易发生结果与事实完全不符的“生态学相关”现象；

第六，难以估测特性变量变化对居民出行的影响；

第七，未能充分利用个体特性与交通方式的内在联系，对数据的挖掘不充分。

非集计分析是以实际产生交通活动的个人为单位，对调查得到的数据不进行任何统计处理而直接用于建立模型（隽志才，2005）。与传统的集计模型相比，非集计模型具有以下显著特点：

第一，以明确的行为假说为基础，逻辑性强；

第二，可以用较少的样本标定出模型的参数；

第三，可以选用与个人决策相关的因素作为自变量，能够更加准确地描述个人或家庭的出行决策过程；

第四，模型具有较好的时间转移性和地区转移性；

第五，可以对多种交通规划、交通政策进行效果评价。

非集计建模方法克服了以往传统的集计建模方法的缺点，并适应了交通规划目的多样化的特点，在交通需求预测领域中不断地得到推广应用（陆化普，1998）。由于其具有政策敏感性，尤其适用于对道路收费、拥堵收费、停车收费等需求管理政策对消费者行为产生的影响进行分析。

以分析城市居民出行方式选择行为为例，可选出行方式组成较为复杂，影响出行者进行交通方式选择的因素也较多。出行选用哪一种方式，不是随机任意确定的，具有一定的规律性，是消费者的决策问题。建立方式选择模型时，不管选用何种模型，模型变量的选择都是至关重要的，它直接影响到模型对实际问题的拟合精度，以及对分析实际问题的有效程度。一般认为，影响城市居民出行方式选择的因素可分为出行者特性、出行特性和交通工具特性（主要用出行时间来体现）三个方面（宗芳等，2007）。

出行者在出行前一般都有意识地或无意识地根据以上全部或部分因素衡量各种备选的交通出行方式分别给自己带来的效用。根据效用最大化理论，通常可以认为出行者总是选择能实现个人效用最大化的方式出行。

### 2. 随机效用理论与离散选择模型

随机效用理论假定在离散选择问题（Discrete Choices）中，一个类别的脱颖而出必然是因为该类别能产生出最大的效用。可以将每一个类别的效用分解为两部分，第一个部分受可识别并能够观察到的因素的影响，可以通过实证分析进行了解，而第二个部分则是一个随机变量，用以总结所有其他无法观察到的影响。因此，每一个类别的效用本身也都是随机的，即“随机效用模型”（Random Utility Model，RUM）。其选择过程基于微观经济学的理性选择假说，如图 4-2 中的实线箭头所示，消费者的经验形成其记忆，记忆与外界信息使得消费者形成特定的认知与观念。同时记忆也使得消费者形成一定的偏好，消费者的决策过程就是认知观念与偏好共同作用的过程，在一定的选择限制条件下基于效用最大化原则最终作出选择。

作为决策单位的个人（或家庭、某组织）在一个可以选择的、选择项互相独立的集合中，会选择对自身而言效用最大的选择项。这一假定称为效用最大化假设，也是

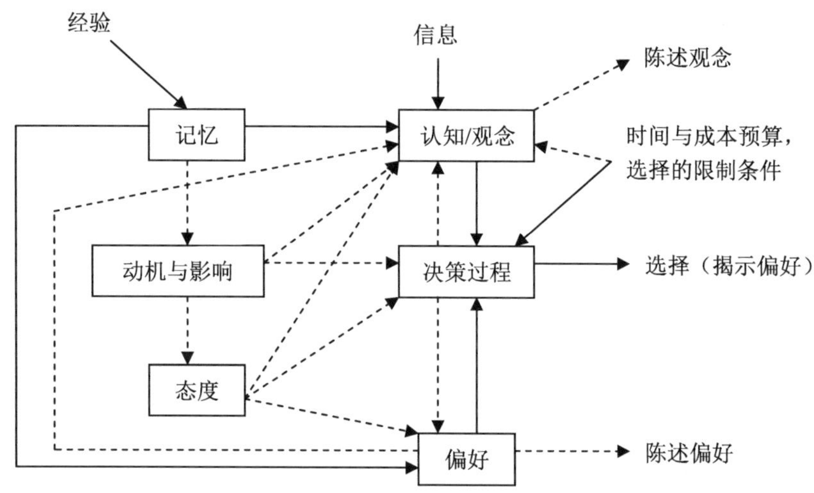


**图 4-2　消费者的决策过程及其影响因素**

所有离散选择模型的建立基础。作为研究者，并不能完全掌握某一个客体对于某一个人的实际效用值。所以，在描述人的选择行为中，效用函数包括两项：一部分是可观测项，另一部分是随机项，这样的效用函数也就被称为随机效用函数，可以表示为：

$$U_{ni} = V_{ni} + \varepsilon_{ni} \tag{4-1}$$

式中，$n$——决策者，$n = 1,2,\cdots,N$；$i$——选择集中的一个选择项，$i = 1,2,\cdots,J$；$V_{ni}$——效用函数的可观测项，通常采用线性效用函数形式：$V_{ni} = X_{ni} \cdot \beta_i$，$X_{ni}$是所观测到的变量值，包括选择主体的特征（如在出行方式选择的模型中可能包括家庭收入，是否有私家车等）和选择客体的性质（如各种交通方式的出行时间、出行费用等）。$\beta_i$是要求解模型的参数值，反映了效用值对相应的$X_{ni}$变化的敏感性。$\varepsilon_{ni}$——效用函数的随机项，即前面提到的影响主体做出决策但不能被研究者所观测到的部分。可以说整个离散选择模型研究的发展都是围绕如何合理地对这个随机变量进行假设。

McFadden 在 1974 年以随机效用假设为前提提出离散选择模型，并因此在 2000 年获得诺贝尔经济学奖。他建立的多项 Logistic 模型即 MNL（Multinomial Logistic Model）模型成为非集计模型中最常用的模型之一。

假设随机效用函数中的$\varepsilon_{ni}$满足独立同分布的 Gumbel 分布，则可知交通出行者$n$选择交通方式$i$的概率为

$$P_n(i) = \frac{\exp(V_{ni})}{\sum_{j=1}^{J} \exp(V_{nj})} \tag{4-2}$$

如果假定效用确定项$V_{ni}$是可观测变量向量$X_{ni} = (1, X_{1ni}, X_{2ni}, \cdots, X_{kni})^{\mathrm{T}}$的线性函数，参数向量$\beta_i = (\beta_0, \beta_1, \cdots, \beta_k)$，则$V_{ni}$可以表示为

$$V_{ni} = \beta_0 + \beta_1 X_{1ni} + \cdots + \beta_k X_{kni} = \beta_i \cdot X_{ni} \tag{4-3}$$

将式（4-3）代入概率函数，得到基于线性效用假设的交通出行者 $n$ 选择交通方式 $i$ 的概率为

$$P_n(i)=\frac{\exp(\beta\cdot X_{ni})}{\sum_{j=1}^{J}\exp(\beta\cdot X_{nj})} \tag{4-4}$$

式（4-4）确定的离散选择模型就是线性效用的 MNL 模型。

离散选择模型具有较好的再现交通出行选择行为的能力，广泛应用在交通方式出行选择行为的研究中（关宏志，2004）。目前，离散选择模型的开发研究主要集中在开发能够真实反映交通出行者实际选择行为的效用随机项结构上，相继开发了分层 Logistic 模型（Chiehrhua，2001）、异方差极值模型（Bhat，1995）、混合 Logistic 模型（Greene，2006）等。

## （三）人类空间行为研究

在地理学与社会学研究的视角之下，城市居民的交通行为研究被认为属于人类空间行为研究的范畴，这一研究领域是人类行为学的一部分，起源于社会学家和心理学家的一系列基础研究。20 世纪 50 年代 Mitchell 和 Rapkin（1954）的研究在出行和活动之间建立了的联系，提出要建立一个综合的框架来对出行行为进行研究，这成为人类活动与空间行为理论研究的滥觞。美国的社会学家和规划师 F. Stuart Chapin Jr.（1974）、瑞典的 Lund 大学的地理学者 Torsten Hagerstrand（1970）以及 M.Fried（1977）的研究共同奠定了人类空间行为的理论基础。该领域的研究内容大致可分为三个方面：活动的空间研究、活动的时间研究和活动参与的研究（周钱，陆化普，2008）。

### 1. 人类活动的空间研究

在人类活动的空间研究方面，Hagerstrand（1970）发展了时间—地理（Time-geographic）方法，对活动参与在时空（Time-space）方面的约束体系进行了描述；Chapin（1974）在研究中尝试通过时空来对行为模式进行标识；Fried，Havens 和 Thall（1977）提出了一系列研究中值得关注的问题，例如，社会结构的概念和人们为何参与活动的问题。

Chapin 在城市规划框架下，对传统人类学和社会学的研究领域进行了扩展。他将为满足人类自身的需要而进行的活动分为生存需要和社会需要，其中，生存需要主要包括睡眠、食物、衣服和健康，以及为生存提供原料的活动（如工作）；社会需要主要包括参加各种社会和休闲活动。在其后的一系列研究中，Chapin 还研究了人们对休闲活动的选择和活动的喜好以及时间的选择。

Hagerstrand 在研究中不再关注较为复杂的各种外部环境因素，而是将研究的重点放在出行主体身上。其研究表明，出行主体是以连续的形态存在于时间中的，而且出

行主体在某一时间节点的空间位置是由前一时间节点所在的空间和下一时间节点预期所在的空间所决定的。这一观点得到了其后很多研究的进一步证实与完善。

在这种与限制时空范围有关的研究基础上，Horton 等着重关注出行主体如何在某一限定的时空范围内对出行的路径进行选择。在研究中，对空间结构、活动空间等概念进行了定义，又进而在活动空间内开展活动路径选择行为的研究。

### 2. 人类活动的时间研究

时间的不可能根据人类的主观愿望而改变、停止或反向运行，这是其特殊性所在。因此，对活动时间的研究也与活动空间原理有巨大差异。正如有研究者所指出的，由于空间是多向的，而时间是单向且不可逆的，因此时间与空间在维度上完全不同，并不能将其简单认为是三维空间之外的第四维（Prince，1978）。

研究者考虑到时间这种特殊的性质，在研究中需要采取一定的方法对时间进行处理。时间可以被看作等待分配的资源，也可以被作为分配其他资源时的约束条件，时间也可以被视为一种支付的成本与承担的费用。

根据相关的文献研究，进入 20 世纪 90 年代之后，研究者们在相关研究中普遍较为重视活动安排与时间的分配问题（Pas and Harvey，1991）。

### 3. 活动参与的研究

马斯洛的需求层次理论（Hierarchy of Needs）将人的需求按照由低到高的层次分为生理需求、安全需求、社交需求、尊重的需求和自我实现的需求（Abraham Maslow，1970）。Chapin（1978）将这一理论用于研究不同社会经济组群的活动模式差异。

Bhat 的研究也具有代表性，他从效用理论出发，将出行者个体作为家庭中的一员进行研究，将出于生存和维持性目的的出行与活动视为家庭出行需求，将游憩娱乐出行与活动视为个体出行需求。每个家庭都具有工作状况、收入和工作时间等特征，研究者根据这些特征来确定并满足生存需求和维持性需求的出行与活动，根据各种交通工具的拥有情况将其在家庭成员中进行分配。再在此基础上，预测家庭成员的游憩娱乐出行与活动。

基于以上文献综述，有关人类活动和交通行为的研究可以概括出以下几点主要特征与研究者普遍认同的基本结论。

（1）居民的出行需求是一种派生需求，是由于要满足参与其他非出行行为与活动的需求而派生出来的引致需求（Jones，1975；Bhat，2000）。

（2）出行者的出行行为是在一定的时空范围内进行的，不同的活动发生在不同的时空点，在发生各种不同活动的各个时空点之间移动都需要消耗一定的出行时间（Hagerstarnd，1970）。

（3）居民个人的出行并不是一个独立的个体行为，其出行决策总会受到所在家庭的结构与基本属性的强烈影响（Chapin，1974）。

（4）居民的出行决策以及活动与时间序列上以往的出行决策与活动具有较强的相关性，因此进行动态研究是非常必要的（Bowman，1995）。

（5）居民的出行行为是一次活动（出行链）中的一个环节，因此并不是一种离散的行为，而具有连续性，必须关注组成一次活动的各种出行行为的顺序（Jones，1990）。

## （四）以往研究的总结

近年来，国内外对于交通系统中的消费者出行行为的研究逐年增加，应用越加广泛，所采用的技术路线与方法学也逐渐丰富与完善。作为消费者交通行为研究中最为核心的研究方法与应用，消费者交通行为模型及其在交通能源需求预测方面的应用研究进展尤其值得关注。

对于消费者交通行为模型研究而言，发展趋势可以概括为以下三点。

（1）*模型的宏观化与微观化发展趋势同时存在*

城市是一个复杂的系统，交通系统也具有这样的特征，而且还具有复合型。在这个系统中，尤以消费者的出行行为最为错综复杂。因此，研究者必须通过模型的宏观化与微观化两条途径来模拟消费者的出行行为与系统中其他主体的行为模式。模型的宏观化是指研究者通过在模型中添加各种模块，使得模型能够完整地容纳交通系统的各个子系统，并反映出这些子系统之间的联系与相互作用关系，这同时要求模型要具备动力学特征；模型的微观化是指对于某些极为重要的子系统与主体，譬如消费者的出行行为，要进行细致入微的深入研究，专门构造消费者的出行行为模拟模型等模块。

（2）*有别于传统方法的新方法逐渐被引入*

近年来，在应用数学和系统研究方法方面，运筹学与优化方法得到了较快发展，相关模型方法的成熟程度与可操作性越来越强，同时信息技术的发展日新月异，计算机科学技术的发展与应用尤为迅速，这就为在交通系统与交通行为研究中引入新方法创造了有利条件。在国内外的研究中，人工神经网络、遗传算法等人工智能方法的应用层出不穷，尤为常见的是利用人工智能方法对城市居民交通行为的模拟和优化。这种新方法的引入将推动模型的微观化趋势进一步发展，通过不断的应用与实践，这种模型方法将得到不断地完善。

（3）*对不确定问题的定性和定量探讨不断增加*

交通系统具有一系列基本特征，包括非线性、模糊性、复杂性等，系统中各个主体的行为也具有极强的不确定性。以消费者的出行行为为例，在经济学上，在不完全理性假设被提出之后，对于消费者的研究通常必须考虑到行为主体不完全理性的特征。消费者的各种出行行为会受到各种因素的影响，影响因素极多且作用机制非常复杂。由此可见，交通行为研究、交通系统研究中的不确定性很强。在进行交通能源需求预测时，首先要对消费者的交通需求进行预测，而这又要求研究者必须对消费者的交通行为进行研究。考虑到消费者交通行为的不确定性，研究者通常通过定量分析模型来对这种不确定性进行控制，具体的研究方法目前仍在不断发展的过程中。

综观国内外对交通系统中消费者行为的各种研究方法，物理模拟模型方法发展较为成熟，在实践应用的可操作性上具有一定的优势，但缺乏政策敏感性，假设上也有很多不符合实际之处；微观经济学方法的优势在于对消费者出行行为的模拟与深入研究，可以模拟各种政策情景下消费者的不同决策行为，但需要获取众多涉及消费者个人社会、经济背景及心理结构的数据，信息条件要求较高，研究成本相对较高；基于人文地理学与社会学的人类活动行为研究偏重于定量分析和局部研究，更为贴近现实情况，也能够深刻反映各类行为主体之间的相互作用关系，但很难对消费者整体的出行行为特征进行定量分析，也不易对交通系统能源消费情景研究提供必要的支持。

根据文献研究，迄今为止，大多数交通行为研究与交通需求情景研究、交通能源需求情景研究都是在发达国家与地区开展的，研究对象也较多集中在发达国家和地区的城市与居民。近年来，发展中国家的经济社会发展迅速，很多发达国家和地区的研究者以发展中国家和地区的城市或居民作为研究对象，开展相关研究，发展中国家或地区的学者也越来越多地加入这一领域的研究队伍中来。以中国或中国城市及城市居民作为对象的研究发展最为迅速。但是鉴于中国与发达国家交通部门间存在的差异，在今后针对中国居民交通行为的研究中，亟须开发并完善以中国的统计口径与政策体系为基础的技术路线与模型方法，构造各种合理而有重要意义的情景，结合中国的相关政策开展研究。

## 二、城市居民交通方式选择行为及其影响因素研究——以北京市为例

在一系列居民出行行为中，通常处于末端的交通方式选择行为最终决定了居民交通出行的能源消耗与温室气体排放水平，因此是低碳交通研究着重关注的居民出行行为。交通方式的选择行为受到各种经济、社会、交通方面变量的影响。

### （一）城市居民的主要交通方式及其影响因素

出行方式是交通系统中的基本组成部分。城市地区不同出行方式的交通比例（如公共交通、私人汽车、自行车、步行等）根据所在城市的不同而大不相同。城市地区公共交通在中心商业区出行中承担的比例通常显著高于其他地区，且在交通高峰期会相应地增加。

在本书中，主要关注的城市居民交通出行方式包括：步行、自行车（包括电动自行车）、地铁（含地面轨道交通）、公共汽车、私家车、单位班车、出租车等。此外，本书还关注居民在完成一次出行时采取两种及两种以上交通方式的换乘行为，例如，“自

行车换乘公共交通（地铁或公共汽车）”“地铁与公共汽车的换乘”“私家车与公共交通的换乘”等。

影响城市居民交通方式选择的因素众多。最重要的影响因素是对于某一次具体出行而言，选择不同出行方式时的出行时间差别。相关研究表明，在可以使用汽车交通的条件下，实际的或感觉到的公共交通出行时间大于使用汽车的出行时间时，出行者就会更倾向于使用汽车。其他重要的影响因素包括出行方式的可行性，如汽车的拥有权或公共交通的可达性，实际成本同预期成本的差别，舒适性或便利程度，如在目的地附近停车的可行性。出行方式的选择还与职业、收入、年龄以及其他社会经济特征有关。

近年来，许多国家的城市交通政策非常关注居民出行方式的转换。譬如以下具体政策：高速公路上为高承载率汽车（如共享车辆、公共汽车）设计了优先通道，以便通过减少出行时间而使这些方式更具吸引力；停车政策通过限制可达性、提高停车价格、减少整体停车泊位供给来减少汽车作为通勤方式的吸引力；通过各种措施改善公共交通服务，以便提高其作为一种交通方式的吸引力。

## （二）不同交通方式的温室气体排放差异

在一系列居民出行行为中，通常处于末端的交通方式选择行为最终决定了居民交通出行的能源消耗与温室气体排放水平，因此城市居民出行方式的选择行为是本书最为关注的居民出行行为。出行者选择不同出行方式对应着差异巨大的能源消耗与温室气体排放。

若不考虑制造交通工具等过程中的能耗与温室气体排放，通常可以认为非机动出行不产生能耗与温室气体排放。

若选择地铁等轨道交通方式，根据一般的承载率，每个出行者乘坐轨道交通每行驶 100 km 约产生 0.23 kg 二氧化碳排放量（参数来自“保护国际”碳足迹计算器，http://www.conservation.org.cn/CO2/main.html）。

公共汽车每行驶 100 km 约消耗柴油 0.016 t，排放 52.13 kg 二氧化碳（IPCC 清单指南）。计算公共汽车的单位活动水平温室气体排放时，还要参照不同城市公共汽车的承载量与燃料类型。以北京市为例，根据北京公交网的数据，2006—2008 年北京公交车年平均承载量为 0.4 人 /km，同时，北京公交车有近 74% 为柴油车、22% 燃料为液化天然气和汽油，约 4% 为无轨电车，综合估计每个通勤者乘坐公交车每 100 km 的二氧化碳排放量约为 1.3 kg。

小客车出行的温室气体排放与其燃料经济性水平密切相关。假设出行者独自一人驾驶私家车出行，根据中国乘用车目前的平均燃料经济性水平，每行驶 100 km 约排放二氧化碳 18.9 kg。

综合比较上述几种不同交通出行方式单位活动水平的温室气体排放量，可以发现，北京市居民采取私家车通勤单位里程产生的二氧化碳排放约是公共汽车通勤的 15 倍，轨道交通通勤的 82 倍。在各种城市交通出行方式中，私家车出行是单位活动水平温室气体排放量最大的一种出行方式，因此也是交通需求管理政策调节的重点。因此，通过政策措施引导居民尽量选择低碳交通出行方式，促使居民交通出行结构低碳化对于控制城市交通温室气体排放至关重要，是效果显著的应对策略。

## （三）北京市居民交通方式选择行为及其影响因素实证研究

### 1. 研究框架

在研究居民交通行为时，从所关注变量的时间属性上划分，通常有短期分析和长期分析两类分析模型：短期模型主要致力于居民短期交通行为的研究，主要研究单次出行，假设消费者居住地与工作地区位、交通工具拥有情况已定，且不变，消费者只在决策树中对出行频率、目的地、时间、方式等依次进行选择，其实质是不考虑土地利用与交通系统之间的相互作用关系；长期模型则放宽了假设与分析的时间边界，主要研究长期的出行行为规律及其变化趋势，考虑到消费者居住地、工作地、交通工具拥有情况的变化，消费者在决策树的各个阶段进行选择，其实质是将空间结构分析纳入模型中，进行土地利用与交通系统之间的一体化研究。本章将研究在城市空间结构之外，其他影响居民交通方式选择行为的重要因素，具体分析框架如图 4-3 所示。

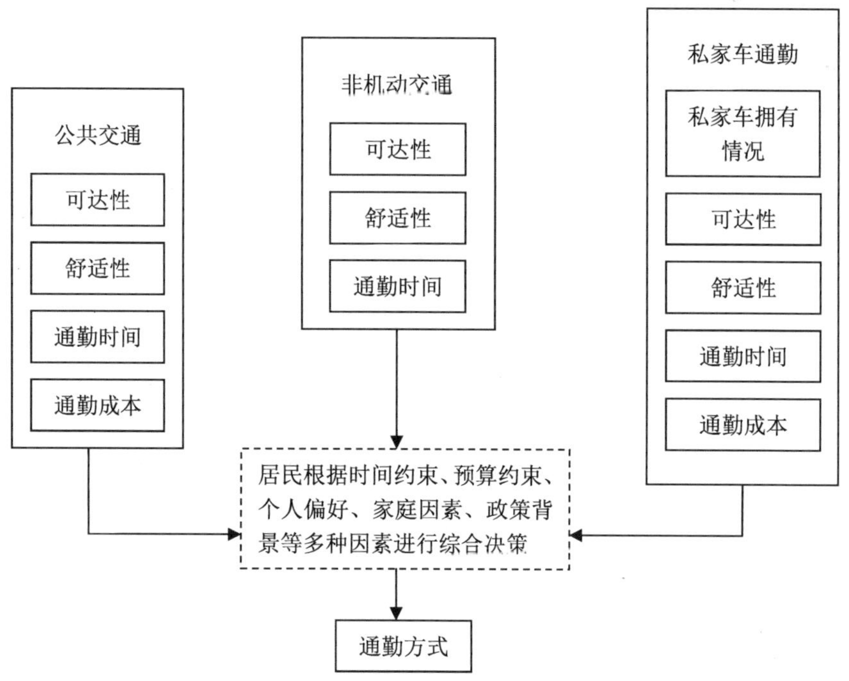


图 4-3　北京市居民交通方式选择行为及其影响因素实证研究的分析框架

在居民交通行为的实证研究中，将以通勤行为为例进行研究。根据消费心理学与行为经济学的相关研究，居民在进行通勤方式选择的理性决策时，通常首先根据通勤距离识别各种可行的通勤方式，然后对各种可行通勤方式的通勤时间、成本、舒适性与便利程度进行比较，根据自身的时间约束、预算约束与效用函数进行排序，选择能够实现自身效用最大化的通勤方式。通勤距离属于空间因素的一种，在本章中不作讨论。在本章中将重点研究的影响因素包括两类，一是各种城市交通方式的属性，包括可达性、舒适、通勤时间与通勤成本等；二是居民的各种社会经济背景，包括居民的性别、居住社区类型、受教育程度、职业、经济收入水平、私人汽车的拥有情况、家庭结构等。

本书的主要信息基础是 2009 年 9 月和 2010 年 9 月在北京市 6 个城区（东城、西城、朝阳、丰台、石景山、海淀）和若干乡镇进行的两次入户问卷调查[1]。

调查对象的年龄范围限定于 15 ～ 65 周岁。在每个区对街道（乡、镇）及居（村）委会的抽样均采用按与人口成比例的不等概率系统抽样（PPS 系统抽样）；在每个入样居（村）委会中对户的抽样采用等概率系统抽样，即等距抽样；而在每个入样户中采用简单随机抽样确定具体调查对象。两次调查样本中分别包括 139 个街道（地区、乡、镇）的 204 个居民社区（行政村）。

两次调查均分别实际完成有效问卷 2 040 份。其中 2009 年调查中有固定工作或学习地点的被调查居民共 1 233 人，2010 年调查中则有 1 250 人。以两次调查为基础，将主要针对北京市主城区（包括东城区、西城区等首都功能核心区与朝阳区、丰台区、石景山区、海淀区等城市功能拓展区）居民的通勤行为进行研究。

## 2. 北京市居民的交通行为与出行方式构成

在交通活动水平方面，随着社会经济快速发展、人口持续增加与城市规模的不断扩大，北京市居民交通需求持续增加。2008 年出行总人次达到 3 517 万人次 /d，出行距离达 9.8 km/ 次，分别比 2005 年增长 20.4 % 和 5.4 %。与此同时，机动车保有量高速增长，由 2005 年年底约 258 万辆迅速增加到 2010 年 11 月底约 469 万辆。同时北京市机动车的聚集密度与使用强度较高。发达国家的大城市中心区普遍采取措施合理引导小汽车使用，通常中心城区机动车保有量较低，外围较高，同时小汽车出行比例也从中心区向外围递增。与此形成鲜明对照的是，北京市 80% 以上的机动车集中在六环范围内，70% 以上小客车集中在五环路内，核心区小客车出行比例达 34.8%，与近郊区小汽车出行比例相当，是纽约、东京等国际化大城市核心区的两倍多。北京市小客车日均行驶 45 km，是伦敦的 1.5 倍，东京的两倍有余。私人轿车年均行驶里程为 1.5 万 km，其中 40% 是低于 5 km 的短途出行。由于缺乏鼓励合乘的政策，北京市轿车的乘坐率也偏低。

北京 2005 年小汽车日均出行次数为 3.16 次 / 车，较纽约 2001 年的水平高 0.31 次 / 车；平均出行距离和出行时耗方面，北京市也远高于纽约。根据两大城市道路里程计

1　本研究共享了北京奥组委“奥运会总体影响 (OGI)”项目创造的研究条件。

算全年道路的负荷水平可以发现，北京市每公里道路一年承担 650.97 万辆小汽车，而纽约仅为 249.61 万辆，是北京的 38%。北京市与纽约私人小汽车保有量水平基本相当，但实际的道路负荷水平却远高于纽约。道路交通拥堵状况也比纽约严重得多，一方面原因是北京市道路里程和面积低于纽约；另一方面的重要原因是北京小汽车的过度使用问题（刘明君等，2008）。

在居民小汽车出行的时间分布上，北京市早晚交通出行高峰的出行量显著高于一天中的其他时段，有 22% 的小汽车出行集中在 7—8 点，有 17.5% 的小汽车出行集中在 17—18 点。相比较而言，纽约居民小汽车出行时刻分布曲线则相对平缓。早高峰为 8—9 点，出行量占全天总量的 9%，晚高峰为 16—17 点，出行量占全天总量的 8%，早晚高峰时段出行量均远低于北京。出现这种现象的原因在于两地居民对小汽车的使用存在明显差异。目前，在北京尚未完全建立以公共交通为主导的综合交通体系情况下，北京居民小汽车出行分担率与公交基本持平，且 29.69% 的小汽车出行属于通勤性质，导致出发时间比较集中；而纽约已构建了“小汽车 + 公共交通”的城市交通模式，通勤出行以公共交通为主，小汽车为辅，促使仅 12.1% 的小汽车出行与通勤相关，纽约的弹性工作制也促使小汽车出发时间比较分散，有效地降低了高峰时段小汽车出行需求，保障了城市交通的顺畅运行（刘明君等，2009）。

根据出行目的所满足的需求层次不同于活动弹性的大小，可以将居民出行划分为生存性出行（Mandatory，如上班、上学等）、维持性出行（Maintenance，如购物、就医等）和消遣性出行（Discretionary，如休闲健身、文化娱乐等）。对比北京和纽约的情况，北京居民使用小汽车从事生存性活动的比例明显大于纽约，分别占总出行的 65.34% 和 53.79%，而从事消遣性活动的出行比例仅为 5.61%，尚不到纽约（13.17%）的一半（郭继孚等，2009）。

在交通方式构成方面，2009 年北京市居民各种交通方式出行构成中（不含步行），公共交通（地铁 + 公共汽车）比例为 38.9%，较 2005 年增长了 9.1%；但这主要缘于机动化水平的提高，即自行车出行所占比例的明显下降，2009 年自行车出行比例为 18.1%，较 2005 年下降了 12.2%；而小汽车出行比例达 34%，较 2005 年增长了 4.2%（北京交通发展研究中心，2010）。随着传统的以自行车为主的非机动化出行方式所占比例的下降，部分居民转而选择公共交通作为主要出行方式，同时也有相当比例的居民转而选择小汽车作为主要出行方式。

### 3. 北京市居民的通勤方式构成

通勤，即从居住地前往工作地点的出行，是城市交通中最重要的出行类型之一。根据 2006 年北京市第三次大型交通出行调查的结果，在北京市居民全部出行中，通勤所占比例达到 47.5%，是所占比例最大的一类出行。通勤是居民就业与交通互动关系的最为直接的环节，同时也是其他交通活动的基础。对于有固定工作地点的居民，在选择居住地点时，通常会优先考虑通勤距离与时间较短、通勤较为便利的地区，居民在居住地点确定的基础上对其他出行行为的目的地、出行频率、出行时间、出行方式等进行决策。此外，通勤作为出行，是一种稳定的基本出行需求，在出行频率、目的地和出行时间方面都具有刚性与强制性，不同于其他出行目的的出行行为。对于北京市交通而言，通勤是交通出行行为强中心态势与潮汐现象的主因。基于以上原因，本书专门选择北京市居民的通勤行为，尤其是通勤方式的选择行为作为研究对象。

北京市居民的主要通勤方式包括步行、自行车（包括电动自行车）、地铁（含地面轨道交通）、公共汽车、私家车、单位班车、出租车等。此外，还有一部分居民采取两种及两种以上交通方式进行通勤，例如，“自行车换乘公共交通（地铁或公共汽车）”“地铁与公共汽车的换乘”“私家车与公共交通的换乘”等。2009 年和 2010 年两次调查中北京市主城区及各区居民的通勤方式构成如图 4-4 所示。

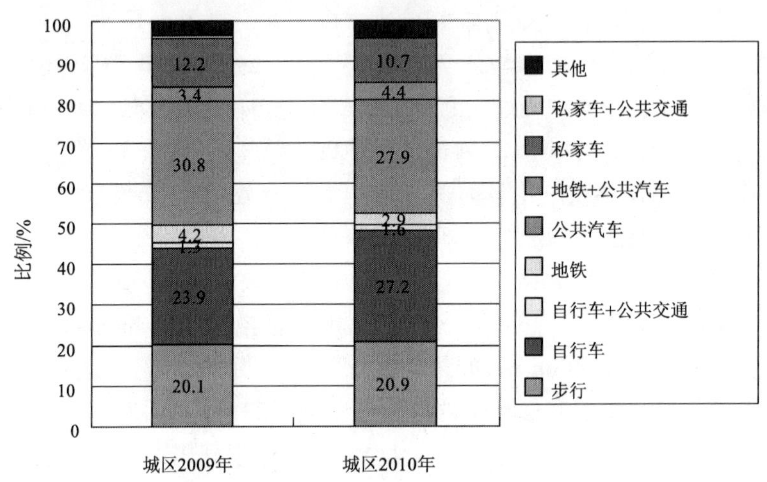


**图 4-4　2009 年和 2010 年两次调查中北京市主城区及各区居民的通勤方式比例**

根据两次调查中北京市主城区及各区居民的通勤方式构成的基本情况，可以发现如下特征。

（1）北京市主城区居民通勤方式构成较之所有出行目的的交通出行方式构成而言，步行、自行车、公共汽车等低能耗、低排放的出行方式所占比例更大，私人汽车出行所占比例则较小。近年来，北京市居民的整体出行结构（不含步行）中公共交通（公共汽车与轨道交通）所占比重不断上升，但这并非源自小汽车出行所占比重的下降，而是源自自行车出行所占比重的大幅下降，小汽车出行所占比重也在持续上升，越来越多的出行者选择放弃自行车出行而采用小汽车或公共交通的出行方式。2009 年北京市居民各种交通方式出行构成中（不含步行），公共交通（地铁 + 公共汽车）出行比例为 38.9%，小汽车出行比例为 34%，自行车比例下降至 18.1%。与此形成对照的是，在本书的调查中，2009 年北京市主城区居民有 20.1% 步行通勤，自行车通勤比例为 23.9%，公共汽车通勤比例达 30.8%，私家车通勤比例仅为 12.2%。由于通勤距离通常比其他目的的出行距离更短，居民更易于采取非机动出行方式与公共交通出行方式。

同时，由于多数居民的通勤时间在交通高峰期间，较为拥堵的道路交通状况使得居民较少采用私家车通勤。

（2）多种交通方式换乘通勤所占比例极小，通勤方式构成仍有进一步低碳化的潜力。与东京、伦敦等发达国家的国际大都市相比，在北京市主城区居民通勤方式构成中，公共交通系统内各种交通方式的换乘通勤所占比例较小，在2009年的调查中仅为3.4%，自行车、私家车与公共交通之间的换乘通勤比例更小，在2009年的调查中分别仅为1.3%和0.6%。以东京为例，在居民平均通勤距离长于北京市居民平均水平的情况下，公共交通系统承担了70%以上的居民通勤，私家车较少被用于市内日常通勤，通常主要应用于非工作日的社交、文化娱乐、家庭活动等目的的出行。因此，北京市主城区居民通勤方式构成仍有实现进一步低碳化的潜力。

### 4. 影响居民选择公共交通通勤的主要因素

地铁与地上轨道交通、公共汽车，以及轨道交通与公共汽车的换乘是市内公共交通的主要方式。在理想的低碳城市交通系统中，公共交通通勤应该成为大于5 km的较长通勤的主体。北京市仍有提高公共交通在较长通勤中所占比例的潜力。

北京市为推动公交优先政策的实施，近年来，通过对公共交通系统的补贴，长期维持较低的票价水平，大幅降低了居民公交通勤成本。根据本书的两次调查，可达性、换乘的便捷性、通勤时间、等待时间、乘坐的舒适性、标识清晰程度等因素成为居民在选择是否乘坐公交通勤时的主要考虑因素。

在2009年和2010年在北京市主城区进行的两次调查中，如图4-5所示，2009年和2010年分别有29.7%和31.1%的通勤者将“车内拥挤，乘坐不舒适”列为北京市公共交通系统最需要改进的问题，这一比例与其他需要改进的问题相比是最高的。此外，认为“车次少，等待时间长”，“车速慢，出行时间长”，“换乘不便”，“路线少，可达性差”是北京市公共交通系统最需要改进的问题的通勤者所占比例也都超过了10%。

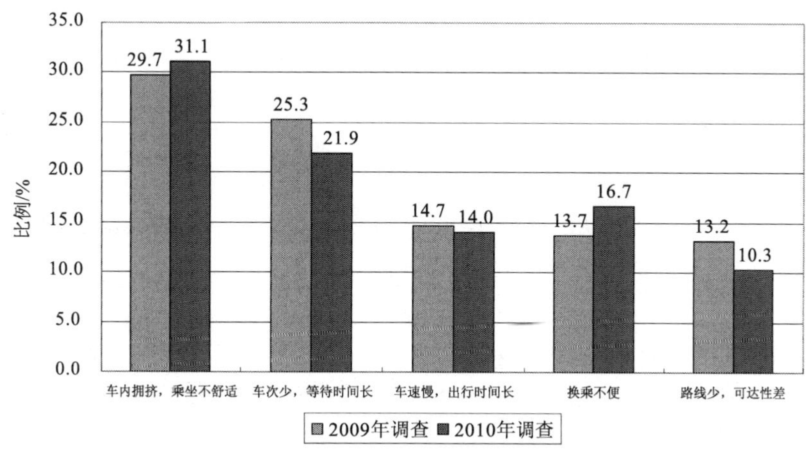


**图4-5　调查中居民认为北京市公共交通系统最需要改进的问题**

对比 2009 年和 2010 年的调查结果，可以发现，北京市居民对“车次少，等待时间长”,“车速慢，出行时间长”，“路线少，可达性差”等问题的不满程度有所下降，这反映了北京市公共交通体系发展所取得的成效。然而，居民对于“车内拥挤，乘坐不舒适”和“换乘不便”问题的不满程度有所上升，这两个问题也成了北京市提升公共交通出行方式竞争力、发展公共交通系统最为亟待改进的两个方面。

由此可见，车内拥挤程度与乘坐的舒适性已经成为北京市主城区通勤者决定是否选择公共交通方式通勤的首要考虑因素。根据 2009 年和 2010 年的两次调查，如图 4-6 所示，2009 年和 2010 年分别有 76.8% 和 73.8% 的通勤者在乘坐公共交通工具时感觉“非常拥挤”或“比较拥挤”，分别仅有 4.7% 和 2.6% 的通勤者感觉“不太拥挤”。同时，分别仅有 10.9% 和 12.0% 的通勤者认为北京市公共交通系统能够满足自身的出行需求。除了车内拥挤与乘坐的舒适性问题，换乘不便问题也日益成为阻碍北京市公共交通出行方式竞争力提升的“瓶颈”。

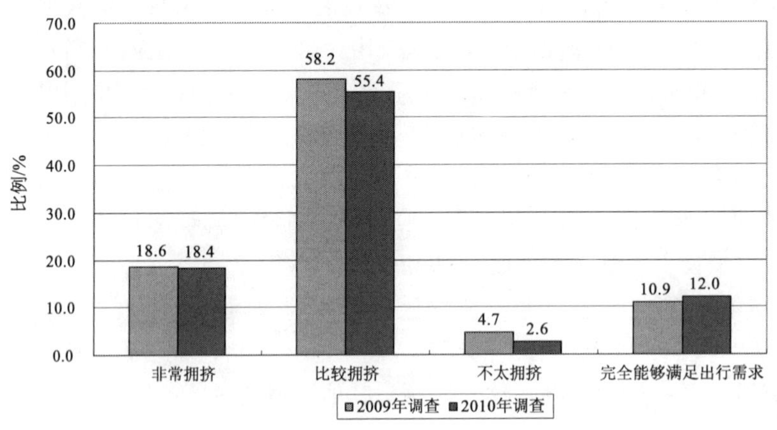


图 4-6　调查中居民认为北京市公共交通系统的拥挤程度

### 5. 影响居民选择私家车通勤主要因素的列联表分析

居民在决定是否选择私家车作为通勤方式时，通常会将私家车与其他可行通勤方式的通勤时间、成本、舒适性与便利程度分别进行比较，然后根据自身的时间约束、预算约束与效用函数进行排序，选择能够实现自身效用最大化的通勤方式。

由上文中的调查结果可知，相当比例的通勤者认为北京市公共交通系统存在乘坐不舒适、换乘不便、可达性差等有待改善的问题，因此私家车在乘坐舒适性与便利程度方面远优于公共交通，更优于非机动交通方式。道路交通状况较为通畅时，私家车平均通勤时间应短于公共交通与非机动交通。但由于多数居民的通勤时间集中于北京交通高峰期，私家车在通勤时间方面的优势并不存在。根据 2009 年的调查，所有通勤者与私家车通勤者的平均通勤时间分别为 35.1 min 与 34.8 min，基本持平。在通勤成本方面，由于北京市长期维持公交低票价政策，而汽车燃料价格与停车费水平持续上涨，私家车通勤的成本显著高于公共交通通勤。综合以上三方面因素，选择私家车通勤的居民通常对舒适性与便利程度更为偏好，对通勤舒适性与便捷性的追求是选择私家车通勤的主因。

居民对于通勤舒适性与便捷性的偏好与居民的社会经济背景密切相关。鉴于此，本书以居民是否选择私家车通勤行为为因变量，以居民的性别、居住社区类型、受教育程度、职业、经济收入水平、私人汽车的拥有情况、家中是否拥有 16 岁以下少年儿童等社会经济背景因素为自变量，利用 2009 年和 2010 年两次调查所得数据进行列联表分析（表 4-3）。

**表 4-3　影响北京市居民选择私家车通勤主要因素的列联表分析**

| 影响因素 | 2009 年 | 2010 年 |
|---|---|---|
| | 卡方统计量 | 卡方统计量 |
| 性别 | 14.733*** | 7.785*** |
| 居住社区类型 | 44.424*** | 26.814*** |
| 受教育程度 | 65.538*** | 56.093*** |
| 职业 | 53.730*** | 32.855*** |
| 居民自身的经济水平定位 | 54.814*** | 29.351*** |
| 家庭是否拥有私人汽车 | 543.214*** | 511.113*** |
| 家中是否有 16 岁以下少年儿童 | 3.161 | 23.363*** |

注：*** 表示统计检验显著水平为 1%。

列联表分析中考察的居民的性别、居住社区类型、受教育程度、职业、经济收入水平、私人汽车的拥有情况、家中是否拥有 16 岁以下少年儿童七个社会经济背景因素对居民是否选择私家车通勤行为的影响作用都通过了显著性检验（除 2009 年的“家中是否有 16 岁以下少年儿童”因素外），这说明这七个社会经济属性都对居民选择私家车通勤的行为产生了显著的影响。

### 6. 性别对居民是否选择私家车通勤行为的影响

如图 4-7 所示，在 2009 年和 2010 年的调查中，男性通勤者中选择私家车通勤的比例分别为 15.2% 和 12.5%，而女性通勤者中选择私家车通勤的比例分别为 7.9% 和 7.6%。由此可见：

（1）男性通勤者中选择私家车通勤所占比例显著高于女性通勤者中选择私家车通勤的比例。这说明男性对私家车通勤的偏好要强于女性，性别差异显著。

（2）男性、女性通勤者选择私家车通勤的比例虽有差异，但数值趋于接近。2009 年女性通勤者中的私家车通勤比例低于男性 7.3 个百分点，而 2010 年这一差距缩小到 4.9 个百分点。这说明男性与女性对于私家车通勤的偏好程度逐渐接近，性别差异有缩小的趋势。

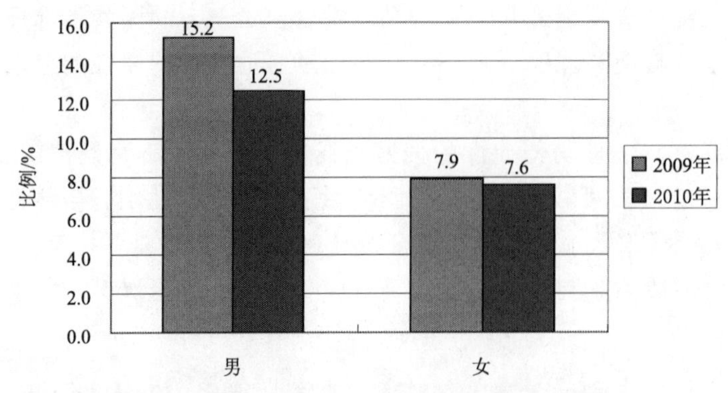


图 4-7 不同性别居民私家车通勤者所占比例

## 7. 社区居住类型对居民是否选择私家车通勤行为的影响

在 2009 年和 2010 年两次调查抽样中，两个样本皆为相同的 204 个社区。根据居民社区的社会经济特征，可以划分为 6 种社区类型，在样本中各自所占比例如图 4-8 所示。

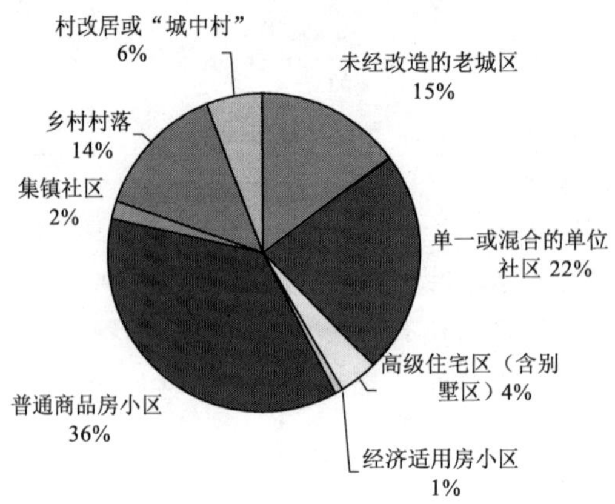


图 4-8 调查中不同类型社区所占比例

（1）未经改造的老城区（街坊型社区），指的是北京老城区那种非公寓式的、居民住房之间横向毗连的社区形态。在样本中所占比例为 15%，主要分布在首都功能核心区的旧城区内，在东华门街道、景山街道、交道口街道、安定门街道、北新桥街道、东四街道、什刹海街道、大栅栏街道等历史上北京市旧居民聚集区的分布尤为密集，同时在城市功能拓展区的高碑店地区、东铁匠营街道、古城街道、北下关街道等地区也有分布。

（2）单一或混合的单位社区，包括三种情况：居民住宅楼和办公机构混杂在一起的单位大院，譬如紫竹园街道的北京理工大学社区；一个单位的职工集中居住的居民小区，譬如首钢职工集中居住的金顶街街道模式口北里社区；多个单位的职工集中居住的居民小区，譬如集中居住着北京大学和清华大学的职工的清华园街道蓝旗营社区。

在样本中所占比例为22%，主要分布在各区的企事业单位大院内及周边宿舍区。

（3）高级住宅区（含别墅区），指的是住房价格或居住环境处于当地一流水准的居住区。在样本中所占比例为4%，一部分分布在首都功能核心区的高端商务区周边，譬如崇文门外街道的天鸿花园第一社区；另一部分分布在城市功能拓展区居住环境较好的地区，主要分布于朝阳区和海淀区，譬如管庄地区的京通苑、羊坊店街道的颐源居、花园路街道的华盛家园社区、曙光街道的世纪城远大园、望京街道的爽秋路社区等。

（4）经济适用房小区，指已经列入国家计划，由北京市政府组织房地产开发企业或者集资建房单位建造，以微利价向城镇中低收入家庭出售的住房聚集区。北京已开发的“经济适用房小区”主要集中在城市发展新区，如昌平区的回龙观、天通苑等。本书抽样调查的样本框是北京市首都功能核心区与城市功能拓展区，不包括城市发展新区，因此经济适用房小区在样本中仅占1%。

（5）普通商品房小区，是指商品房小区中，除高级住宅区和经济适用房小区之外的所有其他小区。在样本中所占比例达36%，是居民区中最常见的社区类型，广泛分布于主城区的各居民聚集区，多数密集分布于城市功能拓展区。

（6）集镇社区，特指农村地区的集镇。在样本中所占比例为2%，零散分布于城市功能拓展区的农村地区，如云岗地区的南区第一社区、宛平城地区的宛平城社区。

（7）乡村村落，既包括农村村民集中居住的村庄，也包括分散居住的独门独院。在本书抽样调查的样本中占14%，城市功能拓展区农村地区的居民区大多数属于乡村村落，主要分布于朝阳区东部、丰台区南部和海淀区西北部山区。

（8）新近（一年之内）由农村社区转变过来的城市社区（村改居、村居合并或“城中村”），包括三种情况：居住格局的城镇化，即在城市扩张过程中，位于城乡接合部的一些村庄被改建为城镇式的居住小区；行政建制的城镇化，即在城市扩张过程中，位于城乡接合部的一些村庄被合并到邻近的城镇居委会，形成一个新的行政社区；区位格局的城镇化，即在城市扩张过程中，位于城乡接合部的一些村庄被城市所包围，形成“城中村”。在样本中所占比例为6%，主要分布于城市功能拓展区的城市地区与农村地区的接合部，如常营回族地区、卢沟桥街道、长辛店街道、卢沟桥乡、清河街道、东坝地区、小红门地区。

在一般情况下，居民的居住社区类型反映了其经济收入水平，经济收入水平相近的家庭倾向于居住在相同或相近的社区。但是对于北京市而言，居民区的分布并非完全由土地与房地产市场决定，各种历史、地理、行政、文化等因素都对其产生影响，居民社区类型所反映的并非仅是居民的经济收入水平特征。2009年与2010年不同社区类型的居民私家车通勤比例如图4-9所示。

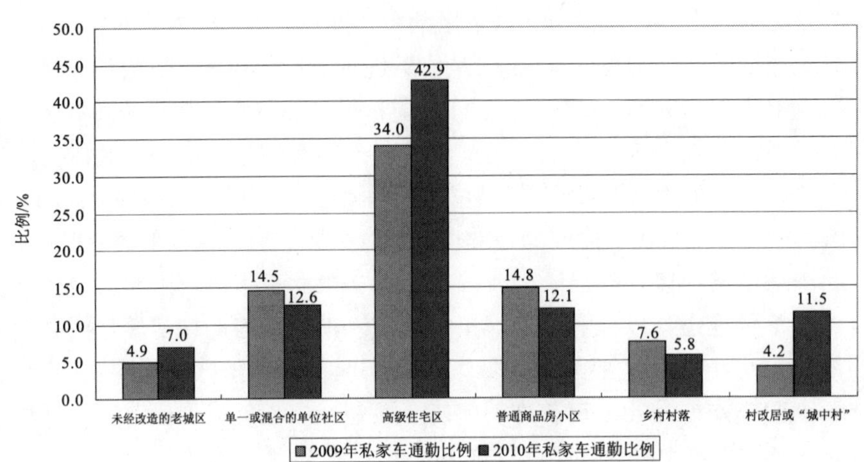


**图 4-9 不同社区类型的居民私家车通勤比例**

按照私家车通勤者在通勤居民中所占比例从高到低排序，2009 年社区类型顺序为高级住宅区、普通商品房小区、单一或混合的单位社区、乡村村落、未经改造的老城区、村改居或“城中村”；2010 年这一顺序是高级住宅区、单一或混合的单位社区、普通商品房小区、“村改居”或“城中村”、未经改造的老城区、乡村村落。

对比两次调查的结果，有以下特征值得关注：

第一，高级住宅区居民私家车通勤比例显著高于其他社区类型的居民，而且该比例仍有继续上升的趋势，在 2010 年已达 42.9%，超过 40% 的通勤者采用私家车通勤。高级住宅区居民经济收入水平普遍较高，私家车拥有率、对于舒适性的偏好也较高。首都功能核心区的高级住宅区主要分布在高端商务区，与就业中心距离很近，这里的居民选择私家车通勤的原因主要是出于舒适性与活动便利性的考虑；城市功能拓展区的高级住宅区主要分布在环境较好的郊区，这里的居民很多需要通过内向或侧面通勤到靠近市中心的地区通勤，平均通勤距离较长，他们选择私家车通勤的主要原因是由于居住地公共交通系统的可达性较差，或车次较少，较为拥挤，不便乘坐。

第二，普通商品房小区、单一或混合的单位社区是北京市居民社区的主体，在样本中两者比例之和达到 58%。多数城市居民住在这两种类型的社区中，这两类社区居民私家车通勤比例都超过了 10%，仅次于高级住宅区。随着人口分布郊区化进程的发展，这两类社区的分布在地理上会逐渐向外扩散，居民的平均收入水平会逐渐提高，如果就业中心郊区化进程持续滞后，而公共交通的发展又滞后，不能在郊区形成现在两种类型社区聚集地的公共交通可达性与便利性水平，这些社区居民出于可达性与便利性的需求，其私家车通勤比例可能会上升。

第三，“村改居”或“城中村”居民私家车通勤比例上升迅速。“村改居”或“城中村”社区是城市化与郊区化进程的前沿地区，当地居民不仅包括原有的农村居民，而且还大量聚集着外来人口与郊区化进程中迁往郊区的原城市中心区居民。对比 2009

年和 2010 年两次调查的结果，可以发现这类社区居民的私家车通勤比例上升幅度最大，从 2009 年的 4.2% 上升到 2010 年的 11.5%。造成这种现象的主因是这些地区的居民在职业、经济特征、生活方式上已经基本实现了城市化，与城市社区居民相近，但交通基础设施发展方面相对滞后，公共交通可达性和便利程度远远落后于城市居民社区周边地区。因此居民不得不采用私家车来实现通勤这样的生存性交通需求。

第四，未经改造的老城区与乡村村落居民私家车通勤比例最低。在北京市主城区范围内，这两类地区居民的收入水平普遍低于城市平均水平，两者相比，老城区居民在城市中心区就业的比例较大，同时有一部分居民出于生活便利、公共服务设施资源丰富的目的而选择在老城区居住，因此老城区居民的收入高于乡村村落居民。这两类社区居民私家车通勤比例较低的主因有所不同。老城区社区大多分布于首都功能核心区的中心，公共交通基础设施最为发达，居民即使在远离中心的郊区就业，通常也可以通过公共交通系统实现通勤。乡村村落居民的就业地多数在本村或附近地区，通勤距离较短，通过步行、自行车等非机动出行方式即可到达。

### 8. 受教育程度对居民是否选择私家车通勤行为的影响

根据被调查居民的受教育程度不同，本书将样本中的居民划分为七类：小学及以下（包括小学、扫盲班、未受过任何教育）、初中、高中（包括职业高中、普通高中）、中专技校（包括中专、技校）、大学专科（包括成人高等教育、正规高等教育）、大学本科（成人高等教育、正规高等教育）、研究生及以上。不同受教育程度居民的私家车通勤比例如图 4-10 所示。

图 4-10 联表分析显示出不同受教育程度的居民是否选择私家车通勤的行为有所不同，结合图 4-10，受教育程度对居民是否选择私家车通勤的影响可以概括如下：

受教育程度越高的居民，采取私家车通勤的比例越高，这是调查中发现的基本趋势。但受教育程度为大学本科的居民私家车通勤比例略低于大学专科的居民。其中，研究生及以上受教育程度的居民私家车通勤比例超过 30%，显著高于其他受教育程度水平的居民。

一般情况下，居民较高的受教育程度，对应着较高的收入水平与消费水平，以及对交通出行舒适性较高的偏好，因此也对应着较高的机动车拥有水平。收入较高的居民居住在远离就业中心的高级住宅区的比例也较高，因此使用私家车通勤的比例也应较高。同时，一般而言，受教育程度较高的居民，其环境意识也较高。有研究显示对北京市居民而言，受教育程度对环境意识的影响非常显著（周景博等，2005）。因此，受教育程度较高的居民选择低碳出行方式的意识应该高于受教育程度相对较低的居民，然而，这种意识并未通过通勤方式的选择行为表现出来。

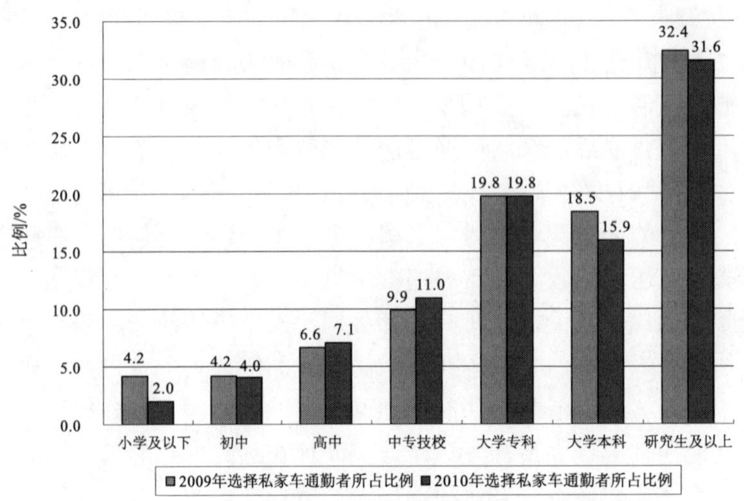


图 4-10　不同受教育程度居民的私家车通勤比例

### 9. 职业对居民是否选择私家车通勤行为的影响

按照人力资源和社会保障部对职业的分类标准，本书在调查中将北京市居民的职业分为以下七类：国家机关、党群组织、企业、事业单位负责人，专业技术人员，办事人员及有关人员，商业、服务业人员，农、林、牧、渔、水利业生产人员，生产、运输设备操作人员及有关人员，军人及其他。不同职业居民的私家车通勤比例如图 4-11 所示。

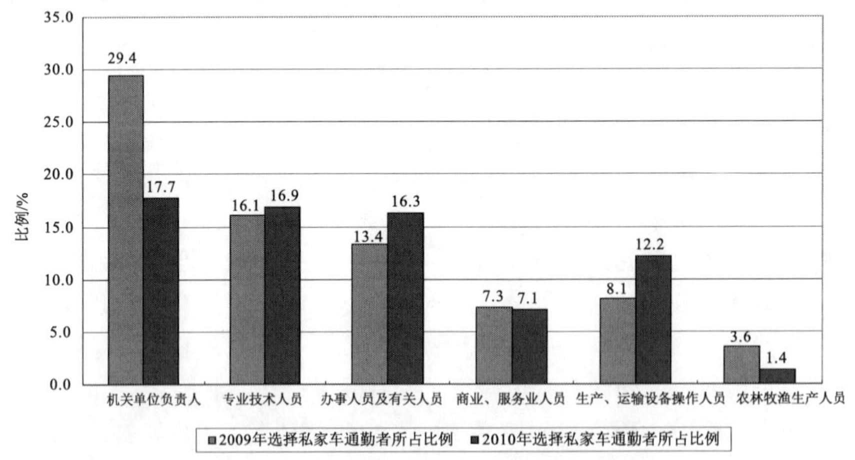


图 4-11　不同职业居民的私家车通勤比例

列联表分析显示，职业对于居民选择私家车通勤的行为有显著影响。结合 2009 年和 2010 年两次调查的分析结果，居民的职业与私家车通勤选择行为之间有以下关系。

（1）国家机关、党群组织、企业、事业单位负责人（以下简称机关单位负责人）

选择私家车通勤的比例最高。乘坐公车通勤的情况属于采用“单位配车”的出行方式，不在私家车通勤的统计范围内。尽管如此，统计显示，2009 年机关单位负责人采取私家车通勤的比例达到 29.4%，显著高于其他职业的居民。机关单位负责人居住在高级住宅区的比例较高，就业地通常在市中心的国家机关、党群组织所在地或中央商务区附近，平均通勤距离较长，同时他们对于交通舒适性与便捷性的偏好较强，甚至有对交通私密性的需求，对通勤成本的承受能力较高，因此更倾向于使用私家车通勤。值得注意的是，与 2009 年相比，2010 年机关单位负责人私家车通勤比例有明显下降，这说明北京市控制私家车活动水平的交通需求管理政策对机关单位负责人而言，起到了一定的效果。

（2）专业技术人员与办事人员私家车通勤比例明显高于商业、服务业人员。2010 年，专业技术人员与办事人员私家车通勤比例分别达到 16.9% 和 15.3%，明显高于商业、服务业人员的 7.1%。一方面，专业技术人员和办事人员的平均收入水平高于商业、服务业人员，前者私家车拥有者所占比例也相对较高，因此更倾向于使用私家车通勤；另一方面，专业技术人员、办事人员与商业、服务业人员的就业集中地也有所不同，这种差异体现了不同行业布局及其就业集中地的郊区化程度不同。专业技术人员与办事人员的就业集中地主要分布在中心城区的高端服务业、中央商务区、国家机关、党群组织与企事业单位办公区集中地，而商业、服务业人员的就业集中地较为分散，通常在全市范围内分布在居民区附近与交通便利地区的批发零售业、餐饮业、居民服务业聚集区。批发零售业、餐饮业、居民服务业等低端商业、服务业通常紧密围绕居民住宅聚集区分布，因此虽然同为第三产业，但其郊区化进程要快于高端服务业、办公聚集区与高端商务区。因此，商业、服务业人员更容易实现就近就业，其平均通勤距离更短。

（3）农、林、牧、渔和水利行业从业人员私家车通勤比例极低。这些行业的从业者主要分布于城市功能拓展区、城市发展新区和生态涵养发展区的农村地区。在交通出行行为方式上，这些居民仍然保持着农村地区的出行模式，在通勤活动中与城区的联系极为有限。

### 10. 居民自身的经济水平定位对是否选择私家车通勤行为的影响

在对北京市主城区居民的入户问卷调查中，本书设计了这样的问题，即询问被调查居民“如果按照经济水平把个人分为上层、中上层、中层、中下层和下层，您认为您个人在当地大体处于什么层次”。居民出于掌握信息的不完整与各种心理因素，回答的结果与真实情况相比，会存在一定程度的偏差，但仍然可以将其视为对居民经济水平的一种反映。对自身经济水平定位不同的居民的私家车通勤比例如图 4-12 所示。

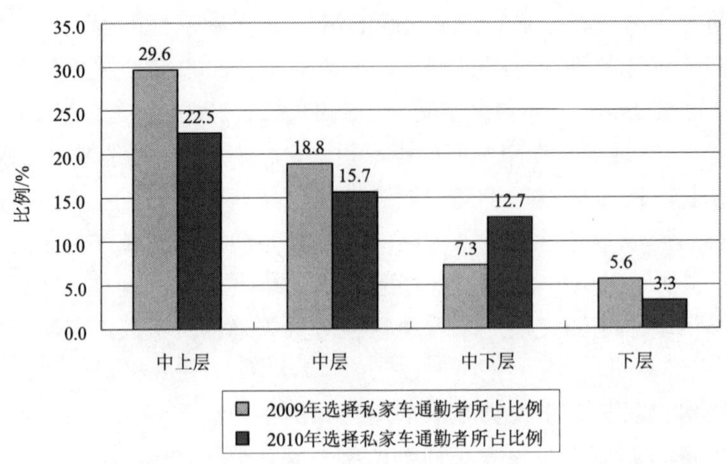


**图 4-12 对自身经济水平定位不同的居民的私家车通勤比例**

图 4-12 的分析显示，居民对自身经济水平的定位显著影响了是否选择私家车通勤的行为。从调查结果中可知，对自身经济水平定位较高的居民，其选择私家车通勤的比例也较高。因此可以判断，经济收入水平与居民通勤方式选择行为密切相关。

## 11. 家庭是否拥有私人汽车对居民是否选择私家车通勤行为的影响

在调查中了解到，私家车的拥有情况成为影响居民是否选择私家车通勤的重要因素。如图 4-13 所示，在 2009 年在北京市主城区的调查中，全体居民者中仅有 11.4% 的通勤者采用私家车通勤，而在拥有私家车的居民中，这一比例高达 48.1%。接近一半的拥有私家车的居民选择私家车作为通勤方式，很多居民购买私家车的主要目的之一是用于通勤。这与很多发达国家国际大都市中私家车主要承担非常规商务活动、非工作日的社交、文化娱乐、家庭活动等出行的情况差异明显。

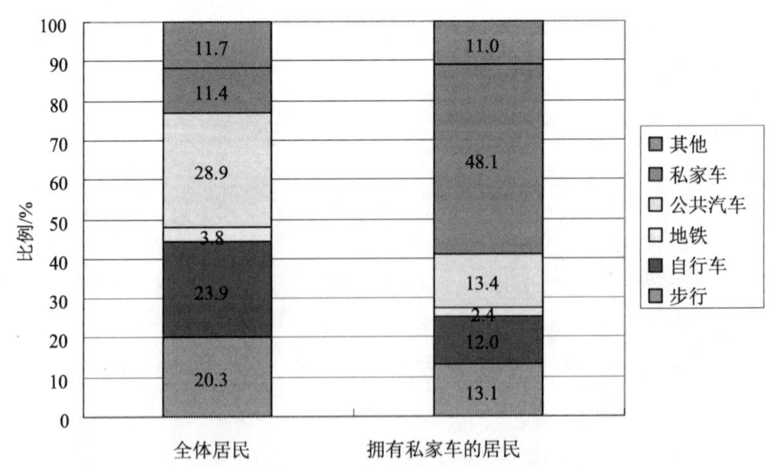


**图 4-13 全体居民与拥有私家车居民的通勤方式构成对比**

停车场所的分布情况与停车费水平通常被认为是影响居民是否选择私家车通勤的重要因素。然而根据本书2009年在北京市主城区的调查，在采用私家车进行通勤的居民中，仅有36.9%的通勤者将私家车停在收费的公共停车场，其余私家车通勤者大多将私家车停在属于单位的停车场，或是其他免费的停车泊位。由此观之，通过停车费杠杆对私家车通勤行为进行调节的政策手段只能对一部分私家车通勤者产生作用。

### 12. 家中是否有16岁以下儿童对居民是否选择私家车通勤行为的影响

从人类学的角度来说，家庭形成的一个主要原因是生育和抚养下一代。养育孩子对父母来说主要的动机是强烈的满足感和成就感，儿童的需求在对家庭中具有重要的影响。16岁以下的儿童多数属于中小学生，作为未成年人尚未具备完全单独出行的能力，因此他们的很多活动需要家长的护送出行或共同参与。

列联表分析显示，家中有16岁以下儿童的居民与家中无儿童的居民，在是否选择私家车通勤行为上有显著差异。如图4-14所示，在2010年的调查中，在家中有儿童的居民中，选择私家车通勤的比例达到15.3%，而家中无儿童的居民选择私家车通勤的比例仅为7.6%，不足前者的1/2。这种现象说明，对于北京市居民而言，家中儿童的出行需求会显著影响其自身的交通行为。很多居民护送或陪同孩子出行时，对出行安全性与舒适性的偏好更为强烈，因此更倾向于在与孩子一起出行时使用私家车。同时，居民通勤行为在时间上往往与孩子的通学行为有较强的重合度，而北京市的优质教育资源相对稀缺，且大部分集中分布在城市中心区，中小学生就学的集中程度比居民就业的集中程度更强，故而家中有儿童的居民倾向于使用私家车在一条出行链中完成两次出行，即送孩子上学的出行与自身的通勤。在实际调查中，笔者了解到很多居民以往采用公共交通方式通勤，但面对新生的孩子出行的需求，不得不改变通勤方式，转而使用私家车通勤，同时满足孩子上学等相关出行需求。

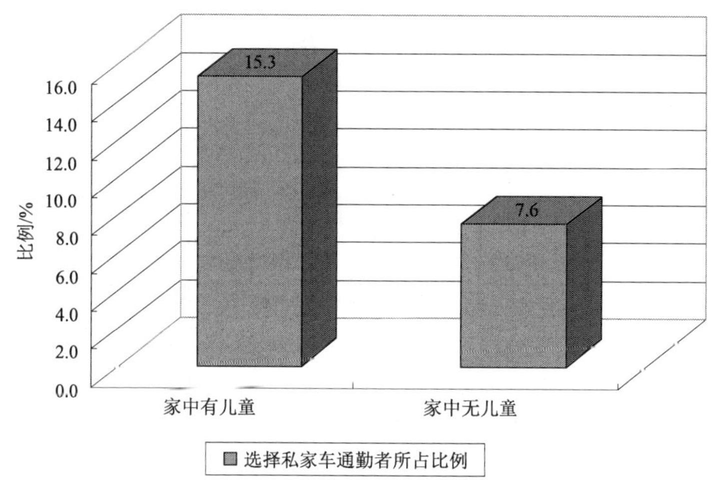


**图4-14　家中有无儿童的居民私家车通勤比例对比**

### （四）小结

（1）在一系列居民出行行为中，通常处于末端的交通方式选择行为最终决定了居民交通出行的能源消耗与温室气体排放水平，因此城市居民出行方式的选择行为是本书最为关注的居民出行行为。出行者选择不同出行方式对应着差异巨大的能源消耗与温室气体排放。北京市居民采取私家车通勤单位里程产生的二氧化碳排放约是公共汽车通勤的 15 倍，轨道交通通勤的 82 倍。因此，通过政策措施引导居民尽量选择低碳交通出行方式，促使居民交通出行结构低碳化对于控制城市交通温室气体排放至关重要，是效果显著的应对策略。

（2）近年来，北京市机动车保有量高速增长，同时北京市机动车的聚集密度与使用强度较高，70% 以上小客车集中在五环路内，核心区小客车出行比例达 34.8%，私人轿车年均行驶里程为 1.5 万 km，其中 40% 是低于 5 km 的短途出行。由于缺乏鼓励合乘的政策，北京市轿车的乘坐率也偏低。北京居民使用小汽车从事通勤等生存性活动的比例明显大于纽约等世界城市。北京市在交通方式构成方面，随着传统的以自行车为主的非机动化出行方式所占比例的下降，部分居民转而选择公共交通作为主要出行方式，同时也有相当比例的居民转而选择小汽车作为主要出行方式。

（3）可达性、换乘的便捷性、通勤时间、等待时间、乘坐的舒适性、标识清晰程度等因素成为北京市居民在选择是否乘坐公交通勤时的主要考虑因素。其中，车内拥挤程度与乘坐的舒适性已经成为北京市主城区通勤者决定是否选择公共交通方式通勤的首要考虑因素。这两方面问题成为北京市提升公共交通出行方式竞争力、发展公共交通系统最为亟待改进的两个方面。

（4）居民在决定是否选择私家车作为通勤方式时，通常会将私家车与其他可行通勤方式的通勤时间、成本、舒适性与便利程度分别进行比较，然后根据自身的时间约束、预算约束与效用函数进行排序，选择能够实现自身效用最大化的通勤方式。列联表分析结果显示，居民的性别、居住社区类型、受教育程度、职业、经济收入水平、私人汽车的拥有情况、家中是否拥有 16 岁以下儿童七个社会经济背景因素对北京市居民是否选择私家车通勤行为的影响显著。男性、高级住宅区居民、受教育程度较高居民、机关与企事业单位领导人、专业技术人员和办事人员、自身认为经济收入水平较高的居民、拥有私家汽车的居民、家中有儿童的居民更倾向于使用私家车通勤。

## 三、居民私家车拥有与使用行为研究——以青岛市为例[1]

出于交通低碳化的目标，对居民私家车领域而言，政策的调节方向是希望城市私家车数量的增长能够控制在合理的水平，而居民购车后又能合理使用，尽量将私家车

1　本节内容基于中国人民大学环境学院岳昆博士的研究成果整理而成，岳昆 . 基于出行行为研究的私家车低碳化对策分析——以青岛市为例 [D]. 中国人民大学 , 2013。

作为满足非常规商务活动、非工作日的社交、文化娱乐、家庭活动等出行需求的交通工具，而非日常通勤所采用的出行方式。本节将结合青岛市的调查数据[1]，建立离散选择模型，对于影响私家车拥有和使用的各类因素进行分析。

## （一）私家车拥有的选择行为研究

### 1. 模型建立

私家车拥有的决策可以视为一个两种方案的 Logistic 选择模型，选择方案为拥有（1）或不拥有（0）。因变量并非连续变量，所以对于影响拥有情况的各种因素，在建模时无法通过线性回归进行有效的拟合。

以影响因素家庭收入为例，在家庭收入还未达到一定水平之时，对于私家车缺乏购买和后续消费能力，此时伴随收入的增长，车辆拥有的概率一直保持较低水平；当收入增长至能够负担私家车的消费之时，车辆的拥有概率会迅速增长，但随后的增长又会放缓。这种变化趋势，与 Logistic 模型的 S 变化曲线是一致的（图 4-15）。

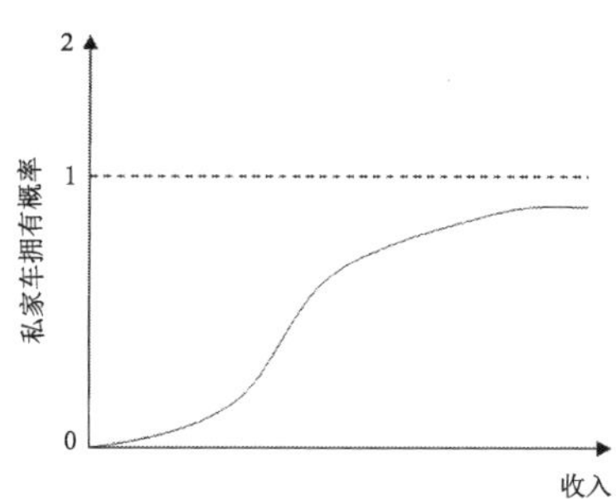


图 4-15　私家车拥有概率变化示意

根据调查可知，对于私家车拥有的各类影响因素包括收入、家庭结构、居住社区、个人学历和职业等。

（1）收入因素

私家车增长与居民收入增长相关。西方国家在 20 世纪 70—80 年代进入较为平稳的增长期，机动车增长 / 收入增长弹性系数为 1 ～ 1.5，上海近期机动车增长 / 收入增长弹性系数为 1.6 ～ 1.8。在购买概率影响上，有研究[2]通过计量分析得出：收入每增长 10%，家庭购买私家车的概率将上升 4.7%。

根据在青岛市的调查，将调查对象分为有车和无车两个组别，则有车家庭的年收入均值为 84 600 元，无车家庭的年收入均值为 53 300 元。再将无车家庭进一步分为有购车意愿和无购车意愿两组，有购车意愿的家庭平均年收入为 71 400 元，无购车意愿的家庭平均年收入为 49 900 元。总体来看，随着家庭年收入的上升，会逐步出现购车

1　本书共享了青岛低碳发展规划项目创造的研究条件。

2　郑思齐，霍燚 . 低碳城市空间结构：从私家车出行角度的研究 [J]. 世界经济文汇，2010(6):50-65.

意愿并最终付诸实施。

表 4-4　不同收入段家庭的私家车拥有比例

| | 家庭数 | 拥有私家车的家庭数 | 私家车拥有比例 /% |
|---|---|---|---|
| ≤ 50 000 元 | 486 | 81 | 16.7 |
| 50 000 ～ 60 000 元 | 120 | 38 | 31.7 |
| 60 000 ～ 70 000 元 | 102 | 28 | 27.5 |
| 70 000 ～ 80 000 元 | 80 | 27 | 33.8 |
| 80 000 ～ 90 000 元 | 53 | 18 | 34 |
| 90 000 ～ 100 000 元 | 41 | 27 | 68.3 |
| ＞ 100 000 元 | 70 | 35 | 50 |

由表 4-4 的分收入段汇总可以看出，收入与私家车的拥有不是简单的线性关系。从实际生活的经验来看，收入在一定水平之下的时候，对私家车不具有购买能力，而一旦达到某个收入水平，则购买率会迅速上升，之后又逐渐趋于平缓。

（2）家庭结构

北京市的相关研究则显示家庭结构、户主年龄等因素对私家车的拥有概率有较大影响（郑思齐等，2010）。处于 40 ～ 60 岁青年期的户主，其家庭的私家车拥有率会更高。这往往是由于此年龄段的户主，其家庭结构相对稳定，一般总成员至少为 3 人，为了方便工作日的子女接送以及节假日的全家出游，会更加倾向于私家车的购买和使用。

表 4-5　家庭结构与私家车拥有比例

| 家庭结构 | 私家车拥有比例 /% | 家庭结构 | 私家车拥有比例 /% |
|---|---|---|---|
| 有青少年的家庭 | 39.50 | 一人家庭 | 9.5 |
| 无青少年的家庭 | 20.6 | 两人家庭 | 15.5 |
| | | 三人家庭 | 30.3 |
| 有老年人的家庭 | 25.4 | 四人家庭 | 31.2 |
| 无老年人的家庭 | 26.9 | 五人家庭 | 30.8 |

如表 4-5 所示，青岛市的调查显示，有无青少年的家庭，私家车的拥有比例相差较大。同时，伴随家庭规模的扩大，私家车的拥有比例也会逐渐上升，尤其是从 2 人增加至 3 人时，上升幅度最大。综合来看，家中有青少年的家庭，购买私家车的概率大幅上升。

（3）居住社区

居住社区中邻里的决策，往往会影响出行者自身的选择。但是住房和私家车同属于大件消费品的情况下，受家庭收入的影响最大，因此住房和私家车两者往往具有相关性。如表 4-6 所示，从调查结果来看，相对老城区和单位社区，商品房的私家车拥有比例较高，显示了收入较高家庭在选择较好住宅的基础上，会更加倾向于购买私家车作为出行工具。

表 4-6　不同居住区的私家车拥有比例

| 居住区域类型 | 案例数 | 私家车拥有比例 /% |
|---|---|---|
| 未改造老城区 | 144 | 19.4 |
| 单位社区 | 135 | 22.2 |
| 商品房 | 511 | 28.8 |
| 村改居 | 110 | 28.1 |
| 高级住宅区 | 1 | 100 |
| 移民社区 | 10 | 10 |
| 经适房 | 18 | 61.1 |
| 乡村村落 | 21 | 23.8 |

（4）个人学历和职业

受教育程度会影响个人的发展和职业选择，从而决定个人收入水平以及家庭整体生活水平。伴随受教育程度的上升，个人收入会随之提高，从而私家车的拥有概率也会提高。

表 4-7　不同教育程度与车辆拥有情况

| | 案例数 | 车辆拥有率 /% | 个人年收入 / 元 | 家庭年收入 / 元 |
|---|---|---|---|---|
| 初中及以下 | 201 | 20.9 | 19 107 | 45 819 |
| 高中、职高及技校 | 302 | 21.5 | 23 875 | 57 841 |
| 专科 | 260 | 25.8 | 27 134 | 59 954 |
| 本科 | 173 | 42.8 | 35 980 | 78 018 |
| 研究生及以上 | 16 | 43.8 | 67 371 | 182 383 |

如表 4-7 所示，从青岛市的调查结果来看，也验证了这样的趋势。同时，从专科到本科的变化中，是个人年收入变化最为显著的阶段，车辆拥有率也上升较快。进入研究生阶段，虽然收入又有大幅提高，但车辆拥有率上升并不明显。

表 4-8　调查中不同职业的车辆拥有率

| | 案例数 | 私家车拥有率 /% |
|---|---|---|
| 国家机关、党群组织、企事业单位负责人 | 65 | 50.7 |
| 专业技术人员 | 107 | 26.2 |
| 办事人员及有关人员 | 297 | 31 |
| 商业服务业人员 | 143 | 29.4 |
| 农林牧渔水利业生产人员 | 23 | 26.1 |
| 生产运输设备操作人员 | 61 | 21.3 |
| 军人 | 4 | 100 |
| 其他 | 251 | 16.3 |

不同职业同样会通过收入影响车辆的拥有情况，如表 4-8 所示，从调查结果来看，机关企事业单位的负责人中，私家车的拥有概率最高，达到 50.7%，而自由职业者、退

休人员和学生的群体，由于受收入限制，拥有概率仅为 16.3%。

根据对以上影响因素的分析，以私家车的拥有概率 $P$ 为因变量，家庭年收入、青少年数量、家庭规模，以及被访者的年龄和教育程度等为自变量，建立二元 Logistic 模型。

## 2. 运算与解释 [1]

(1) 模型中的 Logistic 回归模型设置

设因变量为 $y$，其取值 1 表示事件发生，取值 0 表示事件未发生；影响 $y$ 的 $m$ 个自变量分别计为 $x_1$，$x_2$，…，$x_m$。记事件发生的条件概率为 $P$，$P_i$ 表示在第 $i$ 个观测中事件发生的概率，1 − $P_i$ 代表在第 $i$ 个观测中事件不发生的概率。

事件发生与不发生的概率之比被称为事件的发生比，计为 Odds。对其做对数变换，可以得到 Logistic 回归模型的线性模式。

(2) 模型参数估计

参数估计方法可以采用最大似然法或者迭代法。最大似然估计的基本思想是先建立似然函数（或对数似然函数），然后求使得似然函数达到最大的参数估计值。建立已有样本的似然函数和对数似然函数

$$L=\prod_{i=1}^{n}P_i^{Y_i}(1-P_i)^{1-Y_i} \tag{4-5}$$

$$\ln L=\sum_{i=1}^{n}[Y_i\ln P_i+(1-Y_i)\ln(1-P_i)] \tag{4-6}$$

根据最大似然原理，应求使（对数）似然函数达到最大值的参数值，求一阶导数并令其为 0，再用 Newton-Raphson 迭代方法求解方程组，即可得出参数的最大似然估计值及其标准误。

(3) 运算结果和解释

按照上述步骤，设置相应的因变量和自变量并进行运算，得到影响因素的参数值。在模型的拟合步骤中，通过向前 LR（似然比）方法，识别和引入自变量，最终得到的显著影响因素为青少年人数和家庭年收入（万元）（参数估计 Wald 统计量的 sig 值全部小于 0.05，即参数估计值显著不为零）。

表 4-9 私家车拥有的影响变量

| | | B | S.E. | Wals | df | Sig. | Exp (B) |
|---|---|---|---|---|---|---|---|
| 步骤 1[a] | 青少年人数 | 0.924 | 0.170 | 29.603 | 1 | 0.000 | 2.518 |
| | 常量 | –1.214 | 0.112 | 118.074 | 1 | 0.000 | 0.297 |
| 步骤 2[b] | 青少年人数 | 0.886 | 0.174 | 25.832 | 1 | 0.000 | 2.426 |
| | 家庭年收入（万元） | 0.125 | 0.026 | 22.507 | 1 | 0.000 | 1.133 |
| | 常量 | –2.001 | 0.202 | 97.812 | 1 | 0.000 | 0.135 |

注：a. 在步骤 1 中输入的变量：青少年人数；

b. 在步骤 2 中输入的变量：家庭年收入（万元）。

1 本书利用 SPSS 软件进行模型运算。

模型最终迭代的 Cox&Snell $R$ 方和 Nagel kerke $R$ 方值分别为 0.089 和 0.126，意味着模型的整体拟合效果一般。对于私家车的拥有（保有量）来说，除了家庭和个人变量的影响，宏观经济变量起着重要的作用，短期的分析（仅 2011 年）可以参考离散选择模型结果，长期的变动趋势则必须考虑更多因素的影响。

如表 4-9 所示，最终拟合模型中，$P=1/(1+e^{-V})$，其中 $V=-2.001+0.886\text{child}+0.125\text{income}$，child 为家庭中青少年数量，income 为家庭年收入（万元）。例如，没有孩子没有收入的家庭，其私家车的拥有概率为 $P=1/(1+e^{2.001})=0.12$；有一个孩子，年收入为 10 万元的家庭，私家车的拥有概率为 $P=1/(1+e^{-0.135})=0.53$。

对于模型的解释，参考 EXP(B) 列的结果可以进行变化的比较：青少年人数的相关 EXP(B)=2.426，表示在其他条件不变的情况下，有两位青少年家庭的车辆拥有概率是有一位青少年家庭的 2.426 倍；家庭收入 EXP(B)=1.133 则表示，在其他条件既定的情况下，家庭收入每增加 1 万元，车辆的拥有概率为之前的 1.13 倍。

根据青岛市的调查数据，模型最终纳入的显著变量仅包括家庭中青少年数量以及家庭年收入，而将家庭居住、个人职业、学历等变量剔除。其原因在于家庭年收入与居住、职业和学历三项均存在着很强的因果关联，如果全部纳入模型会造成变量间的自相关。而从私家车的购车行为来看，家庭收入决定了对于车辆这一耐用消费品的经济负担能力；从宏观角度分析，在其他的机动车保有量预测模型中（如 Gompertz 模型），识别的主要影响因素为人均 GDP，这也是影响家庭收入的重要因素。同时，家庭中是否有 16 岁以下的青少年，也对车辆的拥有有显著影响，这符合中国的国情中父母对于子女养育的投入偏好，从周边的经验来看，很多家庭会出于接送子女便利而加快购车的进程。

利用模型对 2011 年的青岛市数据进行验证。当年全市的总户数为 247.94 万户，总人数为 766.36 万人，根据第六次人口普查结果，0 ～ 14 岁的人口占比为 13.44%。可以推算平均每户 16 岁以下青少年的人口数约为 0.415 4 人。同时 2010 年的城市居民年人均可支配收入为 24 998 元（车辆为耐用消费品，当年买车主要受之前的收入基础影响，尤其是前一年的年收入），家庭户均人口为 2.79 人，则城市家庭年均收入为 6.974 4 万元。代入模型，可得家庭的私家车拥有概率为 0.318 4，按照模型计算 2011 年私家车保有量约为 78.94 万辆，与统计值 89.5 万辆相比较低，一方面是由于青少年的人数取值仅到 14 岁（未包括 15 ～ 16 岁比例），另一方面统计值中的“私人汽车”包括了私人用货车在内，如果仅考虑统计值中的“私人载客汽车”，其 2010 年数值为 79.5 万辆，与调查数据所建立的模型推算值更为接近。当然，模型仍然适用于短期预测和当年类似经济体的推算，但是长期的外推并不合适。

### （二）居民出行方式选择决策研究

出行者在进行出行方式的决策时，会先根据出行距离决定出行手段——机动化或非机动化。其次再根据家庭情况、个人条件、出行方式特征等决定具体的出行工具，这里的分析将对比公共交通与非公共交通。

### 1. 机动化与非机动化

如表 4-10 所示，青岛的调查结果显示，通勤行为中非机动化出行方式（步行和自行车）平均出行距离为 1.61 km，机动化出行方式中公共交通和私家车的平均出行距离分别为 10.87 km 和 11.49 km。从总体来看，通勤日的非机动化出行距离，分布在 1 ～ 2.8 km；但机动化的出行中，虽然平均距离在 10 ～ 11 km，仍然有短距离出行偏好使用车辆的情况，如果使用公共交通，在实现快速出行的情况下不会产生较大的资源浪费（尤其是对于年纪略大的上班族），但过短通勤距离下仍使用私家车出行并不符合低碳化的调节方向。

**表 4-10 不同通勤方式的距离** 单位：km

| | 案例数 | 极小值 | 极大值 | 均值 | 标准差 |
|---|---|---|---|---|---|
| 非机动化出行 | 235 | 1 | 9 | 1.61 | 1.201 |
| 公共交通出行 | 249 | 1 | 100 | 10.87 | 13.231 |
| 出租车出行 | 5 | 3 | 28 | 13.00 | 10.770 |
| 私家车出行 | 139 | 1 | 100 | 11.49 | 12.379 |

如表 4-11 所示，休息日的各类出行方式中，非机动化出行方式的平均出行距离有所上升（1.61 ～ 3.88 km），案例数大幅下降；公共交通出行的平均出行距离变化不大，但是案例数大幅上升；出租车出行方式的比例也大幅上升，私家车出行距离提高显著（11.49 ～ 19.50 km）。整体上看，休息日人们的出行没有上下班（学）的时间和空间制约，有充足的时间可以支配，也能够更加随意地选择出行目的地，到一些平日没时间去的地方购物或休闲娱乐。在机动化出行方式中，私家车的单程距离增加幅度是最高的，也意味着当时空限制减弱时，私家车的使用需求会上升。

**表 4-11 休息日不同出行方式的单程距离** 单位：km

| | 案例数 | 极小值 | 极大值 | 均值 | 标准差 |
|---|---|---|---|---|---|
| 非机动化出行 | 106 | 1 | 20 | 3.88 | 3.959 |
| 公共交通出行 | 536 | 1 | 110 | 9.65 | 10.732 |
| 出租车出行 | 54 | 1 | 68 | 14.24 | 14.564 |
| 私家车出行 | 194 | 1 | 150 | 19.50 | 22.692 |

如表 4-12 所示，从整体的出行距离来看，休息日的平均出行距离为工作日的 1.5~2.5 倍，因此机动化程度会有所上升。体现在交通方式的选择方面，无车家庭会更多选择公交、出租车等方式，有车家庭则更倾向于开车（部分人会选择公交）。

表 4-12　通勤日与休息日的平均出行距离

| 2011 年 | 平均通勤距离 /km | 休息日平均出行总距离 /km |
| --- | --- | --- |
| 市南区 | 9.57 | 22.85 |
| 市北区 | 9.20 | 23.86 |
| 四方区 | 9.97 | 21.22 |
| 李沧区 | 6.65 | 19.27 |
| 崂山区 | 9.30 | 26.77 |
| 城阳区 | 7.83 | 31.29 |
| 黄岛区 | 4.63 | 28.11 |

如图 4-16 所示，以有通勤行为的人员在通勤日和休息日的交通方式选择为例，公交、私家车和出租车的使用比例有所提高，步行和自行车的使用比例则下降。在休息日时，人们一方面追求出行的随意性，希望能去平日无暇到达的较远场所进行探访社交、购物休闲等活动；另一方面，追求出行的舒适性，会更乐意投入较多的出行成本来获得周末的出行愉悦效果（出租车的选择人数在休息日大幅提升就是一个很好的例证）。因此，如果在周末进行车辆的硬性使用控制，并不符合人们的需求和出行偏好。

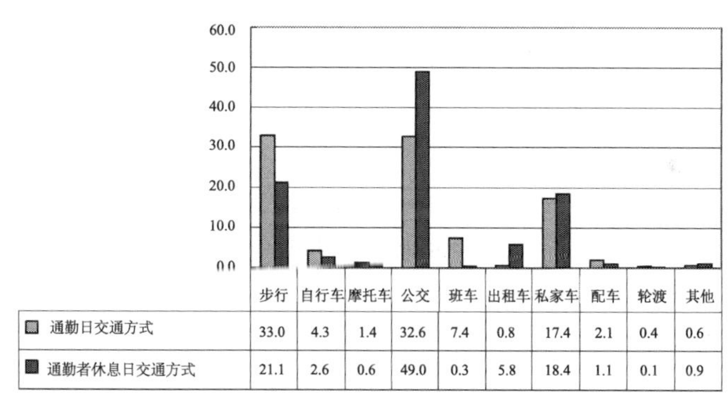


图 4-16　有通勤行为的人员在通勤日和休息日的出行方式比较

## 2.　私家车与公共交通的二元选择

出行者通过出行距离和出行目的，确定机动化和非机动化方式之后，将进一步选择具体的机动工具。本书聚焦私家车低碳化，因此选取机动化中具有代表性的两类出行方式——私家车与公共交通（同时这也是占比最高的两类机动化出行方式）。

（1）理论模型

BL 模型的数据结构如表 4-13 所示。对于出行者 $n$ 来说，有私家车和公共交通两种出行方式可供选择。出行者 $n$ 选择私家车（$i$=1）和公共交通（$i$=2）所产生的效用分别为

$$V_{1n}=\theta_1+\theta_3\times\text{选择方案1的燃料费}+\theta_4\times\text{选择方案1所需时间}+\theta_5\times\text{出行者}n\text{是否有私家车}+\theta_6\times\text{出行者}n\text{的年龄} \tag{4-7}$$

$$V_{2n}=\theta_2\times\text{选择方案2的票费}+\theta_4\times\text{选择方案2所需时间} \tag{4-8}$$

$$\begin{aligned}V_{1n}-V_{2n}=&\theta_1+\theta_3\times\text{选择方案1的燃料费}+\theta_2\times(\text{选择方案2的票费})+\\&\theta_4\times(\text{选择方案1所需的时间}-\text{选择方案2所需的时间})+\\&\theta_5\times\text{出行者}n\text{是否有私家车}+\theta_6\times\text{出行者}n\text{的年龄}\end{aligned} \tag{4-9}$$

**表 4-13 BL 模型的数据结构**

| 编号 | 选择方案 | 选择结果 | 特性 | | | | | |
|---|---|---|---|---|---|---|---|---|
| | | | 选择方案特性 | | | 出行者特性 | | |
| | | | Xin1 固有哑元 | Xin3 票费 / 元 | Xin2 燃料费 / 元 | Xin4 所需时间 / min | Xin5 汽车保有 / 辆 | Xin6 年龄 / 岁 |
| 1 | 私家车（$i$=1） | 0 | 1 | 0 | 3.2 | 20 | 有（=1） | 35 |
| | 公共汽车（$i$=2） | 1 | 0 | 1.0 | 0 | 30 | 0 | 0 |
| 2 | （$i$=1） | 1 | | | | | | |
| | （$i$=2） | 0 | | | | | | |
| 3 | （$i$=1） | 0 | | | | | | |
| | （$i$=2） | 1 | | | | | | |
| … | … | … | | | | | | |
| $N$ | （$i$=1） | $\delta_{1n}$ | | | | | | |
| | （$i$=2） | $\delta_{2n}$ | | | | | | |
| 未知参数 | | | $\theta_1$ | $\theta_2$ | $\theta_3$ | $\theta_4$ | $\theta_5$ | $\theta_6$ |

$V_{1n}-V_{2n}$，即两种方式的效用差，将最终对选择概率产生影响。

进一步，通过整理加工数据、确定似然函数等步骤，估计出 $\theta_1$，$\theta_2$，…，$\theta_6$ 的值，从而确定选择方案特性变量和出行者特性变量。

以通勤出行为例，按照标准模型进行调查数据的处理，基础分析数据选取工作日出行时选择私家车或公共交通两类出行方式的案例；如果同时采用私家车和公共交通两种方式，则按选取私家车出行方式计。以是否选择私家车为因变量（选择 $P$=1，否则 $P$=0），自变量包括票费、燃油费、时间、是否拥有私家车、年龄等。

油价取 7.5 元 /L（参考 2011 年平均油价），乘以百公里油耗和通勤距离，可得私家车的油费。票费方面，10 km 及以下计为 1 元，10 km 以上计为 2 元。利用 SPSS 的 Logistic 相关模块回归，进行运算，结果如表 4-14 所示。

**表 4-14 通勤选择私家车的影响因素—经典模型**

| | | B（$\theta$） | S.E. | Wals | df | Sig. | Exp (B) |
|---|---|---|---|---|---|---|---|
| 步骤 1* | 年龄 | 0.006 | 92.097 | 0.000 | 1 | 1.000 | 1.006 |
| | 通勤时间 | –0.064 | 60.152 | 0.000 | 1 | 0.999 | 0.938 |
| | 是否拥有私家车 | 30.737 | 2 544.334 | 0.000 | 1 | 0.990 | $2.232\times10^{-13}$ |

| | | B（θ） | S.E. | Wals | df | Sig. | Exp (B) |
|---|---|---|---|---|---|---|---|
| 步骤 1* | 油费 | 1.166 | 298.224 | 0.000 | 1 | 0.997 | 3.208 |
| | 公交车票 | –33.693 | 2 209.970 | 0.000 | 1 | 0.988 | 0.000 |
| | 常量 | –13.168 | 5 318.836 | 0.000 | 1 | 0.998 | 0.000 |

注：* 输入的变量：年龄，通勤时间，是否拥有私家车，油费，公交车票。下同。

其中各参数的 Sig 值接近 1，即基本可以接受参数 B 为 0 的假设，整体拟合效果非常不好。进一步，运用经典模型对休息日的出行方式选择进行 Logistic 回归，结果如表 4-15 所示，发现拟合效果同样不好。

**表 4-15　休息日出行选择私家车的影响因素—经典模型**

| | | B | S.E. | Wals | df | Sig. | Exp (B) |
|---|---|---|---|---|---|---|---|
| 步骤 1* | 年龄 | 0.075 | 61.223 | 0.000 | 1 | 0.999 | 1.077 |
| | 出行时间 | –0.420 | 32.083 | 0.000 | 1 | 0.990 | 0.657 |
| | 是否有私家车 | 22.404 | 1 025.418 | 0.000 | 1 | 0.983 | $5.370\times10^{-9}$ |
| | 车票 | –38.619 | 1 362.925 | 0.001 | 1 | 0.977 | 0.000 |
| | 油费 | 3.947 | 422.558 | 0.000 | 1 | 0.993 | 51.795 |
| | 常量 | 24.539 | 3 169.232 | 0.000 | 1 | 0.994 | $4.539\times10^{-10}$ |

在经典模型的拟合中，发现是否拥有私家车对后续的使用将产生巨大的影响。当所有自变量全部进入拟合时，拟合效果不理想。

（2）*根据调查的标定和运算*

考虑实际的调查情况，运用模型对影响私家车出行选择的各因素进行筛选，通过多次试验和拟合，当去除费用因素后，以通勤时间、通勤距离和是否拥有私家车为自变量时，拟合效果较好。通勤时是否选择私家车的影响因素如表 4-16 所示。

**表 4-16　通勤时是否选择私家车的影响因素—修正模型**

| | | B | S.E. | Wals | df | Sig. | Exp (B) |
|---|---|---|---|---|---|---|---|
| 步骤 | 通勤距离 | 0.051 | 0.020 | 6.292 | 1 | 0.012 | 1.052 |
| | 工作单位 | –0.023 | 0.105 | 0.049 | 1 | 0.825 | 0.977 |
| | 等待时间 | –0.054 | 0.024 | 5.265 | 1 | 0.022 | 0.947 |
| | 是否拥有私家车 | 8.013 | 1.402 | 32.646 | 1 | 0.000 | 3 020.654 |
| | 常量 | –5.992 | 1.559 | 14.782 | 1 | 0.000 | 0.002 |
| 步骤 | 通勤距离 | 0.051 | 0.020 | 6.275 | 1 | 0.012 | 1.052 |
| | 等待时间 | –0.055 | 0.024 | 5.355 | 1 | 0.021 | 0.947 |
| | 是否拥有私家车 | 8.029 | 1.404 | 32.683 | 1 | 0.000 | 3 069.124 |
| | 常量 | –6.096 | 1.491 | 16.709 | 1 | 0.000 | 0.002 |

通过分步骤筛选变量和回归，最终通勤选择私家车的概率方程为 $P=1/(1+e^{-V})$，其中 $V=-6.096+8.029\times car+0.051\times distance-0.055\times wait$。通勤中选择私家车的概率如表 4-17 所示。例如，无车家庭，通勤距离为 10 km，等待时间 5 min，则 $P=1/(1+e^{5.861})=0.003$。当拥有一辆私家车，同样的通勤距离和时间，$P=1/(1+e^{-2.168})=0.897$。因此，是否拥有车辆，对于通勤中是否使用车辆，有着决定性的影响。同时，通勤距离的上升会增加私家车的选择概率，驾驶中等待时间的增加又会降低私家车的选择概率。

表 4-17 通勤中选择私家车的概率

| Car/ 辆 | Distance/km | Wait/min | $V$ | $P$ |
|---|---|---|---|---|
| 0 | 10 | 5 | –5.861 | 0.003 |
| 1 | 10 | 5 | 2.168 | 0.897 |
| 1 | 10 | 10 | 1.893 | 0.869 |
| 1 | 10 | 20 | 1.343 | 0.793 |

休息日对于私家车选择的影响因素，在经过变量因素筛选回归后，结果如表 4-18 所示。

表 4-18 休息日影响私家车选择的因素

| | | B | S.E. | Wals | df | Sig. | Exp (B) |
|---|---|---|---|---|---|---|---|
| 步骤 | 年龄 | –0.023 | 0.016 | 1.907 | 1 | 0.167 | 0.977 |
| | 是否有私家车 | 6.955 | 0.732 | 90.259 | 1 | 0.000 | 1 048.219 |
| | 出行距离 | 0.017 | 0.012 | 2.198 | 1 | 0.138 | 1.017 |
| | 出行时间 | –0.011 | 0.007 | 2.587 | 1 | 0.108 | 0.989 |
| | 常量 | –4.368 | 1.003 | 18.978 | 1 | 0.000 | 0.013 |
| 步骤 | 是否有私家车 | 6.954 | 0.731 | 90.495 | 1 | 0.000 | 1 046.864 |
| | 出行距离 | 0.017 | 0.012 | 2.150 | 1 | 0.143 | 1.017 |
| | 出行时间 | –0.011 | 0.007 | 2.455 | 1 | 0.117 | 0.989 |
| | 常量 | –5.332 | 0.746 | 51.058 | 1 | 0.000 | 0.005 |
| 步骤 | 是否有私家车 | 6.994 | 0.730 | 91.678 | 1 | 0.000 | 1 089.804 |
| | 出行距离 | 0.010 | 0.010 | 1.048 | 1 | 0.306 | 1.010 |
| | 常量 | –5.680 | 0.717 | 62.841 | 1 | 0.000 | 0.003 |
| 步骤 | 是否有私家车 | 7.069 | 0.728 | 94.214 | 1 | 0.000 | 1 174.872 |
| | 常量 | –5.578 | 0.708 | 61.990 | 1 | 0.000 | 0.004 |

最后的用车概率模型为 $P=1/(1+e^{-V})$，$V=-5.578+7.069\times car$ 。如表 4-19 所示，通过对所有出行者的调查数据进行回归发现，休息日选择私家车或是公共交通，影响因素仅为是否有车，无车与有车的情况下，使用私家车出行的概率分别为 0.003 8 和 0.816 2。

表 4-19　休息日私家车使用概率

| car | $V$ | $P$ |
|---|---|---|
| 0 | –5.578 | 0.003 8 |
| 1 | 1.491 | 0.816 2 |

由以上分析可知，无论是纳入出行方式特征和出行者特征的经典二元交通选择模型，还是在经典模型基础上的改进和自变量筛选，在现有调查数据的支持下，其回归结果都只能显示出私家车的拥有情况对于后续使用的决定性影响。在以全体公共交通或私家车通勤者为分析基础时，存在着一个根本的问题：无车的家庭选择私家车出行的概率理论上为 0，有车的家庭会更多选择私家车出行。因此是否有车的因素在模型中起到了过大的影响，使得其他自变量在进入模型后整体拟合度大幅下降，或是在模型拟合效果较好时无法进入。

为了从模型中暂时筛除“车辆拥有”因素的过大影响，在进一步的分析中，将以有车家庭案例为分析对象，考虑其在选择出行方式时的各类影响因素。

### 3. 有车家庭的出行二元选择

以所有有车家庭案例为对象，分析其在选择出行方式时所受到的影响因素。研究的重点在于，当出行者已经购车后，会有哪些因素能够影响其放弃开车而选择公共交通。

（1）有车家庭是否用车

有车家庭的案例总数为 225 个，其中被访者有通勤活动的有 211 个（14 个案例的被访者为退休或无业）。在工作日和休息日的整体出行方式选择如图 4-17 所示。

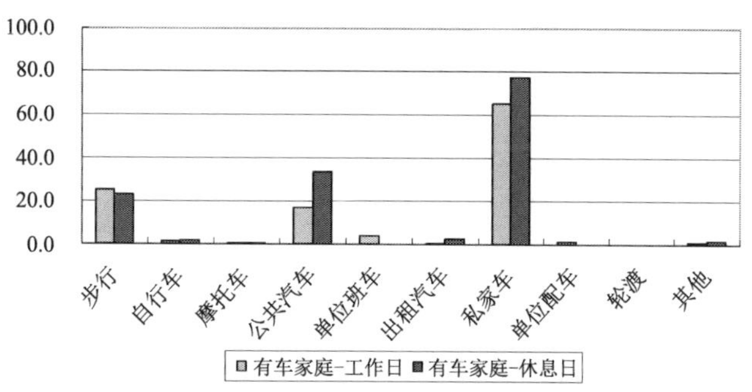


图 4-17　有车家庭的出行结构占比

说明：调查数据，出行不止一种方式。

有车家庭的交通出行选择趋势，与整体调查样本一致，即休息日的机动化方式占比上升，私家车和公共交通的选择比例均有所增加。同时，通勤日的主要出行方式为私家车、步行、公共交通和班车，休息日则为私家车、公共汽车、步行和出租车。

步行和自行车作为最低碳的出行方式，选择的决定因素仍是出行距离。其中通勤中步行的出行距离均值为 1.44 km，自行车出行的距离均值为 2.3 km。当出行距离上升，选择机动化的出行方式时，私家车和公共交通则是主要的两类方案。

（2）通勤选择公共交通的影响因素

在此步骤的分析中，案例对象全部为有车家庭。此步骤的出行行为调节，目的在于引导出行选择向公共交通等低碳化的方式转变。因此，需要了解有车家庭中，哪些因素会引导出行者选择公共交通出行。

私家车的传统引导政策是希望能多买少用，而重点的调节对象则是工作日的通勤出行，本书也将以通勤中的公共交通选择行为为中心。在有车家庭的基础上，研究以其中选择私家车和公交为通勤方式的案例为对象，建立二元 Logistic 模型。

影响因素的选择上，首先仍然参考经典模型，自变量纳入出行者特征——性别、年龄、职业、教育程度、个人收入，交通工具特征——成本（车票和油费）、舒适度（公交系统满足度）；因变量则是有车家庭是否选择公共交通——选择为 1，不选为 0。其次，通过 Logistic 二元模型进行分析。停车收费方面，此次调查显示在通勤日有停车行为的对象中，仅有 7% 的出行者选择停放在收费的停车场（大部分驾驶者选择免费的单位停车场或公共停车场），且相关费用数据缺失严重，因此停车费因素无法进入模型进行分析。

**表 4-20　有车家庭通勤日选择公共交通的影响因素**

| | | B | S.E. | Wals | df | Sig. | Exp (B) |
|---|---|---|---|---|---|---|---|
| 步骤 3[a] | 性别 | 1.527 | 0.444 | 11.801 | 1 | 0.001 | 4.603 |
| | 公交系统不满度 | –0.314 | 0.406 | 0.598 | 1 | 0.439 | 0.731 |
| | 个人收入 / 万元 | –0.266 | 0.114 | 5.476 | 1 | 0.019 | 0.767 |
| | 车票 | –1.261 | 0.517 | 5.934 | 1 | 0.015 | 0.283 |
| | 常量 | –0.399 | 1.304 | 0.094 | 1 | 0.760 | 0.671 |
| 步骤 4[a] | 性别 | 1.484 | 0.439 | 11.443 | 1 | 0.001 | 4.409 |
| | 个人收入 / 万元 | –0.273 | 0.113 | 5.774 | 1 | 0.016 | 0.761 |
| | 车票 / 元 | –1.229 | 0.514 | 5.713 | 1 | 0.017 | 0.293 |
| | 常量 | –1.015 | 1.040 | 0.954 | 1 | 0.329 | 0.362 |

如表 4-20 所示，通过逐步的变量筛选，模型最终步骤得到的回归方程为：$P=1/(1+e^{-V})$，其中 $V=-1.105+1.484\times$female $-0.273\times$income $-1.229\times$ticket。方程的整体解释为：在有车的家庭中，出行者为女性时会更多地选择公共交通，驾驶的等待时间上升时转向公交的概率也会提高；而个人收入的提高和公交票价的上涨，则会降低有车出行者选择公共交通的概率。成本中的油费因素则被筛除，调查分析显示油费的变动不直接对公交选择概率产生显著影响。不同影响因素变动时公共交通的选择概率如表 4-21 所示。

**表 4-21　不同影响因素变动时公共交通的选择概率**

| 变动因素 | 性别（男 1 女 2） | 收入 / 万元 | 票价 / 元 | $V$：效用函数的可观测项 | $e^{-V}$exp−$V$：效用函数的可观测项的指数函数 | $P$：公共交通选择概率 |
|---|---|---|---|---|---|---|
| — | 1 | 0 | 1 | −0.85 | 2.34 | 0.299 |
| 性别 | 2 | 0 | 1 | 0.63 | 0.53 | 0.653 |
| 收入 | 2 | 5 | 1 | −0.73 | 2.08 | 0.325 |
| 车票 | 2 | 5 | 0.8 | −0.49 | 1.62 | 0.381 |

①女性的影响

性别成为有车家庭在工作日是否选择公共交通（私家车）的重要影响因素。当出行者为女性时，她有更高的概率会选择公共交通来作为通勤方式，这与驾照拥有、使用习惯等因素有关。

首先是驾照的拥有率上，中国 2009 年拥有汽车驾照的总人数约为 1.2 亿人，其中女性驾照拥有者为 1 000 万左右，占比不足 10%。[1] 因此，虽然家庭购入车辆，但是女性却缺乏驾驶能力，同时一些年龄较大的女性也不愿意花费精力去学习。此外，近年来女性驾照拥有者的比例呈现快速增加的趋势（平均每年约 200 万人），汽车市场也有专门面对女性驾驶者的营销策略和车型，部分女性是潜在的车辆购买者和使用者。

其次，存在女性拥有驾照却不开车的现象。根据调查，有驾照的女性中约三成不开车或很少开车[2]，原因包括驾驶技术不熟练、不喜欢驾驶带来的疲劳（更愿意做乘客）等。因此，即使家庭购入车辆，在使用频率上女性相对男性会更低。

最后，大部分有车家庭只有一辆车，而家人的通勤方向和目的地往往相距较远，在有限的通勤时间限制内难以实现共乘。在这种情况下，典型的三口之家往往会采用合作式通勤模式：父亲接送孩子的同时完成自己的上下班出行，母亲通过公共交通来实现通勤。

综合来看，有车家庭中女性因为受驾驶能力、驾驶意愿、家庭分工以及通勤时间的限制，在工作日会有更高的概率放弃私家车而选择公共交通的方式。

②个人收入的影响

个人收入与家庭总收入之间存在相关性，但是采用家庭总收入作为出行者特征变量时，最终被模型筛除（参考表 4-22 中的步骤 6，当家庭收入纳入模型时，参数有 19.8% 的概率不能拒绝零假设）。

1　千万女性拥有驾照 . http://www.chetx.com/news/2009-03-09/10208544.htm；我国汽车驾照拥有人数逾 1.2 亿 http://auto.people.com.cn/GB/8679436.html.

2　三成女性有驾照不开车 . http://club.autohome.com.cn/bbs/thread-c-535-13730707-1.html.

表 4-22 家庭收入纳入自变量时的回归结果

| | | B | S.E. | Wals | df | Sig. | Exp (B) |
|---|---|---|---|---|---|---|---|
| 步骤 6* | 性别 | 1.435 | 0.510 | 7.933 | 1 | 0.005 | 4.201 |
| | 教育程度 | 0.152 | 0.102 | 2.229 | 1 | 0.135 | 1.164 |
| | 家庭收入 | –0.908 | 0.705 | 1.656 | 1 | 0.198 | 0.403 |
| | 常量 | –5.082 | 1.245 | 16.665 | 1 | 0.000 | 0.006 |
| 步骤 7* | 性别 | 1.314 | 0.500 | 6.905 | 1 | 0.009 | 3.722 |
| | 教育程度 | 0.099 | 0.092 | 1.165 | 1 | 0.280 | 1.104 |
| | 常量 | –5.085 | 1.197 | 18.057 | 1 | 0.000 | 0.006 |
| 步骤 8* | 性别 | 1.367 | 0.498 | 7.547 | 1 | 0.006 | 3.923 |
| | 常量 | –4.257 | 0.881 | 23.376 | 1 | 0.000 | 0.014 |

注：* 在步骤 1 中输入的变量：性别，年龄，教育程度，职业，通勤距离，公交满意度，家庭收入等。

结合之前影响私家车拥有因素的章节研究，可以发现，购车行为受家庭总收入影响较大，而用车行为更多和个人收入相关。这也与日常决策模式有联系：车辆属于较昂贵的耐用消费品，也是家庭成员的共同消费品（区别于剃须刀、高跟鞋等特定成员消费品），因而在决策过程中通常是整个家庭共同参与讨论、挑选直至最后购入，预算的划定也是以家庭的总收入为标准。同时，车辆也具有购买者和使用者不一致的情况，即虽然有车家庭中的每个成员都是潜在的使用者，但是每个成员会根据自身特征而选择不同的使用方式和使用频率，如性别、个人收入。

个人开销会根据家庭角色的变化而有所差别。即使家庭总收入相对较高，但是当个人收入有限时，在做出仅跟自身效用相关的出行决策时，会更多地考虑成本因素，从而选用价格相对较低的公共交通。这个特点在无收入的学生身上体现较为明显，例如此次调查中有案例对象处于 18 ～ 24 岁的本科生或研究生阶段，虽然已经成年却还没有个人收入，因此他们会在独立完成通勤行为的前提下，选择可行的公共交通出行方式来完成每日的上下学活动。

③公交票价的影响

对于有车家庭中倾向于公共交通的出行者来说，票价的降低能够吸引他们更多地选择公共交通。从中国部分城市的已有经验来看，公交票价的优惠能够起到吸引客流的作用。从表 4-23 中四个城市的数据可以看出，公交票价每下降 1%，则四地的客运量分别上升 0.3%、0.5%、0.34% 和 0.46%。

表 4-23 部分城市 2007—2009 年公共交通票价优惠政策

| | 公交票价下降幅度 /% | 年财政补贴 / 亿元 | 政策实施期公交客运量年平均上升幅度 /% |
|---|---|---|---|
| 北京市 | 60 | 86.8 | 18 |
| 上海市 | 13 | 9.5 | 6.54 |
| 深圳市 | 25 | 5.6 | 8.44 |

| | 公交票价下降幅度 /% | 年财政补贴 / 亿元 | 政策实施期公交客运量年平均上升幅度 /% |
|---|---|---|---|
| 广州市 | 26 | 6 | 12.04 |

资料来源：北京市统计年鉴、上海市统计年鉴、北京市统计公报、上海市统计公报、深圳市统计公报、广州市交通发展年度报告。

当然，公交车票的价格变动也有一定的范围。首先，一般城市出于吸引客流分布的考虑，即使投入财政补贴，也会尽量避免价格的上升；其次，我国大城市中市区主要线路的公交车票价格多为 1 ～ 2 元，因此下降的绝对值空间不大。

从青岛市的实际情况来看，公共交通的票价 1 元起步，超过 12 站后进阶累积价格，优惠幅度则根据出行距离的不同在 80 ～ 96 折。如果参考北京的优惠幅度，青岛市的公交票价尚有进一步下降的可能，但同时考虑到财政补贴力度和公交企业亏损等问题，票价的调整并非易事。

④公交系统满意度——不确定影响

当公交系统不满度因素纳入模型时，该影响因素在具有一定解释力的同时也有较高的不确定性。

出行者对于公共交通的不满度在调查中被定义为 1—完全满意，2—基本满意和 3—不满意三类，即随着取值的增加不满意度在上升。当不满度上升，则出行决策者选择公交的概率可能下降；如果采取相应措施提高公交服务水平，降低有车家庭中出行者对于公交的不满度，则能够继续吸引那些已经选择公交通勤的出行者保持决策，或是原有的私家车驾驶者改换公交出行，从而可能提高公共交通出行的选择概率。

本次调查中，有车家庭对于公交系统的意见包括发车频次少、乘坐不舒适等项目，对于各项意见的排位如表 4-24 所示。

**表 4-24　有车家庭的出行者对于公交改进的意见排序**

| | 路线太少，可达性差 | 换乘不方便 | 车次少，等车时间长 | 车内拥挤，乘坐不舒适 | 车速慢，车上花费时间长 | 标识不清楚，不易识别 |
|---|---|---|---|---|---|---|
| 第一位 | 25.5 | 11.2 | 25.5 | 17.4 | 14.9 | 3.7 |
| 第二位 | 11.7 | 16.0 | 25.3 | 25.3 | 16.7 | 3.7 |
| 第三位 | 12.3 | 14.8 | 16.0 | 18.5 | 26.5 | 9.9 |
| 整体（不赋权） | 16.5 | 14.0 | 22.3 | 20.4 | 19.4 | 5.8 |
| 整体（赋权重） | 18.7 | 13.5 | 23.9 | 20.3 | 17.5 | 4.8 |

如表 4-24 所示，公交系统最希望改进的方面，第一位中选择最多的是路线少和车次少两个选项，第二位中选择频率最高的则是车次少和舒适度低两项，第三位中选择最多的项目为车上花费时间多。各个选项无论是否考虑排位顺序（即无论是否赋权重），统计选择频率后排名前两位的均是车次少（等待时间长）和拥挤（乘坐不舒适）选项。因此，通过增加通勤高峰时的发车频次，提高车辆承载能力，能够最大可能地降低出

行选择者的公共交通不满度，从而促进有车家庭中的出行者在通勤时对于公共交通的选择。

同时，公交不满度因素在模型中的不确定性，也反映了这样一种现实：对于已经选择公共交通的出行者来说，不满度在一定范围内变化时，可能通过个人的忍耐度来进行效用的平衡，从而不改变最终的决策结果；而对于那些习惯私家车驾驶的出行者来说，即使公交的舒适度有所提高，也无法吸引他们放弃满意度更高的私家车驾驶方式。

（3）非工作日选择公共交通的影响因素

青岛调查结果显示，在休息日，有车家庭的私家车使用比例从 65.4% 上升至 77.3%。

仍然通过 Logistic 模型回归进行分析。当纳入油费、停车费和车票因素后，模型整体拟合效果较差，而且变量的变动方向无法解释。如表 4-25 所示，油费和票价已被模型筛除，同时停车费的变量 sig 过大（即可以接受解释变量系数为 0 的假设），且停车费和公交票价的解释方向与常理不符（此次回归中停车费的上升导致公交选择概率下降，公交票价的上升导致公交选择概率的上升）。因此放弃模型一的解释。

**表 4-25 休息日有车家庭选择公交的因素—模型一**

| | | B | S.E. | Wals | df | Sig. | Exp (B) |
|---|---|---|---|---|---|---|---|
| 步骤 6* | 职业 | 0.211 | 0.092 | 5.226 | 1 | 0.022 | 0.810 |
| | 停车费按天计 | –3.718 | 352.207 | 0.000 | 1 | 0.992 | 41.182 |
| | 个人收入 / 万元 | –0.589 | 0.153 | 14.792 | 1 | 0.000 | 1.802 |
| | 公交票价 | 0.396 | 0.091 | 19.042 | 1 | 0.000 | 0.673 |
| | 常量 | 2.457 | 0.742 | 10.950 | 1 | 0.001 | 11.669 |

下一步，去除油费和公交票价的影响，再次回归，如表 4-26 所示，得到如下的模型结果：$P=1/(1+e^{-V})$，$V=-3.704+1.106\times \text{female}+0.043\times \text{age}-0.093\times \text{income}$。

**表 4-26 休息日影响有车家庭选择公共交通的因素—模型二**

| | | B | S.E. | Wals | df | Sig. | Exp (B) |
|---|---|---|---|---|---|---|---|
| 步骤* | 性别 | 1.094 | 0.296 | 13.694 | 1 | 0.000 | 2.988 |
| | 年龄 | 0.038 | 0.015 | 6.522 | 1 | 0.011 | 1.039 |
| | 职业 | 0.095 | 0.070 | 1.802 | 1 | 0.179 | 1.099 |
| | 停车费按天计 | –0.003 | 0.014 | 0.043 | 1 | 0.835 | 0.997 |
| | 个人收入 / 万元 | –0.066 | 0.055 | 1.462 | 1 | 0.227 | 0.936 |
| | 常量 | –3.944 | 0.883 | 19.930 | 1 | 0.000 | 0.019 |
| 步骤* | 性别（男 1 女 2） | 1.106 | 0.295 | 14.036 | 1 | 0.000 | 3.022 |
| | 年龄 / 岁 | 0.043 | 0.015 | 8.554 | 1 | 0.003 | 1.044 |
| | 个人收入 / 万元 | –0.093 | 0.058 | 2.537 | 1 | 0.111 | 0.911 |
| | 常量 | –3.704 | 0.869 | 18.165 | 1 | 0.000 | 0.025 |

休息日有车家庭是否选择公交的分析中，停车费的影响依然被排除在模型之外，性别的影响程度下降，个人收入的影响不确定性上升，年龄成为新的影响因素。表 4-27 对比了工作日和休息日模型的影响因素。

表 4-27　工作日和休息日影响因素比较

| | B | | Exp(B) | |
|---|---|---|---|---|
| | 工作日 | 休息日 | 工作日 | 休息日 |
| 性别 | 1.484 | 1.106 | 4.409 | 3.022 |
| 个人收入 | –0.273 | –0.093 | 0.761 | 0.911 |
| 车票 | –1.229 | — | 0.293 | — |
| 年龄 | — | 0.043 | — | 1.044 |

①性别因素影响

休息日对公共交通的选择决策，性别仍然是主要的影响因素，但是影响程度较工作日有所下降。由于驾照、喜好等原因，有车家庭的女性在休息日依旧延续了对于公共交通选择的偏好。同时，由于休息日没有通勤的硬性要求，家庭的出行相对自由：一方面，成员出行的分散使得私家车的可利用时间有了扩展，不仅限于早晚的上下班或上下学接送，而是可以在一天中计划性的分布购物、接送等任务；另一方面，家庭成员空间行动具有一定的一致性，共同休闲和探亲访友的机会增多，从而提高了私家车的共乘率。

表 4-28　私家车非工作日出行目的多元化

| | | 频率 | 占比 /% | 累积占比 /% |
|---|---|---|---|---|
| Valid | 社交、探亲访友 | 61 | 33.9 | 33.9 |
| | 文化、娱乐、休闲活动 | 40 | 22.2 | 56.1 |
| | 购物 | 32 | 17.8 | 73.9 |
| | 与工作相关事务 | 18 | 10.0 | 83.9 |
| | 接受教育或培训 | 4 | 2.2 | 86.1 |
| | 接送子女、亲属 | 21 | 11.7 | 97.8 |
| | 其他 | 4 | 2.2 | 100.0 |
| Total | | 180 | 100.0 | |

如表 4-28 所示，从私家车非工作日的出行目的来看，社交和娱乐休闲活动占据了绝大比例，而这些活动更偏向于家庭的集体行为。如表 4-29 所示，共乘使得驾驶能力对于私家车出行的影响作用减弱，伴随女性在休息日照顾家人和追求出行舒适度的需求上升，从而在一定程度上降低了选择公共交通的可能性。

表 4-29　私家车在工作日和休息日的共乘人数区别

| 共乘人数 / 人 | 工作日占比 /% | 休息日占比 /% |
|---|---|---|
| 1 | 49.2 | 11.9 |
| 2 | 31.7 | 41.9 |
| 3 | 15.9 | 37.7 |
| 4 | 2.1 | 7.2 |
| 5 | 1.1 | 1.3 |

②个人收入影响

如前文的分析，休息日家庭成员的出行方向、目的等一致性较工作日增高（共乘人数增加）。社交访友、娱乐休闲等往往属于家庭成员的共同活动，此时既有私家车使用的必然性——保持行动一致，也有使用的经济性——增加 1 ～ 2 名共乘者对于使用成本并没有显著的影响（油耗的增加基本可以忽略）。同时，共乘搭载反而省去了公交票价的支出，因此休息日票价的变动，对促进有车家庭选择公共交通方式没有显著影响。

正因为个人出行选择与家庭整体的一致性趋势，使得休息日个人收入对于出行者决策的影响变弱，并且不确定性上升。一方面是由于出行者的社会性在休息日发生转换——工作者变为休闲者，个人决策的随机性增大；另一方面则是出行行为的家庭性增强，成员的共同决策削弱了个人的特征影响。

③年龄影响

在休息日，年龄成为有车家庭中出行者决策的影响因素，随着年龄的增高，出行选择公共交通的概率增加。

首先是通勤与休息日相关的影响。有车家庭中的退休人员在工作日没有通勤相关行为，因此在进行通勤方式决策分析时，高年龄的样本未被统计，通勤中的人口则多处青壮年，具体年龄变化对公交选择的影响不大。休息日所有人员都有出行行为，而高年龄者与青壮年相比，更多的偏向公共交通出行，年龄因素在此产生了影响。

高年龄成员选择公共交通更多出于个人因素考虑，一是驾驶能力的缺乏，使得他们在出行时会更多考虑公共交通；二是休息日的出行偏好会与年轻的家庭成员存在差别，例如，工作培训和接送家人等对私家车需求较高的活动相对减少，而休闲和购物出行等自主性活动相对增加。出于使用能力和使用需求的差别，年龄在休息日成为公共交通选择的影响因素。有车家庭中不同年龄段成员的非工作日出行目的如表 4-30 所示。

表 4-30　有车家庭中不同年龄段成员的非工作日出行目的

| | 高年龄组（50 岁及以上）占比 /% | 中青年龄组（小于 50 岁）占比 /% |
|---|---|---|
| 社交、探亲访友 | 28.1 | 28.4 |
| 休闲文化娱乐 | 31.6 | 21.3 |
| 购物 | 26.3 | 21.3 |
| 工作相关 | 5.3 | 10.2 |

| | 高年龄组（50 岁及以上）占比 /% | 中青年龄组(小于 50 岁)占比 /% |
|---|---|---|
| 接受教育或培训 | — | 1.5 |
| 接送子女、亲属 | 3.5 | 15.2 |
| 其他 | 5.3 | 2.0 |

## （三）行为经济学的解释

### 1. 相关理论

（1）参照系与价值评估

参照系（Reference）是行为经济学中极其重要的一个基本概念，指人们在对事物进行分析判断时，常会选取一个参照标准作为参考依据。人们通常不会过多地留意所处环境的特征，而是对自己的现状与参照水平之间的差别更为敏感（Harry Helson，1964）。

2002 年由卡曼尼和特维斯基提出了前景理论。如图 4-18 所示，该理论指出：在面对未来的风险选择时，人们通过一个价值函数来进行价值评估。这个函数具有三个重要的性质，即参照依赖（reference dependence）、损失厌恶（lose aversion）和敏感度递减（diminishing sensitivity）（Kahnema & Tversky，1979）。

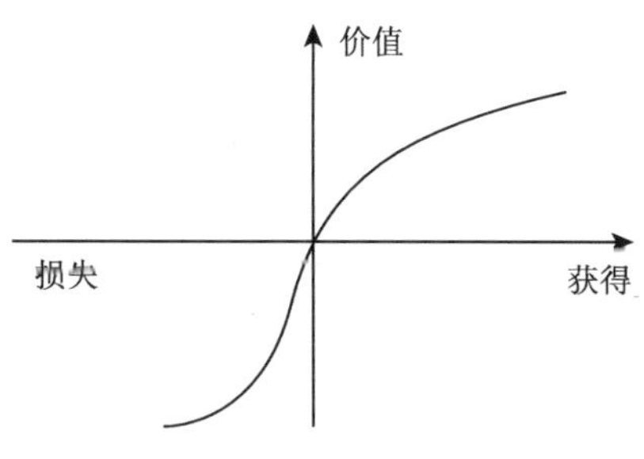


图 4-18　前景理论示意

参照依赖：价值的载体是相对一个参照点定义的“损失”或“获得”，也就是说实际情况与参照水平的相对差异比实际的绝对值更加重要。

损失厌恶：等量的损失要比等量的获得对人们的感觉产生更大的影响。图 4-18 中，负数区域（损失区域）的函数图像要比正数区域（即获得区域）的陡峭。“在金钱方面，或在其他的损失和获得能够被衡量的领域，人们对损失的价值感知通常是相同数量所得的两倍”。

敏感度递减：不论是获得还是损失，其边际价值随其不断增大而减小，图 4-18 中获得区域内，函数图像是上凸的；而在零点的左侧损失区域内，函数图像是下凸的。

（2）锚定心理

“锚定心理”是人们进行参照系选择的心理基础。锚定心理会影响人们的偏好，处于不同判断环境时用来锚定的点会发生变化，从而产生偏好的不稳定性。此外，这种心理的存在，还会使人们产生心理账户和心理间隔，同一个人对待等量货币，在不同情况下其效用会发生变化。在行为经济学中，是依靠不确定的参照点与取值点之间的相对位置来最终决定决策者的价值函数的，因此锚定的存在也为参照系的选择提供了心理基础。

（3）禀赋效应和损失厌恶

传统经济学定义下，无差异曲线显示了两种替代品之间在相互转换时，边际替代率与转换方向无关，即偏好是可逆的。但是在禀赋效应的存在下，意味着人们对于自己所拥有的东西有着一种依恋的感情，同时由于损失厌恶的存在，要让他们失去某件物品（或某种使用权）必须要付出更大的代价。

将禀赋效应中，对于物品（使用权）的结论进一步扩展，即人们拥有的可以是实际的物品，也可能是某种生存状态或生活方式。人们会安于当前的某种现状而不愿改变，这被称为是“现状偏好”。

损失的界定上，并不指代规范经济交易中的正当成本付出，因为这些成本的付出会得到相应的回报。在行为经济学中，损失指本来可用于使用（而非交易）的物品的减少。

（4）心理账户（Mental Account）

心理账户抽象的存在于人们的意识之中，决策者会下意识地将每笔钱归入某些账户。例如，我们日常的开支消费会被分到住房、食物、零花、储备等几个预算约束中。而相同数量的钱在不同账户中的个人效用会有所差别，因此导致经济选择和行为发生变化。

支付隔离现象，即某些消费中采用预付的方式，使得付款行为和消费行为发生了隔离。例如，上网的包月预付费，自助餐的提前一次性付费等，这些方式使得后续的消费行为与之前的付费没有了直接的量化联系，即无论消费量如何变动都不再影响费用的支付金额。在心理账户中，会使得决策者潜在的认为成本降低，甚至由于支付和消费的隔离，使得消费的边际成本趋近于零。

### 2. 对私家车拥有行为的解释

车辆整体价格的缓慢下降和居民可支配收入的上升，促进了私家车购买的决策。中国特有的独生子女政策，使对子女教育相关的支出被纳入单独的心理账户，为了照顾孩子而买车的心理更加速了私家车的购买。

（1）锚定效应下的参照变化

私家车供给方面，近 10 年来的整体趋势为供给量上升的同时价格稳步下降。在世界汽车产业 120 多年历史中，共出现 4 次全球性的产业转移。4 次转移目的地分别是：美国、欧洲、日本、中国等新兴制造国。每次转移，除了促进转移目的地汽车产业发展，由于企业竞争环境下技术进步、组织方式优化以及生产规模扩大等因素，也带来了当地汽车价格的下降。

在汽车产业迅速发展的大环境下，中国的汽车价格从加入世贸组织后整体上呈现稳步下降的趋势。根据行业的相关研究，近 10 年来中国汽车的整体价格走势为：2001—2003 年年均价格降幅为 8%，2004—2005 年放缓，2006—2011 年的价格较上一年平均变动分别为：–2.14%、–2.86%、–1.42%、–0.06%，+0.39%，–1.14%。[1]

近年来，中国居民收入水平逐年上升，对于汽车的购买能力不断增强。以研究对象青岛市为例，如图 4-19 所示，2000 年城市家庭年均可支配收入为 2.52 万元，而 2011 年时已经增至 8.83 万元，增幅约 250%。与此同时，11 年居民消费价格指数从 712 上升至 897，上升幅度约 26%，总体的购买力水平仍大幅上升。

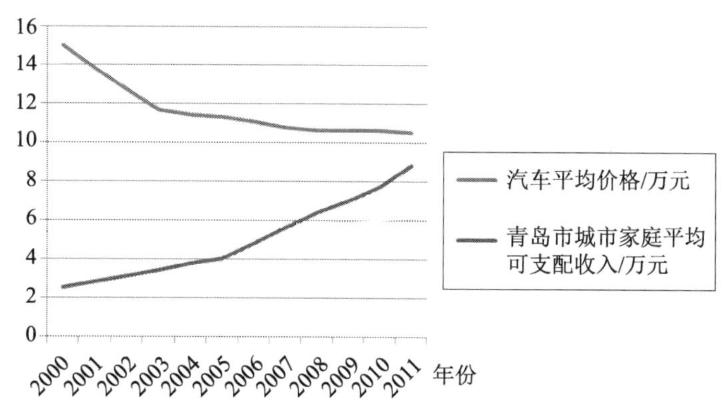


数据来源：青岛市统计年鉴；车辆价格以 2000 年 15 万元价格的车型为例。

**图 4-19　近年来汽车价格与家庭收入变化趋势**

按照锚定效应的理论，人们对某个物品的影响往往是在第一次接触时形成，并且会对后续参照形成重大影响。以 15 万元的车型为例，2000 年，如果消费者已经接触此车型，那么在心中会对类似车辆形成一个 15 万元的价格锚定，并作为今后购买时的参考点。同时，此时的家庭年均收入约为汽车价格的 1/6；到 2011 年，相同车型的平均价格已经降至 10.5 万元，相比之前的 15 万元锚定价格，降幅接近 1/3，而此时家庭年均收入约为汽车价格的 4/5。无论是从汽车价格的参考点出发，还是从收入与汽车相对价格的参考点出发，都更容易促使家庭作出购买私家车的决策。绝对价格参考的变化和相对价格参考的变化如图 4-20 所示。

（2）心理账户的分配——子女支出

已有子女的家庭，或是即将迎来新成员的家庭，对于私家车的购买将有更强的需求。一方面是为了假日和应急出行的便利（婴幼儿出行时携带必需品较成人多，且高烧等急病状况发生频率高）；另一方面则是为了学龄儿童和青少年的上下学接送。前者是私家车需求的直接驱动因素，而后者则是在相应的上下学出行无法达到理想条件下的非直接驱动要素。

---

1　程晓东 . 近年来汽车市场价格走势及特点分析 [O]. 和讯汽车，http://auto.hexun.com/2012-08-09/144575753.html。

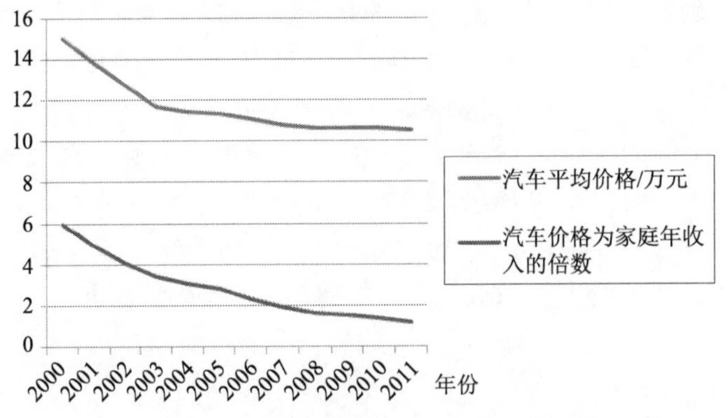


**图 4-20 绝对价格参考的变化和相对价格参考的变化**

一般家庭的理财消费中，会大致区分为食品、衣物、居住（煤气水电等）、交通、子女教育、储蓄等几个账户，根据收入的多少而对每个账户的分配有一定的计划，以便于日常支出的控制和管理。根据青岛市 2011 年的统计数据，城市居民的人均日常消费中，食品衣物的占比为 51%，交通通信占比 15%，文娱教育占 10%。如果仅按照交通通信的消费账户考虑，家庭在购车决策上，会仅将其视为大件消费品而按照一般需求进行计划；但是当子女接送的需求摆上日程时，购车的支出部分转向了教育支出账户，两个心理账户的加总会提高对于车辆购买的预算；此外，对于大部分中国家庭来说，子女的教育往往被视为一种人力资本的投资，在未来一定的时间内具有回报预期，因此家庭会更乐意增加相关的预算占比。

中国特有的独生子女政策加重了整个家庭对于下一代的期望。根据第六次人口普查的结果，全国家庭户均人口为 3.1 人，三口之家在所有家庭中占比约 57%。小家庭的结构模式一方面增加了成员之间的互动，使家庭决策需要照顾到各个成员的需求；另一方面独生子女会获得父母更多的关爱和投入，包括情感以及物质等方面。很多人为了孩子，会降低自身的生活质量，因此当家庭迎来子女之时，即使在私家车购买上存在经济困难，也可能会选择借款或贷款等方式满足此部分的消费和投资需求。

对于学龄儿童和青少年工作日的上下学需求，有效通行措施尚显不足。从全国范围来看，目前行驶在国内的专用校车不足 3 万辆，无法满足 2 亿左右适龄儿童和少年的需求（第六次人口普查 14 岁及以下人口约 2.2 亿）[1]。而青岛市于 2011 年 9 月刚在市区投入 20 辆专用校车进行试运行，目前尚无法满足中小学生上下学的基本需求[2]。

### 3. 对私家车使用行为的解释

根据之前的分析，是否有车成为后续用车的最大影响因素，而有车家庭中私家车的使用比例高于公共交通，同时在影响因素分析中，燃油费用和停车费用等后续使用

---

1　校车规范将带来需求暴增 . 中国证券报 . http://finance.ifeng.com/stock/hybg/20120120/5498769.shtml.

2　青岛市校车现状面面观 . 青岛早报 . http://edu.qingdaonews.com/content/2011-11/18/content_9013809.htm.

成本被排除在模型之外。

（1）禀赋效应与现状偏好——买车影响用车

禀赋效应（endowment effect）指出：人们在拥有一件物品后，对该物品的估价会高于未拥有状态下的估价。这种效应的物品对象包括公共物品和私人物品，而行为人所表现的禀赋效应强度并不随年龄和社会经验的不同而变化[1]。因此，当人们购入私家车后（无论购买者的年龄和社会地位），车辆成为家庭财产的一部分并具有实际的出行代步作用，此时对于它的估价已经不仅限于市场上的交易商品定价，而是包含了实际使用效用和心理情感因素在内的综合估值。当购买者购入私家车完成出行准备后，其作为代步工具或家庭财产的独特性已经形成，在较高估值的情况下，会促使拥有者更多使用，以累积和充分实现车辆的效用。

禀赋效应会进一步带来现状偏好。私家车拥有者会习惯于驾车出行，并逐渐融入日常生活成为一种常态，从个人心理角度来看，私家车使用者会经历从刚购车时的兴奋期逐渐到平静期的过程，当进入平静期后对于私家车驾驶的习惯也会形成[2]。习惯的形成既是之前决策的一种路径依赖，也是一种向后延续的行为惯性。

现状偏好与外部环境的不确定性和内部心理的风险规避有关。以私家车的驾驶出行为例，已经习惯了私家车使用模式的出行者，如果要转换为其他出行方式，一方面会面临着出行速度、舒适度改变等不确定的外部影响；另一方面也会产生对于决策失误带来错误后果（如不愉快的乘坐体验）的心理担忧。在这两方面的综合影响下，出行者会倾向于保持现状——更多地使用私家车。

（2）参照点改变与损失厌恶——有车不愿坐公交

私家车购买并形成驾驶习惯后，个人成本、效用以及周边人群的参照点会发生改变。因此出行者对于公交的态度相较购车前会发生改变，从而影响对于出行方式的选择。

消费成本的参照发生改变。在购车前，出行者对于交通出行的成本认知，往往以公共交通的票价作为参照，即每次出行的消费为 1 ～ 2 元，此时如果偶尔打车，则会认为每次十几元的出行成本相对较高。购车后，有车家庭对出行成本的参照不再以公共交通为准，而是更多参考同具私人出行性质的出租，相对于每次十几元的出租费，单次的油费消耗相对更低，因此私家车的选择概率更高。

效用评价的参照发生改变。如表 4-31 所示，购车前，出行者以非机动化方式为参照，对私家车和公共交通进行评价时，两者都具有正效用——更快、更舒适、更便利，且私家车的效用高于公共交通。购车后，效用评价的参照点变为有车状态，此时对于私家车的各项已有效用水平来说，公共交通的各项不足均成为负效用，如要花费更多时间等待、要忍受拥挤的车厢。根据损失厌恶的原理，相同的获得和损失，损失状态下的不适感约为获得状态下的两倍；从私家车的出行方式改换为公共汽车，获得了无需驾驶的自由和客观上较低的出行成本，但是损失了便利性和舒适度等习惯状态，在

1 刘腾飞等 . 禀赋效应的心理机制及影响因素 [J]. 心理科学进展，2010(4): 646-654.

2 李佳，张成，范文博 . 私家车交通行为分析 [J]. 交通标准化，2006(1): 97-100.

获得无法弥补损失所带来不适感的前提下，出行者会倾向选择私家车以避免公共交通带来的总体效用降低。

**表 4-31 参照改变对于不同出行方式的效用评价**

| | 购车前——以非机动化状态为参照 | | 购车后——以私家车使用为参照 | |
|---|---|---|---|---|
| | 公共交通 | 私家车 | 公共交通 | 私家车 |
| 便利性 | 一般—需要等车 | 很好—随时可行 | 不好—需要额外等待时间 | 较好 |
| 快捷性 | 较快捷—需要每站停靠 | 很快捷—直达目的 | 不好—需要额外停靠时间 | 较好 |
| 舒适性 | 一般—高峰期较拥挤 | 很舒适—有个人空间 | 不舒适—太拥挤 | 舒适 |

周边人群的参照发生改变。出行者在购买私家车之后，就具有了“车主”的身份，与身边同样有车的群体就有了车辆这一共同话题。在现实生活中，同样拥有车辆的同事、家长会因车主身份而更容易发生交流，例如，工作日孩子的拼车接送、休息日共同驾车出行。在虚拟世界如网络中，也会有诸如车友论坛的社区，大家会就车辆的购买、驾驶维护等话题进行互动和讨论。因为私家车的车主身份而形成的交往群体，成员间会通过更多的使用私家车来加强交流和获得群体的认可。如果增加公共交通的使用则会削弱此类群体的交流，对私家车拥有者来说，是一种人际关系上的损失。

（3）沉没成本与支付隔离——附加成本影响小

在有车家庭的公交选择影响分析中，燃油费和停车费这样的后续费用因素，并未纳入模型。从行为经济学的角度分析，私家车后续使用费用的不确定影响，可以用沉没成本和支付隔离来解释。

沉没成本是指被不可逆转的交付且不可回收的成本。沉没成本是已经发生的事实，当前的任何行动都不会使它发生改变，因此作为理性经济人，在决策中应该忽略它[1]。例如，在购入车辆后，车辆的购买成本已经恒定，后续的使用不会改变这一支付金额，有车家庭的出行者只需要在每次出行时比较不同出行方式当下的成本和效用即可。但是车辆这一消费品的特殊性在于，如果没有持续的燃油等投入，当初购买的效用就无法实现，因此车辆较高的沉没成本在此时发挥了对于后续决策的影响，有车家庭为了实现高成本消费品的使用价值，会不断地增加投入。即使后续单位投入的价值（油价、停车费）发生一定幅度的变动，与较高的沉没成本相比，由于决策者对于价格敏感性的降低，因此对其出行选择的影响不确定性增大。

支付分离现象导致私家车使用频率的增高。从另外一个角度看，私家车在购买时完成了一次性的支付，后续的每次使用在交通工具方面无须再次付费；燃料如汽油也是一次加满后在之后的一段时间内逐渐使用完毕。这种支付与使用的分离，会使出行者有一种出行免费的错觉，从而提高他们对私家车的使用频率。停车费方面，根据调查的结果，工作日的停车地点多为免费的公共停车场所和单位停车场，基本不支付费用；休息日的停车费支付方式上，大部分的被调查对象都回答采用的是包月的支付方

1 汤吉军．个人理性与沉没成本悖论 [J]. 当代经济管理，2010(5): 1-4.

式。免费或是包月的方式，容易让出行者无法将付费多少与车辆停泊时间相联系，从而使得停车费对于停车选择的影响减弱甚至为零。

## （四）私家车出行行为的调节

通过对青岛调查数据的建模和分析，识别出了影响私家车出行者在出行方式选择和实施阶段的各类主要因素，包括车辆购置中的家庭年收入、子女拥有情况，以及有车家庭交通方式选择中的性别、年龄、个人收入等特征。

如图 4-21 所示，针对不同阶段行为的各类影响因素，采取相应的调节措施，能够有效引导私家车的理性购买和合理使用，达到控制私家车保有量的增长速度和降低年均行驶里程的效果，从而实现私家车出行低碳化的目标。

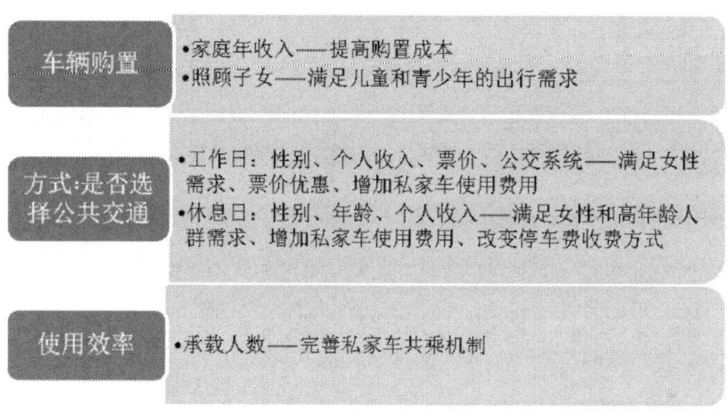


**图 4-21　针对模型中影响因素的私家车出行行为调节方向**

### 1. 购置阶段

根据调查数据的建模分析，识别出私家车拥有率的主要影响因素为家庭年收入和是否有青少年（16 岁以下）。

从宏观经济发展来看，青岛市整体的经济总量和城市人均可支配收入都处于不断的增长之中，家庭年收入的总体趋势也将随之不断上升，同时车辆的价格在近年来小幅度降低，因此整体上家庭经济因素对于车辆的购买将在当前保持积极的促进作用。政策的可能作用途径是提高家庭对于车辆的相对购买价格，如车辆购置税的提高、车辆牌照费用的上升或驾驶证获取成本的增加。

青少年对于家庭购车与否，是重要的参考因素。家庭因为子女而产生购车需求主要分布在两个阶段，第一阶段是妻子怀孕或生产，孕期或婴幼儿的出行对于交通工具的舒适度和私密性要求更高，此时为了出行便捷和安全考虑，部分家庭会实施购车计划。当然，也有准妈妈会在这段时间里选择减少出行或依靠出租车代步。第二阶段是孩子开始有了自我的出行需求，如上幼儿园或上小学阶段，前者家长为方便照顾往往会就近选择幼儿园，而从小学的择校开始则会更多考虑教学质量和升学率等问题，因此从子女 6 ～ 7 岁开始有了远距离出行的需求，出于安全和接送方便的考虑，会有更多的家庭开始实施购车计划。

如果希望家庭能够理性购车，则应该通过公共交通更多地满足其出行需求。对于第一阶段的准妈妈和婴幼儿来说，可以考虑增设专业的中长期租车和约车服务，以满足出行安全性和舒适性的需要。第二阶段针对孩子的上下学出行，则可以通过增加专业的校车数量，或是开设早晚通勤时间内的学生公交专线，提高中小学生上下学的安全性和便捷性，以减弱家庭在此阶段的购车需求。

### 2. 出行方式选择阶段

有车家庭是否会在出行中选择公共交通，工作日和休息日的影响因素有所差别。工作日为性别、个人收入和公交票价因素，休息日则为性别、年龄和个人收入因素。

工作日，有车家庭中的女性出行者和低收入者（如 16 岁以上的学生）会更倾向于选择公共交通，同时，票价的降低能够提高公交对于有车家庭出行者的吸引程度。女性对于出行环境的变化更为敏感，对出行舒适度和便捷度的要求也更高，这些特征使得她们更易选择私家车出行；但受限于自身驾驶能力和家庭成员出行目的非一致性等现实原因，她们会选择公共交通出行这一非最优方式。同时，当前青岛市已有越来越多的女性取得了驾照，而汽车市场也针对女性消费者开始策划营销，这意味着选择私家车出行的女性会逐渐增多。因此，提高公共交通的服务水平（主要包括增加发车频次和降低拥挤度），更有利于提高女性和老年出行者的出行舒适度，能够促使她们继续选择公共交通，而不是考虑尽快购买第二辆私家车。

公交票价的下降，能够提升有车家庭出行者选择公共交通的概率。青岛市目前通过琴岛通卡（公交 IC 卡）来实施 8 ～ 9.6 折的优惠，对于学生和老人的优惠幅度更高，这有利于吸引更多的出行者选择公共交通。进一步提高票价的优惠幅度（利用 IC 卡容易实现），能够提高有车家庭出行者的公交选择概率，同时对于所有公交出行者来说都会得到成本降低的收益。另外，更高的优惠幅度可能会增加公交企业的负担，如果由政府补贴则会增加财政支出，增加了政策的实施难度。

个人收入降低，则有车家庭出行者选择公共交通的概率上升，并且此方面的影响在工作日更为显著。与家庭总收入的变动趋势一致，个人收入也会不断增加，尤其是当低收入（或无收入）的学生进入工作岗位后，这种变化尤为显著。政策可能的调节方向是增加车辆的使用费用，从而间接影响个人可支配收入（用车消费使个人可支配收入相对减少）；具体的政策如燃油费和停车费等，这两个因素并未包含在出行方式选择模型的直接影响因素中。

### 3. 驾驶使用阶段——共乘

增加私家车的共乘人数，能够提高车辆使用时的效率，在完成相同数量出行者的出行任务时，减少车辆的使用频率和驾驶距离。

根据调查数据，从青岛市的实际使用情况来看，包含驾驶者自身在内，工作日私家车的平均载客人数为 1.74 人，休息日为 2.44 人，即休息日本身存在着家庭内部的共乘人数增加情况，这有利于提高私家车的使用效率。

由前文的分析可知，较大范围内的拼车行为在法律责任和安全方面都存在着风险，较为可行的方式是工作日内的邻里或同事共乘。即使是微型私家车，其乘坐人数也可达到 3 ～ 4 人，高于目前工作日的平均载客人数 1.74 人。调节措施方面，一是鼓励同事和邻里间的通勤共乘，二是可以通过强制措施或调节收费高低来促进乘坐人数的增加，如国外（如新加坡）部分地区在早晚高峰出行时规定，私家车的载客数必须达到一定数量才能上路。

# 第五章　城市形态优化与低碳城市交通

前文中曾指出，城市形态决定了交通基础设施的结构特征与城市功能空间布局，对城市交通温室气体排放具有长期的系统性影响。并且城市形态一旦形成则很难改变，具有“锁定效应”，使得居民交通行为与城市交通能源消费及温室气体排放水平在较长时期内被“锁定”。IPCC 第五次评估报告特别强调了城市形态优化对促进低碳城市交通发展的重要作用，对于正处在快速城镇化进程中的中国而言，这种作用尤为重要。

本章在对低碳城市空间形态相关概念与研究进行综述的基础上，结合具体案例城市的调查数据，针对城市形态对居民交通行为的影响展开研究，进而分析城市形态优化对促进低碳城市交通发展的作用。

## 一、低碳城市空间形态概述

全球城镇化发展过程中，1933 年的《雅典宪章》和 1977 年的《马丘比丘宪章》是两个重要里程碑。《雅典宪章》强调分区规划，《马丘比丘宪章》则对功能主义思维进行反思，提出应将城市看成有机的、流动的、复杂的空间，而不能仅仅划定居住、工作、交通和游憩四大功能，或者简单机械地分割为若干相互孤立的功能区。近年来，如何优化城市空间形态以实现低碳发展成为城镇化与城市规划领域研究热点。IPCC 的第五次评估报告专门增加了题为“人类住区、基础设施与空间规划”一章，对如何实现低碳城镇化的研究与实践进行综述，尤其对低碳城镇化中的优化城市形态和空间布局问题进行了较为系统的介绍。

与发达国家相比，中国在优化城市形态方面的减排潜力较大，可行性较强，这源于中国所处的城镇化阶段与所具备的制度特征（表 5-1）。

**表 5-1　发达国家城市与中国城市在优化城市形态方面的比较**

| | 发达国家城市 | 中国城市 |
|---|---|---|
| 优化城市形态的减排潜力 | 城镇化基本已完成，由于存在锁定效应，调整潜力较小 | 正处在快速城镇化进程中，未来城镇人口与建成区增长规模巨大，潜力较大 |
| 优化城市形态的重点领域 | 以城市更新的存量规划为主 | 新城镇规划建设的增量规划与建成区的城市更新存量规划并重，存量规划重要性逐渐增强 |

| | 发达国家城市 | 中国城市 |
|---|---|---|
| 优化城市形态的可行性 | 以私有制为主体的产权制度使得优化城市形态难度较大 | 以国有和集体所有为主的土地产权制度，强有力的土地管理和城乡规划建设法规有利于实施优化城市形态措施 |

“中央城镇化工作会议”和《国家新型城镇化规划（2014—2020年）》提出，我国的城镇化要坚持生态文明，着力推进绿色发展、循环发展、低碳发展。中共中央、国务院《关于加快推进生态文明建设的意见》明确将“大力推进绿色城镇化”作为一项重要任务。《中共中央关于制定国民经济和社会发展第十三个五年规划的建议》提出“构建科学合理的城市化格局”。2015年12月召开的中央城市工作会议指出，“要以城市群为主体形态，科学规划城市空间布局，实现紧凑集约、高效绿色发展”。在新型城镇化与绿色城镇化进程中，中国城市必须通过优化空间布局，形成低碳城市形态。专栏5-1梳理了近年来中共中央、国务院“大力推进绿色城镇化”工作中对优化城镇布局与空间形态的相关要求。

**专栏5-1：中共中央、国务院“大力推进绿色城镇化”工作中对优化城镇布局与空间形态的相关要求**

要优化布局，根据资源环境承载能力构建科学合理的城镇化宏观布局，把城市群作为主体形态，促进大中小城市和小城镇合理分工、功能互补、协同发展。要坚持生态文明，着力推进绿色发展、循环发展、低碳发展，尽可能减少对自然的干扰和损害，节约集约利用土地、水、能源等资源。要传承文化，发展有历史记忆、地域特色、民族特点的美丽城镇。

优化城镇化布局和形态。全国主体功能区规划对城镇化总体布局做了安排，提出了“两横三纵”的城市化战略格局，要一张蓝图干到底。要在中西部和东北有条件的地区，依靠市场力量和国家规划引导，逐步发展形成若干城市群，成为带动中西部和东北地区发展的重要增长极。科学设置开发强度，尽快把每个城市特别是特大城市开发边界划定，把城市放在大自然中，把绿水青山保留给城市居民。

——2013年12月，中央城镇化工作会议

优化布局，集约高效。根据资源环境承载能力构建科学合理的城镇化宏观布局，以综合交通网络和信息网络为依托，科学规划建设城市群，严格控制城镇建设用地规模，严格划定永久基本农田，合理控制城镇开发边界，优化城市内部空间结构，促进城市紧凑发展，提高国土空间利用效率。

生态文明，绿色低碳。把生态文明理念全面融入城镇化进程，着力推进绿色发展、循环发展、低碳发展，节约集约利用土地、水、能源等资源，强化环境保护和生态修复，减少对自然的干扰和损害，推动形成绿色低碳的生产生活方式和城市建设运营模式。

——《国家新型城镇化规划（2014—2020年）》

大力推进绿色城镇化。认真落实《国家新型城镇化规划（2014—2020年）》，根据资源环境承载能力，构建科学合理的城镇化宏观布局，严格控制特大城市规模，增强中小城市承载能力，促进大中小城市和小城镇协调发展。尊重自然格局，依托现有山水脉络、气象条件等，合理布局城镇各类空间，尽量减少对自然的干扰和损害。保护自然景观，传承历史文化，提倡城镇形态多样性，保持特色风貌，防止“千城一面”。科学确定城镇开发强度，提高城镇土地利用效率、建成区人口密度，划定城镇开发边界，从严供给城市建设用地，推动城镇化发展由外延扩张式向内涵提升式转变。严格新城、新区设立条件和程序。强化城镇化过程中的节能理念，大力发展绿色建筑和低碳、便捷的交通体系，推进绿色生态城区建设，提高城镇供排水、防涝、雨水收集利用、供热、供气、环境等基础设施建设水平。所有县城和重点镇都要具备污水、垃圾处理能力，提高建设、运行、管理水平。加强城乡规划“三区四线”（禁建区、限建区和适建区，绿线、蓝线、紫线和黄线）管理，维护城乡规划的权威性、严肃性，杜绝大拆大建。

——2015年5月，中共中央、国务院《关于加快推进生态文明建设的意见》

要以城市群为主体形态，科学规划城市空间布局，实现紧凑集约、高效绿色发展……要控制城市开发强度，划定水体保护线、绿地系统线、基础设施建设控制线、历史文化保护线、永久基本农田和生态保护红线，防止“摊大饼”式扩张，推动形成绿色低碳的生产生活方式和城市建设运营模式。要坚持集约发展，树立“精明增长”“紧凑城市”理念，科学划定城市开发边界，推动城市发展由外延扩张式向内涵提升式转变。城市交通、能源、供排水、供热、污水、垃圾处理等基础设施，要按照绿色循环低碳的理念进行规划建设。

——2015年12月，中央城市工作会议

## （一）低碳城市空间形态的内涵与主要特征

城市形态指的是城市整体空间格局，包括空间范围，空间形态，街道、建筑、各种基础设施与服务功能的布局。研究表明，城市形态会对居民的日常生产生活等各种行为产生结构性的影响，并且城市形态一旦形成则很难改变，具有“锁定效应”，对居民的日常行为活动、能源消费及温室气体排放具有长期、深远的影响。城市空间形态对碳排放对的影响主要体现在基础设施、交通、建筑等领域。

（1）城市空间形态与基础设施碳排放

城镇基础设施的建设、运行与更新，以及所需原材料的生产，将引起巨大的能耗与碳排放。且城镇基础设施系统的构成与空间布局具有“锁定效应”，一旦建成，在数十年甚至上百年内很难进行系统性的调整，能源消费与碳排放水平将被长期锁定。借鉴KAYA分解的方式，可以对基础设施的碳排放进行如下分解：

$$\text{基础设施的碳排放} = \text{人口} \times \frac{\text{公共服务}}{\text{人口}} \times \frac{\text{基础设施}}{\text{公共服务}} \times \frac{\text{原材料}}{\text{基础设施}} \times \frac{\text{碳排放}}{\text{原材料}} \quad (5\text{-}1)$$

对于中国的大多数城镇而言，人口将持续增长，人均公共服务水平将持续提高，直至达到工业化国家水平，未来基础设施的碳减排途径主要是：通过提高工业能效及非化石能源的利用，降低原材料生产的碳排放强度；依靠技术进步，以及更合理的城市设计与建筑设计，减少单位基础设施的原材料消耗；依靠更合理的城市规划，优化城市形态，提高基础设施使用效率，降低提供单位公共服务的基础设施建设需求，譬如较高密度的城市人均管网与道路长度更短。在快速城镇化阶段，通过优化城市形态提高基础设施使用效率，实现控制碳排放目标的潜力较大。

（2）城市空间形态与城市交通碳排放

城市交通部门温室气体排放由交通活动水平、交通方式构成、交通工具的能源强度、不同燃料组成对应的排放因子四类因素所决定。大量实证表明，城市空间形态对交通活动水平与交通方式的构成有重要影响。高密度与功能混合、职住平衡的城市或城区，居民平均出行次数较少、里程较短，交通活动水平通常更低。可达性与连通性较高、高密度与功能混合的城市或城区，公共交通与非机动交通出行等相对低碳出行方式所占比例通常较高。此外，优化城市形态带来的道路交通状况改善可优化道路工况，提高燃料经济性。为新能源交通工具提供便利的城市规划，如考虑了充电桩、加氢站等基础设施系统的规划，有助于交通燃料结构的改善。

（3）城市空间形态与建筑碳排放

在建筑领域，有研究认为，城市空间形态通过影响住房消费和城市热岛效应，影响着家庭住宅能耗及碳排放。与紧凑型城市相比，在密度较低的城市中，家庭平均居住面积更大，在空调、取暖、照明等方面的能源需求更大，因而家庭住宅能耗更高。另外，紧凑型城市的热岛效应更明显，热岛效应可能增加夏天空调制冷的能耗，但同时会降低冬天取暖的能耗。

（4）低碳城市空间形态的主要特征

低碳城市空间形态通常具有较高的密度、土地混合利用程度、连通性和可达性（图 5-1）。

密度包括居住密度、就业密度等，是测度城市空间形态的核心指标。高密度有助于减少居民的平均出行里程，鼓励居民选择相对低碳的交通出行方式（如公共交通、步行、自行车等）。因此，高人口居住密度与高就业密度的城镇居民平均交通碳排放较低。

提高土地利用混合程度可以平衡各种功能布局，特别是提高职住平衡程度，进而控制交通活动水平与相应的温室气体排放。

连通性指的是交叉路口的设计、街道密度和十字交叉路口的密度。具有较小街区和较高十字路口密度的城镇连通性更高。高连通性空间形态有利于居民采用自行车和步行等非机动交通方式，交通碳排放更小。

可达性指的是各种城市功能与交通站点的可到达程度，包括就业可达性、购物可达性、公交站点可达性等。高可达性的城镇交通出行方式更为多样化，平均出行里程更短，出行相关能耗与碳排放更少。

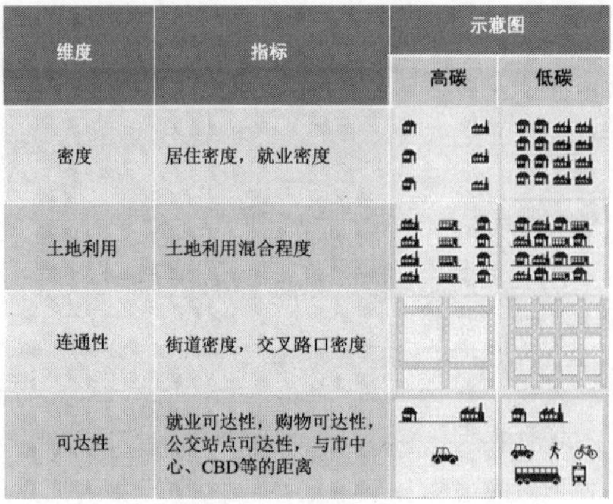

| 维度 | 指标 | 示意图 | |
|---|---|---|---|
| | | 高碳 | 低碳 |
| 密度 | 居住密度，就业密度 | | |
| 土地利用 | 土地利用混合程度 | | |
| 连通性 | 街道密度，交叉路口密度 | | |
| 可达性 | 就业可达性，购物可达性，公交站点可达性，与市中心、CBD等的距离 | | |

来源：IPCC. Climate Change 2014: Mitigation of Climate Change. IPCC Working Group Ⅲ Contribution to AR5, Chapter 12: Human Settlements, Infrastructure and Spatial Planning.

图 5-1　低碳城市空间形态的主要特征

## （二）低碳城市空间形态的评价指标体系

对于城市规划而言，低碳城市形态涉及城市和社区两个层面，应借鉴国际相关经验，在现有的城市总规与控制性详细规划指标基础上，在两个层面分别构建评价指标体系（表 5-2）。规划建设部门已经制定的相关技术导则、标准、指南中有关于土地利用、空间布局、绿色交通等方面的指标，可在制定低碳城市空间形态评价指标体系时借鉴，用于研究、评价或管控（专栏 5-2）。

表 5-2　低碳城市空间形态的评价指标体系示例

| 层次 | 指标类型 | 具体指标 |
|---|---|---|
| 城市层面 | 密度 | 人口密度（如居住人口密度）或人均建设用地面积，就业密度 |
| | 邻近度 | 居民平均通勤距离，与市中心的距离，城市化用地的空间格局，空间匹配度（居住 / 就业比），用地混合度，混合开发地块比例 |
| | 可达性 | 单位空间范围内（如 500 m 步行范围）能够获取的公共交通、服务和就业机会的居民或者社区比例，公交站点 500 m 半径覆盖率，公交线路网密度 |
| 社区层面 | 密度 | 社区开发的密度，容积率与地下容积率，建筑密度 |
| | 多样性 | 各种用地功能在社区层面的水平混合利用和单体建筑物的垂直混合利用程度 |
| | 连通性 | 小街区、自行车与步行道为主的路网格局所占比例，街区空间规模，十字路口密度，慢行交通路网密度，行人过街绕行距离 |

### 专栏 5-2：《绿色生态城区专项规划技术导则》中土地利用与空间布局相关指标

《绿色生态城区专项规划技术导则》由住房和城乡建设部科技发展促进中心主编，2015 年 6 月编制完成并公开征求意见。该导则适用于不小于 3 $km^2$ 的城市新建区域，小于 3 $km^2$ 的城市新建区域、旧城更新或改造区域可参照执行，旨在促进城镇化向绿色、生态、智慧、集约发展转型，规范和指导了绿色生态城区转型规划编制和管理工作。

该导则提出了 12 个土地利用与空间布局指标，并在绿色交通系统方面提出了用于评价设施充分、布局合理的 7 个指标，体现了对城市空间形态低碳化的要求。

**表 1　土地利用与空间布局指标**

| 类别 | 序号 | 指标名称 | 单位 | 指标属性 | 层级分类 |
|---|---|---|---|---|---|
| 土地利用与布局 | 1 | 混合用地面积占城区用地面积的比例 | % | 引导性 | 一级开发 |
| | 2 | 人均公园绿地面积 | $m^2$ | 引导性 | 一级开发 |
| | 3 | 城市中心与大容量公交枢纽耦合度 | % | 引导性 | 一级开发 |
| | 4 | 商业办公平均街区尺度 | m | 引导性 | 一级开发 |
| | 5 | 居住平均街区尺度 | m | 引导性 | 一级开发 |
| | 6 | 工业平均街区尺度 | m | 引导性 | 一级开发 |
| | 7 | 大容量公交走廊沿线 500 m 的居住区平均容积率 | — | 引导性 | 二级开发 |
| 空间可达性 | 8 | 步行 500 m 范围内有社区级公共设施如小学、文体设施、菜场等居住区覆盖比例 | % | 约束性 | 一级开发 |
| | 9 | 公交站点 500 m 范围内公共服务设施覆盖率 | % | 约束性 | 一级开发 |
| | 10 | 步行 500 m 范围内有公共绿地和街头广场的居住区覆盖比例 | % | 约束性 | 一级开发 |
| | 11 | 步行 1 000 m 范围内有公园和城市广场的居住区覆盖比例 | % | 约束性 | 一级开发 |
| 地下空间开发 | 12 | 重点地区地下空间开发利用率 | % | 引导性 | 二级开发 |

**表 2　绿色交通系统的部分指标**

| 类别 | 序号 | 指标名称 | 单位 | 指标属性 | 层级分类 |
|---|---|---|---|---|---|
| 设施充分 | 1 | 道路网络密度 | $km/km^2$ | 约束性 | 一级开发 |
| | 2 | 常规公交路网密度 | $km/km^2$ | 约束性 | 一级开发 |
| | 3 | 公交专用道主干路占有比例 | % | 约束性 | 一级开发 |
| | 4 | 独立路权慢行路网密度 | $km/km^2$ | 引导性 | 一级开发 |
| 布局合理 | 5 | 公共交通步行 5 min 可达率 | % | 约束性 | 一级开发 |
| | 6 | 公交站点 300 m 覆盖率 | % | 约束性 | 一级开发 |
| | 7 | 公共自行车租赁点 300 m 覆盖率 | % | 引导性 | 一级开发 |

（1）城市层面的低碳空间形态指标

在都市区层面上，可以从密度、邻近度、可达性等维度构建评价指标体系。密度包括人口居住密度、人口就业密度等。邻近度指的是城市空间组织的邻近程度，可以测度城市土地利用的混合程度，一般采用都市区内居民平均通勤距离的统计数值或者是通过遥感影像分析得到的城市化用地空间格局。如果城市用地的开发建设呈现分散式蔓延趋势、甚至是蛙跳式或飞地式的形态，则不利于低碳目标的实现。可达性通常可以用单位空间范围内能够获取的公共交通、服务和就业机会的居民或者社区比例等指标。

（2）社区层面的低碳空间形态指标

在社区层面上，可以从密度、多样性和连通性等维度构建评价指标体系。密度指标指社区开发的密度，容积率等指标较为常用；多样性是指住宅、建筑形态与道路体系的多样性，包括住宅、就业、商业、服务等用地功能在社区层面的水平混合利用和同一建筑物的垂直混合利用程度等；连通性指的是社区道路体系的设计方面，小街区、自行车与步行道为主的路网格局所占比例。

## （三）城市形态低碳化的规划策略

中国现有的城市规划体系按照空间尺度，可以分为区域规划、城市总体规划、分区规划、片区规划、地块/住区设计、建筑设计等若干层次（表 5-3）。在关注某一城市的城市形态低碳化问题时，着力点主要在城市总体规划、分区规划、片区规划、地块/住区设计这几个层次。低碳城市形态的规划策略主要影响范围包括：城市总体规划、分区规划、控制性详细规划和修建性详细规划。

表 5-3　中国现有的城市规划体系

| 尺度 | 审批主体 | 规划类型 |
| --- | --- | --- |
| 区域规划 | 国务院 | 战略规划、城市群规划 |
| 城市总体规划 | 国务院/省政府 | 城市总体规划 |
| 分区规划 | 市政府 | 分区规划 |
| 片区规划 | 市规划部门 | 控制性详细规划 |
| 地块/住区设计 | 市规划设计主管部门 | 修建性详细规划 |
| 建筑设计 | 市规划设计主管部门 | 建筑设计 |

在宏观层面（城市总体规划），要控制城市蔓延和飞地式开发，促进城市高密度紧凑发展和整体职住平衡。

在中观层面（分区规划），要推广以公共交通为导向的开发模式，形成功能混合、有机协调的城市分区，建设低碳城（镇）。

在微观层面（控详规与修详规），要以低碳理念指导城市更新，设计鼓励低碳交通模式的低碳社区。

促进城市形态低碳化的三大策略是：第一，积极引导城市紧凑发展，控制城市蔓延；

第二，提倡土地混合利用和多样化开发，提升公交、商业和就业机会的可达性；第三，推进土地利用、城市设计与交通规划相结合，引导居民低碳出行。

（1）积极引导城市紧凑发展，控制城市蔓延

积极引导城市紧凑发展、控制城市蔓延的核心是控制城市密度降低的趋势，促进土地节约集约利用。主要手段是：有效控制特大城市新增建设用地规模；在土地利用总体规划中划定城市开发边界和禁止建设的边界（专栏 5-3），严格实行建设用地空间管制；设定土地开发的密度下限及分功能最低容积率等控制性指标；加快推进城市更新；推动地下空间开发等。

**专栏 5-3：中国的城市开发边界划定工作试点**

城市开发边界，又称城市空间增长边界（Urban Growth Boundary，UGB），雏形可追溯到 19 世纪英国的绿带政策，其基本功能是控制城市规模的无节制扩张，是都市区层面上控制蔓延的重要规划管制手段。通常由政府划出区分城市化地区与周边农村地区、生态涵养空间的地理界线，并严格控制城市空间的扩展。美国波特兰等城市的城市空间增长边界划定和管控实践是国际上较为成功的案例。

国土资源部 2014 年 9 月先后出台了《节约集约利用土地规定》与《关于推进土地节约集约利用的指导意见》，提出"有效控制特大城市新增建设用地规模；在土地利用总体规划中划定城市开发边界和禁止建设的边界，实行建设用地空间管制"。住建部和国土资源部共同确定了全国 14 个城市开展划定城市开发边界试点工作，首批试点城市包括：北京、沈阳、上海、南京、苏州、杭州、厦门、郑州、武汉、广州、深圳、成都、西安以及贵阳。国土、住建等部门在划定城市周边永久基本农田基础上，同时修订城市土地利用规划和城市建设规划，最终确定城市发展边界，优化城市空间布局，防止城市无序蔓延，提高建设用地利用效率。14 个试点城市开发边界划定工作将于 2015 年年内完成，开发边界将作为城市发展的刚性约定，不得超越界限盲目扩张。今后，城市开发边界划定工作会在全国 600 多个城市全面推广。

（2）提倡土地混合利用和多样化开发

提倡土地混合利用和多样化开发的目的是促进城市功能空间分布平衡，特别是促进职住平衡，提升公交、商业和就业机会等各种城市功能的可达性。主要手段是：优化产业布局和基本公共服务设施的空间分布；积极推广以公共交通为导向的开发模式（专栏 5-4）；改变基于单一功能的分区制，提倡混合用地的控制性详规，控制单一居住功能区的规模；在城市更新中推进建成区的混合功能分区改造等。

**专栏 5-4：以公共交通为导向的开发模式**

以公共交通为导向的开发模式（Transit-Oriented Development，TOD），是“新城市主义”的代表性开发模式。该模式为了避免城市的无限制蔓延，在城市规划开发中，以公共交通为中枢，在站点周边短时间步行可达区域内（以公交站点为中心，以 5 ～ 10 min 步行路程为半径），综合发展工作、商业、文化、教育、居住等各种城市功能，建设功能混合、有机协调的“公共交通 + 步行”城区。东京、香港、库里蒂巴等城市的 TOD 模式应用较为成功。

TOD 模式的核心是通过发展大容量快速公交体系，引导开发项目、就业与商业服务向主要公交站点集聚，从而建设形态紧凑、功能混合的社区。在进行开发时，通常对尚未成片开发的土地以较低价格征用，建成公共交通等基础设施后，土地实现升值，政府从土地升值的回报中收回公共交通的先期投入。

（3）推进土地利用、城市设计与交通规划相结合

推进土地利用、城市规划设计与交通规划的一体化，有助于从规划角度推进公共交通、自行车、步行等低碳交通方式的发展。主要手段包括：在规划设计城市道路时优先发展公交专用道、自行车专用道、步行道及相关配套设施；提倡步行友好型的社区路网体系，塑造良好安全的慢行环境；推广小规模街区和社区设计，限制街区最大规模；设立道路连通性标准，增加单位空间内十字路口密度等。

## （四）促进城市形态低碳化的政策措施

促进城市形态低碳化的政策措施主要集中在土地利用、规划、交通等方面。按照政策类型划分，既包括命令控制型手段，也包括基于市场的经济激励措施。

常见的命令控制型手段以土地利用与规划建设相关法规和标准为主。促进城市形态低碳化的典型政策包括：新增建设用地规模限制、城市空间增长边界划定和管控、土地混合利用标准、密度标准、容积率标准等。

常见的经济激励措施基于房地产和交通消费等市场，利用税收、定价、金融、补贴等工具，对供给与需求两端的各利益相关者行为进行调节。促进城市形态低碳化的典型政策包括：房地产税（房产税、城市房地产税、土地增值税、城镇土地使用税、耕地占用税和契税等），容积率奖励，基础设施特许经营，对低收入居民的住房补贴，差别化停车收费，拥堵费等。

表 5-4 中列举了促进城市形态低碳化方面一些常见的政策措施。

表 5-4 促进城市形态低碳化的政策措施举例 [1]

| 政策目标 | 规划策略与措施 | 政策领域 |
|---|---|---|
| 提高密度 / 改善城市空间结构、防止城市蔓延 | 土地利用规划管理应提高开发密度规定、改革土地功能分区、修订容积率规定 | 土地利用、规划 |
| | 城市增长边界 / 绿带政策 / 规划建成区边界等限制城市扩张 | 土地利用、规划 |
| | 混合功能的分区制，加强职住平衡、控制单一住宅功能的郊区建设 | 土地利用、规划 |
| 提高可达性（公交、商业与就业机会） | 鼓励已有居住区或棕地再开发，空置建筑的维修再利用，以充分利用已有基础设施 | 土地利用、规划 |
| | 改变单一功能分区、鼓励混合用地分区 | 土地利用、规划 |
| | 鼓励公交导向型开发（TOD） | 土地利用、规划 |
| 支持公共交通 | 优化公交线网规划；加强多种交通方式的换乘基础设施规划 | 规划、交通 |
| | 公交导向开发分区；对公交站点附近开发项目提供激励 | 土地利用、规划 |
| 鼓励非机动出行 | 特定地区限制机动车行驶或停车 | 交通 |
| | 机动车减速道路装置、增加步行道和自行车道 | 交通 |
| | 规定社区道路连接度、街区最大规模等 | 土地利用、规划 |
| 推广新能源汽车 | 新能源汽车和混合动力汽车的停车优先权 | 交通 |
| 提高建筑能效 | 区划规定鼓励多户住宅或其他非独栋住宅 | 规划 |
| | 协调存量建筑的更新改造 | 建筑规范 |

随着互联网与新一代信息技术的发展，大数据与开放数据对于城市规划产生了深远影响，应运而生的新数据、新技术、新思维与新的规划方法论，同时也可以在促进城市形态低碳化领域得到广泛应用（专栏 5-5）。

**专栏 5-5：大数据及其技术方法在促进城市形态低碳化领域的应用**

大数据具有巨量、动态与开放性的重要特征，为城市规划提供了新的数据基础、技术方法和思维模式。以往的城市规划高度依赖官方的测绘数据、统计资料、行业主管部门的官方数据和传统意义上的社会调查。大数据时代与开放数据运动正在迅速改变城市规划的数据基础，带来了大量通过传统获取渠道无法得到的新数据。新出现的大数据资源主要包括：

（1）开放的地理数据：包括公众上传的出行轨迹数据、电子地图标注的信息点（Point of Interest，POI）、地理区域热力图、道路数据与路况数据、建筑物模型数据等。

（2）开放和半开放的社交网络数据：互联网的社交服务平台与即时通信平台数据（如微博、微信等）。

（3）移动通信数据：手机话务量数据、手机信令数据等。

（4）商业网站大数据：电子商务网站数据、信息服务类网站数据等。

1 刘志林，秦波. 城市形态与低碳城市：研究进展与规划策略 [J]. 国际城市规划，2013，28（2）：4-11.

（5）政府与公共服务部门数据：政府政务公开数据，公共交通运营数据（公交与地铁刷卡数据、出租车 GPS 数据等），能源、水、固体废物等相关基本公共服务数据，环境质量数据（空气质量、水环境质量、噪声、电磁辐射）等。

（6）开放的科研数据：面向公众开放的数据库与科研成果等。

在规划研究、制定、评估等阶段，利用大数据及其相关技术方法，有利于促进城市功能空间分布平衡，提升公交、商业和就业机会等各种城市功能的可达性，促进城市空间形态低碳化。

在规划研究与制定阶段，大数据可以补充并逐渐取代传统的统计数据与社会调查，为城市规划提供更为全面、准确、动态的居民社会经济行为数据，尤其是出行数据与消费行为数据，为规划空间内合理配置公共资源提供可靠依据，也为自下向上的城市温室气体排放核算（特别是交通与建筑部门）提供了必需的数据基础。

在规划评估中，大数据的应用可以改变传统以指标考核与项目实施情况监督等为主的评估手段，将利用大数据分析结果反映的市民行为变化作为规划评估的重要标准。这样的评估有利于定量评价城市规划在促进职住平衡、缩短通勤距离、提高公共交通与非机动交通出行比例等方面的效果，可以直接对通过规划手段优化城市空间形态的低碳效果予以评估。此外，互联网的社交服务平台与即时通信平台数据也为居民的意见表达提供了便利渠道，有利于在城市规划编制和监督实施的公众参与中促进低碳理念的普及。

## 二、城市空间结构对居民交通需求的影响研究

交通是一个空间特性极其突出的范畴，城市交通始终与城市空间结构形态及其演化交织在一起，密不可分。城市空间结构及其演化是城市居民的交通需求的重要决定因素，居民的交通需求表现为居民具体的一系列交通出行行为，从而形成了城市交通系统的能源消耗与温室气体排放水平。想要对居民出行行为进行研究，就必须首先对居民的交通需求进行分析。城市是一个复杂巨系统（周干峙，2001），对居民交通需求构成影响的各种复杂的社会、经济变量皆体现在城市既有的空间结构及其演化过程中，本节将重点分析城市空间结构对居民交通需求的影响机制，然后基于对北京市居民的入户问卷调查，以北京市为案例，进行城市空间结构对居民交通需求影响的实证研究。

### （一）城市空间结构及其演化对城市交通需求影响的理论分析

城市空间演化，主要是指城市物质要素在地理空间上的分布变化情况，包括城市空间的规模变化、各种用地功能在空间上的布局变化等。本书在分析城市空间结构与居民交通需求间互馈关系的基础上，重点分析前者对后者的影响。

### 1. 城市交通与城市空间结构的相关性

正如上文在进行概念研究时所指出的，本书关注的城市空间概念是地理空间、社会空间与经济空间的结合体，而城市交通与城市空间结构之间的相关性主要体现在两者之间存在的社会、经济联系。

根据现实中城市交通与城市空间布局之间的关系，可以将两者之间的相互作用、共同发展的模式概括为四种类型。

（1）以小客车出行为主的“美国模式”

洛杉矶、华盛顿、底特律等美国城市是这种模式的典型代表城市。该类城市的空间结构完全为适应小客车出行而设计，城市道路不是以某一区域为中心向外发散，而是呈现矩形状的网络结构，高速公路和城市快速路成为主要的城市主干道。城市由多个分散的规模相差不大的空间区域构成，并不存在一个明显强于其他地区的居住中心或就业中心。

（2）存在城市主中心，但限制该中心发展的模式

哥本哈根是一个采取这种模式发展的典型案例城市。该市具有城市主中心，但在城市空间发展过程中尽量限制原有市中心向外继续扩张，从城市主中心放射出主要公共交通干线，通过以公共交通为导向的发展方式，将城市扩展所形成的新居民区和就业区、公共服务设施都尽量安排在公共交通干线附近。这些公共交通干线可以沟通城市原有的市中心与城市扩展后形成的新城区。这种模式有一箭双雕之效果，一方面，市中心可以继续作为最重要的商贸区发挥经济中心与就业中心的功能；另一方面，居民区与公共服务设施可以向郊区扩散，改善了原有市中心的交通状况。

（3）围绕强大市中心发展的模式

巴黎、东京、纽约、悉尼等很多国际大都市都以这种形式进行空间拓展与城市交通发展。这些城市在近代大多已经形成了强大的CBD和市中心，居民居住区与就业区围绕市中心密集分布，同时地面与地下公共交通系统都较为发达。由于发展历史较长，改变现有城市空间整体格局的成本较高，因此较为合理的战略是围绕原有的市中心拓展城市空间与各种城市功能分布，用高度发达的轨道交通与城市道路交通网来提供足以满足居民出行需求的交通服务。

（4）控制私人小客车交通发展的低碳模式

以这种模式发展的城市通常都曾面临较为严重的交通拥堵压力，因此在城市空间布局发展方面尽量分散城市功能，发展城市副中心与更次一级的区域小中心，鼓励就近就业和购物，尽量缩短居民各种生存性和维持性的出行需求的出行距离。在城市发展战略上倡导土地的混合利用，促使居住、就业、购物、游憩娱乐等活动用地混合分布，以缩短居民的交通出行距离。同时这些城市推行公交优先策略，对私人小客车在城市内部的出行需求进行严格管理，通过停车收费、拥堵收费、城市区域道路收费等政策限制私人小客车在城市中心区的使用，同时也对公共交通、非机动交通等出行方式进

行鼓励。伦敦、新加坡、中国香港、斯德哥尔摩都是这种类型的典型城市，这些城市的私人小汽车出行所占比例相对较低，居民出行方式低碳化发展程度较高。

### 2. 城市空间结构及其演化对城市交通需求的影响

从上文中城市交通与城市空间结构及其演化的相关性可以看出，城市空间结构及其演化对城市交通具有强烈的影响，特定的城市空间结构将会导致城市形成相应的城市交通方式构成。本书重点关注的是城市空间结构的城市空间形态和空间布局两个方面。城市空间结构通过人口分布，就业分布、各种其他经济活动的分布，以及在此基础上形成的通勤分布影响城市交通方式构成、居民交通出行的距离以及居民对交通出行方式的选择行为。

（1）城市空间的功能分区

根据《雅典宪章》，城市具有四大基本功能，即居住、工作、游憩与交通。按照所承担的活动的不同，可以将城市空间分为如下功能区：居民居住区、政治功能区、办公集聚区、商贸功能区、工业功能区、游憩娱乐区、休闲健身区与绿化带、仓储功能区等，不同的城市功能区的特性也有所差异。这里着重对居民居住区、商贸功能区、工业功能区和游憩娱乐区进行简要介绍。

居民居住区是城市居民集中居住的地方，而居住是城市最为重要的一项功能。在一个城市中，通常居民居住区分布最广，占地面积也是最大的。居民居住区以居民住宅为主，在居住功能之外，同时也有针对居民的基本社区服务功能，这些服务包括了基本的商业与服务业。不同类型居民区的分布地区有所差异，高档住宅区通常分布在环境较好、交通便利的郊区，而中低收入居民聚居的居住区通常分布在就业中心附近。

商贸功能区是城市特有的一种功能区，第三产业中的批发零售业、高端商业与服务业通常都分布在这一区域。零售业要求该地区交通便利，且交通流量较大，高端商业与服务业则要求这类地区与办公聚集区距离接近。因此，在现实中的大城市内部，商贸功能区通常与办公聚集区紧密相连，二者共同构成了城市的经济活动中心与就业中心。对于已经完成工业化或进入工业化后期阶段的城市，第三产业在产值与就业人口比例上都已经位居各产业之首，居民就业主要集中在商贸功能区与办公聚集区，二者构成了城市的 CBD 区域。

工业功能区是城市中工业企业相对集中的区域。由于工业企业对于交通流量并无特定的要求，而且与商业和服务业相比，工业企业对于土地租金与房屋租金的支付能力相对较弱，因此工业功能区通常都位于居民居住区与商贸功能区的外围。资本密集型的大型工业企业与污染较为严重的企业通常分布在城市的郊区。

游憩娱乐区是文化表演业、餐饮业、娱乐业等服务业相对集中的地区，在城市中通常与商贸功能区距离较近，甚至与其混合分布，同时与居民居住区距离也不会太远，或者之间有较为便利的交通基础设施与公共交通服务。在某些大城市，由于游憩娱乐业发展成为占地规模较大的产业集群，因此会在城市郊区聚集，形成与 CBD 相对的 CRD。

（2）城市功能分区与居民交通出行分布

由于各个城市功能区所承担的城市功能不同，因此对应的交通出行吸引能力与交通出行生成能力差异也很大。

居民居住区是城市交通出行生成能力最强的功能区，大多数城市居民的出行是以家为基础的，无论通勤、通学等生存性需求，还是购物、就医等维持性需求，以及社交、游憩等发展、娱乐类的需求，大多都是以居住地为起点的。而对于回程出行而言，居民居住地几乎是唯一的目的地，具有强大的交通出行吸引能力。

商贸功能区对于购物等居民的维持性出行需求，具有强大的吸引能力，同时由于城市中的商贸功能区往往也是能够提供大量就业机会的就业中心区，这些区域对于居民通勤的生存性出行需求也具有强大吸引能力。对于第三产业在经济结构中占主导的城市而言，城市空间内大部分出行活动都发生在居民居住区与商贸功能区（包括办公集聚区）之间。

工业功能区主要与在工业企业就业的居民出行有关，它既是这些居民通勤的目的地，又是他们回程的出发地，对于这些居民的通勤与回程出行而言，具有一定的交通出行吸引能力与生成能力。由于工业功能区通常都位于居民居住区与商贸功能区的外围，而资本密集型的大型工业企业与污染较为严重的企业通常分布在城市的郊区，因此这种通勤行为与回程行为对应的出行距离通常较长，发生在郊区与靠近市中心的居民居住区之间。

城市居民在工作日与非工作日的出行行为具有较大差异。居民在工作日的出行通常以通勤、通学以及回程等生存性出行为基础，辅以购物、社交等维持性出行需求，而在非工作日则以购物、社交、游憩、娱乐等目的的出行为主。因此城市居民的交通出行分布在工作日主要发生在居民居住区与商贸功能区、工业功能区之间，分布相对较为集中，而在非工作日则主要发生在居民居住区、商贸功能区、游憩娱乐区、休闲健身区之间，分布相对较为分散。

（3）城市土地混合利用与居民交通出行

各个城市的土地开发利用模式与形成的功能格局千差万别，但是总体上可以分为两种土地利用类型，即单一功能用地和多功能混合用地。这两种用地类型又对应着单中心城市与多中心城市两种城市空间结构布局。

单一功能用地模式是指对于某一区域的土地，主要以一种功能为主，其他功能为辅的用地模式。多功能混合用地模式是指在某一区域的土地上，同时发展多种不同的城市功能，发挥土地的综合效益。例如，在同一块土地上，使居民居住功能、商贸服务业功能与休闲健身功能混合分布。由于单一功能用地导致的交通“潮汐现象”与严重的交通拥堵压力，因此多功能混合用地模式才应运而生。其目的在于分散城市功能，将单中心模式发展为多中心模式，缩短居民的出行距离，同时也就减少了私人小客车出行在城市交通方式构成中所占比例。在时间上也可以使各种目的的交通出行相互交错，控制交通出行高峰的交通流量，平衡交通出行的时空分布。然而，城市的兴起是由劳动力市场表现的规模递增规律所驱动的，因此理想化的绝对多中心模式分割了统一的城市劳动力市场，与市场规律相违背，因此并不可能完全实现。在实际的城市发展中，单一功能用地模式与多功能混合用地模式同时存在，单中心与多中心格局也常常同时存在于同一个大城市中。

## （二）北京市城市空间结构对居民交通需求影响的案例研究

案例研究将以上文的理论分析为基础，以北京市为案例城市，以 2009 年和 2010 年在北京市主城区进行的两次大规模入户问卷调查为主要信息基础，进行城市空间结构对居民交通需求影响的实证研究[1]。

城市空间结构的内涵主要包括空间布局与空间形态两部分，本研究以城市空间结构布局作为城市空间结构的表征，着重对北京市人口的空间布局与就业的空间布局进行分析。本书着重分析北京市居民的通勤行为，因此交通需求主要指的是居民的通勤出行量及其空间分布。

### 1. 研究框架

在进行北京市城市空间结构对居民交通需求影响的案例研究时，研究框架如图 5-2 所示。

本书首先对北京市城市交通与空间演化的历史阶段进行简要论述，继而展开对北京市城市空间结构的分析。在城市空间结构研究部分，人口空间布局与就业空间布局是城市空间结构的两个基础，本书将分别从区、街道两个层面对北京市主城区人口空间布局与就业空间布局是城市空间结构现状进行分析。然后，在研究城市空间结构对居民交通需求的影响时，将以交通需求中最为重要的通勤需求为例，研究城市空间结构作用下形成的北京市通勤空间分布及其基本特征。在此基础上，本书将结合北京市主城区人口空间布局与就业空间布局，对北京市的空间错位现象进行分析，通

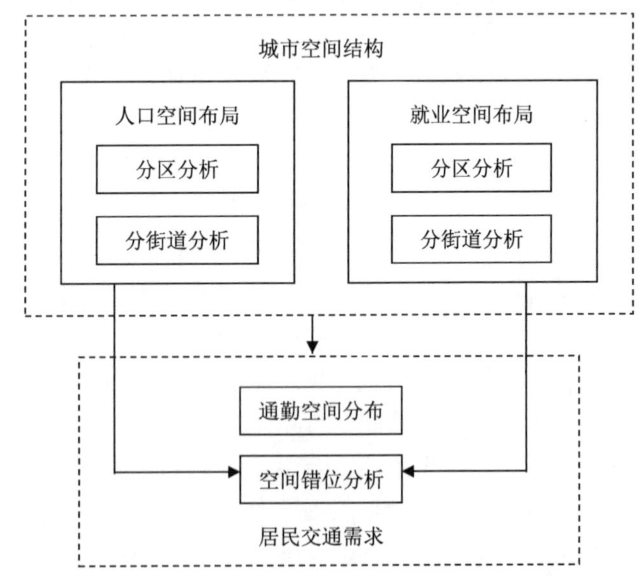


图 5-2 北京市城市空间结构对居民交通需求影响的分析框架

1 本研究共享了北京奥组委“奥运会总体影响 (OGI)”项目创造的研究条件。

过这种分析说明城市空间结构影响居民交通需求的作用机制。

### 2. 北京城市交通与城市空间演化的阶段性

北京的市内路网系统呈棋盘状的格局，它是在元大都城的基础上经明代改建而成的。当时的北京市居民一直以步行、人力车和马车作为主要的交通出行方式，出行速度极低，因此出行距离相对也较短，城市空间规模也相对较小。

20 世纪 30 年代以后，有轨电车、公共汽车等交通出行逐渐取代步行、人力车和马车等方式成为北京市居民的主要出行方式。从新中国成立到 80 年代，北京市的人口规模和城市空间规模增长速度明显快于新中国成立之前。

改革开放以来，伴随着经济、社会的飞速发展，北京的交通设施建设和城市空间演化进入了快速发展阶段。城市道路长度从 1980 年的 2 185 km 猛增到 2009 年的 6 247 km，地铁和轻轨运营线路长度于 2009 年年底达到 228 km，2010 年年底达到 336 km。城市建成区面积迅速扩大，到 2004 年为止，北京城市建成区面积达 1 289.3 $km^2$。

以上事实表明，目前北京的城市交通和城市空间演化仍处在快速发展时期。

### 3. 北京市的人口空间布局

本书针对的空间范围是北京市的中心城区，包括首都功能核心区（东城区，西城区）与城市功能拓展区（朝阳区、丰台区、石景山区、海淀区）。

人口空间布局指的是根据城市人口的居住地统计的空间分布，表征的是午夜 12 时至凌晨 6 时城市夜间人口的活动强度。

（1）北京市的郊区化与人口布局演化

从 20 世纪 80 年代开始，北京市城市中心区的人口出现了绝对分散的现象，进入了郊区化的起步阶段。首都功能核心区的居住人口开始下降，大多向以城市功能拓展区为主要空间范围的近郊区迁移。进入 90 年代以来，特别是 1992 年以后，北京市房地产开发迅猛发展，开发企业大量增加，开发规模不断扩大。城市房地产开发的发展实际上是由居民个人购房行为所推动，进而又反映出居民居住区位的变更。

根据相关研究，从 20 世纪 80 年代以来，北京市中心区发生居住地迁移的居民中，有 30.8% 的居民从首都功能核心区迁往城市功能拓展区与远郊区，仅有 6.2% 的居民是从城市功能拓展区或远郊区迁往首都功能核心区，而在首都功能核心区内部迁移的与在城市功能拓展区内部迁移的共占 63%（冯健等，2004）。由此可见，除了在城市中心区与拓展区内部发生的迁移，从首都功能核心区向外的迁移远远多于反向的迁移，北京市仍然处于人口逐渐向外迁移的郊区化进程中。

（2）分区的城区常住人口空间分布现状

根据《北京统计年鉴 2010》，2009 年北京市首都功能核心区与城市功能拓展区的常住人口（包括本地户籍人口与居住半年以上的外来人口）分布情况如表 5-5 所示。

表 5-5 2009 年北京市市内各区的常住人口分布

| 地区 | 常住人口 / 万人 | 百分比 /% |
|---|---|---|
| 城区（城八区） | 1 755.0 | 100 |
| 首都功能核心区 | 211.1 | 19.5 |
| 东城区 | 56.3 | 5.2 |
| 西城区 | 68.1 | 6.3 |
| 崇文区 | 30.2 | 2.8 |
| 宣武区 | 56.5 | 5.2 |
| 城市功能拓展区 | 868.9 | 80.5 |
| 朝阳区 | 317.9 | 29.4 |
| 丰台区 | 182.3 | 16.9 |
| 石景山区 | 60.5 | 5.6 |
| 海淀区 | 308.2 | 28.9 |

北京市城区内的常住人口分布具有以下特点：

①从 20 世纪 80 年代以来郊区化进程不断发展，居住“空心化”的格局已经形成。目前，大多数人口居住在城市功能拓展区，达到 80.5%，而居住在首都功能核心区的居民只占城区居民的 19.5%。如果将城市功能拓展区视为近郊区，将首都功能核心区视为中心城区，则人口分布的城郊比已达 1∶4。

②北京市城区人口分布在空间上并不均匀。朝阳区、海淀区和丰台区成为人口分布聚集区，分别拥有北京市城区居民的 29.4%、28.9%、16.9%。北京市城区居民的 75% 都居住在这三个区，而石景山区与首都功能核心区的四个区居民则较少。

③北京市城区人口分布南北差异较大。以长安街及其东西延伸为北京市城区南北分界线，则海淀区、东城区、西城区、石景山区与朝阳区的大部分位于北部，原崇文区、原宣武区、丰台区和朝阳区的小部分位于南部。北京市城区北部人口约占城区总人口的 60%，而南部则不足 40%。

（3）分街道的城区常住人口分布现状

北京市城区在街道一级共有 133 个行政单元，包括 102 个街道、7 个镇、24 个乡，其中：首都功能核心区共有 32 个街道；城市功能拓展区共有 70 个街道，7 个镇，24 个乡。在本书 2009 年与 2010 年针对北京市城区居民的入户抽样调查中，共有 121 个街道一级的行政单元入样，其中包括东城区（2010 年行政区划调整后的新东城区，下文西城区也为行政区划调整后的新西城区）15 个街道，西城区 14 个街道，朝阳区 18 个街道、21 个地区，丰台区 14 个街道、2 个地区、1 个镇、3 个乡，石景山区 8 个街道，海淀区 20 个街道、1 个地区、4 个镇。本书在街道层面上，将针对这 121 个街道（镇 / 乡）进行研究。

北京市城区街道一级的常住人口总量空间分布具有以下特征：

①城区内常住人口分布不均匀，街道之间常住人口数量差异显著。

在北京市城区的这 121 个街道（地区 / 乡 / 镇）中，每个街道平均常住人口为 7.02 万人，标准差达到 3.87，各街道之间常住人口数量差异显著。常住人口最多的朝阳区望京街道有 21 万常住居民，而常住人口最少的朝阳区常营回族地区、王四营地区、孙河地区和豆各庄地区的常住居民都不足 2 万。有 43 个街道（地区 / 乡 / 镇）常住人口少于 5 万人，同时也有 23 个街道（地区 / 乡 / 镇）常住人口多于 10 万人，前者常住人口总和仅相当于后者的 52%。

按照常住人口总数，可以将以上 121 个街道分为三类（表 5-6）。

**表 5-6　按常住人口多少的街道分类**

| 类别 | 常住人口 | 街道个数 |
| --- | --- | --- |
| 常住人口众多地区 | ≥ 10 万 | 23 |
| 常主人口较多地区 | ≥ 5 万，＜ 10 万 | 55 |
| 常住人口较少地区 | ＜ 5 万 | 43 |

②各区内常住人口分布也不均匀，差异显著。

在首都功能核心区，东城区是胡同与未经改造的传统四合院街坊式社区较为集中的地区。东城区只有和平里街道常住人口超过 10 万人，达到 12.12 万人，这是由于这一街道的普通商品房小区较多，是居民集中的地区；而常住人口较多的东华门街道、北新桥街道、建国门街道、安定门街道、交道口街道属于传统胡同与街坊式社区密集分布的地区，永定门外街道、天坛街道、龙潭街道则是原崇文区所辖街道，区内有天坛、龙潭湖公园等占地面积较大的园林区域，居民相对较少；常住人口较少的体育馆路街道、东四街道、景山街道、崇文门外街道、前门街道则是因为面积较小，且区内有占地面积较大的商业区或旅游景区分布。西城区的常住人口分布较为集中的街道是广安门外街道、展览路街道、德胜街道、白纸坊街道和月坛街道，这些街道内都有居民社区密集分布；常住人口较多的什刹海街道、广安门内街道、新街口街道、金融街街道、陶然亭街道则都有占地面积较大的商业区或旅游休闲区分布，居民区围绕商业区或旅游休闲区分布，但面积较小，常住人口相对较少；人口较少的大栅栏街道、牛街街道和天桥街道都是旧街坊式社区保留较多的地区，且街道辖区面积较小，又有传统商业、文化演艺、餐饮业分布，常住居民较少；西长安街街道内包含西单商贸与作为政治中心的中南海地区，因此居民很少。

城市功能拓展区的朝阳区、丰台区和海淀区是北京城区内面积最大的三个区，也是常住人口分布最多的地区，但区内各街道人口分布不均，差异也非常显著。朝阳区既拥有北京城区内常住人口最多的望京街道，同时也有常住人口最少的常营回族、王四营、孙河、豆各庄四个地区。劲松街道、潘家园街道、大屯地区、六里屯街道、亚运村街道、酒仙桥街道是朝阳区普通商品房小区较多的地区，因此也是城市居民社区较为集中的地区，集镇社区与乡村村落较多的三间房地区、小红门地区、将台地区、崔各庄地区、黑庄户地区则常住居民较少。海淀区是军政机关与企事业单位社区大院较为集中的地区，高校与科研院所大院也很多。因此这些单位较为集中的中关村街道、北太平庄街道、学院路街道、万寿路街道、海淀街道、北下关街道、紫竹院街道、甘家口街道、羊坊店街道等也同时是常住人口较多的街道。燕园街道与清华园街道内园林建筑占地面积较大，常住人口相对较少。海淀区西北部是山地地区，因此位于这一地区的西北旺镇、苏家坨镇、温泉镇与上庄镇常住人口很少。丰台区的常住人口主要集中在靠近中心城区的大红门街道、卢沟桥街道、丰台街道、马家堡街道、右安门街道和东铁匠营街道。地理位置较远，与中心城区关联较弱的卫星城地区常住人口相对较少，包括王佐镇、南苑街道、花乡、云岗街道、卢沟桥乡、宛平城街道、南苑乡等地区。石景山区面积较小，在首钢搬迁后负担的城市功能较少，常住人口总量较少，主要分布在八宝山街道、鲁谷街道，地理位置深入山区的老山街道、五里坨街道常住人口很少。

③郊区化的效果逐渐显现，常住人口较多的街道多位于城市功能拓展区。

从 20 世纪 80 年代以来的郊区化发展使得首都功能核心区的常住居民数量持续下降，而城市功能拓展区的常住人口数量快速上升。一方面，由于旧城区改造和搬迁，大量原属首都功能核心区内的居民移居到城市功能拓展区，譬如原崇文区拆迁区的大量居民整体移居到丰台区和义街道；另一方面，北京市新建的商品房与居民社区多数分布在城市功能拓展区和城市发展新区，一部分原先居住在首都功能核心区的居民为了改善居住条件而购买城市功能拓展区的商品房，而大量从外地来京就业的人口也选择居住在城市功能拓展区的社区，如丰台区的大红门街道、海淀区的西北旺镇等地区都是外来人口聚集的地区。以上两种因素的叠加，使得北京市常住人口分布的郊区化现象越来越显著。北京市城区内常住人口最多的 10 个街道中，有 7 个位于朝阳区、海淀区、丰台区等城市功能拓展区，分别是望京街道、中关村街道、北太平庄街道、学院路街道、万寿路街道、大红门街道和卢沟桥街道。

人口密度是衡量城市人口空间分布的重要指标，从一个方面反映城市经济活动和土地利用的强度。人口密度计算所依据的人口数据是根据城市人口的居住地统计的，表征的是午夜零时至凌晨 6 时城市夜间人口的活动强度。人口密度分布是城市人口特征的一个重要方面。城市人口特征及其分布与劳动力分布、城市住房、城市房地产市场、城市基础设施等都有密切的关系。

2009 年北京市全市常住人口密度为 1 069 人 $/km^2$，城区常住人口密度为 7 893 人 $/km^2$，首都功能核心区常住人口密度为 22 849 人 $/km^2$，城市功能拓展区常住人口密度为 6 810 人 $/km^2$。参照以上几个人口密度值，可以将以上 121 个北京市城区内的街道按照人口密度分为 4 类：人口密度低于全市常住人口密度的街道（地区 / 乡 / 镇）按照从人口密度角度对城市的定义，不属于城市区域，可以认为是乡镇—村落地区；人口密度高于全市常住人口密度，但低于城区常住人口密度的街道（地区 / 乡 / 镇），属于人口分布稀疏区；人口密度高于城市常住人口密度，但低于首都功能核心区常住人口密度的街道（地区 / 乡 / 镇），属于人口分布密集区；人口密度高于首都功能核心区常住人口密度的街道，属于人口分布稠密区。按人口密度分类后的具体情况如表 5-7 所示。

表 5-7　按人口密度对北京市各街道进行的分类

| 类别 | 个数 | 街道（地区 / 乡 / 镇） |
|---|---|---|
| 人口稠密区 | 27 | 大栅栏、白纸坊、牛街、交道口、广安门内、北太平庄、团结湖、安定门、中关村、崇文门外、德胜门、月坛、北新桥、广安门外、陶然亭、呼家楼、体育馆路、东四、景山、前门、天桥、潘家园、西罗园、海淀、永定门外、和平里、劲松 |
| 人口密集区 | 52 | 新街口、东直门、永定路、展览路、建国门、安贞、学院路、北下关、望京、六里屯、八里庄、马家堡、小关、右安门、双榆树、左家庄、香河园、燕园、甘家口、和平街、清华园、金融街、龙潭湖、三里屯、羊坊店、万寿路、花园路、双井、亚运村、东华门、什刹海、八里庄（海）、天坛、鲁谷、八角、马连洼、建国门外、酒仙桥、方庄、东高地、东铁匠营、曙光、丰台、西长安街、望京开发、太阳宫、清河、大红门、八宝山、平房、东风、和义 |
| 人口稀疏区 | 27 | 西三旗、大屯、老山、金顶街、南磨房、管庄、卢沟桥、三间房、云岗、田村路、苹果园、太平桥、高碑店、十八里店、紫竹院、南苑、小红门、将台、奥运村、古城、来广营、常营、王四营、长辛店、东坝、金盏、东升 |
| 乡镇—村落地区 | 15 | 新村、孙河、宛平城、温泉镇、黑庄户，豆各庄、花乡、五里坨、西北旺、崔各庄、王佐镇、卢沟桥乡、上庄镇，南苑乡、苏家坨 |

北京市城区分街道人口密度的分布有以下特征：

①各街道人口密度差异显著，按人口密度定义的城区范围与行政城区范围有差异。

城市有两种定义：一种是行政上的定义，主要根据行政边界来划定（city）；另一种是经济上的定义（urban），主要是根据城市规模和人口密度来定义。在美国，城市定义的标准是：城市人口不少于 2 500 人，城市人口密度不应小于 1 000 人 /km$^2$。中国用城市人口规模和非农业人口比例两个指标结合起来定义城市。在行政边界上，北京市主城区的范围是首都功能核心区（东城、西城）与城市功能拓展区（朝阳、丰台、石景山、海淀）区域的总和，但如果以人口密度来定义城区范围，城市功能拓展区内的 15 个人口密度小于 1 000 人 /km$^2$ 的地区（乡 / 镇）只是乡镇—村落分布区，不属于经济定义上的城市区域。相反，某些在行政边界上属于城区以外的地区，譬如昌平区的回龙观地区、天通苑地区，通州区的通州镇，通州区和大兴区交界处的亦庄地区，人口密度都已超过 1 000 人 /km$^2$，在经济意义上属于城市区域。

②城区人口密度空间分布不均，人口密度自中心向外首先增长然后衰减。

北京城区内各街道人口密度分布不均匀，以东华门街道、西长安街街道为核心的行政区域与地理上的城市中心并不是人口密度最高的地区，人口密度的基本规律是自中心向外首先增长，然后衰减。人口密度最高的地区构成了一个环状区域，在东部地区主要沿东三环分布，包括朝阳区团结湖街道、呼家楼街道、潘家园街道、劲松街道等地区；在南部主要沿地铁 2 号线南段分布，包括西城区大栅栏街道、广安门内街道，东城区崇文门外街道、前门街道、体育馆路街道等地区；在西部主要沿西二环分布，包括西城区白纸坊街道、牛街街道、月坛街道、新街口街道等地区；在西北部主要沿西北三环分布，包括海淀区北太平庄街道、西城区德胜街道等地区，在东北部主要沿东北二环分布，包括东城区交道口街道、安定门街道、北新桥街道、东四街道、和平里街道等地区。人口密度空间分布的基本趋势是沿这一人口密度最高的环带向外衰减，直到最外层的乡镇—村落分布区。作为北京市城区地理上的中心区域，东华门街道、西长安街街道等地区人口密度低于大多数位于四环外、五环内的街道，主要原因是因政治中心、历史建筑保护、传统街道房屋保留等对中心地区的土地利用、建筑高度实施的规划限制所致。

③城区人口密度分布有多个副中心，在人口密集圈中存在人口稀疏地区。

除了上文提到的人口密度分布中心环带，城区内还存在其他人口密度副中心，最明显的是位于海淀区中关村街道、海淀街道和学院路街道的地区，这一地区的人口密度与中心环带平均人口密度基本相当，人口密度分布以中关村街道、海淀街道为核心向西北部逐渐衰减。众多高校、科研院所、机关单位密集分布在这一区域，中关村科技园区也以这一区域为核心，因此形成了与中心环带相对独立的人口密度分布副中心。

此外，在人口密度分布中心环带上与中关村—海淀副中心附近还存在人口密度相对较低的人口分布稀疏地区。位于中心环带上的金融街街道、建国门外街道、龙潭湖街道、天坛街道、什刹海街道人口密度相对较低，这些地区内都有大型商务区或旅游休闲区分布，占地面积较大，因此人口分布与周边地区相比较为稀疏。大型商务区很多建筑空间是用于商业活动的（办公、零售、服务业等），这些用于商业活动的建筑空间晚上无人居住，而人口是根据居住地来统计的，因此商务区人口密度相对较低。随着城市的发展，城市中心的商业活动越来越集聚导致该区位人口集聚的分散，即郊区化现象。原来用于住宅的建筑空间被商业或其他经济活动所替代，导致城市中心人口密度的下降。这种城市中心经济活动强化、人口集聚弱化的趋势也被称为城市中心人口的“空心化”。中关村—海淀副中心附近的燕园街道、清华园街道人口密度也相对较低，这两个街道分别是北京大学和清华大学的校园区，有占地面积较大的园林绿地分布，因此人口分布较为稀疏。

### 4. 北京市城区的就业空间布局

从居住地到就业地的通勤行为是城市居民交通行为的基础与最重要的组成部分。居住地对应的是城市人口分布，就业地对应的是城市居民的就业分布。

城市人口分布与就业分布有本质上的差别。前者是根据城市居民的居住地来统计的，因而衡量的是晚上的城市人口分布，即午夜零时至凌晨 6 时的人口分布，而就业分布是根据就业机会来统计的，因而度量的是白天的城市人口分布。随着城市交通的发展，就业密度与人口密度之间的空间分离有越来越大的趋势。市中心 CBD 的就业集聚程度越来越高，相应的居住人口流向城市外围。居住越集中的地方，越有可能成为功能单一的“卧城”。城市居住地与就业地的空间分离导致人口密度高的地方未必是就业密度高的地方，职住分离的空间不匹配现象越加严重。

城市居民的就业分布直接决定了城市的空间形态，与城市人口分布共同决定了作为交通需求基础的通勤需求。本书将以2009年和2010年在北京市主城区进行的入户问卷调查为主要信息基础，分析北京市主城区居民的就业空间分布。

（1）分区的北京市主城区居民就业空间布局

在2009年与2010年的两次入户问卷调查中，本书主要以北京市主城区（首都功能核心区与城市功能拓展区）的常住居民为调查对象，同时还选择了部分怀柔区、顺义区、延庆县、密云县等远郊区县的居民作为调查对象，对比远郊区县居民与主城区居民交通需求与出行行为的异同。

2009年调查中有通勤行为的居民共计1 233人，2010年调查中有通勤行为的居民共计1 250人。两次调查中居民通勤目的地（即就业地）的分别如图5-3、图5-4所示。

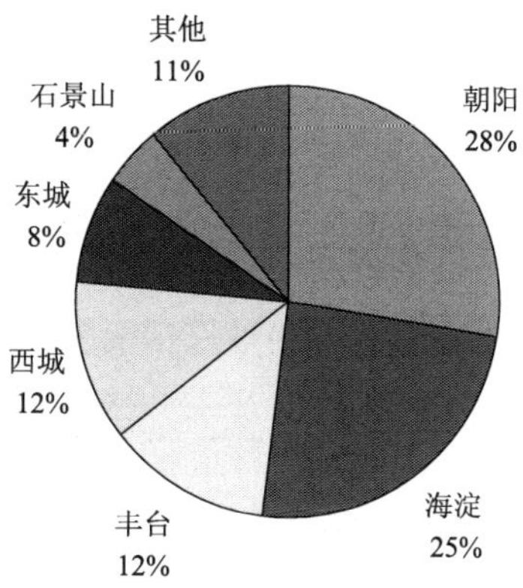


图5-3　2009年调查中居民通勤目的地的分区统计

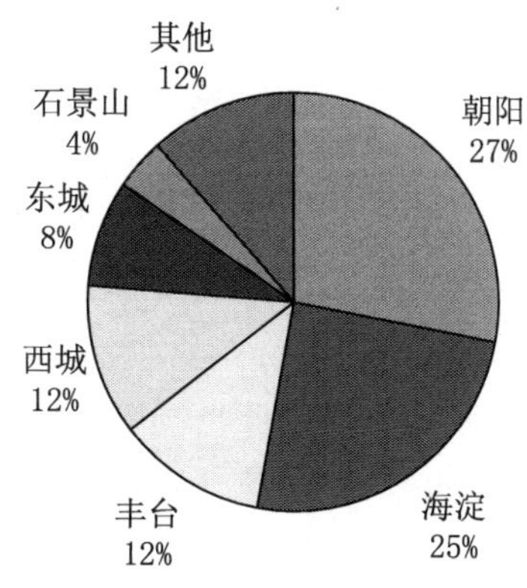


图5-4　2010年调查中居民通勤目的地的分区统计

北京市居民的分区就业地分布主要有以下特点：

①城区居民就业地呈现双中心区格局。

2009年和2010年两次调查都显示，朝阳区和海淀区是两个最为主要的就业中心区，形成了北京市城区居民就业地分布的双中心，被调查的有固定工作地点的居民中分别有28%（2010年为27%）、25%在朝阳区和海淀区就业，二者之和超过全部有固定工作地点居民的50%。丰台区、西城区和东城区是就业地分布的次中心地区。其余地区吸引的就业人口较少。

②城市发展新区吸引居民就业的潜力有待开发。

房山区、通州区、顺义区、昌平区、大兴区是北京市近年来着力开发城市发展新区，试图在这些地区建设新的产业基地，形成中心城区外围的就业副中心区。但2009年和2010年的调查结果显示，这些区域吸引居民就业的能力依然较弱，其中顺义区和昌平区吸引的就业人口较多，但也分别只占到有固定工作地点居民的1.8%与1.5%，这些地区作为就业副中心区的潜力仍有待进一步开发。

③主城区与远郊区之间的就业联系较弱。

调查结果显示，主城区的居民绝大多数都在首都功能核心区与城市功能拓展区就业，而远郊区县的居民也大多在本区就业。北京市主城区与怀柔区、延庆县、密云县等北部远郊区县在就业方面的联系很少，基本上相互独立。

（2）北京市主城区居民的主要就业中心

《北京市城市总体规划（2004—2020年）》中提到在北京市域范围内，构建“两轴—两带—多中心”的城市空间结构。其中，“两轴”指沿长安街的东西轴和传统中轴线的南北轴；“两带”指包括通州、顺义、亦庄、怀柔、密云、平谷的“东部发展带”和包括大兴、房山、昌平、延庆、门头沟的“西部发展带”；“多中心”指在市域范围内建设多个服务全国、面向世界的城市职能中心，提高城市的核心功能和综合竞争力，包括中关村高科技园区核心区、奥林匹克中心区、中央商务区（CBD）、海淀山后地区科技创新中心、顺义现代制造业基地、通州综合服务中心、亦庄高新技术产业发展中心和石景山综合服务中心等。

在调查中发现，北京市城区居民的就业地点并非均匀分布，而是形成了若干就业中心地区。北京市分别于2004年和2008年进行了两次经济普查，根据第二次经济普查的结果，2008年全市第二、第三产业期末从业人员为816.9万人，比第一次经济普查时的705.2万人增长了15.8%。其中，第二产业期末从业人员201.3万人，占24.6%，比第一次经济普查时的230.4万人减少了12.6%；第三产业期末从业人员615.6万人，占75.4%，比第一次经济普查时的474.8万人增长了29.7%。由此可见，北京市城区就业人口的主体是第三产业从业人员，占城区就业人口约75%。因此，城区就业中心地区也基本与商务区、办公区等第三产业聚集区重合。2009年和2010年调查中识别的就业集中地区如表5-8、表5-9所示。

表5-8 2009年调查中城区居民就业集中地区

| 地区 | 比例/% | 地区 | 比例/% |
|---|---|---|---|
| 中关村 | 3.6 | CBD | 2.6 |
| 奥林匹克中心—亚运村 | 1.5 | 望京 | 1.2 |
| 金融街—阜成门 | 1.2 | 东四十条 | 1.2 |

| 地区 | 比例 /% | 地区 | 比例 /% |
|---|---|---|---|
| 酒仙桥—大山子—798 | 1.2 | 三元桥 | 1.2 |
| 厂东门（石景山综合服务中心，首钢旧址） | 1.1 | 建国门 | 1.1 |
| 上地 | 1.1 | 知春里 | 1.1 |
| 双桥 | 1.0 | 王府井 | 1.0 |
| 西单 | 1.0 | 合计 | 21.1 |

**表 5-9　2010 年调查中城区居民就业集中地区**

| 地区 | 比例 /% | 地区 | 比例 /% |
|---|---|---|---|
| CBD | 5.3 | 中关村 | 3.8 |
| 金融街—阜成门—复兴门 | 2.5 | 奥林匹克中心 - 大屯 | 2.2 |
| 东四十条—东直门 | 1.3 | 厂东门（石景山综合服务中心，首钢旧址） | 1.2 |
| 公主坟—万寿路 | 1 | 上地 | 1 |
| 新街口 | 1 | 望京 | 1 |
| 方庄 | 1 | 西单 | 1 |
| 潘家园—十里河 | 1 | 清河 | 1 |
| 学院路 | 1 | 合计 | 27.3 |
| 小营 | 1 | | |

从 2009 年与 2010 年北京市城区居民就业集中地区分布情况可以有以下发现：

①北京市城区居民就业形成了两个主中心、两个副中心、多个小中心区的格局。

在 2009 年的调查中，北京市城区内的 15 个就业最集中地区吸引的就业人口占有固定就业地点居民总体的 21.1%；2010 年调查中，17 个就业最集中地区吸引的就业人口占有固定就业地点居民总体的 27.3%。城区内形成了吸引就业最多的 CBD、中关村两个主中心，吸引就业次多的金融街、奥林匹克中心区两个副中心，以及吸引就业较多的东四十条—东直门、厂东门、建国门、上地、望京等小中心。

②北京市城区居民就业集中趋势加剧。

将 2010 年调查数据与 2009 年调查数据相比，可以发现居民就业呈现越来越集中的趋势。以两个就业主中心与两个就业副中心为例，2009 年 CBD、中关村、金融街、奥林匹克中心区吸引的就业人口分别占有固定就业地点居民的 2.6%、3.6%、1.2%、1.5%，在 2010 年，这一比例分别增加到 5.3%、3.8%、2.5%、2.2%，就业中心地区吸引居民就业的效应越来越强。

③北京市总体规划中的“多中心”格局尚未形成。

北京市总体规划中的“多中心”是指在市域范围内建设多个服务全国、面向世界的城市职能中心，提高城市的核心功能和综合竞争力，包括中关村高科技园区核心区、奥林匹克中心区、中央商务区（CBD）、海淀山后地区科技创新中心、顺义现代制造业基地、通州综合服务中心、亦庄高新技术产业发展中心和石景山综合服务中心等。这些产业中心在规划中同时也是吸引就业较多的中心区。但与调查结果相比，可以发现，CBD、中关村、奥林匹克中心区已经逐渐成为就业中心区；石景山综合服务中心也吸引了附近的部分居民就业，但对其他地区居民的就业吸引能力并不强；顺义、通州、亦庄和海淀山后地区吸引了周边的部分居民就业，但总数在城区就业人口中所占比例很小，尚未形成就业中心区。

④就业中心地区空间分布不均。

从行政区划上看，现已形成的就业主中心、副中心、小中心多数都分布在朝阳区、海淀区、西城区和东城区；石景山区形成了一个区域就业小中心，但对其他地区就业吸引效应并不显著；丰台区基本尚未形成就业中心区。从空间布局上看，以长安街及其东西延长线为中轴，现已形成的就业中心区几乎全部位于中轴线以北，只有就业小中心潘家园地区位于中轴线以南，就业中心地区的南北分布不均。

（3）北京市主城区的第三产业就业中心

如上文所述，根据北京市第二次经济普查的数据，2008 年北京市第三产业期末从业人员 615.6 万人，占 75.4%，第二产业期末从业人员 201.3 万人，占 24.6%，且前者还在增加，后者还在减少。由此可见，北京市的就业人口主要集中在第三产业。

按照行业部门的划分，第三产业主要包括流通和服务两大部门，具体分为四个层次：一是流通部门，包括交通运输业、邮电通信业、商业饮食业、物资供销和仓储业；二是为生产和生活服务的部门，包括金融业、保险业、地质普查业、房地产管理业、公用事业、居民服务业、旅游业、信息咨询服务业和各类技术服务业；三是为提高科学文化水平和居民素质服务的部门，包括教育、文化、广播、电视、科学研究、卫生、体育和社会福利事业；四是国家机关、政党机关、社会团体、警察、军队等，但在中国国内不计入第三产业产值和国民生产总值。

根据本书 2009 年与 2010 年的两次调查，北京市主城区居民的职业分布如表 5-10 所示。

表 5-10　调查中北京市主城区居民的职业分布

| 职业 | 2009 年比例 /% | 2010 年比例 /% |
| --- | --- | --- |
| 国家机关、党群组织、企事业单位负责人 | 11.6 | 8.1 |
| 专业技术人员 | 21.8 | 19.9 |
| 办事人员及有关人员 | 14.7 | 10.8 |
| 商业、服务业人员 | 39.9 | 47.4 |
| 农、林、牧、渔、水利业生产人员 | 2.4 | 6 |
| 生产、运输设备操作人员及有关人员 | 9.5 | 7.6 |
| 军人与不便分类的其他从业人员 | 0.1 | 0.3 |
| 合计 | 100 | 100 |

从表 5-10 中可见，国家机关、党群组织、企事业单位负责人，办事人员及有关人员，

商业、服务业人员，以及专业技术人员中的大多数都属于第三产业从业人员。商业、服务业人员就业集中地通常为商业、服务业密集空间，其余第三产业从业人员就业地通常集中在办公活动空间。本书将对北京市主城区内这两类空间的分布及特征进行分析。

办公活动是特指从事收集、记录、加工、生产和传递信息，并占有一定空间的生产活动（闫小培等，2000）。写字楼是办公活动的重要载体，随着城市经济的发展，在城市某些特定区域内，由于集聚规模、外部经济联系等因素作用，使得以写字楼为载体的城市内部办公活动空间分布在地理空间上相对集中，从而产生的一种新兴的城市经济功能集聚区，即城市办公集聚区，它是产业集聚区的一种重要组成形式。

北京城市办公活动在空间上存在相对集中分布态势，并形成明显的集聚区（张景秋等，2010）。

以总部经济的分布为例，根据北京市第二次全国经济普查的结果，2008 年末一级总部企业单位数量位居前三位的区县是海淀区、朝阳区和西城区，分别占一级总部企业单位数量的 25.1%、23.5% 和 16.3%，三个地区合计占 64.9%。上述三个地区的总部企业及其在京下属二级单位吸纳从业人员分别占总部经济单位的 17.0%、21.3% 和 11.9%，合计占 50.2%（北京市统计局，2010）。

西城区的金融街地区，东城区的东直门，朝阳区的 CBD、安定门外、亚运村，海淀区的中关村和上地，是办公聚集区相对集中的地区，办公活动空间分布呈现从内向外、集中程度由高向低的同心圆状分布。原崇文区、原宣武区、丰台区和石景山区的办公集聚区分布数量较少，集中程度等级层次低，但在空间上同样呈现相对集中分布的状态，如原崇文区主要集中在体育馆路，原宣武区主要集中在广安门内，丰台区主要集中在方庄、马家堡，石景山区主要集中在鲁谷和苹果园；此外，依托科技园区的发展以及办公园区建设思想将这种集聚从中心城区扩展到郊区，在朝阳区的望京和酒仙桥地区、丰台总部基地以及亦庄也形成了区域内办公聚集区相对集中分布的态势。

北京城市办公集聚区具有以下特征：

第一，办公聚集区空间分布差异明显。如果以长安街及其东西延长线为南北分界线，则可以发现，北部地区办公集聚区集中程度明显高于南部地区，金融街、CBD 地区、中关村地区、上地以及东直门地区都位于北部地区。

第二，办公聚集区多沿交通线分布且集聚方向与交通线方向一致。由于办公活动的根本目的是信息交流与沟通并以此解决问题来获得管理收益或市场收益，因此，对于办公区位而言，邻近交通干线在很大程度上有益于提高办公活动的效率。

第三，办公集聚区多分布在城市功能拓展区。从北京城市功能区的角度分析，近 3/4 的办公活动集中分布在城市功能拓展区，只有 1/4 分布在首都功能核心区。这与西方国家大城市的办公活动集中分布在市中心的特点有所不同。

形成北京城市办公集聚区空间分布特征的主要原因在于：

第一，经济功能分化催生办公活动从制造业和商业功能中分离出来。在经济发展到一定水平后，随着产业结构的提升，出现办公集聚区。因此，结合北京城市经济发展以及功能区建设，上述分析的办公集聚热点区域均位于北京城市经济发展的热点区域，特别是与北京六大高端产业功能区相匹配。

第二，行政区界限成为办公空间扩展的天然屏障。

第三，城市功能定位引导办公集聚区分布。北京作为国家首都，市中心以天安门为核心分布着政治和文化中心的功能，尽管该区域地价最高，但城市经济功能空间结构表现为“马鞍形”，即经济活动最频繁区域出现在天安门东西两侧，特别是随着北京城市功能高端化发展，以商务、金融为主体的生产性服务业快速在如西部金融街和东部 CBD 等地区聚集，形成了多核心的城市经济空间结构，进一步引导办公活动在一定范围内相对集中分布。

CBD、金融街、中关村是北京城市内部具有代表性的办公集聚区。

CBD 办公集聚区位于朝阳区，内核面积最大，呈星状分布，并沿东三环、京通高速公路方向扩散，范围较广。该办公集聚区依托北京商务中心区（CBD）的规划建设基础，受行政区界限定，该集聚区在整体空间走向上向东和向北扩展趋势显著，为 CBD 东扩的规划提供了产业基础。

金融街办公集聚区位于西城区，内核面积仅次于 CBD 办公集聚区，总体呈带状分布，以西二环南至复兴门北至西直门为轴向呈西北—东南方向扩散发展。金融街作为“十一五”以来发展最快的地区，金融中心功能引导办公活动在此高度聚集，并带动周围地区办公活动的增加。同样受到行政区以及政治中心功能区的限定，金融街办公集聚区将向西进一步扩展。

海淀区中关村办公集聚区以中关村街道和海淀街道为核心向外扩散。中关村科技园区本身就是高新技术产业高度聚集区，从制造业中分化出来的以信息收集、处理和加工为主体的办公业在该区域集聚。中关村办公集聚区呈向南向西扩展趋势，与中关村西区建设相适应。

北京市主城区内商业、服务业密集分布的空间可以分为两类：一是传统的商业（批发零售业）、餐饮业、娱乐业聚集地，如王府井、西单、大栅栏、前门大街、天桥等地区；二是高端商务区、新兴产业园区与办公集聚区带动的周边商业、服务业密集区，如 CBD、中关村、金融街、奥林匹克中心区等地区。

根据 2009 年和 2010 年的调查结果，北京市商业、服务业从业人员的就业地点主要集中在上述两类地区。主要呈现以下特点。

第一，高端商务区、新兴产业园区与办公集聚区带动形成的商业、服务业就业中心发展迅速，已经超过了传统商业、餐饮业中心的就业人口规模。CBD、中关村、金融街、奥林匹克中心区等地区不仅是办公集聚区，同时也成为城区内商业、服务业就业人口最密集的几个地区，而且吸引的商业、服务业就业人口规模还在增加，已经超越了西单、王府井等传统商业中心的就业人口规模。

第二，除高端商务区与办公集聚区周边外，商业、服务业聚集区的分布较为零散。在城区范围内，形成了若干商业、服务业就业小中心，如动物园、翠微、新街口、丽泽、管庄、马连道、望京等地区，这些地区通常位于交通较为便利的地区或大型居民区分布较为密集的地区。

### 5. 北京市主城区居民的通勤空间分布与通勤需求

人口布局与就业布局共同决定了北京市主城区居民的通勤空间布局，而通勤的空间布局构成了城市交通需求空间布局的基本结构。

通勤，即从居住地前往工作地点的出行，是城市交通中最重要的出行类型之一。根据 2006 年北京市第三次大型交通出行调查的结果，在北京市居民全部出行中，通勤比重达到 47.5%，是所占比重最大的一类出行。通勤是居民就业与交通互动关系的最为直接的环节，同时也是其他交通活动的基础。对于有固定工作地点的居民，在选择居住地点时，通常会优先考虑通勤距离与时间较短、通勤较为便利的地区，居民在居住地点确定的基础上对其他出行行为的目的地、出行频率、出行时间、出行方式等进行决策。此外，通勤作为出行，是一种稳定的基本出行需求，在出行频率、目的地和出行时间方面都具有刚性与强制性，不同于其他出行目的的出行行为。对于北京市交通而言，通勤是交通出行行为“强中心态势”与“潮汐现象”的主因。基于以上原因，本书专门选择北京市居民的通勤行为，尤其是通勤方式的选择行为作为研究对象。

可以说，通勤是居民就业与交通互动关系的最为直接的环节。同时，居民通勤活动是其他活动的基础，随着北京市就业制度和住房制度改革的不断深入，城市的居民择业、择居的自由度越来越大，从而使通勤大量增加，以通勤交通为代表的大都市发展问题日益严重化和复杂化。一般来说，根据居住地和工作地的关系可划分出五种通勤空间类型（表 5-11）。

**表 5-11　通勤空间类型划分**

| | 居住地 | 工作地 |
|---|---|---|
| 内部通勤 | 首都功能核心区 | 首都功能核心区 |
| 外向通勤 | 首都功能核心区 | 城市功能拓展区与远郊区 |
| 内向通勤 | 城市功能拓展区与远郊区 | 首都功能核心区 |
| 侧面通勤 | 城市功能拓展区与远郊区 | 城市功能拓展区与远郊区 |

以居民的居住地为起点，以居民的就业地为目的地，可以构造居民通勤空间分布的矩阵。以 2009 年和 2010 年调查为基础，北京市主城区居民的通勤空间分布矩阵如表 5-12、表 5-13 所示。

表 5-12 2009 年北京市主城区居民通勤空间分布矩阵 单位：%

| | | 工作地 | | | | | | | |
|---|---|---|---|---|---|---|---|---|---|
| | | 东城 | 西城 | 朝阳 | 丰台 | 石景山 | 海淀 | 郊区 | 合计 |
| 居住地 | 东城 | 3.8 | 0.7 | 2.0 | 0.7 | 0.2 | 0.5 | 0.2 | 8.1 |
| | 西城 | 0.8 | 7.2 | 1.8 | 0.7 | 0 | 1.5 | 0.3 | 12.3 |
| | 朝阳 | 1.4 | 0.8 | 19.1 | 0.2 | 0 | 1.5 | 1.3 | 24.3 |
| | 丰台 | 0.5 | 1.2 | 1.3 | 9.7 | 0.1 | 1.6 | 0.6 | 15 |
| | 石景山 | 0.1 | 0.1 | 0.3 | 0.1 | 3.7 | 1.5 | 0 | 5.8 |
| | 海淀 | 1.0 | 2.1 | 2.7 | 0.8 | 0.4 | 17.6 | 0.8 | 25.4 |
| | 郊区 | 0 | 0.1 | 0.3 | 0.1 | 0.1 | 0.2 | 7.9 | 8.7 |
| | 合计 | 7.6 | 12.2 | 27.5 | 12.3 | 4.5 | 24.4 | 11.1 | 99.6 |

表 5-13 2010 年北京市主城区居民通勤空间分布矩阵 单位：%

| | | 工作地 | | | | | | | |
|---|---|---|---|---|---|---|---|---|---|
| | | 东城 | 西城 | 朝阳 | 丰台 | 石景山 | 海淀 | 郊区 | 合计 |
| 居住地 | 东城 | 4.4 | 1.6 | 1.6 | 0.5 | 0.1 | 0.7 | 0 | 8.9 |
| | 西城 | 0.6 | 7.1 | 1.2 | 0.5 | 0.1 | 1.8 | 0.4 | 11.7 |
| | 朝阳 | 1.7 | 0.4 | 21.6 | 0.4 | 0 | 1.5 | 1.0 | 26.6 |
| | 丰台 | 0.8 | 1.2 | 1.5 | 9.9 | 0.3 | 1.1 | 0.6 | 15.4 |
| | 石景山 | 0.3 | 0.1 | 0.4 | 0.2 | 3.0 | 1.9 | 0 | 5.9 |
| | 海淀 | 0.4 | 1.5 | 1.5 | 0.2 | 0.2 | 17.6 | 1.2 | 22.6 |
| | 郊区 | 0 | 0 | 0 | 0 | 0.2 | 0.2 | 8.5 | 8.7 |
| | 合计 | 8.2 | 11.9 | 27.8 | 11.7 | 3.9 | 24.8 | 11.7 | 100 |

矩阵中横向为就业地，纵向为居住地，每一单元格表示的是居住在所在行代表的地区，在所在列的地区就业的居民在城区所有具有固定就业地点居民中所占比例。最右一列代表的是各区的人口分布，最下一行代表的是各区作为就业地的就业人口分布。

根据北京市城区居民通勤空间分布矩阵，可以得到以下发现。

第一，各区的区内通勤比例大，远远高于区际通勤比例，在矩阵中左对角线的数值都较高。尤其是朝阳区与海淀区的区内通勤比例都接近 20%，两者之和接近全部居民通勤的 40%。这说明居民普遍在选择居住地时会考虑接近工作地点，或者在找工作时会优先考虑接近居住地的就业机会。

第二，在五种通勤空间类型中，侧面通勤所占比例最大。这说明居住和生活在功能拓展区及郊区的居民在所有具有通勤行为的居民中所占比例最大。其中朝阳区和海淀区的区内通勤又占了侧面通勤的绝大比重，这表明朝阳区和海淀区已成为城区居民通勤行为的主要空间。

第三，北京市城区内部通勤所占比例仅次于侧面通勤，2009 年达到 12.9%。同时外向、内向通勤比例基本相当，2009 年分别为 7.7% 和 7.3%。在北京市居住而到外省市工作的交叉通勤所占比例极小。这说明北京市城区内从外围向中心通勤的行为与从中心向外围通勤的行为同时存在，且强度基本相当，人口郊区化与产业郊区化的现象都已出现，但郊区化过程尚未完成，仍在持续中。东城区、西城区、丰台区、石景山区、海淀区作为居住地的比重大于作为工作地所占比重，是通勤净输出区；朝阳区、郊区作为居住地的比重小于作为工作地所占比重，是通勤净输入区（集聚区）。丰台区、石景山区的通勤净输入情况尤其突出，城区内分别有 15.4% 和 5.9% 的居民在丰台区和石景山区居住，但丰台区和石景山区吸引的就业人口分别仅占城区的 11.7% 和 3.9%，这说明这两个区的就业聚集功能弱于居住功能，一部分本区居民前往区外就业，而区外居民来本区就业的情况相对较少。

第四，二环内通勤密度过大。通勤密度过大是二环内交通压力过大的根本原因。二环内城区面积不足北京市建成区的 1/10，但无论是内部通勤、外向通勤还是内向通勤，都将经过二环以内的城区，三者在 2009 年占整个通勤量的近 30%，同时一部分二环周边的侧面通勤也会通过二环内的城区。

### 6. 分街道的职住功能分析

在上文的北京市主城区人口布局和就业布局分析中可以发现，有些街道主要是人口分布密集区，承担居住功能，有些街道主要是居民就业密集区，承担就业功能，有些街道两种功能兼而有之，有些街道既不是居住密集区，也不是就业聚集区，而具有政治中心、休闲健身、文化旅游、文物保护等其他功能。

城市土地利用类型一般分为以下几类：住宅（单体、公寓、别墅等），商业（零售和批发），工业，政府和公共用地，交通和城市基础设施，城市绿地和开放空间等。政府和公共用地、交通和城市基础设施、城市绿地和开放空间等土地利用类型所承担的功能是非经济的，因此受市场力量驱动和影响较弱。

本书重点关注通勤带来的交通需求与出行行为，因此主要从职住功能与通勤角度将以上 121 个街道（地区 / 乡 / 镇）分为以居住功能为主的通勤净输出区，以居民就业功能为主的通勤净输入区，兼有作为居住地与作为就业地功能的职住平衡区，以农业用地、工业用地、政治中心、文化旅游、休闲健身、生态保护、文物保护等功能为主的其他功能区。分类情况如表 5-14 所示。

**表 5-14　北京市主城区各街道按照职住功能的分类**

| 类别 | 个数 | 街道（地区 / 乡 / 镇） |
|---|---|---|
| 通勤净输出区 | 43 | 景山、交道口、安定门、北新桥、东四、和平里、月坛、什刹海、崇文门外、龙潭湖、天坛、永定门外、天桥、陶然亭、广安门内、白纸坊、广安门外、劲松、太阳宫、管庄、太平桥、东铁匠营、卢沟桥、丰台、方庄、八宝山、八角、苹果园、鲁谷、清河、花园路、西三旗、马连洼、田村路、曙光、大屯、望京、小红门、右安门、西罗园、大红门、马家堡、和义 |

| 类别 | 个数 | 街道（地区 / 乡 / 镇） |
| --- | --- | --- |
| 通勤净输入区 | 9 | 金融街、建国门外、团结湖、双榆树、中关村、海淀、清华园、燕园、东高地 |
| 职住平衡区 | 31 | 建国门、东直门、新街口、展览路、德胜、体育馆路、大栅栏、牛街、呼家楼、三里屯、左家庄、香河园、和平街、安贞、亚运村、小关、酒仙桥、六里屯、八里庄、双井、潘家园、古城、金顶街、万寿路、永定路、羊坊店、甘家口、八里庄（海）、北下关、北太平庄、学院路 |
| 其他功能区 | 35 | 东华门、西长安街、前门、南磨房、高碑店、将台、十八里店、平房、东风、奥运村、来广营、常营、三间房、孙河、黑庄户、豆各庄、王四营、新村、长辛店、云岗、宛平城、王佐镇、卢沟桥乡、老山、五里坨、东升、温泉镇、苏家坨、上庄镇、金盏、崔各庄、东坝、南苑、南苑乡、花乡 |

通过以上分类，可以获得以下发现。

第一，北京市主城区的通勤净输出区远远多于通勤净输入区，这说明在空间上，居民就业集中程度要比居住集中程度更为密集。这些通勤净输出区主要分布在两个地区：多数通勤净输出区集中在海淀区、朝阳区、石景山区、丰台区等城市功能拓展区，主要以普通商品房小区、高级住宅区和移民社区为主；少数分布在首都功能核心区，主要以旧居民聚居区与未经改造的街坊式社区为主。

第二，作为通勤净输入区的街道数量很少，只有 9 个街道，且除东高地街道以外，均集中在 3 个就业中心区。金融街街道是金融街就业中心的核心地区；建国门外街道是 CBD 就业中心的核心地区，团结湖街道位于 CBD 就业区外围；中关村街道、海淀街道是中关村就业中心的核心区，燕园街道、清华园街道也有部分地区位于该就业中心；东高地街道是位于丰台区的航天科研、生产单位聚集区。

第三，值得注意的是，表 5-14 中列出的 31 个职住基本平衡的街道，这些街道吸引的就业人口与居住在该区域的人口数量基本平衡，但并不意味着这些街道绝大多数居民在本街道附近就业，依然存在以本街道之外其他地区为目的地的通勤行为。以建国门街道为例，该街道是机关单位聚集区，繁华商业区，写字楼聚集区，同时也是旧居民生活聚集区。在该街道机关单位、高端商务区与写字楼中就业的人员以中高收入市民为主，他们的居住地大多并不在该街道附近。而该街道的居民主要居住在未经改造的旧街坊式社区，以中低收入市民为主，他们的就业地大多在本街道外的其他地区。在该街道就业的市民与该街道的居民都有进行较长距离通勤的交通需求。

通过上述分析可知，北京市主城区职住分离现象较为突出。

### 7. 北京市的职住分离现象—空间错位问题分析

20 世纪 60 年代，美国学者 John Kain（1968）首先开始研究城市的职住分离与空间错位（空间不匹配）现象。他发现，就业机会的郊区化与美国城市中普遍存在的居住隔离是造成内城工作技能不足的居民失业率较高、收入相对较低和工作出行时间偏长的主要原因。这种城市居住功能与就业功能的严重分离现象被称为职住分离现象，或空间错位（空间不匹配）现象。

通过上文中对北京主城区人口布局、就业布局与通勤布局的分析可知，北京市主城区的空间错位现象已经较为突出。

（1）空间错位的形成原因

北京市主城区空间错位现象的形成主要有三个方面原因。

第一，随着北京城市土地有偿使用制度建立、市中心危旧房改造、住房制度的改革以及交通体系的逐步完善和私家车的普及，边缘区较为便宜的地价优势吸引着低收入群体向城市边缘区集聚。但在住宅快速郊区化的同时，就业的发展并没有跟上人口的发展，市中心依然是城市经济活动的中心。因为市区高昂的消费和地价被迫搬到郊区的居民并没有太大的能力对其工作地点做出改变，边缘区居民不得不以较长的通勤时间、闲暇时间的减少为代价，往返于居住地与工作地之间，从而形成了边缘区居民的居住与就业的空间错位这一突出问题。

第二，在北京市郊区化的过程中，居民选择从市中心移居到郊区，通常需要承担一定的成本。其中包括交通成本的上升，如果需要购买并使用小汽车，则交通成本的增加更为可观；郊区化形成的新住宅区主要以普通商品房小区为主，目前经济适用房所占比例仍然较小，市中心的收入较低的居民可能无力承担购置郊区住宅的费用。因此，相当一部分中低收入居民继续居住在市中心的旧街坊式社区和单位社区中，未能向外迁居。同时，随着郊区化的快速发展，新兴的产业园区和商业、服务业主要分布在郊区，一部分市中心的居民需要到郊区就业。

第三，由于历史、文化等原因，北京市较好的医疗设施和教育设施等城市公共服务系统主要集中在二环以内，部分在四环以内，而四环外的服务设施远远达不到中心城区的水平。因此，有经济能力的居民不愿外迁，又有新居民不断涌向市中心，使中心人口密度相对较高。此外，由于北京城市规划对建筑密度的限制，不仅减少了中心城区北京市住房的供给量，而且拉高了北京市的住房市场价格，在一定程度上造成中心城区居民居住拥挤，居住条件简陋。一部分居民为了获得优质的社会服务设施而选择在市中心居住，到郊区就业。

（2）空间错位的主要形式与地域表现

在北京市主城区存在两种形式的空间错位。

①内向空间错位。

在人口分布郊区化进程加快的同时，就业郊区化现象尚不明显。北京的郊区化过程中并没有出现地理意义上的产业空心化现象，城市的主要经济活动仍然发生在城市中心区及其周边地区。经过 CBD 优化和产业结构高度化以及城市用地结构“退二进三”的调整，市中心原有的劳动密集型与高污染工业搬迁到远郊区，而向心性很强的高端服务业、金融业等第三产业办公聚集区仍然集中在市中心，原先在市中心地区的国家机关、党群组织与企事业单位也没有向外迁出，市中心城市现代化与政治中心、商贸中心、文化中心的功能越加强化。在这种情况下，正如前面人口布局与就业布局分析中所显示的，大量国家机关与企事业单位工作人员、专业技术人员与办事人员第三产业从业人员居住在郊区，但就业地集中分布在CBD、金融街等市中心地区，他们必须通过内向通勤或侧面通勤（北京市的CBD位于城市功能拓展区）从郊区向市中心通勤。

此外，在郊区化过程中，一部分中低收入居民原先居住在市中心旧居民区，因拆迁等种种因素搬到远离市中心的郊区，但他们是市中心批发零售业、餐饮业等商业、服务业和文化旅游业从业人员，仍然需要从郊区到市中心通勤。同时以上行业也吸引了很多外来人口就业，他们主要居住在郊区的外来人口聚居地，也需要通过内向通勤来上班。

②外向空间错位

北京市人口分布的郊区化并未带来第三产业办公聚集区的郊区化，却在一定程度上引起了批发零售业、餐饮业、居民服务业等低端商业、服务业从市中心向郊区的扩散。这些行业以居民为主要消费者，主要分布在居民聚集区及其周边，随人口分布的郊区化而分散到郊区大型居民住宅区附近或交通便利的地区。因此在郊区新兴居民聚居地附近产生大量低端商业、服务业就业机会。而这些产业的从业人员中也包括一部分居住在市中心旧居民聚居区与街坊式社区的中低收入居民，他们需要通过从市中心向郊区进行外向通勤。

正如上文中对通勤空间布局的分析所显示的，北京市主城区的空间错位现象推动了通勤需求以及其他相关交通需求的增长。在人口分布郊区化进程加速，而经济中心郊区化相对滞后的情况下，内向通勤与侧面通勤中向内的通勤迅速增加；与此同时，人口分布郊区化又带来了围绕居民聚集区分布的商业、服务业向郊区的扩散，引起了外向通勤和侧面通勤中向外通勤的增加。以上两种趋势的叠加使得北京市居民以通勤为基础的交通需求快速上升。

## （三）小结

（1）在城市发展的过程中，城市交通与城市空间演化始终交织在一起，成为城市发展的重要内容。城市交通与城市空间演化之间存在着复杂的动态互馈关系。城市空间演化不断对城市交通提出更高的要求，影响着城市交通的发展方向、发展规模和发展速度，而交通方式的变革和交通可达性的提高又会引导城市空间的进一步演化。城市空间演化的结果可以通过城市空间演化的规模、空间结构布局、空间功能的混合程度、就业密度及分布等实现对城市交通的影响，如影响城市交通方式的选择、影响城市的客流密度及客流分布、影响交通出行的距离等。

（2）北京市人口分布呈现“空心化”的格局，大多数人口居住在城市功能拓展区，达到80.5%，而居住在首都功能核心区的居民只占城区居民的19.5%。朝阳区、海淀区和丰台区成为人口分布聚集区，而石景山区与首都功能核心区的四个区居民则较少。

北京市城区人口分布南北差异较大。以长安街及其东西延伸为北京市城区南北分界线，城区北部人口约占城区总人口的60%，而南部则不足40%。各区内的各街道人口分布也不均匀，常住人口较多的街道多位于城市功能拓展区。北京市城区人口密度空间分布不均，人口密度自中心向外首先增长然后衰减。

（3）北京市城区居民就业地呈现朝阳区与海淀区双中心区格局，城市发展新区吸引居民就业的潜力有待开发，主城区与远郊区之间的就业联系较弱。在地区层面上，北京市城区居民就业形成了中关村和CBD两个主中心、金融街和奥林匹克中心区两个副中心、上地、望京等多个小中心区的格局。城区居民就业集中趋势加剧，北京市总体规划中的海淀山后地区科技创新中心、石景山综合服务中心等地区对就业的吸引能力目前尚较弱。在第三产业中，总部经济、办公区与高端商务区主要聚集在CBD等就业中心，而商业、服务业的分布则随着人口分布的郊区化而逐渐向郊区扩散。

（4）在通勤的空间分布方面，各区的区内通勤比例大，远远高于区际通勤比例，说明居民普遍在选择居住地时会考虑接近工作地点，或者在找工作时会优先考虑接近居住地的就业机会。在各种空间类型的通勤中，侧面通勤所占比例最大，朝阳区和海淀区已成为城区居民通勤行为的主要空间。北京市城区内从外围向中心通勤的行为与从中心向外围通勤的行为同时存在，且强度基本相当，人口郊区化与产业郊区化的现象都已出现，但郊区化过程尚未完成。主城区职住分离现象较为突出。

（5）北京市城市经济功能与人口就业郊区化相对于人口郊区化的滞后造成了空间错位现象日益突出。就业郊区化的滞后使内向通勤与侧面通勤中向内的通勤迅速增加。与此同时，人口分布郊区化又带来了围绕居民聚集区分布的商业、服务业向郊区的扩散，引起了外向通勤和侧面通勤中向外通勤的增加。以上两种趋势的叠加使得北京市居民以通勤为基础的交通需求快速上升。

## 三、城市空间结构对居民交通行为的影响研究

居民的交通需求在现实中会表现为居民交通出行方面的一系列选择行为，包括出行距离的确定、出行频率的确定、出行方式的选择等。交通需求是交通出行行为的基础，交通出行行为则是交通需求的具体表现形式。交通需求反映了居民空间移动的潜在需求，可以通过不同形式的交通出行行为得到满足。城市空间结构及其演化与城市交通的关系不仅体现在对居民交通需求的影响方面，而且表现为对居民一系列具体交通出行行为的影响。本书最终关注的是居民交通行为的低碳化问题，因此本节将着重探讨城市空间结构对居民交通出行行为的影响，以居民交通方式选择行为为分析重点，研究城市空间结构对居民出行方式选择行为的影响及其作用机制。本节首先将简要论述城市空间结构对居民交通出行行为影响的相关理论与一般规律，然后重点以北京市为案例，以2009年和2010年两次大规模入户问卷调查为主要信息基础[1]，对北京市空间结

1　本书共享了北京奥组委“奥运会总体影响(OGI)”项目创造的研究条件。

构对居民出行方式选择行为的影响进行实证研究。

## （一）城市空间结构对居民交通出行行为影响的理论研究

### 1. 城市空间规模对居民交通出行行为的影响

在宏观上，城市空间规模可以影响城市居民交通出行总量，同时也可以对居民平均出行距离与出行成本构成影响，最终进一步影响到居民交通出行方式的选择行为。

（1）城市空间规模对居民交通出行总量的影响

城市空间规模主要是地理意义上的空间范围，即城市在空间上的大小程度。城市空间规模的扩大往往伴随着城市常住居民总量的增加，而伴随着常住居民总量的增加，居民交通出行总量也会在一定程度上不断增加，因为根据居民出行行为的一般规律，在一定时期内，同一地区的居民日均出行次数基本是一个常数，波动极小。在这一规律的作用下，城市居民交通出行总量的大小与城市空间规模的大小成正比，表现为一种正相关关系。

同时应该注意到，城市空间规模的扩张通常是城市化发展进程中的一种现象，城市化进程与工业化进程同步，城市空间规模的扩张一般也与城市经济发展同步，而城市经济的快速发展在一定程度上会促使城市居民生活水平得到提高，从而出行需求会有所增加，这也会引起居民交通出行总量的上升。

（2）城市空间规模对出行距离的影响

城市空间规模就是一种地理空间性质，因此与居民出行距离具有极强的相关性。在城市发展初期，空间规模较小，居民的出行距离相应也较短。随着城市的发展，空间规模不断扩大，居民的出行距离也大幅增加。

总体上，居民出行距离长短与城市空间规模的大小成正比，即城市规模越大，居民的平均出行距离就越长；城市规模越小，居民的平均出行距离就越短。其内在原因是，随着城市空间规模的扩大，居民的居住地、居民就业地、商贸服务业聚集地、休闲娱乐业聚集地的分布都会越来越分散，在单中心城市中，这种趋势更为明显。这种趋势的直接后果是导致居民完成各种活动的出行距离逐渐变长。

（3）城市空间规模对交通方式的影响

城市空间规模的大小不仅会影响居民交通出行总量的大小、居民出行距离的长短，同时也会影响居民交通方式的选择行为。不同的城市空间规模与不同的交通方式相适应。

城市的空间规模越小，常住居民数量通常也越少，居民出行总量较小，出行距离也相对较短。在这种情况下，步行与自行车出行等非机动出行方式成为交通方式构成中的主体。

当城市的空间规模扩张到一定程度后，城市中居住、就业、游憩等各种功能分散程度较高，居民的平均出行距离较长，交通拥堵压力也开始增加。机动化出行开始在城市居民出行结构中占据主导位置。根据以往的研究，居民对于出行成本与出行时间都有一个较为固定的预算值，选择机动化交通方式的重要原因是在既有的出行时间预算内完成必需的交通出行活动。居民对于不同的出行目的都有不同的交通可容忍时间，不同个体对各种交通方式的可容忍时间也有所不同，有研究将居民的平均可容忍时间总结如表 5-15 所示（王炜等，2004）。

**表 5-15　不同出行目的的出行容忍时间**　　单位：min

| 出行目的 | 理想出行时间 | 不计较出行时间 | 能容忍出行时间 |
|---|---|---|---|
| 上班 | 10 | 25 | 45 |
| 购物 | 10 | 30 | 30 |
| 游憩 | 10 | 30 | 85 |

随着城市空间规模的不断扩大，城市居民的出行距离随之变长，出行时间也会相应增加。为了保证能在一定的时间预算内完成预期的出行行为，居民往往要根据不同的出行目的、出行路线和不同交通方式的运行速度、出行成本与舒适性进行选择。城市空间规模的演化对交通方式具有一定的选择性，不断推动城市交通方式结构的转变和城市整体交通水平的提高。

### 2. 城市空间格局对居民交通出行行为的影响

从城市交通与就业分布关系的角度，可以将城市空间格局简要概括为两种，即单中心城市发展模式与多中心城市发展模式。

根据就业分布可以将城市分成单中心城市与多中心城市两大类。单中心城市有一个空间上就业高度集聚的区域，称为中心商业区（CBD）。城市居民大多住在这个商业中心区之外，每天到中心区通勤。交通流从中心商业区向外呈放射线状。另一个模式是一个大都市区有两个以上的就业密集区或商业中心，这种模式称为多中心模式。在多中心格局中，交通流呈现两种模式：一类是多个就业中心的规模都相似，城市居民可到任何一个中心去上班，交通流呈随机状；另一类是有一个比其他就业中心规模更大、吸引力更强的中心，这个中心提供的就业机会更多，比其他就业中心吸引更多的人来上班，交通流是放射线状与随机状混合（图 5-5）。

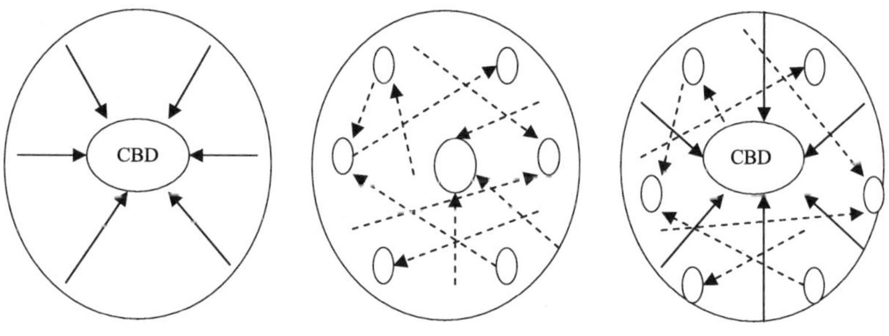


**图 5-5　城市的单中心格局、多中心格局与混合格局**

有一种将多中心城市理想化的设想，即认为每个就业中心可以发展成为完全自给自足的社区，一些自给自足的“城市村落”集聚形成一个大规模的多中心都市。在这样的大城市中，交通出行距离很短；甚至理想化的状态是，每个人都可以步行或者骑自行车去上班。然而，在实际的城市发展中没有出现这种理想化的现象。由大量自给自足的“城市村落”组成的大都市，与大都市赖以生存和发展的基础相矛盾，这个基础即是劳动力市场表现的规模递增规律。城市规模越大，人口分布越集中，城市劳动力市场的效率也越高。“城市村落”的概念意味着主要的劳动力市场被分割了（丁成日，2007）。

Bertaud（2003）通过国际城市的比较研究建议：在经济定义上 500 万人口以内的都市以单中心城市形态为最佳，超过 500 万人口的城市以多中心城市形态为最佳。这里的最佳，指的是城市经济空间集聚效益与城市交通成本统筹考虑后的综合指标评估。

有实证研究表明，城市的多中心格局与就业的分散不仅不能通过多中心增加就业与住宅的平衡，以减少城市交通需求，反而促使城市居民交通通勤距离变长（Cervero and Wu，1998；McMillen，2003）。经验表明就业次中心（副中心）数量随着人口和通勤成本的增加而增加，即就业次中心和通勤成本、人口规模是正相关的。通勤成本较高的城市通常有更多的就业次中心。Cervero 等研究了旧金山城市就业分布与交通通勤的关系。研究发现，第一，就业中心分散化不会减少总的通勤时间；第二，随着就业中心的数量、规模和密度的增加，人均通勤的车公里数也随之增加。就业的分散不仅不能缩短平均通勤距离，而且其分散程度越高，平均每位通勤者的通勤里程就越长。

## （二）北京市城市空间结构对居民交通方式选择行为影响的实证研究

### 1. 研究框架

由于研究目标是通过对居民出行行为的分析，探索如何通过促进居民出行行为的低碳化来控制城市交通能源消费与温室气体排放，而在一系列居民出行行为中，通常处于末端的交通方式选择行为最终决定了居民交通出行的能源消耗与温室气体排放水平，因此是本书着重关注的居民出行行为，研究框架如图 5-6 所示。

由于在各种基于不同目的的出行中，通勤行为是最为重要的一类基础性出行行为。因此，本节的实证研究仍然以北京市主城区居民的通勤行为为主要研究对象，重点关注城市空间结构对居民通勤方式的影响及其作用机制。如图 5-6 所示，根据消费心理学与行为经济学的相关研究，居民在进行通勤方式选择的理性决策时，通常首先根据通勤距离识别各种可行的通勤方式，然后对各种可行通勤方式的通勤时间、成本、舒适性与便利程度进行比较，根据自身的时间约束、预算约束与效用函数进行排序，选择能够实现自身效用最大化的通勤方式。城市空间结构布局主要通过四种机制对居民通勤方式的选择行为产生影响。

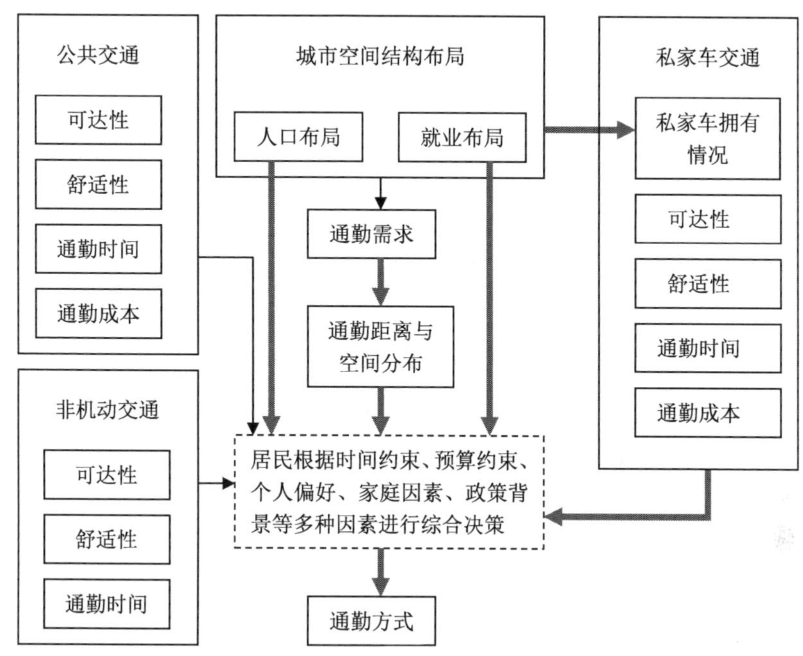


**图 5-6　北京市城市空间结构对居民交通方式选择行为影响的实证研究分析框架**

第一，城市空间结构布局决定了通勤需求的空间分布，进而决定了居民的通勤距离与通勤的空间分布，而通勤距离与通勤的空间分布是通勤方式选择的基本影响因素。

第二，根据城市人口布局的一般规律，由于历史的、经济的或社会的原因，相近收入水平、相同职业、相似年龄结构的居民倾向于在同一社区或邻近社区中居住，因此在城市空间范围内形成了许多社会经济属性差异显著的居民社区，而不同社会、经济属性的居民通常具有不同的时间约束、预算约束、个人偏好和家庭结构，因而通勤方式的选择行为也会有明显差异。

第三，城市就业中心区的形成通常符合经济学上的产业集群规律，因此同一行业或相关行业的企事业单位在空间地理位置选址上也会互相靠近，逐渐形成某一产业中心区或产业带。不同行业部门的产业园区与不同经济功能的就业中心区的从业人员群体社会、经济差异显著，因而也会具有不同的通勤方式选择行为。

第四，随着郊区化进程的加速，城市空间结构上人口分布与就业分布的职住分离问题日益突出，空间错位现象逐渐凸显。空间错位现象的严重与否，常常是影响居民私家车拥有情况的重要因素。许多研究证明，拥有私家车的居民与没有私家车的居民在选择通勤方式时差异显著。城市空间结构布局通过这一形式间接影响了居民通勤方式的选择。

一种空间因素通常具有四种基本属性：距离（长度）、方向、起点、终点。城市空间结构布局影响居民通勤方式构成的第一种作用机制体现了距离与方向的影响；第二种作用机制体现了起点的影响；第三种作用机制体现了终点的影响；第四种作用机制体现了间接的影响。

下文将以在北京市主城区 2009 年和 2010 年的两次调查为基础，分别研究北京市城市空间结构布局通过以上四种机制对居民通勤方式选择行为的影响。

## 2. 通勤距离及其空间分布与通勤方式

### （1）通勤距离与通勤方式

通勤距离是影响居民通勤方式选择的基本因素。根据消费心理学与行为经济学的相关研究，居民在进行通勤方式选择的理性决策时，通常首先根据通勤距离识别各种可行的通勤方式，然后对各种可行通勤方式的通勤时间、成本、舒适性与便利程度进行比较，根据自身的时间约束、预算约束与效用函数进行排序，选择能够实现自身效用最大化的通勤方式。在这一决策过程中，居住地与工作地之间的通勤距离是最主要的决策基础与出发点。

根据 2009 年与 2010 年的两次调查，北京市全市及主城区内各区居民的平均通勤距离如图 5-7 所示，主要具有以下特征：

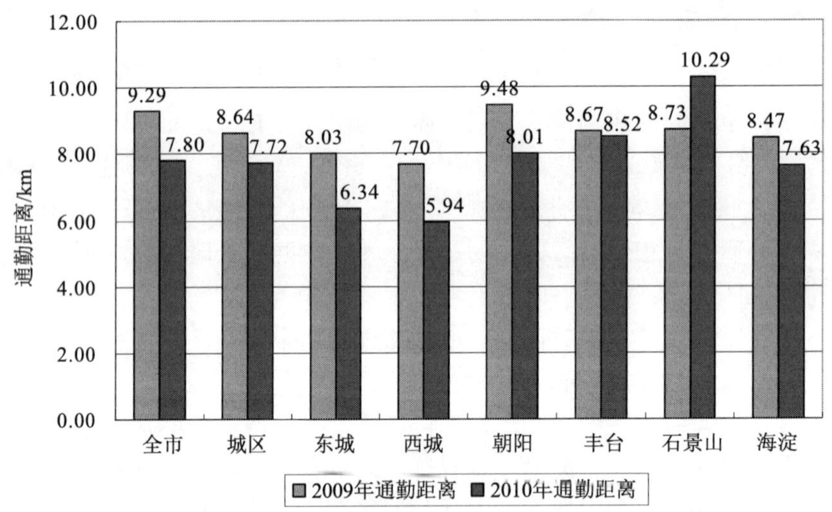


图 5-7 调查中北京市全市及主城区内各区居民的平均通勤距离

第一，北京市全市及主城区内居民的平均通勤距离较之居民全部出行的平均出行距离略短，而且变化趋势也有所不同。根据北京市第三次交通综合调查，北京市居民的平均出行距离由 2000 年的 8.0 km/ 次增加到 2005 年的 9.3 km/ 次。而根据本研究的调查，北京市主城区居民的平均通勤距离从 2009 年的 8.64 km/ 次下降到 2010 年的 7.72 km/ 次，在绝对值上小于居民全部出行的平均出行距离，而且略有下降的变化趋势也与居民全部出行平均距离逐渐增加的趋势相异。在调查中，笔者了解到，由于通勤出行需求具有极强的刚性，是日常基本出行需求，因此大部分居民将通勤距离列为选择居住地点与就业地点时的重要考虑因素之一，尽可能使居住地与就业地之间的日常通勤距离缩短。居民的这种选择行为是造成平均通勤距离短于平均出行距离的重要原因。

第二，主城区内各区居民的通勤距离存在差异。2009 年与 2010 年两次调查的结果都显示，城市功能拓展区（朝阳、丰台、石景山、海淀等区）居民的平均通勤距离显著长于首都功能核心区（东城区、西城区）的居民。一方面是因为城市功能拓展区空间范围较大，区内通勤距离偏长；另一方面原因则是北京市“多中心”城市功能布局尚未完全形成，就业较为集中的区域依然主要分布在首都功能核心区及其周边地区，而随着北京市郊区化程度的加深，居民居住社区的分布逐渐向城市功能拓展区中远离市中心的边远地区发展，大量居住在城市功能拓展区的居民无法在周边找到适宜的就业机会，需要向市中心通勤，因此平均通勤距离较之首都功能核心区的居民更长。

如图 5-8 所示，对比在北京市主城区两次调查中通勤距离小于等于 5 km 与大于 5 km 的两类居民的通勤方式构成，可以发现两者的差异十分显著。对于小于或等于 5 km 的短途通勤而言，步行与自行车等非机动出行是占主导地位的通勤方式，所占比例接近 80%；作为补充，公共汽车通勤所占比例约为 15%，极少有人选择地铁通勤；此外，仍有 7% 左右的通勤者选择私家车进行短途通勤。对于大于 5 km 的相对较长距离的通勤而言，步行与自行车等非机动通勤所占比例极小；公共汽车通勤所占比例超过 40%；地铁以及地铁与公共汽车换乘通勤所占比例共约 15%；私家车通勤所占比例接近 20%，远高于在全部通勤中所占的比例（约 10%）。

北京市主城区居民短途通勤以非机动方式为主的现象是较为合理的。由于通勤时间受人的生理条件所限，较长距离的通勤不适于采取步行方式，但自行车在气候条件较好的情况下，可以适用于身体健康的居民 5 ～ 10 km 的通勤，通勤时间为 20 ～ 40 min。

值得注意的是，在大于 5 km 的通勤中，接近 20% 的居民选择私家车通勤，这一部

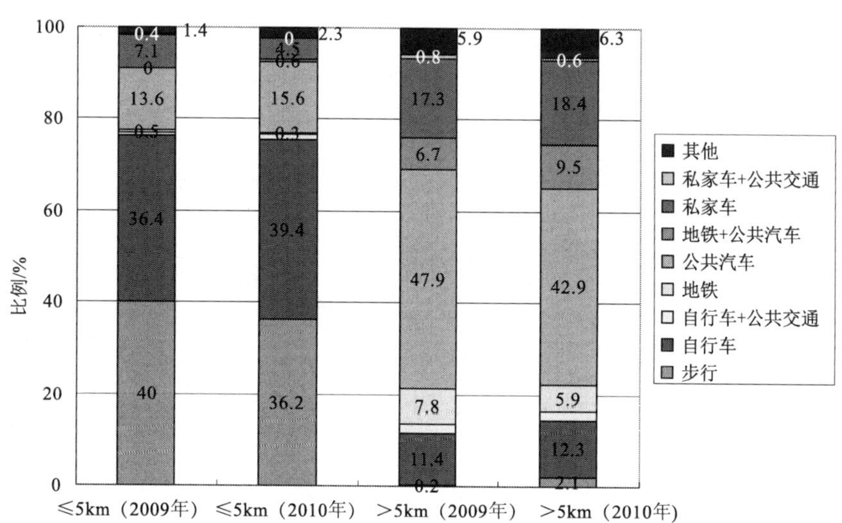


**图 5-8 调查中通勤距离小于或等于 5 km 与大于 5 km 的两类居民的通勤方式比例**

分通勤者仍有转而选择更为低碳化的公共交通出行方式的可能；在小于或等于 5 km 的短途通勤中，仍有 7% 左右的居民选择私家车通勤，这种用于短途通勤的私家车出行通常可以被其他较低能耗与排放的出行方式所取代，可以通过有效的政策手段予以调节。

（2）通勤空间类型与通勤方式

空间变量不同于其他变量的特征在于，任何空间变量都至少是一个向量，其不仅具有数值属性，同时还具有方向属性。对于通勤的空间特征而言，数值属性体现为通勤距离，而方向属性则体现为通勤的空间类型。通勤距离是居民通勤方式选择的基础影响因素，而通勤的空间类型也对居民通勤方式的选择行为产生了特定的影响。

通勤空间类型可分为内部通勤、外向通勤、内向通勤、侧面通勤和交叉通勤五种。由于交叉通勤在北京市主城区居民中所占比例极少，可以忽略不计，本书只对前四种通勤空间类型进行研究。2009 年与 2010 年两次调查中四种通勤类型所占比例及其各自的平均通勤距离如表 5-16 所示。

表 5-16 2009 年与 2010 年不同通勤空间类型的通勤距离

| 通勤类型 | 2009 年 | | 2010 年 | |
|---|---|---|---|---|
| | 比例 /% | 平均通勤距离 /km | 比例 /% | 平均通勤距离 /km |
| 内部通勤 | 12.9 | 4.00 | 13.7 | 2.83 |
| 外向通勤 | 7.7 | 14.24 | 6.9 | 12.57 |
| 内向通勤 | 7.3 | 12.94 | 6.4 | 12.29 |
| 侧面通勤 | 72.0 | 9.33 | 72.7 | 7.89 |
| 总体 | 99.9 | 9.29 | 99.8 | 7.8 |

在各种通勤空间类型所占比例方面，与 2009 年相比，2010 年四类通勤所占比例变化都不大，内部通勤与侧面通勤所占比例略有增加，外向通勤、内向通勤所占比例稍有减少。说明空间错位发展趋势并未继续扩大，就业的郊区化进程有所发展。人口分布与就业分布都在向城市功能拓展区扩散，居民的侧面通勤成为最主要的通勤空间类型，在空间上整体都发生在城市功能拓展区的通勤行为已成为城区居民通勤行为的主体，所占比例仍在上升，这表明北京市城区人口分布的郊区化与就业分布的郊区化共同导致了通勤行为空间分布的空心化。

不同通勤空间类型的平均通勤距离差异显著。在 2009 年和 2010 年的调查中，外向通勤都是平均通勤距离最长的一类通勤行为，平均通勤距离分别为 14.24 km 和 12.57 km。其次为内向通勤，平均通勤距离分别为 12.94 km 和 12.29 km。侧面通勤显著短于内向通勤和外向通勤，平均通勤距离分别为 9.33 km 和 7.89 km。内部通勤平均通勤距离最短，分别为 4 km 和 2.83 km。外向通勤和内向通勤都是跨越首都功能核心区与城市功能拓展区的通勤行为，前者对应的居住区在首都功能核心区，就业区在城市功能拓展区；后者对应的居住区在城市功能拓展区，就业区在首都功能核心区。外向通勤和内向通勤的居民都属于职住分离程度较高的通勤者，即空间错位程度较严重，因此平均通勤距离也相对较长。侧面通勤与内部通勤分别只在城市空间拓展区内和首都功能核心区内发生，平均通勤距离相对较短。由于首都功能核心区的面积远远小于城市功能拓展区，因此侧面通勤的平均距离也较长。

与 2009 年相比，内部通勤平均通勤距离又有所缩短，另外三种通勤也都有所缩短。

2009 年和 2010 年不同通勤空间类型的通勤方式结构如图 5-9、图 5-10 所示。

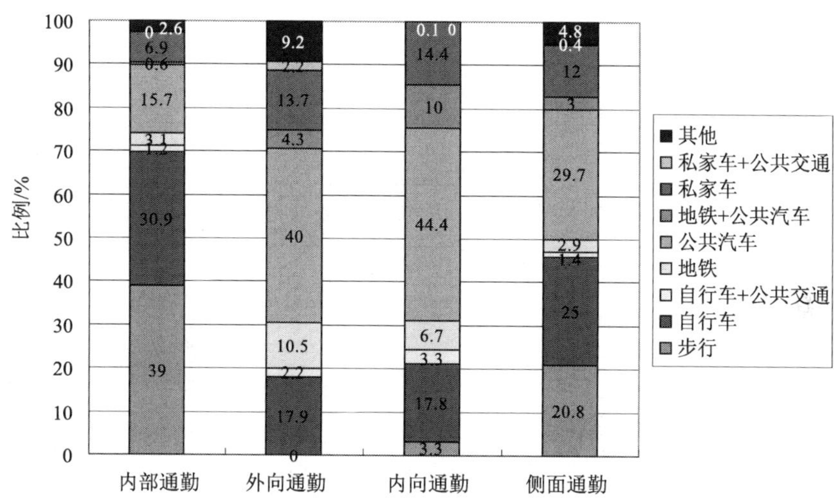


图 5-9　2009 年不同通勤空间类型的通勤方式比例

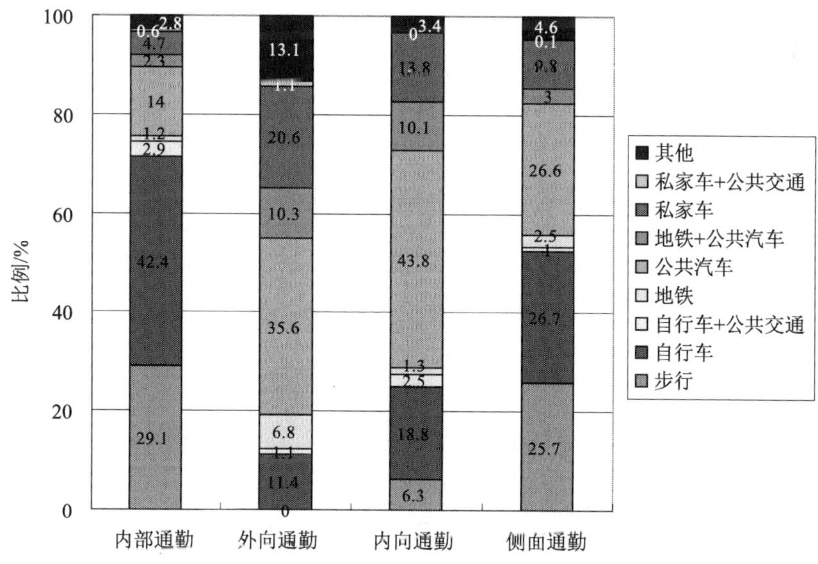


图 5-10　2010 年不同通勤空间类型的通勤方式比例

对比 2009 年与 2010 年两次调查中四种通勤空间类型对应的通勤方式结构，不同通勤空间类型对应的通勤方式结构差异体现出了通勤空间类型对居民通勤方式选择行为的影响。有以下几点发现值得注意。

第一，四种通勤空间类型对应的通勤方式结构的差异反映了四种通勤空间类型平均通勤距离的差异。正如上文分析中所显示的，通勤距离是影响居民通勤方式选择的基本因素。由于四种通勤空间类型的平均通勤距离差异显著，因此导致了所对应的通勤方式结构明显不同。内部通勤平均通勤距离不足 5 km，因此步行和自行车等非机动出行方式成为主要通勤方式，二者所占比例之和超过 70%，公共汽车是主要的补充通勤方式，但 2009 年仍有 6.9% 的通勤者采用私家车通勤。外向通勤和内向通勤平均通勤距离相对较长，超过 10 km，公共交通通勤所占比例最大，私家车是重要的补充通勤方式。侧面通勤的平均距离长于内部通勤，但短于外向通勤与内向通勤，因此非机动通勤与机动通勤各占 1/2 左右。

第二，外向通勤与内向通勤的平均通勤距离相近，但通勤方式构成上有一定程度的差异，这体现了通勤的方向性对居民通勤方式选择的影响。外向通勤中地铁通勤比例达到 17.1%（包括公共汽车与地铁的换乘），明显高于内向通勤中地铁通勤比例所占的 11.4%。同样是在首都功能核心区与城市功能拓展区之间移动，外向的地铁通勤比例却明显高于内向的地铁通勤比例。这种方向性造成的差异反映了轨道交通网络形态造成的影响。北京轨道交通网络呈现“内密外疏”的向外发散形态。在位于市中心的首都功能核心区，多条线路交会在一起，地铁线路与地铁站分布较密，向外发散到城市功能拓展区的各个地区，这种网络形态十分利于市中心居住者的通勤，地铁站的密集分布使得居民可以实现步行从住所前往地铁站，依靠轨道交通实现通勤。对于居住在外围城市功能拓展区的居民而言，由于轨道交通线路与地铁站分布较为稀疏，因此以非机动交通方式换乘轨道交通相对不便，轨道交通通勤的便利程度不及市中心的居民。与内向通勤的居民相比，外向通勤的居民采用单位班车等其他形式通勤的比例较高。这种通勤方向性造成的差异体现了单位班车线路分布造成的影响。北京市各单位班车线路中，从市中心驶往外围郊区的线路较多，而从外围郊区驶往中心区的线路较少。这是由于以前北京市居民区多集中于市中心，而大型企业多分布于郊区各地。随着人口分布郊区化的趋势日益明显，居住在城市功能拓展区的居民日益增加，且分布区较为分散，很少有单位为他们提供从外围郊区到市中心单位所在地的班车通勤方式。

第三，侧面通勤与内向通勤、外向通勤相比，平均通勤距离相差较大，但私家车通勤比例却相差不大。在排除了步行、自行车等非机动通勤方式的机动通勤方式内部结构中，侧面通勤的私家车通勤在机动通勤方式中所占比例最高。由于侧面通勤的居民都居住在城市功能拓展区，这说明与首都功能核心区居民相比，城市功能拓展区的居民私家车通勤的偏好程度更高。这在一定程度上反映了北京市主城区的轨道交通、地面公交等在空间上沟通内外的线路更多，而专门为不经过首都功能核心区的侧面通勤设计的线路较少。

### 3. 人口空间分布与通勤方式

人口的空间布局与就业的空间布局共同决定了通勤的空间分布，从而进一步确定了通勤距离，上文分析了通勤距离对居民通勤方式构成的影响。事实上，人口空间布局与就业空间布局本身各自单独对居民通勤方式选择行为也有影响。下文将对二者分别进行分析。

人口的空间布局反映的是居民居住地的布局，即通勤行为起点的分布，起点与终点共同决定了通勤距离，而从不同起点出发的通勤者，其通勤方式选择行为也存在差异。作为起点的居住地的特征成为居民社会经济背景，地区历史、行政、文化原因与地理因素的综合反映。本书将分别从区和街道两个行政区划地理单元层面进行分析。

（1）分区人口空间分布与通勤方式

2009 年调查中北京市各区居民的通勤方式构成如图 5-11 所示。

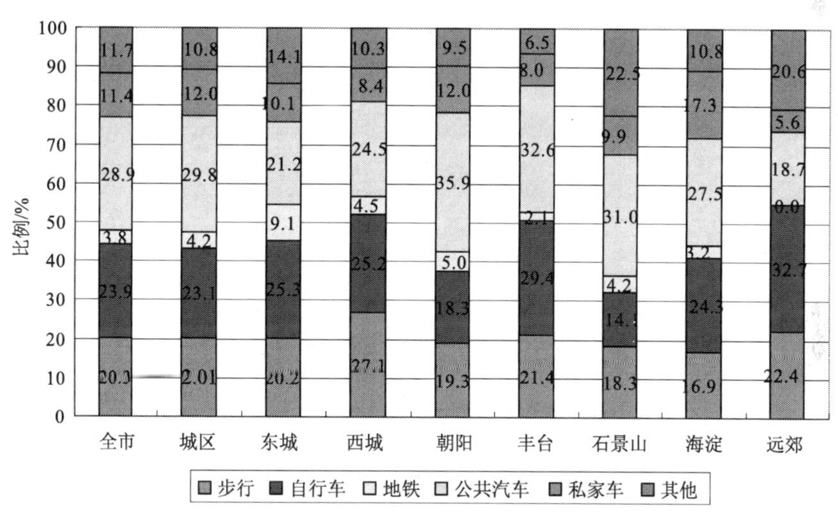


图 5-11　2009 年调查中北京市各区居民的通勤方式比例

图 5-11 的比较显示了通勤起点对通勤方式选择行为的影响，各区居民交通方式构成的差异主要体现在以下几方面。

第一，非机动通勤比例的差异。非机动通勤的影响因素主要是通勤距离与地理条件。通勤距离越长，非机动通勤的可行性越小，所占比例也越小。地理条件越好，适于步行与自行车出行的路况越好，非机动通勤的可行性越强，所占比例也越大。西城区是北京市各区中面积最小的一个区，西城区居民的通勤里程也相对较短，同时作为首都功能核心区，西城区路网分布稠密，适于步行与自行车出行的支路、小路和胡同较多，因此非机动通勤比例较高，超过 50%。远郊区的居民以农村居民为主，通勤距离显著短于城区居民，因此非机动通勤比例最高，达到 55.1%。但由于农村地区道路状况不及中心城区，步行通勤所占比例低于西城区。

第二，公共交通通勤比例的差异。公共交通通勤的可达性、便捷性与舒适性是影响居民决定是否选择公共交通作为通勤方式的最主要因素。以轨道交通为例，线路与地铁站的分布在作为首都功能核心区的东城区和西城区最为密集，这两个区轨道交通的可达性与便捷性显著优于其他地区，因此这两个区的居民选择轨道作为通勤方式的比例也相对较高。相对而言，远郊区的公共交通系统最不发达，因此轨道交通通勤比例接近于零，公共汽车通勤比例也仅为18.7%，大幅低于城市地区。

第三，私家车通勤比例的差异。根据两次调查研究，北京市主城区居民选择私家车通勤的主要影响因素是居民对通勤舒适性、便利性的偏好，以及家庭私人汽车的拥有情况。在北京市各区中，朝阳区、海淀区的居民私家车通勤比例最高，这也反映了这两个区的居民私家车拥有情况以及对私家车出行的偏好程度。

（2）分街道人口空间分布与通勤方式

如上文所述，在2009年和2010年的入户问卷调查中，样本都涉及北京市主城区的121个街道。本书将2009年和2010年两次调查的数据在街道层面上整合在一起，分别对121个街道居民的通勤方式构成进行分析。

调查中东城区各街道居民通勤方式构成如图5-12所示。

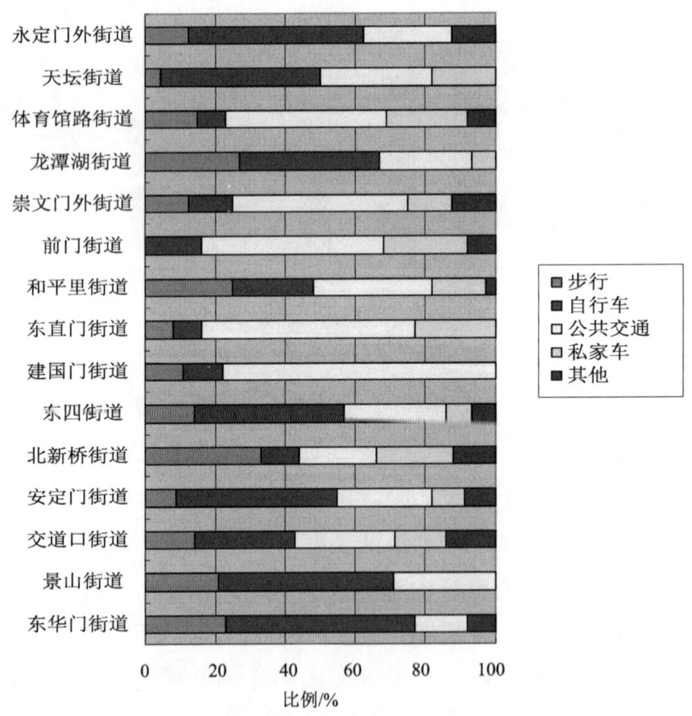


**图5-12 调查中东城区各街道居民通勤方式比例**

如图5-12所示，受居住地的影响，根据调查中居民通勤方式构成的差异，东城区的各街道可以分为四类。

第一类：以非机动通勤方式为主的街道。包括东华门街道、景山街道、安定门街道、交道口街道、东四街道、永定门外街道、龙潭湖街道。步行、非机动通勤方式所占比例一般在 60% 左右，私家车通勤比例很低。这些街道的居民多居住在未经改造的老城区居民区，以中低收入居民为主，通勤距离较短，内部通勤所占比例较大，步行与自行车出行的交通基础设施条件较好。

第二类：非机动通勤与机动通勤比例大致相当的街道，私家车通勤占一定比例。包括天坛街道、和平里街道，非机动通勤与机动通勤各占 50% 左右，私家车通勤比例接近 20%。这些街道的人口较多，多居住在单一或混合的单位社区与普通商品房小区，内部通勤与外向通勤的比例大致相当，内部通勤多以非机动形式实现，外向通勤通常依靠公共交通与私家车等机动出行方式。

第三类，以公共交通方式为主的街道，私家车通勤比例较低。包括建国门街道、前门街道，公共交通通勤比例达到 50% 以上。这些街道的居民主要居住在未经改造的老城区居民区以及单一或混合的单位社区，私家车拥有率较低。虽然这些街道本身也是就业中心区，但居住在该地区的居民大多以外向通勤为主，通勤距离较长，主要依靠该地区发达的公共交通系统实现通勤。

第四类：以机动通勤为主的街道，私家车通勤比例较高。包括体育馆路街道、东直门街道。非机动通勤比例在 20% 左右，私家车通勤比例超过 20%。这些街道的居民主要居住在单一或混合的单位社区或高级住宅区，私家车拥有率较高，以前往中央商务区的外向通勤为主。

调查中西城区各街道居民通勤方式构成如图 5-13 所示。

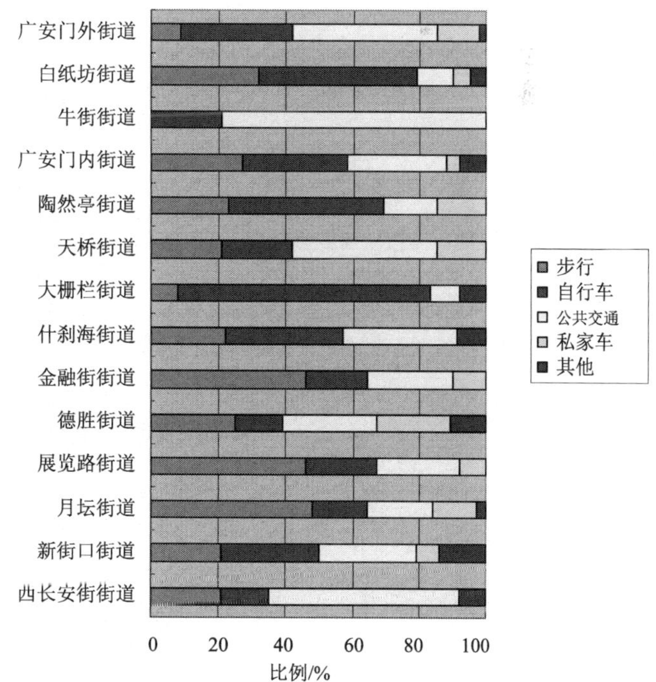

图 5-13　调查中西城区各街道居民通勤方式比例

如图 5-13 所示，受居住地的影响，根据调查中居民通勤方式构成的差异，西城区的各街道可以分为三类。

第一类：以非机动通勤方式为主的街道。包括大栅栏街道、什刹海街道、白纸坊街道、广安门内街道、陶然亭街道。步行、非机动通勤方式所占比例一般在 60% 左右，私家车通勤比例很低。这些街道的居民多居住在未经改造的老城区居民区、单一或混合的单位社区，通勤距离较短，内部通勤所占比例较大，步行与自行车出行的交通基础设施条件较好。

第二类：非机动通勤与机动通勤比例大致相当的街道，私家车通勤占一定比例。包括金融街街道、德胜街道、月坛街道、展览路街道、新街口街道，非机动通勤与机动通勤各占 50% 左右，私家车通勤比例相对较高。这些街道的人口较多，多居住在单一或混合的单位社区与普通商品房小区，该地区是首都功能核心区的就业集中地，金融机构、企业总部、高端服务业、旅游商贸区与机关单位密集分布，内部通勤与外向通勤的比例大致相当，内部通勤多以非机动形式实现，外向通勤通常依靠公共交通与私家车等机动出行方式。

第三类：以公共交通方式为主的街道，私家车通勤比例较低。包括西长安街街道、牛街街道、天桥街道，公共交通通勤比例达到 50% 以上。这些街道的居民主要居住在未经改造的老城区居民区以及单一或混合的单位社区，私家车拥有率较低。虽然这些街道本身也是就业中心区，但居住在该地区的居民在本地区就业的比例较低，大多以外向通勤为主，通勤距离较长，主要依靠该地区发达的公共交通系统实现通勤。

调查中朝阳区各街道居民通勤方式构成如图 5-14 所示。

如图 5-14 所示，受居住地的影响，根据调查中居民通勤方式构成的差异，朝阳区的各街道可以分为五类。

第一类：以非机动通勤方式为主的街道。包括建国门外街道、呼家楼街道、三里屯街道、和平街街道、小关街道、双井街道。步行、非机动通勤方式所占比例一般在 60% 以上，私家车通勤比例很低。这些街道本身都处于就业集中区，提供了大量的就业机会，建国门外街道与呼家楼街道位于 CBD 核心区，双井街道也属于邻近 CBD 的辐射区，三里屯街道是北京市重要的文化、娱乐、餐饮商业服务聚集区，小关街道位于奥林匹克功能区，这些街道的居民多居住在高级住宅区、单一或混合的单位社区，在该区域内的办公区、商务区就业，通勤距离较短，因此步行与自行车出行的交通所占比例较高。

第二类：非机动通勤与机动通勤比例大致相当的街道，私家车通勤占一定比例。包括酒仙桥街道、团结湖街道、六里屯街道、潘家园街道，非机动通勤与机动通勤各占 50% 左右，私家车通勤比例相对较高。这些街道的人口较多，多居住在单一或混合的单位社区与普通商品房小区，本地区有就业集中区分布，酒仙桥街道是高新技术产业开发区与文化创意产业聚集区，团结湖街道邻近 CBD 核心区，潘家园街道是重要的文化商贸区。因此该地区的居民一部分就近就业，多以非机动形式实现通勤，一部分到区外就业，通勤距离较长，通常依靠公共交通与私家车等机动出行方式。

第三类：以机动通勤为主的街道，私家车通勤比例较高。包括左家庄街道、香河园街道、亚运村街道、劲松街道、大屯地区、望京街道。这些街道私家车通勤比例都超过了 20%，望京街道超过了 40%，是北京市城区内私家车通勤比例最高的街道。这些街道有就业集中区分布，亚运村街道位于奥林匹克中心区，大屯地区邻近奥林匹克

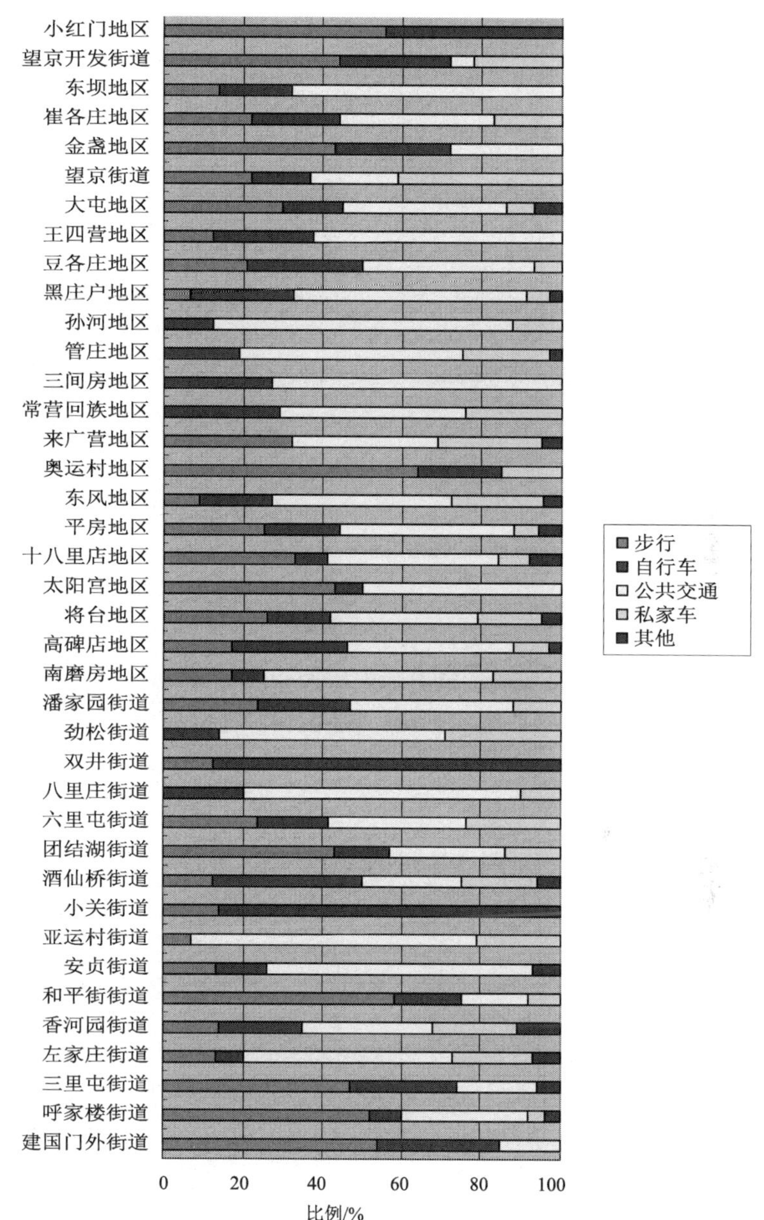


**图 5-14　调查中朝阳区各街道居民通勤方式比例**

中心区，望京街道本身也是新兴商贸区。与吸引就业的功能相比，这些街道作为居住集中地的功能更为突出，大量普通商品房小区与高级住宅区集中在这些地区。这些街道居民的收入水平较高，私家车拥有率较高，使用私家车通勤的偏好较强。

第四类：以机动通勤为主的城郊接合部与农村地区。这一类地区居民主要以机动通勤方式为主，一部分地区主要依靠公共汽车通勤，包括高碑店地区、太阳宫地区、十八里店地区、平房地区、三间房地区、孙河地区、黑庄户地区、豆各庄地区、王四营地区、崔各庄地区、东坝地区；一部分地区主要依靠私家车通勤，包括南磨房地区、将台地区、东风地区、来广营地区、常营回族地区、管庄地区、望京开发街道（已改称东湖街道）。这些地区原本属于朝阳区的农村地区，但随着城市化与郊区化的发展，逐渐成为新的城市居民聚居区，大量城市居民迁到这些地区居住，本地农村居民在就业与生活方式上也逐渐实现了城市化。这些地区已成为城市人口分布区，但并未形成就业集聚区，因此虽然还有一部分居民在本村或邻近区域就业，但大部分居民需要前往主城区的就业中心通勤，通勤距离较长，机动通勤方式比例较高。高碑店、太阳宫、十八里店、东坝等地区公交线路相对较多，居民主要依靠公共交通通勤。管庄、望京开发街道等地区有高级住宅区分布，居民收入水平较高，私家车拥有率较高，私家车通勤成为机动通勤的主体。东风、南磨房、常营等地区公交线路稀少，可达性与便捷性较差，因此很多居民不得不选择私家车作为主要通勤方式。

第五类：以非机动通勤为主的城郊接合部与农村地区。包括奥运村地区、小红门地区、金盏地区。这些地区的居民主要居住在乡村村落与新近由农村社区转变过来的城市社区，从平均人口密度上看，大部分属于农村地区，在就业方面与城市地区的联系较少，一部分从事农业生产，另一部分在附近的企事业单位就业，以非机动通勤为主。

调查中丰台区各街道居民通勤方式构成如图 5-15 所示。

如图 5-15 所示，受居住地的影响，根据调查中居民通勤方式构成的差异，丰台区的各街道可以分为四类。

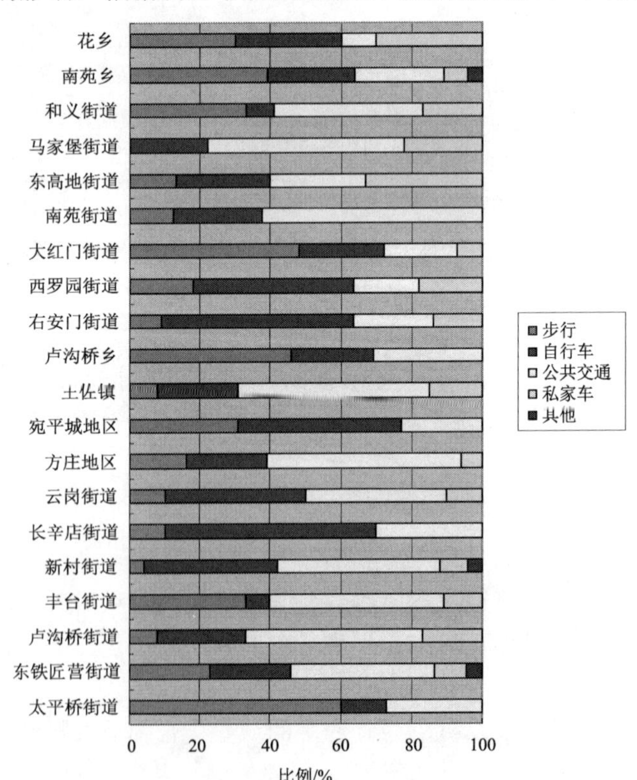

图 5-15 调查中丰台区各街道居民通勤方式比例

第一类：以非机动通勤方式为主的街道。包括太平桥街道、右安门街道、西罗园街道。步行、非机动通勤方式所占比例一般在 60% 以上，私家车通勤比例较低。正如本书第 3 章中的分析结果所示，丰台区内并没有北京市主城区全市性的就业中心分布。但在这类地区所辖街道内，有商业、服务业分布区与企事业单位分布区，因此吸引了一部分就业。这些街道的居民多居住在普通商品房小区、单一或混合的单位社区，有一部分在本区或附近侧面通勤，通勤距离较短，因此步行与自行车出行的交通所占比例较高。

第二类：以公共交通方式为主的街道，私家车通勤比例较低。包括丰台街道、东铁匠营街道、方庄地区、马家堡街道，公共交通通勤比例达到 50% 以上。这些街道的居民主要居住在未经改造的老城区居民区、单一或混合的单位社区与普通商品房小区，私家车拥有率较低。这些街道主要以居住功能为主，居民大多需要向本区以外地区通勤，通勤距离较长，主要依靠该地区相对较为发达的公共交通系统实现通勤。

第三类：以机动通勤为主的城郊接合部与农村地区。这一类地区居民主要以机动通勤方式为主，一部分地区主要依靠公共汽车通勤，包括新村街道、云岗街道、王佐镇、南苑街道、卢沟桥街道；另一部分地区主要依靠私家车通勤，包括花乡、东高地街道、和义街道。这些地区原本属于丰台区的农村地区，主要以集镇社区和乡村村落分布为主，但随着城市化与郊区化的发展，逐渐成为新的城市居民聚居区，大量城市居民迁到这些地区居住，本地农村居民在就业与生活方式上也逐渐实现了城市化。这些街道的某些地区已成为城市人口分布区，但并未形成就业集聚区，因此虽然还有一部分居民在本村或邻近区域就业，但大部分居民需要前往主城区的就业中心通勤，通勤距离较长，机动通勤方式比例较高。新村街道、云岗街道、南苑街道、卢沟桥街道等地区公交线路相对较多，居民主要依靠公共交通通勤。东高地街道是航天科研、生产行业人员聚居区，居民收入水平较高，私家车拥有率较高，私家车通勤成为机动通勤的主体。花乡地区公交线路稀少，可达性与便捷性较差，因此很多居民不得不选择私家车作为主要通勤方式。

调查中石景山区各街道居民通勤方式构成如图 5-16 所示。

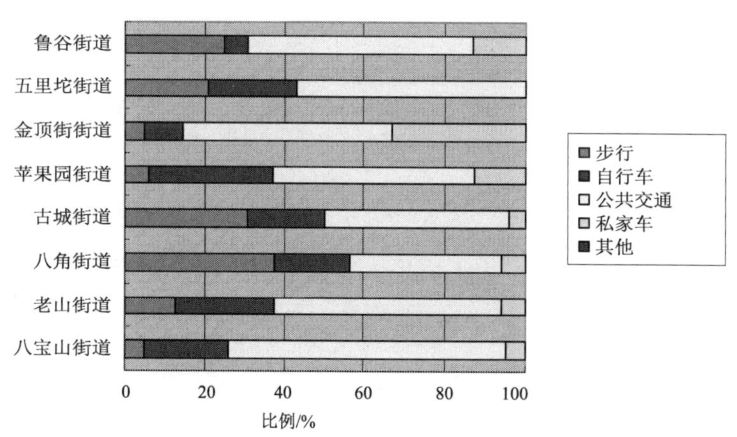


**图 5-16　调查中石景山区各街道居民通勤方式比例**

如图 5-16 所示，受居住地的影响，根据调查中居民通勤方式构成的差异，石景山区的各街道可以分为三类。

第一类：非机动通勤与机动通勤比例大致相当的街道，私家车通勤占一定比例。

包括八角街道、古城街道、五里坨街道，非机动通勤与机动通勤各占 50% 左右，私家车通勤比例相对较低。这些街道的居民多居住在单一或混合的单位社区、普通商品房小区和未经改造的老城区。该地区是游乐休闲业分布区，这些行业及其带动的相关商业、服务业吸引了一定规模的就业。因此该地区的居民一部分就近就业，多以非机动形式实现通勤，一部分到区外就业，通勤距离较长，通常依靠公共交通与私家车等机动出行方式。

第二类：以公共交通方式为主的街道，私家车通勤比例较低。包括八宝山街道、老山街道、苹果园街道、鲁谷街道，公共交通通勤比例达到 50% 以上。这些街道的居民主要居住在单一或混合的单位社区、普通商品房小区和未经改造的老城区居民区，私家车拥有率较低。在首钢整体搬迁之后，这些街道主要以居住功能为主，居民大多需要向本区以外地区通勤，通勤距离较长，主要依靠该地区相对较为发达的公共交通系统实现通勤。

第三类：以机动通勤为主的街道，私家车通勤比例较高。主要包括金顶街街道。这个街道原是首钢职工居住区，在首钢整体搬迁之后，一部分首钢职工仍居住在该地，同时有部分外来人口居住在这一街道。这一街道所处地区的公共交通系统相对不太便捷，而居民大多都在石景山区以外的地区就业，通勤距离较远，因此超过 80% 的居民采取机动通勤方式，其中私家车通勤比例较高。

调查中海淀区各街道居民通勤方式构成如图 5-17 所示。

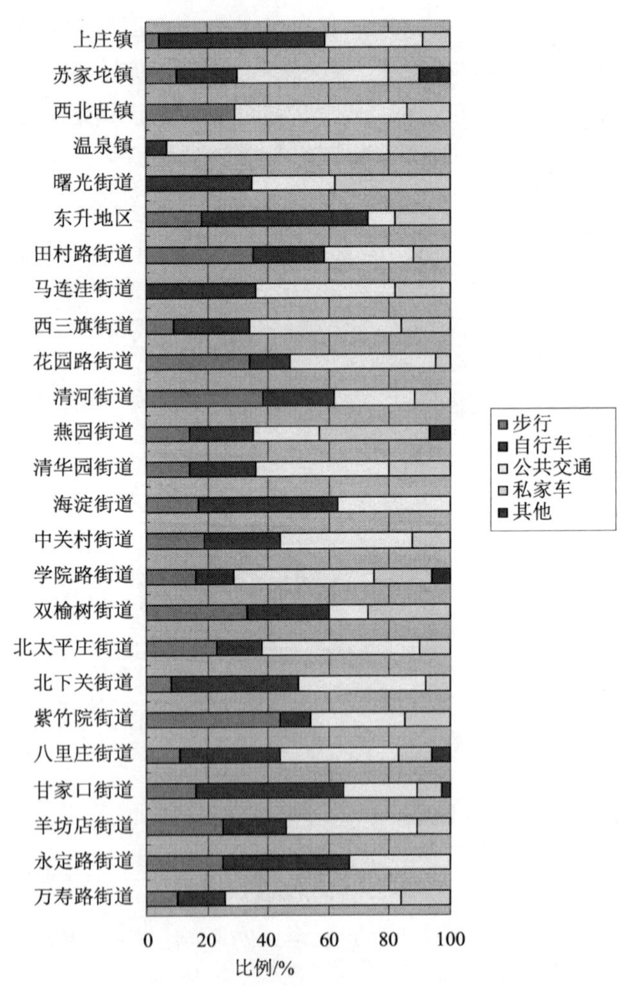

图 5-17 调查中海淀区各街道居民通勤方式比例

如图 5-17 所示，受居住地的影响，根据调查中居民通勤方式构成的差异，海淀区的各街道可以分为三类。

第一类：非机动通勤与机动通勤比例大致相当的街道，私家车通勤占一定比例。包括永定路街道、羊坊店街道、甘家口街道、八里庄街道、紫竹院街道、北下关街道、海淀街道、学院路街道、中关村街道、双榆树街道、清河街道、花园路街道、田村路街道，非机动通勤与机动通勤各占 50% 左右，私家车通勤比例相对较高。这些街道的人口较多，多居住在单一或混合的单位社区与普通商品房小区，也有高级住宅区分布。这些地区的机关单位、科研院所、高等院校分布较多，呈现“大院式”的街区布局。同时中关村街道、海淀街道位于中关村科技园区中心区。该地区居民多数在附近的中关村科技园区与机关单位、科研院所、高等院校就业，但有一部分居民通勤距离较长。此外，这些地区居民私家车拥有率较高，使用私家车通勤的偏好较强。因此该地区的居民一部分就近就业，多以非机动形式实现通勤，一部分通勤距离较长，通常依靠公共交通与私家车等机动出行方式。

第二类：以机动通勤为主的街道，私家车通勤比例较高。包括曙光街道、燕园街道、清华园街道。这些街道私家车通勤比例都超过了 20%，燕园街道与曙光街道接近 40%，仅次于北京市城区内私家车通勤比例最高的望京街道。这些街道高级住宅区分布较多，燕园街道与清华园街道分别是北京大学和清华大学的校园与居住区。这些街道居民的收入水平较高，私家车拥有率较高，使用私家车通勤的偏好较强。

第三类：以机动通勤为主的城郊接合部与农村地区。这一类地区居民主要以机动通勤方式为主，主要依靠公共汽车和私家车通勤，包括苏家坨镇、西北旺镇、温泉镇。这些地区原本属于海淀区的农村地区，主要以集镇社区和乡村村落分布为主，且属于山区，但随着城市化与郊区化的发展，逐渐成为外来人口聚居区。这些镇的某些地区已成为城市人口、外来人口密集分布区，但并未形成就业集聚区，因此虽然还有一部分居民在本村或邻近区域就业，但大部分城市人口与外来人口需要前往主城区的就业中心通勤，通勤距离较长，机动通勤方式比例较高。由于处于山区或山后地区，公交线路稀少，可达性与便捷性较差，因此一部分居民不得不选择私家车作为主要通勤方式。

本书以 2009 年和 2010 年两次调查为基础，将北京市城区 121 个街道一级行政单元居民的通勤行为进行了统计分析。以平均通勤距离为横坐标，以私家车通勤比例为纵坐标，以城区平均水平为原点，可以画出一个有关居民通勤行为的直角坐标系，各街道的平均通勤距离是其横坐标取值，私家车通勤比例是其纵坐标取值，各代表性街道在此坐标系中的分布如图 5-18 所示。

分布在第一象限的街道具有以下特征：

第一，居民通勤行为特征表现为通勤距离长，私家车通勤比例高。

第二，由于通勤距离长，私家车通勤比例高，因此通勤所造成的温室气体排放量在各象限街道中最高。

第三，通勤距离是影响居民通勤方式选择行为的基本因素，通常通勤距离较长时，居民更易选择私家车通勤。居民将根据自身偏好与预算约束，比较公共交通系统与私家车的可达性、便捷性、舒适性与通勤成本，选择使自己获得最大效用的通勤方式。第一象限街道的居民对私家车通勤偏好程度介于强弱之间。这里的偏好也包括了居民对于私家车购买与使用成本的承受能力。

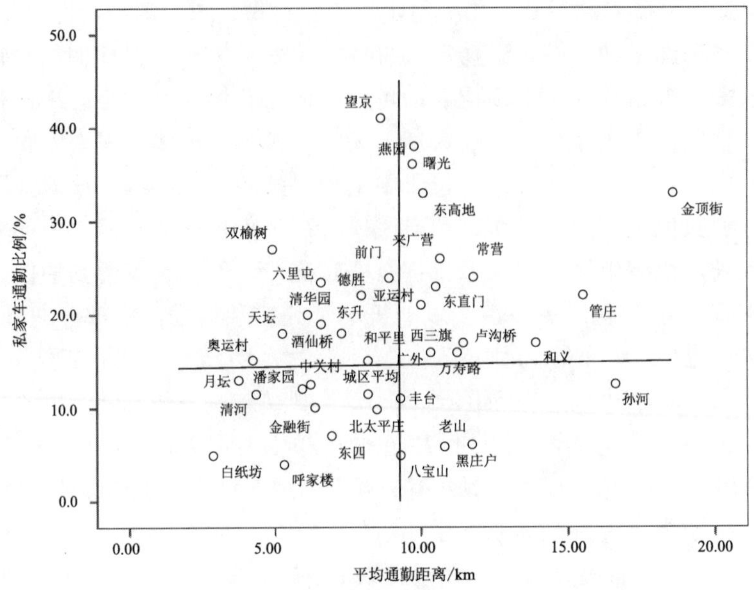


**图 5-18　北京市各街道居民通勤行为特征坐标系**

第四，在代表街道中，石景山区金顶街街道由于首钢整体搬迁，居民通勤距离较长，该地公共交通体系可达性与便捷性较差，因此私家车通勤比例高。朝阳区管庄地区是新兴城市居民区，居民多在市中心就业集中区就业，该地高级住宅区与普通商品房小区分布较多，私家车通勤较为便利，居民对通勤快捷性与舒适性的偏好较强，因此私家车通勤比例高。海淀区燕园街道为北京大学校园及居民区，在曙光街道的高级住宅区较多，居民对于私家车通勤的偏好较强。丰台区东高地街道是航天科研、生产行业聚集区，该地居民机动车拥有率较高，离市中心较远，公共交通系统不发达，私家车通勤比例较高。朝阳区常营回族地区私家车通勤比例较高的原因主要是该地公共交通系统可达性与便捷性较差，一部分居民不得不选择私家车通勤。

第五，以调节居民出行行为来控制城市交通温室气体排放水平为政策目标，则对于第一象限街道的居民，不仅要通过城市空间结构布局的合理化来缩短其通勤距离，还要通过提升公共系统服务质量、对私家车出行进行需求管理，以降低居民私家车通勤比例。

分布在第二象限的街道具有以下特征：

第一，居民通勤行为特征表现为通勤距离短，私家车通勤比例高。

第二，由于通勤距离短，私家车通勤比例高，因此通勤所造成的温室气体排放量低于第一象限街道，但高于第四象限街道。

第三，这一象限居民通勤距离较短，按照通勤距离对通勤方式影响的一般规律，非机动通勤与公共交通通勤所占比例理应较高，但第二象限街道居民私家车通勤比例与第一象限街道一样较高，这说明这一象限街道居民对于私家车通勤的偏好程度在所有象限街道中最强。

第四，在代表街道中，望京街道私家车通勤比例超过40%，居调查涉及的121个街道之首。这一地区不仅是高级住宅区与普通商品房小区的聚集地，也是外国侨民聚居区，居民私家车拥有率较高，私家车通勤偏好程度也相应较高。双榆树街道现已并入中关村街道，清华园街道是清华大学校园及居住区，紧邻中关村科技园区中心区，在空间上与就业集中区的靠近使这两个街道居民平均通勤距离较短，但对于私家车通勤的偏好程度较高，因此私家车通勤比例高。朝阳区酒仙桥街道本身是高新技术产业与文化创意产业聚集区，居民平均通勤距离较短，但私家车拥有率较高，对私家车通勤的偏好也相应较高。

第五，以调节居民出行行为来控制城市交通温室气体排放水平为政策目标，则对于第二象限街道的居民，重点要通过提升公共系统服务质量、对私家车出行进行需求管理，以降低居民私家车通勤比例。

分布在第三象限的街道具有以下特征：

第一，居民通勤行为特征表现为通勤距离短，私家车通勤比例低。

第二，由于通勤距离短，私家车通勤比例低，因此通勤所造成的温室气体排放量低于其他所有象限的街道，接近作为低碳通勤政策目标的理想状态。

第三，这一象限街道居民的平均通勤距离较短，表现出来的私家车通勤比例也较低，符合通勤距离对通勤方式影响的一般规律。这主要得益于该地区较为发达的公共交通系统，因此可以认为第三象限街道的居民对私家车通勤偏好程度介于强、弱之间。

第四，在代表街道中，西城区金融街街道、朝阳区呼家楼街道与建国门外街道、东城区东四街道、海淀区中关村街道都是北京市主城区的就业集中区，同时该地及其周边也有适宜该地区从业人员居住的居民区，公共交通系统也较为发达，因此私家车通勤比例较低。西城区白纸坊街道是旧居民生活聚集区，距离就业中心较近，居民私家车拥有率较低，使用私家车通勤的偏好较低，因此私家车通勤比例也较低。

第五，以调节居民出行行为来控制城市交通温室气体排放水平为政策目标，则第三象限的街道代表了政策调节所试图达到的理想状态。金融街、呼家楼、建国门外、东四、中关村等街道的空间错位程度最低，居民基本实现了就近就业。而白纸坊街道居民随着收入水平的提高，交通出行的需求层次也可能随之提高，对私家车通勤的偏好程度有变强的潜在可能。

分布在第四象限的街道具有以下特征：

第一，居民通勤行为特征表现为通勤距离长，私家车通勤比例低。

第二，由于通勤距离长，私家车通勤比例低，因此通勤所造成的温室气体排放量低于第一象限街道，但高于第四象限街道。

第三，这一象限居民通勤距离较长，按照通勤距离对通勤方式影响的一般规律，机动通勤及其中的私家车通勤所占比例理应较高，但第四象限街道居民私家车通勤比例与第三象限街道一样较低，这说明这一象限街道居民对于私家车通勤的偏好程度在所有象限街道中最弱。

第四，在代表街道中，丰台区丰台街道、石景山区老山街道和八宝山街道、朝阳区黑庄户地区和豆各庄地区都远离北京市主城区的就业集中区，因此平均通勤距离较长。其中，老山街道和八宝山街道公共交通系统相对较为发达，成为私家车通勤比例较低的一方面原因。而这些地区居民主要分布在普通商品房小区、单一或混合的单位社区、集镇社区和乡村村落，经济收入水平相对较低，对私家车购买与使用成本的承受能力较弱，这是私家车通勤比例较低的重要原因。

第五，以调节居民出行行为来控制城市交通温室气体排放水平为政策目标，则对于第四象限街道的居民，重点要通过城市空间结构布局的合理化来缩短其通勤距离，降低职住分离的空间错位程度。

分布于各象限的街道特征比较如表 5-17 所示。

**表 5-17 各象限街道的特征比较**

| 象限 | 居民通勤行为特征 | 温室气体排放含义 | 私家车通勤偏好 | 代表街道 |
|---|---|---|---|---|
| 第一象限 | 通勤距离长，私家车通勤比例高 | 高 | 较强 | 金顶街、管庄、燕园、曙光、东高地、常营 |
| 第二象限 | 通勤距离短，私家车通勤比例高 | 较高 | 强 | 望京、双榆树（已并入中关村）、清华园、酒仙桥 |
| 第三象限 | 通勤距离短，私家车通勤比例低 | 低 | 较强 | 金融街、呼家楼、建国门外、东四、中关村、白纸坊 |
| 第四象限 | 通勤距离长，私家车通勤比例低 | 较高 | 弱 | 丰台、老山、八宝山、黑庄户、豆各庄 |

（3）就业空间分布与通勤方式

如果说人口空间分布对通勤方式构成的影响反映的是各区居民社会经济背景差异的综合效应，那么就业空间分布对通勤方式构成的影响反映的是各区从业人员社会经济背景差异的综合效应。

2009 年调查中，根据居民就业目的地的不同，将各区从业人员通勤方式构成进行了统计分析，图 5-19 比较了市内六区从业人员与中关村科技园区核心区从业人员的通勤方式构成。

从图 5-19 中可见，丰台区、石景山区、东城区和西城区的非机动通勤比例高于机动通勤所占比例，而朝阳区和海淀区则相反，机动通勤比例高于非机动出行比例。在海淀区就业的居民私家车通勤比例最高，达到 16.6%，其次为在朝阳区就业的居民，最低的是在石景山区就业的居民，仅为 7.2%。

各地区从业人员通勤方式构成差异的主要形成原因有以下几点：

第一，各区产业分布差异显著，因此吸引的从业人员在职业、收入水平、年龄结构、受教育程度、出行偏好等方面也会存在差异。

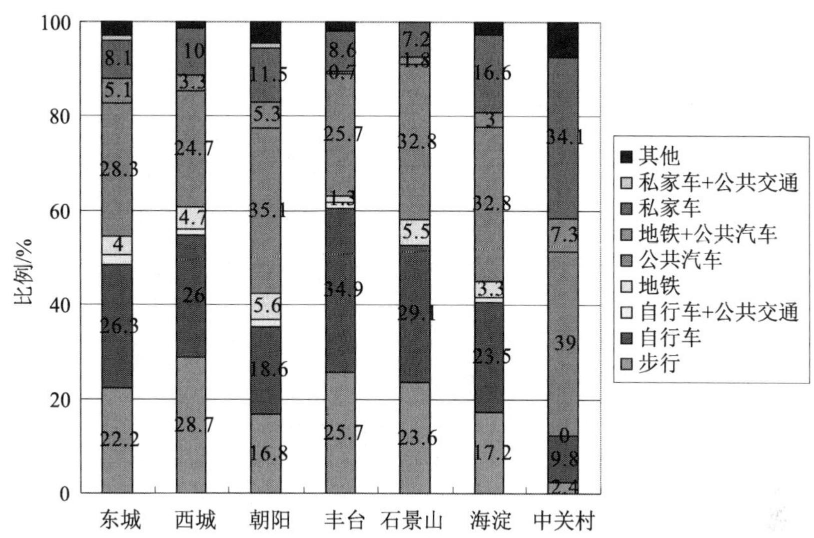


**图 5-19 调查中市内六区从业人员与中关村科技园区核心区从业人员的通勤方式比例**

第二，各区地理位置的差异导致了各种可选交通方式可达性与便利程度存在差异。各区公共交通线路与交通基础设施的密集程度存在差距。

以中关村地区为例，根据北京市第二次经济普查的结果，2008 年中关村科技园区第三产业期末从业人员达到 59.9 万人，其中 33.3 万人从事信息传输、计算机服务和软件业；15.3 万人从事科学研究、技术服务和地质勘查业；5.1 万人从事批发和零售业；1.9 万人从事租赁和商务服务业；3.2 万人从事交通运输、仓储和邮政业（北京市统计局，2010）。由此可见，以中关村科技园区为目的地的通勤者主要是信息传输、计算机服务、软件业和科学研究、技术服务、地质勘查业的从业人员，这些行业收入水平相对较高，私家车拥有率较高，私家车通勤的偏好也相应较高，因此中关村地区的就业者私家车通勤比例高达 34.1%。

## （三）小结

（1）城市空间演化的结果可以通过城市空间演化的规模、空间结构布局、空间功能的混合程度、就业密度及分布等对居民交通出行行为产生影响。居住密度会影响居民的出行特征和出行方式，从而影响到城市交通方式的发展。就业的分布密度对出行距离和交通方式具有一定的影响作用，就业密度的变化会引起出行距离和交通方式的相应变化。出行距离及公共交通的使用量与就业密度正相关，小汽车的使用量与就业密度负相关。从宏观角度来看，整个城市的土地使用状况可分为高密度集中型的土地使用和低密度分散型的土地使用。不同的使用密度会对城市交通的出行特征和交通方式产生不同的影响。

（2）城市空间结构布局主要通过通勤距离与空间分布、人口分布、就业分布四种机制对居民通勤方式的选择行为产生影响。

对于北京市居民的调查显示，在大于 5 km 的通勤中，接近 20% 的居民选择私家车通勤，这一部分通勤者仍有转而选择更为低碳化的公共交通出行方式的可能；在小于或等于 5 km 的短途通勤中，仍有 7% 左右的居民选择私家车通勤，这种用于短途通勤的私家车出行通常可以被其他较低能耗与排放的出行方式所取代，可以通过有效的政策手段予以调节。各种通勤空间类型对应的通勤方式结构的差异反映了各种通勤空间类型平均通勤距离的差异。

以平均通勤距离、私家车通勤比例为坐标轴，以城区平均水平为原点，可以画出一个有关居民通勤行为的直角坐标系，按照通勤行为不同将各街道分布于四个象限之中。各个象限的街道居民的通勤行为特征、私家车通勤偏好、温室气体排放含义与政策含义皆有差异。以调节居民出行行为来控制城市交通温室气体排放水平为政策目标，则对于四个象限街道的居民应采取差别化的政策措施。

北京市各区产业分布差异显著，因此吸引的从业人员在职业、收入水平、年龄结构、受教育程度、出行偏好等方面也会存在差异；各区地理位置的差异导致了各种可选交通方式可达性与便利程度存在差异；同时各区公共交通线路与交通基础设施的密集程度存在差距。以上形成了就业空间分布对通勤方式构成的影响。人口空间分布与就业空间分布对通勤方式构成的影响分别反映了各区居民社会经济背景差异的综合效应和各区从业人员社会经济背景差异的综合效应。

## 四、城市空间形态对居民通勤碳排放的影响分析 [1]

城市空间形态通常可以用一系列维度来表现，如城市密度分布、城市结构、土地利用形态、公交可达性等。作为同样与空间特性密切相关的范畴，城市空间形态与城市交通有着不可分割的联系：城市空间分布构成了道路、轨道及交通基础设施的基本骨架，决定了私人交通及公共交通在空间范围内的可达性；城市规模对应着一定规模的交通系统以及活动水平；城市功能区的分布影响居民住职分布，从而影响通勤行为的交通流分布。

不同于社会经济因素，城市空间形态对通勤碳排放的影响具有锁定效应（lock-in effect），即城市空间形态一旦形成便难以大幅变更，因而对低碳通勤的研究要重视城市空间形态的这一影响。

一般而言，对于通勤出行，城市居民住职分布情况一定，其居住地及通勤目的地（由其就业地点决定）两点的确定就决定了其通勤里程的大致水平；城市居民住职空间内私人交通及公共交通的供给，影响居民在该两点之间采用的通勤方式的偏好选择。一定的通勤里程、通勤方式与相应的燃料经济性、二氧化碳排放因子共同作用，决定通

1　中国人民大学环境学院硕士研究生孙雨参与了本节的研究与撰写。

勤出行的碳排放水平。

在都市区层面上，一般从三个维度考察空间形态是否低碳：密度（density），邻近度（proximity）和可达性（accessibility）。密度通常是最受关注、最常用的指标，可以包括人口密度（如居住人口密度）或就业密度。当然，密度仅能够体现都市区空间组织特征的一个方面，城市空间组织的邻近程度也有助于提高各种城市活动相互之间的可达性，提高住职平衡，从而降低长距离出行需求并控制碳排放。此外，步行范围内能够获取便利的公共交通、本地服务和就业机会的居民或者社区比例，反映了都市区在公共交通、本地服务和就业机会的可达性。

本书将主要从人口密度分布、城市布局结构、居民住职分布三个方面展开，使用在案例城市北京、青岛的调查数据，在城市层面、行政区划层面、街道层面分析比较不同城市空间形态对居民通勤碳排放的影响[1]。

## （一）人口密度分布与居民通勤碳排放

根据《北京统计年鉴 2011》，2010 年北京市主城区（包括首都功能核心区及城市功能拓展区）的常住人口分布详情如表 5-18 所示。

表 5-18　北京市主城区常住人口密度分布

| 地区 | 常住人口 / 万 | 常住人口百分比 /% | 常住人口密度 / （人 / $km^2$） |
|---|---|---|---|
| **主城区** | 1 171.6 | 100 | 8 562 |
| **首都功能核心区** | 216.2 | 18.45 | 23 407 |
| 东城区 | 91.9 | 7.84 | 21 960 |
| 西城区 | 124.3 | 10.61 | 24 605 |
| **城市功能拓展区** | 955.4 | 81.55 | 7 488 |
| 朝阳区 | 354.5 | 30.26 | 7 790 |
| 丰台区 | 211.2 | 18.03 | 6 907 |
| 石景山区 | 61.6 | 5.26 | 7 306 |
| 海淀区 | 328.1 | 28.00 | 7 617 |

根据《青岛统计年鉴 2012》，青岛市城七区的人口分布情况如表 5-19 所示。

表 5-19　青岛市城七区人口密度分布情况

| 地区 | 人口 / 万 | 人口百分比 /% | 人口密度 / （人 / $km^2$） |
|---|---|---|---|
| 市区 | 277.1 | 100 | 1 884 |
| 市南区 | 54.8 | 19.78 | 18 261 |

1　本书共享了北京奥组委“奥运会总体影响 (OGI)”项目、青岛低碳发展规划项目创造的研究条件。

| 地区 | 人口 / 万 | 人口百分比 /% | 人口密度 /（人 / $km^2$） |
|---|---|---|---|
| 市北区 | 49.5 | 17.86 | 17 290 |
| 四方区 | 37.2 | 13.42 | 10 767 |
| 李沧区 | 31.0 | 11.19 | 3 164 |
| 崂山区 | 24.9 | 8.99 | 629 |
| 黄岛区 | 31.5 | 11.37 | 1 449 |
| 城阳区 | 48.2 | 17.39 | 871 |

一般认为，城市密度与能源消耗和二氧化碳排放存在负向相关关系：密度越高，人均能耗和碳排放更低（World Bank, 2010）。许多学者的研究也印证了这一观点：Tanniguchi 等（2008）对日本 38 个城市的回归分析表明，城市二氧化碳排放受到城市人口密度及其他因素等显著的影响；Grazi 等（2008）运用工具变量法（IV），得出每平方英里增加 500 户能够减少 15% 左右的碳排放；Kennedy 等（2009）通过对世界上 10 个不同城市进行对比分析发现，城市密度与能源消耗（温室气体排放）存在负相关关系。

观察本书案例城市的相关数据，从都市整体水平上比较：北京市主城区的人口密度约为青岛市的 4.5 倍。结合第 4 章的核算结果，北京市人均一次通勤碳排放水平（0.42 kg/ 人）低于青岛市（0.53 kg/ 人）。可以看出，两个案例城市的调查数据也同样反映出城市密度与二氧化碳排放之间的这种负相关关系。但需要注意的是，巨大的人口密度差距仅对应着相对较小的二氧化碳排放水平差异，说明还有其他因素在这一过程中发挥着作用。

从区级层次上比较：北京市首都功能核心区（东城区、西城区）的人口密度约为城市功能拓展区（朝阳区、丰台区、石景山区、海淀区）的 3 倍，但其居民人均一次通勤碳排放水平低于后者，二者也存在一定的负相关关系（图 5-20）。

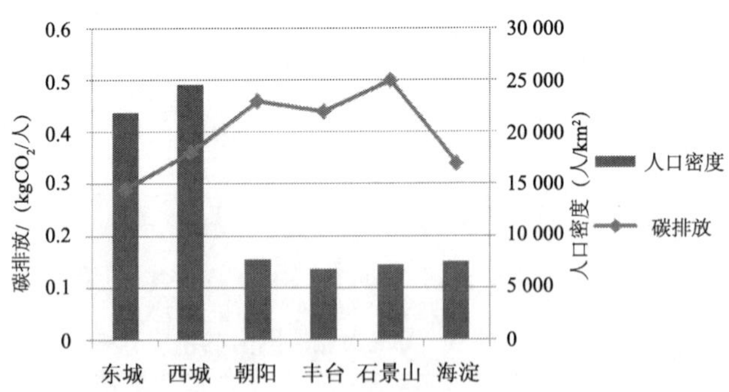


**图 5-20 北京市分区人口密度与碳排放关系**

## （二）城市布局结构与居民通勤碳排放

北京市城区的路网结构以矩形环状为主，道路多以此为依托，与经纬线平行网状分布。随着经济社会的发展、人口的增加，以天安门为中心，北京市城区范围不断向外蔓延。先后依托城市扩展，建设了二环路、三环路、四环路、五环路和六环路，总长度超过 500 km 的北京新“七环路”已经形成半圆。根据第二次全国经济普查数据，仅东城区、西城区、朝阳区、海淀区就集中了全市 57% 的法人单位，其中包括近五成的党机关和国家机构、83% 的金融机构。此外，北京市核心商圈也主要分布在中心城区，如西单、王府井等。可以看出，北京市中心城区既是政治中心，又是经济中心、消费中心，城市呈现出单中心结构、蔓延式发展。

与北京市不同，由于其所处的特殊地理位置，青岛市城市的扩展以胶州湾为中心，建市后先后将周边胶县、胶南县、即墨县、平度县、莱西县等划入城市范围，呈现出典型的环湾发展路径。根据青岛市行政区划的地理分布，胶州湾东岸城区主要包括市南区、市北区、李沧区、四方区、崂山区，西岸城区主要包括黄岛区及其周边区域，北岸城区主要包括城阳区及其周边区域。市南区是青岛市的行政中心，中共青岛市委、青岛市人民政府及其所属机构等均坐落于此，是旅游及文化中心，景点众多、文化设施集中分布，又是商贸金融中心，区内大型商区、金融机构众多；是科技教育中心，区内分布有众多科研院所、高校及市南软件园。

通常，对距离的描述有两种方法：一种是欧式距离，即两点之间的直线距离；另一种是道路距离，即可连接两点的可行道路里程。在城市中，使用后一种描述方法更能反映实际的出行路径。

本书在案例城市社区层面，选用社区到城市中心地区的最小道路路程作为表征量，研究与中心不同距离之间的社区在居民平均一次通勤碳排放水平上的差异，探寻城市布局结构对碳排放的影响。

（1）北京市社区分布与碳排放关系

对于北京市，将天安门地区设定为中心，利用电子地图确定 184 个社区与天安门的最短道路距离。按社区（村）与中心的距离分类，北京市 184 个社区的分布情况如表 5-20 所示。

距离天安门 5 km 以内的社区共 18 个，主要包括东城区、西城区的一系列社区及朝阳区的秀水社区；距离天安门 5 ～ 10 km 的社区共 55 个，主要包括东城区、西城区、朝阳区、丰台区的一系列社区；距离天安门 10 ～ 15 km 的社区共 40 个，主要包括朝阳区、丰台区、海淀区的一系列社区；距离天安门 15 ～ 20 km 的社区共 45 个，主要包括朝阳区、丰台区、石景山区、海淀区的一系列社区；距离天安门大于 20 km 的社区共 26 个，主要包括朝阳区、丰台区、海淀区的一系列社区。

表 5-20 按与市中心距离分类的北京市社区空间分布情况

| 距离 /km | 数量 / 个 | 社区（村） |
|---|---|---|
| 0～5 | 18 | 南池子、吉祥、圆恩寺、西总布胡同、前东、天鸿花园、安化楼、法华南里、永内东街、西园子、桃杨路、太仆寺街、手帕胡同、三井、虎坊路、新兴里、槐柏树南、秀水 |
| 5～10 | 55 | 宝钞南、北新桥十三条、东四十条、东外大街、民旺、青年湖、六铺炕、宫门口、复外二、月坛北街南、北营房东里、新华东、扣钟、石油、六铺炕煤炭、苇坑、蒋养房、长椿里、牛街西里、崇效寺、白新路、红莲南里、椿树馆、马连道、人民日报、呼家楼南、白西、左东里、光熙门南里、小黄庄、安贞里、小关、团结湖中路北、静水园、延静里、广和里、劲松北、潘家园东里、华威北里、南新园、力源里、太平桥中里、横七条路、蒲黄榆、星二区、群三区、玉林东里三区、玉林东里二区、海户西里北、西马小区、石榴庄东街、双晨、果园、彩电、后二里沟 |
| 10～15 | 40 | 安慧里南、怡思园、高井村、丽景馨居、安家楼、城建三、姚家园村、雅成里、东风小区、第三印染厂、慧忠里、爽秋路、六公主坟、小红门地区四道口、春园、油泵厂、造甲南里、小瓦窑、西马场南里、西新华、和义西里、成寿寺、万寿路、复兴路、颐源居、阜北、花园村、定慧东里、昌运宫、净土寺、娘娘庙、住总学院、新外大街、北三环中路、知春路、地质大学、华盛家园、玉海园、金沟、世纪城 |
| 15～20 | 45 | 南窑地、西直河村、大羊坊、红军营村、来广营、五里桥村、常营七村、东柳村、三间房东村、京通苑、东会村、建东苑、黄厂、孛罗营、新新家园、马南里、康静里第二、东湖、丰西路、新华街南、程庄路、富丰园、宛平城、大瓦窑、东营房、郭公庄、永乐东小区、老山西里、杨庄北区、六合园北、八街坊西、理工大学、苏州街、矿业大学、黄庄、小南庄、成府、南楼、蓝旗营、燕园、花园路、北医、怡清园、小营、怡丽北园 |
| ≥ 20 | 26 | 上辛堡村、么铺村、定辛庄东队、小鲁店、曹各庄、奶西、单店村、崔二里、玉皇庄、南区第一、庄户中心、北辛安南北岔、环铁、黄南苑、模式口村、模式口北里、红卫路、阳光社区、总装小营、建材西里、农科、高里掌、西玉河、草场、皂甲屯、罗家坟 |

比较与城市中心不同距离的各组社区的居民平均一次通勤碳排放水平，可以看出：社区离城市中心越远，其居民平均一次通勤碳排放水平越高（图 5-21）。这一方面是由于距城市中心较远社区的居民，如果不是在本区内就业的话，其通勤距离往往也更长；另一方面是由于离中心较远的城市外围地区，公共交通站点分布小、运营线路有限、可达性较差，因而居民可能会转向使用私人汽车等碳排放水平更高的通勤方式。

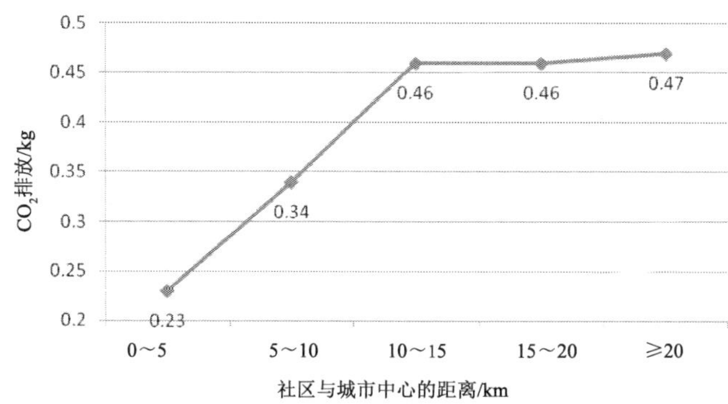


图 5-21　北京市社区空间分布与碳排放的关系

综上所述，城市由中心向周边低密度发散式蔓延是加剧居民通勤碳排放的因素之一，不利于低碳化的实现。

（2）青岛市社区分布与碳排放关系

对于青岛市，由于地理条件阻隔，结合实地调查，胶州湾的西岸黄岛区及北岸城阳区居民的通勤行为多发生在本区或向远郊区辐射，因此，本节主要研究地理位置较为集中的东岸城区，将五四广场设定为本地区的中心，利用电子地图确定本地区 76 个社区与中心的最短道路距离。

按社区（村）与中心的距离分类，青岛市 76 个社区的分布情况如表 5-21 所示。距离五四广场 5 km 以内的社区共 24 个，主要包括市南区、市北区的一系列社区；距离五四广场 5 ～ 10 km 的社区共 34 个，主要包括市南区、市北区、四方区的一系列社区；距离五四广场 10 ～ 15 km 的社区共 12 个，主要包括四方区、李沧区、崂山区的一系列社区；距离五四广场 15 ～ 20 km 的社区共 7 个，主要包括李沧区的一系列社区。

表 5-21　按社区与中心距离分类的青岛市社区空间分布

| 距离 /km | 数量 / 个 | 社区（村） |
|---|---|---|
| 0 ～ 5 | 24 | 闽江路、香港中路、秀湛路、盐城路、湛山社区、徐州路、太湖路、天台路、泰州路、逍遥社区、大尧社区、漳州路、仙游路、三明路、澳门路、延安二路、宁夏路、太清路、敦化路、徐州北路、威海路、台东六路、西仲路、汉口路 |
| 5 ～ 10 | 34 | 观音峡、城武路、观海山、龙江路、大学路、莘县路、福山路、科技街、登州路北段、小鲍岛、松江路、佳木斯路、同德路、武定路、延兴路、浮山后一小区、二小区、四小区、六小区、大港路、南山社区、安泰社区、康顺、海昌、海宁、海鸥、海伦、建国村、海瑞、上四方、平安、兴隆、海丰社区、湖清 |
| 10 ～ 15 | 12 | 盐滩、商城、海琴、永平路（振华）、永安路、君峰路、枣园路、东山路、虎山花苑、秀峰路、台柳路、惠都 |
| 15 ～ 20 | 7 | 永平路（兴华）、板桥坊、四流北路、中崂路、金秋路、九水东路、徐家 |

比较与城市中心不同距离的各组社区的居民平均一次通勤碳排放水平，可以看出：对于青岛市东岸城区，随着社区离城市中心距离的增加，其居民平均一次通勤碳排放水平先升高后降低（图 5-22）。对比北京市的情况，可以看出 15 km 以内的社区居民碳排放水平与其距城市中心的距离呈负相关关系，而 15 km 以上的社区居民，在这里主要是李沧区居民，其平均一次通勤碳排放水平有了跳跃式的下降，这主要是由于该区居民有相当一部分放弃到城市中心就业，转而选择就近就业，大大缩短了通勤里程，从而降低了碳排放水平。

可以看出，在居住地附近有就业机会的情况下，距离城市中心较远的社区居民愿意选择区内就业，对减少通勤碳排放具有重要意义。因此，在城市外围发展就业集聚副中心，可以减少向城市中心的交通流量，进而降低通勤碳排放水平。

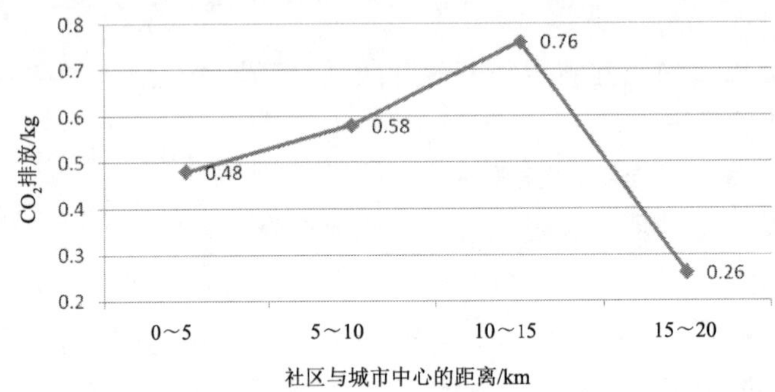


图 5-22　青岛市东岸城区社区空间分布与碳排放的关系

## （三）居民住职分布与通勤空间分布矩阵

城市居民通勤行为表现为居住地与就业目的地之间的迁移，居住地对应的是城市人口空间分布，就业目的地对应的是城市就业空间分布。

### 1 北京市居民住职分布

（1）北京市人口空间分布

根据《北京统计年鉴 2011》，2010 年北京市主城区（包括首都功能核心区及城市功能拓展区）的常住人口分布详情如表 5-18 所示。

北京市主城区的常住人口分布呈现下列特点：

第一，从 20 世纪 80 年代以来郊区化进程不断发展，居住“空心化”的格局已经形成。目前，大多数人口居住在城市功能拓展区，达到 81.5%，而居住在首都功能核心区的居民只占城区居民的 18.5%。上述两类功能区域的人口分布比例已达 1：4.4。

第二，北京市主城区人口分布在空间上并不均匀。朝阳区、海淀区和丰台区成为人口分布聚集区，分别拥有北京市城区居民的 30.3%、28.0%、18.0%。北京市主城区居民的 76% 都居住在这三个区，而石景山区与首都功能核心区的两个区居民则较少。

第三，北京市主城区人口分布南北差异较大。以长安街及其东西延伸为北京市城区南北分界线，则海淀区与朝阳区的大部分位于北部，东城区、西城区、石景山区被分界线穿过，丰台区和朝阳区的小部分位于南部。北京市主城区北部人口约占城区总人口的 60% 以上，而南部则不足 40%。

（2）北京市就业空间分布

根据 2010 年在北京市开展的入户问卷调查，共 1 250 人有通勤行为，这部分居民通勤目的地（即就业地）的分布情况如图 5-23 所示。

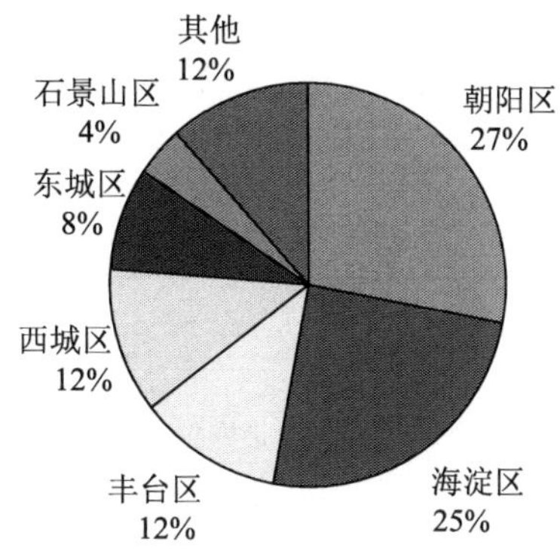


**图 5-23 2010 年北京市居民通勤目的地分布**

北京市主城区居民的就业空间分布主要有以下特点。

第一，城区居民就业地呈现双中心区格局。2010 年调查结果显示，朝阳区和海淀区是两个最为主要的就业中心区，形成了北京市城区居民就业地分布的双中心，被调查的有固定工作地点的居民中分别有 27%、25% 在朝阳区和海淀区就业，二者之和超过调查中全部有固定工作地点居民的 50%。丰台区、西城区和东城区是就业地分布的次中心地区。其余地区吸引的就业人口较少。

第二，主城区与远郊区之间的就业联系较弱。2010 年调查结果显示，主城区的居民绝大多数都在首都功能核心区与城市功能拓展区就业，而远郊区县的居民也大多在本区就业。北京市主城区与怀柔区、延庆县、密云县等北部远郊区县在就业方面的联系很少，基本上相互独立。

进一步分析，2010 年北京市调查识别出的吸引北京市人口 1% 以上的重点就业地区如表 5-22 所示。

**表 5-22 2010 年北京市重点就业聚集地**

| 地区 | 比例 /% | 地区 | 比例 /% |
|---|---|---|---|
| CBD | 5.3 | 中关村 | 3.8 |
| 金融街—阜成门—复兴门 | 2.5 | 奥林匹克中心—大屯 | 2.2 |
| 东四十条—东直门 | 1.3 | 广东门（石景山综合服务中心，首钢旧址） | 1.2 |
| 公主坟—万寿路 | 1 | 上地 | 1 |

| 地区 | 比例 /% | 地区 | 比例 /% |
|---|---|---|---|
| 新街口 | 1 | 望京 | 1 |
| 方庄 | 1 | 新街口 | 1 |
| 潘家园—十里河 | 1 | 西单 | 1 |
| 学院路 | 1 | 清河 | 1 |
| 小营 | 1 | 合计 | 27.3 |

（3）北京市主城区居民通勤空间分布矩阵

以 2010 年调查中居民的居住地为起点，以居民的就业地为目的地，构造出的北京市主城区居民通勤空间分布矩阵如表 5-23 所示。

表 5-23　2010 年北京市主城区居民通勤空间分布矩阵　　单位：%

| | | 就业地 | | | | | | | |
|---|---|---|---|---|---|---|---|---|---|
| | | 东城 | 西城 | 朝阳 | 丰台 | 石景山 | 海淀 | 郊区 | 合计 |
| 居住地 | 东城 | 4.4 | 1.6 | 1.6 | 0.5 | 0.1 | 0.7 | 0 | 8.9 |
| | 西城 | 0.6 | 7.1 | 1.2 | 0.5 | 0.1 | 1.8 | 0.4 | 11.7 |
| | 朝阳 | 1.7 | 0.4 | 21.6 | 0.4 | 0 | 1.5 | 1.0 | 26.6 |
| | 丰台 | 0.8 | 1.2 | 1.5 | 9.9 | 0.3 | 1.1 | 0.6 | 15.4 |
| | 石景山 | 0.3 | 0.1 | 0.4 | 0.2 | 3.0 | 1.9 | 0 | 5.9 |
| | 海淀 | 0.4 | 1.5 | 1.5 | 0.2 | 0.2 | 17.6 | 1.2 | 22.6 |
| | 郊区 | 0 | 0 | 0 | 0 | 0.2 | 0.2 | 8.5 | 8.7 |
| 合计 | | 8.2 | 11.9 | 27.8 | 11.7 | 3.9 | 24.8 | 11.7 | 100 |

注：单元格内为“0”者代表其比例不及 0.1%；郊区部分使用调查中涉及的怀柔区、顺义区、延庆县、密云县等远郊区县样本，约占总样本量的 10%。

矩阵中横向为就业地，纵向为居住地，每一单元格表示的是居住地为所在行代表的地区，就业地在所在列代表的地区，单元格内的数值表示通勤出行从该居住地区到该就业地区的居民在城区所有具有固定就业地点居民中所占的比例。例如，数值区域左上角“4.4”表示居住在东城区、就业地也在东城区的居民占全市有固定就业地点居民的 4.4%。

单元格内为“0”者代表其比例不及 0.1%。矩阵对角线代表的是各地区的区内通勤人口比例，最右一列代表的是各区的人口比例，最下一行代表的是各区作为就业地的就业人口比例。

根据北京市主城区居民通勤空间分布矩阵，可以有如下发现：

第一，各区的区内通勤比例大，远远高于区际通勤比例，在矩阵中左对角线的数值都较高。尤其是朝阳区与海淀区的区内通勤比例都接近 20%，二者之和接近全部居民通勤的 40%。这说明居民普遍在选择居住地时会考虑接近工作地点，或者在找工作时会优先考虑接近居住地的就业机会。

第二，东城区、西城区、丰台区、石景山区、海淀区作为居住地的比重大于作为工作地所占比重，是通勤净输出区；朝阳区、郊区作为居住地的比重小于作为工作地所占比重，是通勤净输入区（集聚区）。丰台区、石景山区的通勤净输出情况尤其突出，城区内分别有 15.4% 和 5.9% 的居民在丰台区和石景山区居住，但丰台区和石景山区吸引的就业人口分别仅占城区的 11.7% 和 3.9%，这说明这两个区的就业聚集功能弱于居住功能，一部分本区居民前往区外就业，而区外居民来本区就业的情况相对较少。

通过以上对北京市主城区人口布局、就业布局与通勤布局的分析可知，北京市主城区的职住分离现象已经较为突出，空间错位严重。研究认为，提高职住平衡，可以降低长距离出行需求并控制碳排放；反之，职住分离严重则会引发较长距离的通勤需求，在一定程度上抬高通勤碳排放水平。

### 2. 青岛市居民住职分布

（1）青岛市人口空间分布特点

根据《青岛统计年鉴 2012》，青岛市城七区的人口分布情况如表 5-19 所示。

从表 5-19 中可以看出，对于东岸城区（市南区、市北区、四方区、李沧区），市南、市北区人口占该地区总人口的 60% 以上；对于西岸新区（黄岛区及其周边区域），黄岛区一个区占据了青岛市市区总人口的 10% 以上；对于北岸新城（城阳区及其周边区域），城阳区分布着青岛市市区总人口的近 20%。总体而言，市南、市北区，黄岛区，城阳区各自为其所在组团的人口分布中心。

（2）青岛市就业空间分布与通勤空间分布矩阵

根据 2011 年在青岛市开展的入户问卷调查，共 736 人有通勤行为，这部分居民通勤目的地（即就业地）的分布情况如图 5-24 所示，通勤空间分布矩阵如表 5-24 所示。

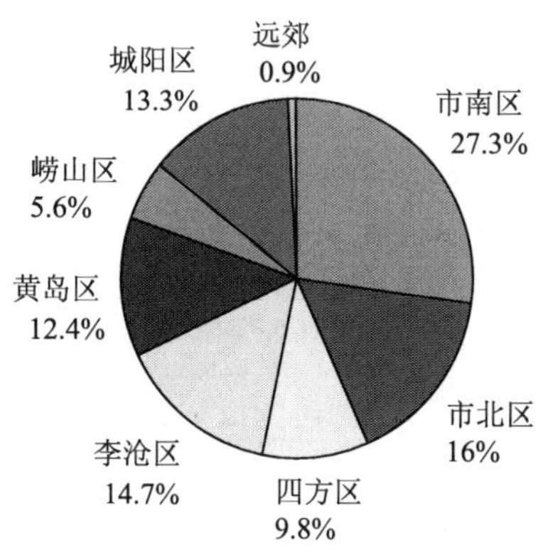


图 5-24　2011 年青岛市城七区居民通勤目的地分布

表 5-24 青岛市城七区居民通勤空间分布矩阵 单位：%

| | | 就业地 | | | | | | | |
|---|---|---|---|---|---|---|---|---|---|
| | | 市南 | 市北 | 四方 | 李沧 | 黄岛 | 崂山 | 城阳 | 合计 |
| 居住地 | 市南 | 16.6 | 2.6 | 1.9 | 1.5 | 0.3 | 1.4 | 0.5 | 23.3 |
| | 市北 | 6.2 | 11.5 | 1.9 | 1.1 | 0.3 | 1.1 | 1.1 | 23.2 |
| | 四方 | 3.4 | 1.8 | 4.4 | 0.8 | 0.1 | 0.7 | 0.3 | 11.5 |
| | 李沧 | 0.7 | 0.4 | 0.8 | 10.7 | 0 | 0.1 | 1.5 | 13.4 |
| | 黄岛 | 0 | 0 | 0 | 0 | 11.8 | 0 | 0 | 11.8 |
| | 崂山 | 0.4 | 0 | 0.1 | 0.5 | 0 | 2.5 | 0.1 | 3.7 |
| | 城阳 | 0 | 0 | 0 | 0 | 0 | 0 | 9.9 | 9.9 |
| | 合计 | 27.3 | 16.3 | 9.1 | 14.6 | 12.5 | 5.8 | 13.4 | 96.8 |

注：单元格内为“0”者代表其比例不及 0.1%。

矩阵中横向为就业地，纵向为居住地，每一单元格表示的是居住地为所在行代表的地区，就业地在所在列代表的地区，单元格内的数值表示通勤出行从该居住地区到该就业地区的居民在城区所有具有固定就业地点居民中所占的比例。例如，数值区域左上角“16.6”表示居住在市南区、就业地也在市南区的居民占城区有固定就业地点居民人口的 16.6%。

矩阵对角线代表的是各地区的区内通勤人口比例，最右一列代表的是各区的人口比例，最下一行代表的是各区作为就业地的就业人口比例。单元格内为“0”者代表其比例不及 0.1%。由于在远郊区（主要是各个县级市）就业的通勤者未纳入表中，故而合计小于 100%。

青岛市主城区居民的就业空间分布主要有以下特点：

第一，市南区、黄岛区、崂山区、城阳区是青岛市通勤净流入区；市北区、四方区、李沧区是青岛市通勤净流出区。

第二，2011 年 63% 的青岛市主城区居民在其居住地所在城区内就业。对于黄岛和城阳两区的居民而言，这种“职住同区”的现象尤为明显，这两区在“居住—就业”空间功能方面与其他城区相对独立。

第三，东岸城区内就业密集区的分布较为集中。市南区依然是最主要的就业集中地，吸引了主城区内 27.3% 的通勤者。市南区是青岛市的政治、文化、商贸、金融、旅游及科研中心区域，具体表现为“五多”。市南区驻区党政军机关多，是市委、市政府所在地，有许多中央及全国各省市驻青机构；金融机构多，现有 8 家外资金融机构以及许多国内各银行、保险公司的分支机构；商场宾馆多，有全国闻名青岛最繁华的中山路商业街，华联商厦、国货公司、第一百盛、佳世客等大型商厦，有占全市 90% 以上的涉外宾馆，如海天、王朝、丽晶、香格里拉等星级大酒店；人文景观多，有栈桥、鲁迅公园、天主教堂、湛山寺等 30 多个人文和海水浴场，环境幽静的疗养区，红瓦绿树相映的房屋建筑，形成市南区独有的特色；院校科研机构多，有青岛海洋大学、海军潜艇学院、中科院海洋研究所等一些高等院校和科研院所。

第四，黄岛区与城阳区逐渐成为新的就业集中区，就业分布的郊区化现象初露端倪。随着黄岛、城阳两区与其他城区之间的交通更为便捷，这种就业郊区化的趋势在未来可能会愈加明显。未来青岛市主城区居民的通勤距离或将增长。交通能耗与排放或将因此而保持增长态势。

可以看出，青岛市城七区（市南区、市北区、李沧区、四方区、崂山区、黄岛区、城阳区）其区内通勤占比达到67.4%，仅略高于呈现单中心结构北京市的63%。真正意义上实现住职平衡的组团式结构形成滞后于地理条件上的分区形成，青岛市区表现出的就业分布郊区化苗头不容忽视。

# 第六章
# 后工业化超大城市的低碳交通发展研究——以北京为例

区域发展不平衡是中国现阶段的突出现象，600 余个城市的发展现状涵盖了工业化与城镇化各个阶段，不同发展阶段的城市具有不同的特征，面临着不同的问题，低碳交通发展的策略也有所不同。

以北京为代表的为数不多的中国城市，已经基本处于后工业化阶段，经济结构以第三产业为主，人均 GDP 接近发达国家水平，进入后小康社会发展阶段。对北京市而言，生态环境可持续发展是后小康社会可持续发展的重中之重，目前面临的诸多资源、环境问题已成为首都可持续发展的短板与重要制约因素，生态环境的可持续发展明显滞后于经济、社会发展。随着工业化与机动化的基本完成，交通已成为北京市能源消耗与温室气体排放量最大的终端部门，交通带来的空气污染、道路拥堵、城市蔓延、噪声污染与交通事故等其他问题也日趋严峻，亟待转向低碳交通发展路径。随着中国的持续发展，越来越多的城市会面临后工业化阶段交通部门带来的挑战，本章将以北京市为案例，对中国后工业化超大城市的低碳交通发展策略进行研究。

## 一、北京城市交通可持续发展面临的挑战

### （一）交通能源消费与碳排放增长迅速，已成主要排放部门

如图 6-1 所示，从能源消费的部门构成看，2000—2010 年，北京市能源消费增长速度很快，从 2 638.84 万 t 标准煤上升到 6 954.1 万 t 标准煤，增加了 4 315.26 万 t，是 2000 年的 2.6 倍。工业一直是用能大户，但是其消费量占总能源消费量的比重正在逐年下降，与此同时，随着近年来北京人民生活水平的提高和第三产业的发展，交通和建筑部门的能源消费也在迅速增长。交通部门的能耗从 2000 年的 437 万 t 标准煤增加到 2009 年的 1 407 万 t 标准煤，增加了两倍多。

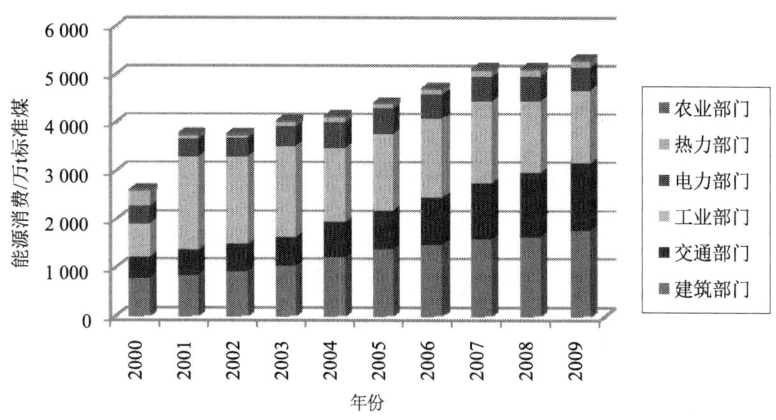


**图 6-1　2000—2009 年北京市按部门分的能源消费 [1]**

从能源自给率看，北京市是一个典型的能源调入区，能源自给率不到 25%，2005 年更降至 2000 年以来的最低点，仅为 13%。此后北京的能源自给率有所上升，但上升幅度不大。北京市能源消费 90% 以上的煤炭、70% 的电力、100% 的天然气、100% 的石油都需要从外部调入。这样低的能源自给率直接导致北京市的能源供应受国际和国内市场供应短缺的影响巨大，潜在的供应风险突出。交通部门对成品油的依赖严重，面临的能源安全风险更为显著。

北京市已经逐步迈入了后工业时期，交通部门已成为其主要的 $CO_2$ 排放源。如图 6-2 所示，到 2008 年，北京市工业部门 $CO_2$ 排放较之 2007 年减少 658 万 t，虽然 2009 年能耗和排放都有增加，但工业部门的增加量并不明显。北京工业部门的 $CO_2$ 排放已经不再是北京最大的排放源，2009 年，北京市工业部门的 $CO_2$ 排放量为 2 453 万 t，占总排放的 23%；交通部门的 $CO_2$ 排放逐年增加，到 2009 年，排放量为 2 785 万 t，交通部门的排放在 2008 年已经超过了工业部门，成为了北京最主要的排放部门。随着第三产业比重的不断增加，排放部门重心的转移，使得北京成为全国 $CO_2$ 排放最少的省级行政区之一。然而随着第一、第二、第三产业比例的不断变化，在今后的几年中，工业部门的排放将逐渐降低，相对地，交通部门的排放也将随着北京人均 GDP 的逐年升高而进一步增加。由此可见，如何降低交通部门的排放将成为北京未来低碳发展的重点。

综上所述，交通部门已经成了北京最主要的二氧化碳排放部门，且排放仍在持续增长，已成为北京市低碳发展的重点部门。发达国家城市的经验表明，在实现工业化之后，交通需求及其能耗与排放仍会持续增长，交通部门最难找到行之有效的低碳化对策。对于北京市而言，发展低碳交通在节能减碳的同时，可以实现减少空气污染与噪声污染、缓解拥堵、减少交通事故等多种协同效益。

1　参考中国人民大学“能源与气候经济学项目”（PECE）根据北京市能源平衡表重新进行部门划分后的核算结果。此处的交通部门排放包括营运和非营运交通排放，建筑部门排放为建筑运行过程中的排放；建筑部门的能源消耗量不包括集中供暖；能源消费量采用电热当量法计算。

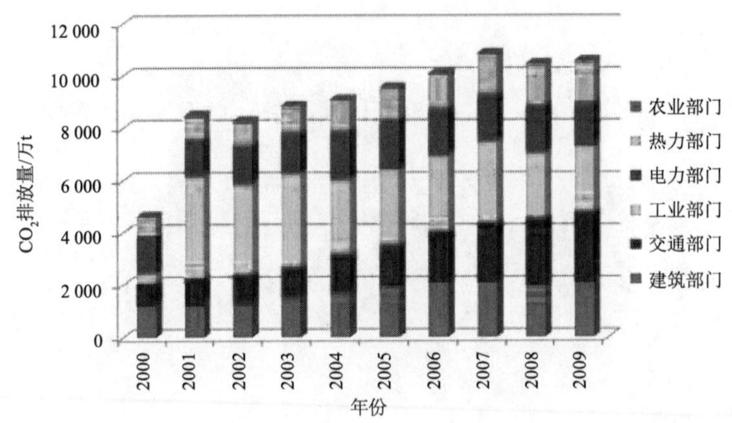


图 6-2 2000—2009 年北京市与能源相关的二氧化碳分部门排放量

## （二）尾气污染排放激增，居民健康损失巨大

北京市近 10 年来的工业与燃煤污染物排放整体呈现下降趋势，但机动车尾气污染物排放迅速上升，二者相叠加，形成具有北京特色的混合型空气污染，主要污染物从 $SO_2$ 变为 $PM_{2.5}$，VOC，$NO_x$，$O_3$ 等。交通流动源污染与工业点源污染相比，$PM_{2.5}$ 等污染物对人体健康危害更大，且从空间分布上主要集中于人口密度较高的中心城区，人类暴露度较高，造成的居民健康损失巨大。

交通部门造成的空气污染主要来自道路交通领域的机动车使用过程中的尾气排放。近年来，北京市机动车排放标准愈加严格，加强了控制机动车污染的力度。然而，由于机动车保有量一直保持高速增长态势，汽车污染物总排放量仍持续增长，在城市空气污染中的分担率逐渐攀升，北京市已由煤烟型污染转变成以机动车排放为主的尾气型污染，城市臭氧浓度逐步增高，发生光化学污染的可能性在不断增加。

北京市从 2008 年才开始对 $PM_{2.5}$ 进行研究式监测，2012 年才首次将防治 $PM_{2.5}$ 写入了政府工作报告，并开始全面监测与报告。根据北京市副市长的介绍，大概有 22% 以上的 $PM_{2.5}$ 是机动车排放的，机动车尾气已成为除外地扩散之外的 $PM_{2.5}$ 最大来源[1]（图 6-3）。

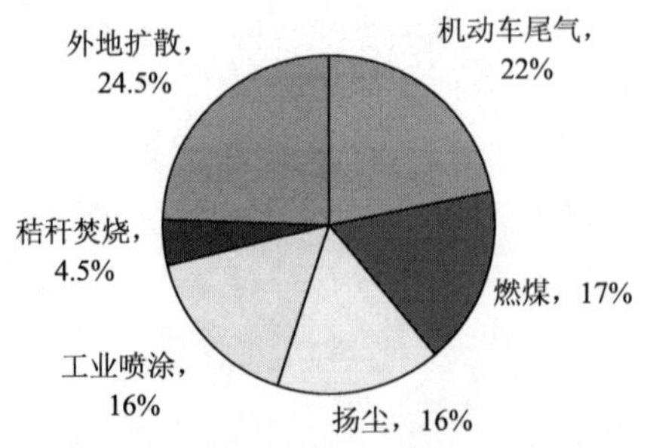


图 6-3 北京市 $PM_{2.5}$ 的来源构成

1 北京市副市长详解 $PM_{2.5}$ 来源八项应对措施 . 2012 年 1 月 14 日。http://env.people.com.cn/GB/16876601.html.

### （三）机动化水平激增，交通拥堵严重

尽管近年来城际与城市内部各种交通基础设施逐年递增，但交通基础设施及服务供给的增长速度仍不及交通出行需求的增长速度高。在交通负荷不断增加的情况下，北京市部分公路与城市道路的交通拥堵日趋严重。1994—2003 年，北京交管局对北京市严重堵车路、路段的统计逐渐上升。1994 年为 36 处，1995 年为 55 处，1999 年猛增到 99 处，2003 年经过专项治理，仍达 87 处。在 2010 年 9 月 16 日，高峰峰值时段全市拥堵道路超过 140 条，创历史最高纪录。城市交通拥堵造成居民单次出行时间过长、运输效率低下，以及交通环境污染恶化等诸多问题。低效的城市道路交通体系不但给城市发展带来经济损失，还会降低城市居民的生活质量，使幸福感下降，严重影响城市的可持续发展。

随着北京市居民生活水平的提高，对交通出行的速度和舒适性要求增加，私人轿车的拥有与使用呈现井喷式增长，机动化出行比例持续上升，由此引发的城市交通结构变动对能源消费的增加贡献很大。自 2000 年以来，居民的出行结构（不含步行）中公共交通（公共汽车与轨道交通）所占比重不断上升，但这并非源自小汽车出行所占比重的下降，而是源自自行车出行所占比重的大幅下降，小汽车出行所占比重也在持续上升。这说明越来越多的出行者选择放弃自行车出行而采用小汽车或公共交通的出行方式。

## 二、北京市低碳交通发展对策研究

低碳发展是在可持续发展理念指导下，通过制度和技术创新、产业升级与结构调整、新能源开发、引导消费模式转变等多种手段，减少煤炭、石油等高碳矿物能源消耗和温室气体排放，应对全球气候变化，改善民生，实现人类发展目标，致力于经济社会发展与生态环境保护“双赢”的一种新型发展理念与发展模式。

北京市可将低碳发展作为系统解决面临的生态环境可持续发展问题的重要突破口与核心内容，低碳交通则是其中的重中之重。

### （一）北京市低碳交通发展面临的困境

从全世界的经验来看，当一个城市的经济高速发展、人均收入水平快速提高、城市人口大量增加之时，城市交通需求也将以极快的速度增加。面对快速增加的城市交通需求，政府可以采取多种措施来应对，如增加基础设施建设、完善交通管理措施、对各种交通工具的选择和使用进行管理和规制等。但是，由于基础设施的建设一般投资巨大、建设周期长，交通管理和规制措施又是一个非常复杂的系统工程等，政府的治理措施往往很难在短期内奏效。其结果是，城市交通发展的现实往往很难赶上对它

的实际需求，从而带来一系列严重的城市交通问题。北京市目前所面临的城市交通困境大体上就反映了这种规律。

北京市面临严峻的城市交通及其所带来的一系列问题，已经严重地损害了北京作为一个国际化大都市的运行效率，极大地降低了北京市民的生活质量，甚至对北京市的投资环境和经济发展前景带来了相当不利的影响。城市交通的解决，不仅与每个市民的日常工作和生活息息相关，更关系到北京市政府的形象和市民对城市政府的信心，关系到北京市作为一个新兴国际化大都市的城市形象，关系到北京市能否实现全面小康，不断增强可持续发展能力。

## （二）低碳交通的分析框架

在研究交通部门的温室气体排放问题时，世界银行提出的 ASIF 方法学（Schipper, et al., 2000）已成为广为采用的分析框架。该分析框架可以用公式表述如下：

$$G=\sum_{\mathrm{mod}\,es}\sum_{fuels}A_{m,f}S_{m,f}I_{m,f}F_{m,f} \tag{6-1}$$

式中，$G$ 是交通部门温室气体排放（greenhouse gas emissions）；$A$ 是交通活动水平（transport Activity）；$S$ 表示交通方式构成（modal Shares）；$I$ 是每种交通方式的能源强度（energy Intensity）；$F$ 代表不同燃料组成对应的排放因子（fuel mix）。$A$、$S$、$I$、$F$ 构成了交通部门温室气体排放的四个照驱动因子。

针对北京市而言，在现阶段，以上四个驱动因子分别呈现出以下特点。

活动水平：城市规模膨胀，总活动水平增长迅速。城市规划、城市交通市场和土地及房地产市场未能有效结合，缺乏控制活动水平的一体化政策。

交通结构：私人汽车保有量激增，小汽车出行在城市交通构成中所占比例持续上升。由于城市居民消费需求层次提高，尽管有牌照控制政策，但居民对私人汽车拥有与使用的需求仍将进一步增加。

燃料强度：针对新车的燃油经济性标准正在分阶段实施，据测算，燃油经济性水平有逐步提高的趋势，但技术进步与扩散的效果仍需要在一定时间后方能体现出来。

燃料类型：仍然依赖以燃油为主的矿物燃料，纯电动汽车、燃料电池汽车等新能源汽车仍在研发或示范阶段，尚未进入大规模商业化的阶段。

综上所述，由于燃料强度与燃料类型两个驱动因子的效应要在一段时间之后才能体现出来，而总体活动水平与交通方式构成两个驱动因子同时具有短期与长期效应。因此，在促进燃料经济性提高与低碳燃料交通工具使用的同时，尤其需要重点控制的驱动因子是总体活动水平（$A$）和交通方式构成（$S$）。这两个驱动因子构成了城市居民交通需求与交通出行行为低碳发展水平的主要评价指标。

如图 6-4 所示，倘若简单以人均 GDP 代表经济发展水平，则世界上经济发展水平相近的不同城市，城市交通结构可能存在巨大差异。根据 2006 年的有关数据，可以将主要发达国家城市的交通出行结构概括为三类：以私人机动车出行为主的美国模式，私人机动车出行在全部出行中所占比例通常超过 80%，以洛杉矶、芝加哥、温哥华、多伦多、悉尼、墨尔本等城市为代表；私人机动车出行与公共交通出行共同发展的欧洲模式，私人机动车出行在全部出行中所占比例在 50% 左右，以伦敦、罗马、米兰、马赛、柏林、汉堡等城市为代表；以公共交通与非机动交通出行为主的“哥本哈根”模式，私人机动车出行仅占全部出行的 30% 左右，以马德里、哥本哈根、阿姆斯特丹、大阪、东京、法兰克福、慕尼黑等城市为代表。

从世界交通发展史来看，当人均 GDP 达到 3 000 美元的时候，小汽车开始成为人们首选的机动化个体交通工具，并逐渐进入汽车化社会。对新兴工业化国家（地区）与发展中国家（地区）的大城市进行考察，可以发现成功案例与失败案例并存。从低碳交通发展角度看，中国香港是极为成功的案例，2006 年中国香港的人均 GDP 与柏林、伦敦、米兰、悉尼、多伦多等发达国家城市的水平相当，而私人机动车出行所占比例却不到 20%，在经济发展水平较高的情况下，80% 以上的出行需求仍由公共交通系统承担。新加坡则基本沿袭了欧洲模式，在人均 GDP 超过 30 000 美元的情况下，私人机动车出行所占比例也接近 50%。墨西哥城、开罗、首尔、中国台北等城市则接近于美国模式，在经济发展的同时，私人机动车出行所占比例也在迅速上升。而胡志明市、吉隆坡等城市的私人机动车出行则处于失控状态，在经济发展水平仍然相对较低的情况下，私人机动车出行所占比例反而高于很多欧洲国家和日本等发达国家大城市的水平，这些城市也是交通拥堵、机动车尾气污染等问题空前严重的地区。作为公共交通发展较为成功的案例，香港也是交通需求管理政策极为严格而有效的城市，新加坡也针对私人机动车的拥有与使用制定并实施了多种管理政策，胡志明市、吉隆坡等陷入“车灾”的城市通常都未曾对私人机动车采取任何有效的控制措施。

从 2006—2009 年的发展轨迹来看，北京市目前的发展趋势正在接近欧洲模式，而非以公共交通与非机动交通出行为主的“哥本哈根”模式。在经济快速发展的同时，私人机动车出行比例也在较快上升。因此包括北京在内的中国大城市正处于一个城市交通体系的关键发展阶段，如果公共交通与非机动出行发展滞后，同时对私人机动车出行缺乏管理，则会走向欧洲模式，甚至美国模式的发展道路；相反，如果在推进交通基础设施建设的同时通过各种政策手段进行交通需求管理，引导居民较多地选择相对低碳的交通方式，也可以像香港等城市一样走上以公共交通与非机动出行为主的发展道路。由于各个城市的气候条件、地理位置、社会经济发展水平、历史文化、管理体制等特征千差万别，适于每个城市采取的低碳交通发展模式也不尽相同。北京市的理想低碳交通发展模式无法照搬东京、香港、阿姆斯特丹、慕尼黑等“哥本哈根”模式城市交通发展的经验，但是在理想的低碳交通发展目标中，只有公共交通与非机动出行所占比例较高时，才能实现居民交通出行的相对低碳化。

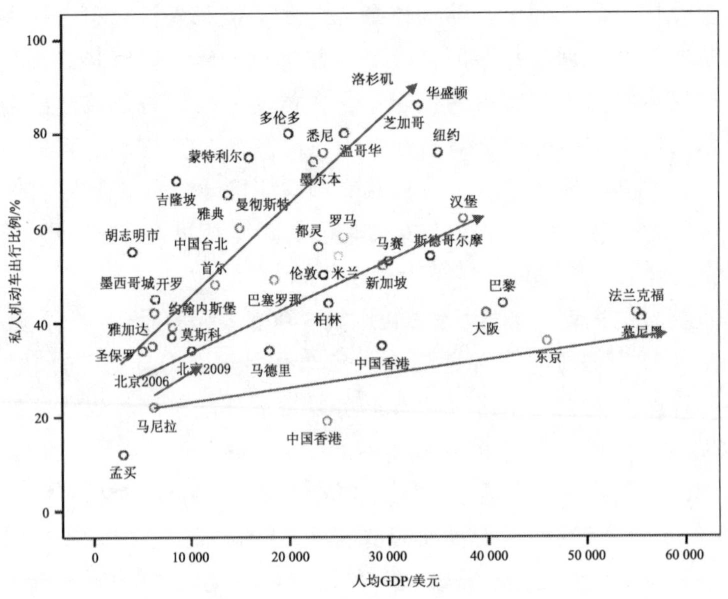


**图 6-4 世界各大城市人均 GDP 与私人机动车出行比例之间的关系**

城市交通出行本身是由一系列交通出行行为构成的，而影响城市交通能源消费与温室气体排放的驱动因子也是由不同类别的交通行为所决定的。低碳城市交通系统在微观层面上体现为城市居民的低碳交通行为。居民交通需求的增加与机动化水平提高使得居民出行频率与出行距离增加，选择私人机动车出行的比例上升，因此必须采取相关政策激励消费者形成低碳交通行为，控制人均交通出行能耗与碳排放的快速增长趋势，使北京走上以公共交通与非机动出行为主的低碳城市交通模式发展道路。

## （三）北京市现有交通政策存在的问题

北京市目前采取的交通管理政策主要包括“建”“限”“管”三类。“建”即投资进行公共交通基础设施建设和城市道路建设，针对公共交通进行价格补贴等。“限”即尾号限行、区域交通限行、牌照总量控制等政策。“管”即增强交通管理能力、采用交通需求管理政策等。具体而言，在交通基础设施建设方面的政策措施主要包括：加快轨道交通建设；优化完善公交线网，建设公交专用道和快速公交；建设交通枢纽，方便换乘；拓展城市道路网络。以改变居民出行行为为目标的政策措施主要包括：机动车尾号限行、牌照总量控制与摇号、限制公车使用、错峰上下班等命令控制型手段；小排量汽车购置税优惠、对公共交通予以票价补贴、提高市区停车费等经济激励手段；开展公交周和无车日活动，倡导“人文、科技、绿色交通”理念等宣传教育手段。

现行政策主要存在以下问题。

第一，已有和即将采取的措施缺乏对交通基础设施建设成本的充分估算。在现有高人口和居住密度的城市格局下，无论是拓宽道路，提高道路密集度，还是建设地下、地面的轨道交通，北京市都面临着比欧美城市政府当年所支付的高得多的建设成本。就北京而言，一系列基础设施，如道路加密措施的实施还面临着另一种无形的、非货币的“成本”，即为了打通各个有着复杂隶属关系的高墙大院而要进行的各种协调工作。城市不合理格局有其非常强大的惯性，不仅调整的时间很长，而且调整的成本也将非常高昂。

第二，现有政策措施忽视了在对机动车辆保有和使用管制不当的情况下，道路建设很有可能导致机动车总量、交通量和交通需求以更快的速度膨胀，从而导致恶性循环。交通经济学里存在“唐斯定律”，即“在政府对城市交通不进行有效管制和控制的情况下，新建的道路设施会诱发新的交通量，而交通需求总是倾向于超过交通供给”。该定律描述了以下的情况：当人均收入水平达到一定程度，不再是家庭汽车消费的主要障碍时，必然会出现一种交通需求和交通基础设施供给之间的竞赛，而在政府不进行管制的情况下，这种竞赛的结果必然是交通拥挤与交通能源消费及温室气体排放的膨胀。近年来，北京市对城市道路与公共交通基础设施建设投资巨大，但公共交通在出行结构中所占比例并未大幅提升，相反，民用机动车保有量与私人汽车在出行结构中所占比例却迅速提高。

同时，北京市发展公共交通存在局限性。由于北京在轨道交通大规模建设之前已经形成了高度密集的城市结构，这就导致轨道交通建设的投资相当大，从而决定了地铁在城市建成区内部无法广泛铺开，而城市轻轨则主要是城市内外的联系线路。所以，无论如何发展城市轻轨和地铁，其覆盖范围都相当有限，远不像地面公共交通那样能够保证点对点运输和对市区范围的广泛覆盖和市区—郊区的全面联系。

第三，交通限行等命令控制型政策存在副作用，政策实施效果受到影响。

2009 年 8 月，北京交通研究中心发布《实施“北京市政府关于实施交通管理措施的通告”监测评估报告》。报告选取 2007 年 10—11 月作为“无限行”期间基准数据，2008 年 7 月 20 日至 9 月 20 日为“单双号”期间，2008 年 10 月 11 日至 2009 年 4 月 10 日为“每周少开一天车”，从交通拥堵指数、常发拥堵路段分布、拥堵持续时间、路网运行速度和道路交通流量方面，对“每周少开一天车”实施后的交通效果进行评价。得到的结论主要为：交通拥堵情况缓解、路网运行速度提高；公共交通客运量明显上升；空气质量整体好转；市民支持率达到 85%。

而在这一政策长期实施之后，负面效应逐渐体现出来，政策效果有减弱的趋势。在公共交通依旧不能提供便捷的出行方式前提下，因为限行政策和购置税降低政策的刺激，很多家庭购买第二辆车的行为剧增，反而促使民用机动车保有量的加速增加趋势。同时，在非限行时段，由于私人机动车保有量的增加，私人机动车出行在交通结构中所占比例呈上升趋势，车辆总量及其使用的增加会抵消限行的效果，反而可能导致城市交通能耗与温室气体排放的更快增长。

牌照总量控制与摇号政策实施后，机动车保有总量得到了有效控制，但由于出台该政策时机动车保有量基数已然很大，交通压力仍然巨大。此外，通过摇号获得购买资格的消费者更倾向于购置较大排量的高端车型，油耗与排放相对较高的车型所占比例有上升的趋势。

## （四）促进北京市居民交通行为低碳化的对策分析

### 1. 以促进城市居民低碳交通行为为重点发展低碳交通

按照城市交通需求研究与行为分析领域的一般分析框架，可将居民出行行为定义为一系列理性选择行为，主要包括工作和居住地点的选择、机动车拥有的选择、是否出行与出行频率的选择、目的地选择、出行时间选择、出行方式选择。

“低碳交通行为”是一个相对概念，对于居民出行中的每一次选择行为而言，可供选择的选项所带来的能源消耗与温室气体排放通常都存在差异。以居民出行方式选择行为为例，作为可供居民选择的选项，步行与自行车等非机动出行方式、公共汽车、轨道交通、小汽车等出行方式所引起的温室气体排放量相差悬殊。出行者选择温室气体排放量相对较小的出行方式，即是一种相对的低碳交通行为。在短期分析中，由于是否出行、出行频率、出行出发地和终点都已确定，出行方式的选择行为成为决定居民出行温室气体排放的主要因素。因此狭义的“低碳交通行为”就是指居民在日常的一系列出行选择行为中，选择低能耗低温室气体排放的交通方式。

在研究低碳交通问题时，通常采用单位周转量的能耗与二氧化碳排放作为关注的核心指标。例如，在中国交通运输部发布的《建设低碳交通运输体系指导意见》中，明确将营运车辆单位运输周转量能耗与二氧化碳排放作为公路、水路交通运输的低碳发展目标。相应地，在研究城市居民的低碳交通行为时，可以采用人均交通出行能耗与二氧化碳排放作为核心评价指标。针对城市居民的各种交通出行行为选择的评价指标如表 6-1 所示。

**表 6-1 城市居民低碳交通行为评价指标体系**

| 驱动因子 | 低碳交通行为 | 指标 |
|---|---|---|
| 交通出行碳排放 | 低碳交通出行行为 | 人均交通出行二氧化碳排放 |
| 活动水平 | 决定是否出行、出行次数，选择目的地 | 人均出行次数 |
| | | 人均出行距离 |
| 交通方式构成 | 选择出行方式 | 人均民用机动车保有量 |
| | | 私人机动车出行所占比例 |
| | | 机动车平均年均行驶里程 |
| 能源强度与燃料类型 | 购买机动车行为 | 平均燃料经济性水平 |
| | | 新能源汽车市场占有率 |
| | 驾驶机动车行为 | 生态驾驶培训接受率 |

### 2. 促进北京市居民交通行为低碳化的政策框架

针对北京市城市交通拥堵问题日趋严重的形势，2010 年 12 月 21 日，北京市正式公布了《北京市人民政府关于进一步推进首都交通科学发展加大力度缓解交通拥堵工作的意见》，明确提出提高公共交通出行比例的目标，即到 2015 年，中心城公共交通出行比例达到 50% 左右，自行车出行比例保持在 18% 左右，小客车出行比例控制在 25% 以下。为此，将实施交通领域北京有史以来最为全面的综合政策措施，包括以下六个方面：进一步完善城市规划，疏解中心城功能和人口；加快道路交通基础设施建设，提高承载能力；加大优先发展公共交通力度，鼓励公交出行；改善自行车、步行交通系统和驻车换乘条件，倡导绿色出行；进一步加强机动车管理，引导合理使用；加强科学管理，提高现代交通管理和运输服务水平。这 6 方面政策共包括 28 种具体措施，其中，实行小客车保有量增量调控、让机动车拥有者合理承担使用成本以削减中心城交通流量等交通需求管理措施的出台引起了广泛关注。

近年来，北京市机动车拥有量持续激增，机动车活动水平也迅速提高，超过了交通基础设施建设的发展速度，这是城市交通拥堵问题日趋恶化的重要原因。作为治理交通拥堵的措施，控制机动车拥有量增加的速度与机动车活动水平同时也可以控制城市交通能耗与温室气体排放的增加。但是，治理拥堵与促进城市居民交通行为低碳化并不等价，这两大政策目标在某些情况下还会存在矛盾。交通拥堵治理政策的最终目的是促使城市交通在尽可能多的时间和空间范围内保持畅通，而促进城市居民交通行为低碳化的政策目标是控制人均交通出行能耗与二氧化碳排放。以城市空间布局为例，城市通过外向延伸，形成分散化布局，在平均出行距离较长的情况下，可以缓解交通拥堵状况。然而，这种空间布局使得居民人均交通出行能耗与二氧化碳排放维持在较高水平，不符合低碳交通政策体系中要求城市空间布局紧凑化的思想。

对于北京市而言，目前亟须以促进居民交通出行行为低碳化为目标，建立完整而具有系统性的政策体系（图 6-5）。

针对城市空间结构这一影响因素，应采取一系列综合措施优化调整城市功能布局，主要措施包括：严格控制中心城建设总量增量；加快新城建设，有效疏解中心城功能和人口；加快教育、行政、医疗卫生等公共服务资源向新城配置；调整城市产业空间布局，鼓励就近就业等。

针对公共交通出行方式的可达性、舒适性等属性，应着力加大优先发展公共交通力度，增强公交系统对消费者的竞争力，鼓励公交出行，主要措施包括：加快中心城轨道交通建设，加密线网；改造既有轨道交通线路运营服务设施，提高服务质量；完善综合客运交通枢纽与换乘体系，构建公交快速通勤网络；优化调整地面公交线网，合理配置公交运力等。

针对非机动交通出行和其他可行的交通方式的可达性、舒适性等属性，应改善自行车、步行交通系统和驻车换乘条件，以倡导非机动出行。主要措施包括：建设大规模公共自行车服务系统；积极发展中小学校车服务系统和鼓励单位开行班车；建设驻车换乘停车场等。

针对私家车交通出行方式的可达性、舒适性、通勤成本、通勤时间等属性，应实施一系列针对私家车的需求管理政策，控制私家车出行比例与活动水平。包括：继续实施和完善高峰时段区域限行交通管理措施；根据交通需求的空间分布完善差别化停车收费政策等。

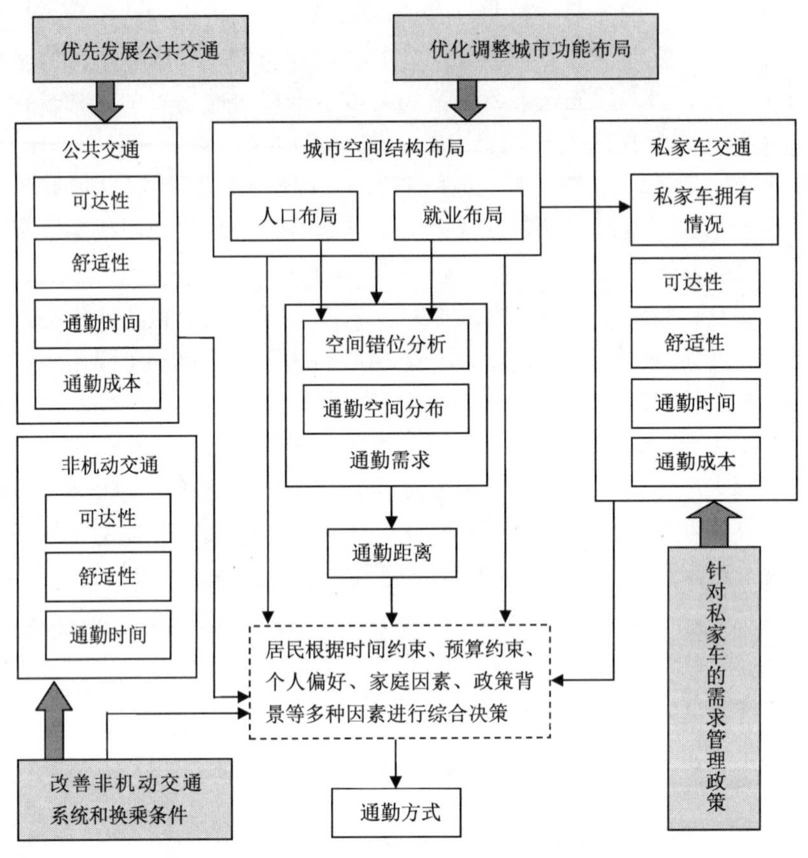


**图 6-5 促进居民交通出行行为低碳化的政策措施**

概言之，以上政策措施或者旨在控制居民的交通需求，或者旨在调节居民的出行行为。控制居民交通需求的政策主要通过优化调整城市功能布局，发展远程办公系统与服务系统等措施来减少居民的出行频率，缩短出行距离。调节居民出行行为的政策主要通过提高公共交通方式与非机动交通方式的舒适性与便捷性，同时提高私家车交通出行成本，从而使公共交通、非机动交通出行方式对消费者的吸引力相对上升，私家车出行的吸引力逐渐下降，提高低碳出行方式在居民出行方式构成中所占比例。此外，通过宣传教育等劝说鼓励手段提高居民的低碳出行意识，改变消费者偏好，也可以促进居民出行行为的低碳化。促进居民交通出行行为低碳化的政策措施分类如表6-2所示。

表 6-2　促进居民交通出行行为低碳化的政策措施分类

| 政策目标 | 次级政策目标 | 政策措施举例 |
| --- | --- | --- |
| 控制居民交通需求 | 减少出行频率 | 发展远程办公系统与服务系统 |
| | 缩短出行距离 | 严格控制中心城建设总量增量；加快新城建设，有效疏解中心城功能和人口；加快教育、行政、医疗卫生等公共服务资源向新城配置；调整城市产业空间布局，鼓励就近就业 |
| 调节居民出行行为 | 提高公共交通出行比例 | 加快中心城轨道交通建设，加密线网；改造既有轨道交通线路运营服务设施，提高服务质量；完善综合客运交通枢纽与换乘体系，构建公交快速通勤网络；优化调整地面公交线网，合理配置公交运力 |
| | 控制小客车出行比例 | 实施和完善高峰时段区域限行交通管理措施；根据交通需求的空间分布完善差别化停车收费政策 |
| | 保持非机动交通出行比例 | 建设大规模公共自行车服务系统；设计较为完备的步道交通系统；通过法律手段与技术手段提高非机动交通的安全性绿道系统 |
| | 改变消费者偏好 | 通过宣传教育等劝说鼓励手段提高居民的低碳出行意识 |

具体而言，对北京市提出通过促进居民交通出行行为方式低碳化来控制城市交通能源消耗与温室气体排放的以下几个方面政策建议。

第一，针对不同需求层次的交通出行，制定相应的政策目标。

根据目的的不同，可以将交通需求按照需求层次进行分类。交通需求可以分为生存性交通需求（如上班、上学等）、维持性交通需求（如购物、就医等）和消遣性交通需求（如休闲健身、文化娱乐等）等。对于不同需求层次的交通出行，要制定相应的合理政策目标。

以通勤出行为例，由于通勤是北京市居民最基本的出行需求，也是在所有出行中所占比例最大的一类出行，低碳通勤也将构成北京市居民低碳交通行为与北京市低碳交通系统的基础。北京市政府已经提出了中心城各种交通方式所占出行比例的目标，而由于通勤是日常基本出行行为，在理想的低碳通勤行为中，低碳通勤方式所占比例还应高于低碳交通方式在全部出行中所占比例。根据通勤距离长短的不同，在北京市主城区居民小于或等于 5 km 的短途通勤中，步行与自行车等非机动通勤比例应高于 80%，公共交通是作为补充的通勤方式，私家车通勤比例应被压缩至尽可能低的水平；在大于 5 km 的较长通勤中，公共交通通勤比例应争取达到 70%，自行车是作为补充的通勤方式，私家车通勤比例应控制在 15% 以下，争取控制在 10% 左右。

第二，扭转空间不匹配加剧的趋势，合理规划城市空间布局，发展“城市副中心”，使居民平均通勤距离保持在较短水平。

通勤距离是居民选择通勤方式的基础影响因素。面对较长的通勤距离，为了缩短通勤时间，居民将不得不采取机动化通勤方式，从而放弃零排放的非机动通勤方式，又由于公共交通存在可达性较差、换乘不便、通勤者众多而造成公共交通拥挤与不舒适等问题，相当一部分的居民因此放弃公共交通通勤方式，只能选择单位能耗与温室气体排放量最高的私家车通勤方式。

随着郊区化进程的发展，北京的职住分离趋势逐渐加剧。吸引就业人口较多的商务区与产业功能区大多集中在中心城区，北京市确立的六大高端产业功能园区中，中关村科技园区、CBD、金融街、奥林匹克中心区都集中在中心城区，而且这也是六大产业功能区中吸引就业人口最多的四个地区，同时，北京市新兴的大型居民区大多位于中心城边缘区、卫星城与远郊区。职住分离造成的空间不匹配现象将使得居民平均通勤距离变长，低碳通勤方式所占比例相对下降。

因此，北京市在优化调整城市功能布局时，应将建设“城市副中心”作为城市多中心化发展的重要选择。在中心城区之外，建设承担城市诸多主要功能的综合性城市功能区，吸引附近居民就业，实现鼓励就近就业的目的，从而缩短居民平均通勤距离，使居民能够更多地选择相对低碳的通勤方式。

第三，在推动“公交优先”战略实施时，将提高乘坐公共交通工具的舒适性与换乘的便利性作为重要目标，吸引居民选择公共交通通勤。

北京市公共交通系统在通勤成本上低于私家车通勤，在通勤时间上与私家车通勤基本持平，唯有乘坐的舒适性与换乘的便利性等方面处于劣势，仍有进一步提高以增强竞争力的潜力。为降低公共交通工具内的拥挤程度，提高乘坐的舒适性与换乘的便利性，北京市应增强公共交通运输能力，增加线路与班次，优化调整地面公交线网，完善换乘体系，构建公交快速通勤网络，同时提高公共交通管理和运输服务水平，进一步改善公共交通工具内部设施，以尽量满足通勤者舒适性方面的需求。

第四，在控制私家车通勤行为方面，在以差别化停车收费标准等政策手段提高私家车通勤成本的同时，还要配套相关保障措施以实现政策目标。

出于舒适性与便捷性的需求，北京市拥有私家车的居民中有将近一半选择私家车作为日常通勤方式。因此，控制私家车通勤行为的策略应是提高公共交通通勤的舒适性与便捷性，同时提高私家车通勤成本，从而使公共交通对通勤者的吸引力相对上升，私家车通勤的吸引力逐渐下降。在提高私家车通勤成本方面，北京市已经实施了差别化停车收费标准，重点控制中心城区内的私家车通勤。但有约 60% 的私家车通勤者将车辆停泊在单位的停车场或免费停车泊位，因此北京市有必要采取配套的保障措施将这些停车场所纳入管理范围，以实现预期的政策效果。通过在私家车使用环节需求管理政策的有效调节，使北京市居民逐渐将私家车作为满足非常规商务活动、非工作日的社交、文化娱乐、家庭活动等出行需求的交通工具，而非日常通勤所采用的出行方式。

# 第七章
# 快速城镇化进程中特大城市的低碳交通发展研究——以青岛为例

以青岛为代表的一大批中国城市，正处于快速城镇化与大规模交通基础设施建设时期，在这一发展阶段，建成区面积将迅速扩张，机动车拥有量快速增加，交通活动水平持续增长，交通部门的排放量与占总排放的比重都将上升，将成为未来低碳发展所面临的重要挑战。快速城镇化城市的低碳交通发展重点与已完成城镇化的发达国家城市有所不同，本章将以青岛市为案例，对中国快速城镇化进程中特大城市的低碳交通发展策略进行研究。

## 一、青岛市交通发展现状

### （一）城市特征与交通区位

#### 1. 山东半岛蓝色经济区核心区龙头城市，战略地位重要

青岛市是全国 15 个副省级城市之一，5 个计划单列市之一，山东半岛蓝色经济核心区和龙头城市。2011 年国务院正式批复《山东半岛蓝色经济区发展规划》，这是“十二五”开局之年第一个获批的国家发展战略，也是中国第一个以海洋经济为主题的区域发展战略。青岛市瞄准建设宜居幸福现代化国际城市的目标，对照世界知名湾区城市标准，继续拓展、深化和提升“环湾保护、拥湾发展”战略，通过全域统筹、三城联动、轴带展开、生态间隔、组团发展，拉开城市空间发展大框架，加快建设组团式、生态化的海湾型大都市。“十二五”期间，青岛市加快西海岸经济新区、红岛经济新区与蓝色硅谷核心区建设，着力打造蓝色产业链，实现蓝色跨越，建设宜居幸福的现代化国际城市。

#### 2. 国家综合交通枢纽城市，国际航运中心之一

青岛市位于山东半岛东南部，2007 年被评为全国综合交通枢纽城市，在国家“五

纵五横”综合运输大通道中分别处于南北沿海运输大通道和青岛—拉萨东西运输大通道上，在国际区域运输通道中处于南亚国际运输通道上，形成了海、陆、空“三位一体”的立体综合交通运输系统。青岛港是著名的天然良港，是中国沿黄河流域和环太平洋西岸重要的国际贸易口岸和海上运输枢纽，东北亚国际航运中心，世界第七大港口，中国最重要的五大港口之一。

### （二）交通发展现状

“十一五”期间，青岛市交通基础设施实现跨越式发展，建成以高等级干线公路和铁路为骨架，港口、机场、铁路场站为主要节点的综合交通网络，华东区域性航空枢纽、市域“一小时经济圈”和半岛城市群“三小时经济圈”已基本形成，东北亚国际航运中心建设取得明显进展，青岛作为全国综合交通枢纽城市的地位进一步巩固。

**公路**：“十一五”期间，新建国省道干线公路 246 km。开工建设青岛海湾大桥、胶州湾海底隧道、双积公路、龙青高速以及省道 209 改建等重点工程。完成了行政村通油（水泥）路工程，全市基本实现了行政村通油（水泥）路目标。到 2011 年年底，公路通车总里程达到 16 235 km。其中高速公路通车里程 728.8 km，居副省级城市第 2 位；一级公路通车里程 1 044 km，居副省级城市首位。公路密度达到 147 $km/10^2km^2$，位居副省级城市前列。2010 年，公路客运量达 2 亿人次，比 2005 年增长 19%；公路旅客周转量 124.9 亿人 km，比 2005 年增长 37%

**铁路**：“十一五”期间，扩建改造了铁路青岛客站，完成了青岛集装箱中心站、黄岛站及港内铁路应急扩能改造工程。新建了胶济客运专线，完成了胶济铁路电气化改造、蓝烟铁路电气化改造、胶黄铁路复线及电气化改造工程。开工建设铁路青岛客运北站、青荣城际铁路、海青铁路和胶新铁路电气化改造工程。新建铁路 57 km，电气化改造 165 km。到 2011 年年底，基本形成了“一环三放射”的高效集约化铁路输送体系。市域内铁路营业里程发展到 252 km，密度达到 2.3 $km/10^2km^2$，铁路车站达到 18 个。

**航港**：“十一五”期间，完成了 13 个重点码头项目，青岛港外航道扩建工程等 3 个基础设施项目，青岛港新增泊位 31 个，新增码头通过能力 8 644 万 t，新增集装箱通过能力 645 万标箱。形成了以胶州湾港群为核心，一般性小型港口为补充、结构较为合理、配套较为齐全的港口体系。青岛港总泊位达到 102 个，其中万吨级以上泊位 68 个，年综合通过能力 2.16 亿 t。集装箱泊位 24 个，通过能力 1 145 万标准箱。航道总里程达到 312 km。

目前，青岛已形成了以胶州湾港群为核心，一般性小型港口为补充的港口体系。如图 7-1 所示，2010 年青岛港完成货物吞吐量 3.5 亿 t，比 2005 年增长 87%；集装箱吞吐量完成 1 201 万标准箱，比 2005 年增长 90%。

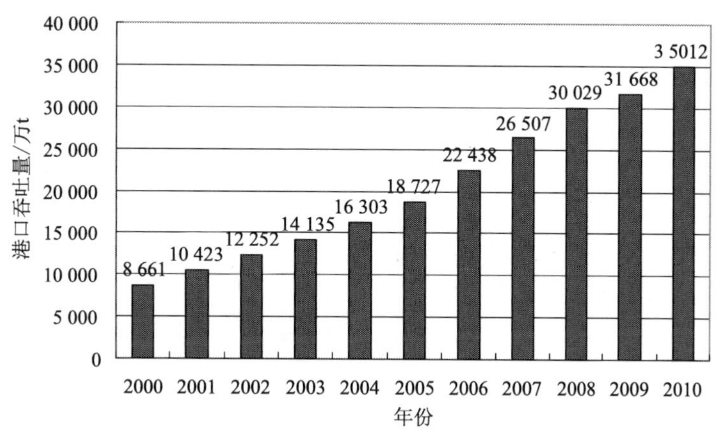


资料来源：《青岛统计年鉴 2011》。

**图 7-1　青岛市港口吞吐量（2000—2010 年）**

**民航**："十一五"期间，青岛国际机场集团有限公司扩建航站楼 5.6 万 $m^2$（地上部分）、停机坪 10 万 $m^2$、货运库 8 900 $m^2$，完成飞行区跑道滑行道加厚工程。到 2011 年年底，青岛国际机场有 109 条航线，其中国内航线 95 条，国际（地区）航线 14 条，形成了由青岛辐射全国、向世界延伸的空中交通网络，成为华东地区重要的区域性枢纽机场。2011 年完成旅客吞吐量 1 171 万人次，居全国第 16 位；货邮吞吐量 16.7 万 t，居全国第 14 位。

**城市交通**："十一五"期间，青岛市基本形成了以常规公交为主体，出租车、轮渡为补充的公共客运交通体系。到 2011 年年底，全市共有公交车 6 758 辆。七区共有公交车 5 381 辆，国Ⅲ排放标准占 90% 以上。现有纯电动公交车 203 辆，居全国首位。现有公交线路 205 条，总长 4 087 km（含公交专用道 57 km），公交营运里程达到 23 823.7 万 km，建成区线网密度达 3.5 km/$km^2$。七区实现公交线路全覆盖。到 2011 年年底，共有公交停车场 44 个，公交停车位 3 515 个，公交车进场停放率近 80%。公交出行分担率达到 32%。建立了政策性亏损财政补贴机制，公交车更新连续六年列入市办实事，自 2007 年以来，财政投入约 30 亿元。轨道交通建设工作全面启动，建设规划获得国家批准，开工建设一期工程 M3 号线。2012 年 7 月，地铁 1 号线、4 号线、6 号线建设通过环评，进入专家评估阶段。预计至 2018 年年底青岛地铁线路全部建成后，全市将形成约 150 km 的地铁骨干网络。

近年来，青岛市民用机动车拥有量快速增长。如图 7-2 所示，青岛市民用机动车拥有量和民用汽车拥有量分别从 2000 年的 57 万辆和 14 万辆增长至 2010 年年底的 161 万辆和 99 万辆，分别增长了 182% 和 607%。

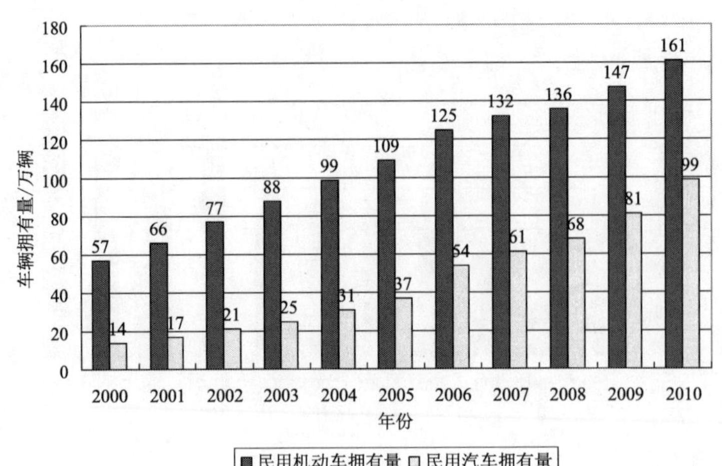


资料来源：《青岛统计年鉴（2001—2011）》。

**图 7-2 青岛市民用机动车拥有量与民用汽车拥有量（2000—2010 年）**

## 二、青岛市交通温室气体排放现状

在对青岛市交通温室气体排放进行核算时，依据了 IPCC 国家清单指南、温室气体核算标准和国际地方政府温室气体分析核算体系的一般原则，同时也考虑了青岛相关统计数据的可得性问题。最终采用易于操作的核算方法，而且计算所得的温室气体排放数据具有一致性，便于与其他城市进行横向比较。

交通部门采用“大交通”的概念，包括所有的交通运输工具，即从事运营的交通运输工具、非运营的企事业单位和私人所拥有的交通工具以及农业机械中的运输机械。

### （一）核算结果

2010 年，交通是青岛市能源相关 $CO_2$ 的第二大排放部门，且所占比重还在呈现不断上升的趋势。与国内其他城市相比，青岛市交通部门的排放比例相对较高。

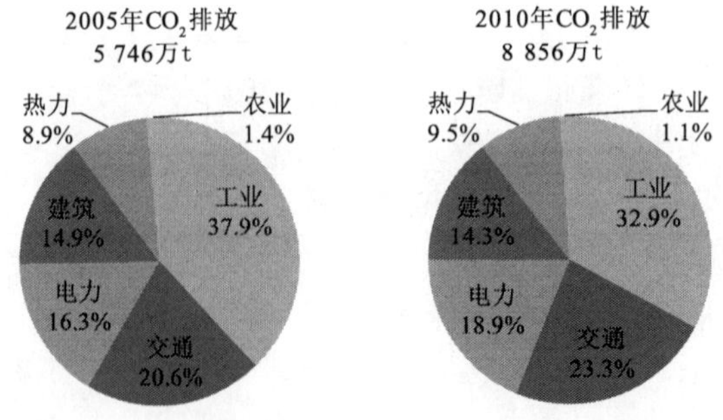


资料来源：中国人民大学能源与气候经济学项目组计算。

**图 7-3 青岛市分部门与能源相关 $CO_2$ 排放情况**

在交通部门中，营运交通是主要的 $CO_2$ 排放源。水上运输业是营运交通中最大的排放源，占交通部门总排放的比重超过 1/4。道路运输业的排放也较高，2009 年占交通总排放的 16.2%。而非营运交通虽然在交通排放中的比重低于营运交通，但是增长速度很快，2009 年已达到 683.1 万 $tCO_2$，相对于 2005 年增长了 70.0%（图 7-4、表 7-1）。

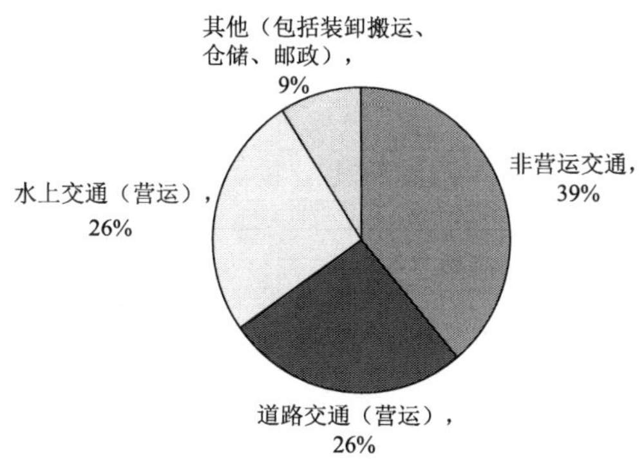


**图 7-4　青岛交通部门的 $CO_2$ 排放（2009 年）**

**表 7-1　青岛市交通部门排放**

| | 2005 年 | | 2009 年 | | |
|---|---|---|---|---|---|
| | $CO_2$ 排放 / 万 t | 比例 /% | $CO_2$ 排放 / 万 t | 比例 /% | 增长率 /%（相对 2005 年） |
| **非营运交通** | 401.8 | 34.0 | 683.1 | 38.8 | **70.0** |
| 居民 | 78.0 | 6.6 | 105.2 | 6.0 | 34.8 |
| **营运交通** | 779.3 | 66.0 | 1 076.5 | 61.2 | **38.1** |
| 道路运输业 | 217.7 | 18.4 | 285.7 | 16.2 | 31.2 |
| 城市公共交通业 | 114.0 | 9.7 | 173.7 | 9.9 | 52.4 |
| 水上运输业 | 329.8 | 27.9 | 450.5 | 25.6 | 36.6 |
| 其他（包括装卸搬运、仓储、邮政） | 117.9 | 10.0 | 166.5 | 9.5 | 41.3 |
| **总计** | 1 181.2 | 100 | 1 759.5 | 100 | **49.0** |

与相同规模的国内其他城市相比，青岛市交通温室气体排放具有以下特点：一是水上交通业排放比重较高；二是非营运交通中居民私人汽车交通排放比重相对较小，但有较大的增长空间。

## （二）初步分析

青岛市交通部门温室气体排放量的迅速增长主要应归因于近年来青岛交通的快速发展与居民交通需求的持续上升。对道路交通、港口和航运、铁路运输、航空等各种交通方式而言，居民的交通需求都始终呈现快速、持续增长的态势。

道路交通的 $CO_2$ 排放：2010 年，公路客运量达 2 亿人次，比 2005 年增长 19%；公路旅客周转量 124.9 亿人 · km，比 2005 年增长 37%；城市公共汽车、电车全年客运量达 8.5 亿人次，比 2005 年增长了 24%。2009 年，营运交通中的道路运输业与城市公共交通业 $CO_2$ 排放量分别达 285.7 万 t 与 173.7 万 t，分别占交通部门总排放的 16.2% 与 9.9%，比 2005 年的排放水平分别增长了 31.2% 和 52.4%，其中城市公共交通业 $CO_2$ 排放的增长速度高于交通部门的平均水平。

港口与航运的 $CO_2$ 排放：目前，青岛已形成了以胶州湾港群为核心，一般性小型港口为补充的港口体系。2010 年青岛港完成货物吞吐量 3.5 亿 t，比 2005 年增长 87%；集装箱吞吐量完成 1 201 万标准箱，比 2005 年增长 90%。2009 年，水上运输业已成为青岛市营运交通中排放 $CO_2$ 最多的行业，排放量达 450.5 万 t，占交通部门总排放的 25.6%，比 2005 年的排放水平增长了 36.6%。

非营运交通的 $CO_2$ 排放：主要包括农业、工业与建筑业、服务业等交通之外的其他行业的交通排放以及居民私人机动车的交通排放。非营运交通虽然目前在交通排放中所占比重低于营运交通，但其增长速度却是交通部门中最快的。2009 年，非营运交通的 $CO_2$ 排放量达到 683.1 万 t，相对于 2005 年增长了 70%，远高于交通部门总排放 49% 的增长率。民用机动车拥有量的快速增长与机动化出行比例的持续上升是非营运交通排放迅速增长的重要原因。

青岛市民用机动车拥有量和民用汽车拥有量分别从 2000 年的 57 万辆和 14 万辆增长至 2010 年年底的 161 万辆和 99 万辆，分别增长了 182% 和 607%。如图 7-5 所示，到 2010 年年底，青岛市城市居民每百户拥有家用汽车数量已达 20.3 辆。根据中国人民大学能源与气候经济学课题组 2011 年 7 月在青岛市主城区的入户调查，拥有私家车的家庭比例为 26.4%（1 000 户中有 264 户拥有私家车）。在近两年内有购车打算的家庭，其比例达到 14.3%。

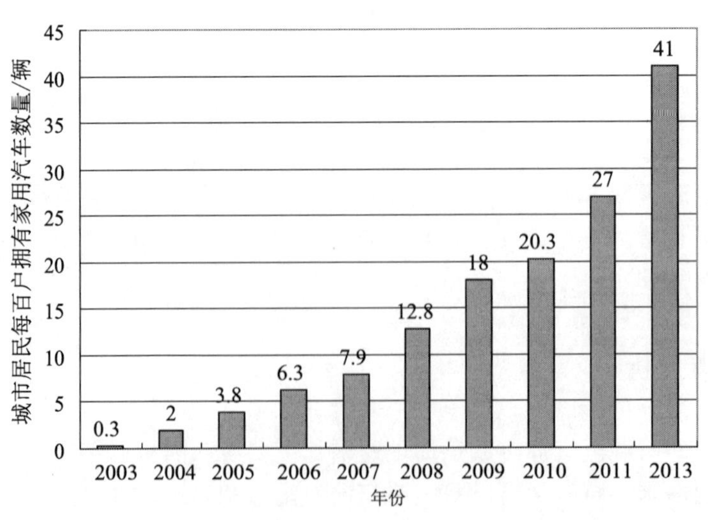


**图 7-5 青岛市城市居民每百户拥有家用汽车数量**

根据青岛市第二次大规模交通出行调查的结果，2010 年，中心城区居民常规公交出行方式比重为 22.1%，小汽车出行比重达 28.4%，小汽车出行分担率（指使用某种交通方式出行人次占出行总人次的比重）较 2002 年上升了 17.8%。根据中国人民大学能源与气候经济学课题组 2011 年 7 月在青岛市主城区的入户调查，拥有私家车的居民使用私家车交通出行的年户均 $CO_2$ 排放量为 2.8 t，远高于没有私家车的居民的交通排放。

## 三、青岛市交通部门温室气体排放的未来趋势

青岛正处于快速城镇化与大规模交通基础设施建设时期，在这一发展阶段，交通部门的排放量与占总排放的比重都将上升。交通部门将在青岛市的低碳城市发展进程中扮演越来越重要的角色。

**道路交通**：近年来，青岛道路交通活动水平呈现持续上升的发展趋势。青岛市第二次大规模交通出行调查的结果显示，2010 年中心城区常住人口的平均出行次数为 2.13 次 /d，比 2002 年的 1.98 次 /d 提高了 0.15 次 /d；常住人口一日出行总量为 778.2 万人次，比 2002 年的 538 万人次增加了 44.6%。根据《青岛市城市综合交通规划（2008—2020 年）》的预测，2020 年，居民一日出行总量将增加到 1 276 万人次 /d。

随着青岛市居民生活水平的提高，对交通出行的速度和舒适性要求增加，私人轿车的拥有与使用呈现井喷式增长，机动化出行比例持续上升，由此引发的城市交通结构变动导致交通部门温室气体排放的持续增加。根据青岛市第二次大规模交通出行调查的结果，2010 年，中心城区居民常规公交出行方式比重为 22.1%，小汽车出行比重达 28.4%，小汽车出行分担率（指使用某种交通方式出行人次占出行总人次的比重）较 2002 年上升了 17.8%。根据《青岛市城市综合交通规划（2008—2020 年）》的预测，2020 年青岛市除公交以外的机动化出行比重将提高到 41% 左右。

如图 7-6 所示，倘若简单以人均 GDP 代表经济发展水平，则世界上经济发展水平相近的不同城市，城市交通结构可能存在巨大差异。根据 2006 年的有关数据，可以将主要发达国家城市的交通出行结构概括为三类：以私人机动车出行为主的美国模式，私人机动车出行在全部出行中所占比例通常超过 80%，以洛杉矶、芝加哥、温哥华、多伦多、悉尼、墨尔本等城市为代表；私人机动车出行与公共交通出行共同发展的欧洲模式，私人机动车出行在全部出行中所占比例约在 50%，以伦敦、罗马、米兰、马赛、柏林、汉堡等欧洲城市为代表；以公共交通与非机动交通出行为主的“低碳交通”模式，私人机动车出行仅占全部出行的 30% 左右，以马德里、阿姆斯特丹、大阪、东京、法兰克福、慕尼黑等城市为代表。从 2002—2010 年的发展轨迹来看，青岛市正处于一个城市交通体系的关键发展阶段，如果公共交通与非机动出行发展滞后，同时对私人机动车出行缺乏管理，则会走向欧洲模式，甚至美国模式的发展道路；相反，如果在推进交通基础设施建设的同时通过各种政策手段进行交通需求管理，引导居民较多地选择相对低碳的交通方式，也可以像中国香港等城市一样走上以公共交通与非机动出行

为主的发展道路。

**水上运输业**：在水上运输方面，由于青岛港的快速发展，航运需求增长速度较之道路交通更快。青岛将以前湾港区、董家口港区为建设重点，在近期建设前湾南岸集装箱码头、外航道浚深、董家口港区公共设施等项目，完成国家青岛铁路集装箱中心站在前湾港区内的配套设施建设。2009 年，按照港口吞吐量统计，青岛港已成为中国第五大港口。青岛市政府提出了建设成东北亚国际航运中心的发展目标，因此青岛的航运需求仍将继续增长。2010 年青岛港完成货物吞吐量 3.5 亿 t，根据预测，2020 年，青岛港港口吞吐量将达到 3.8 亿～ 4.2 亿 t，其中集装箱吞吐量将达到 2 200 万～ 2 300 万标准箱，2020 年对外水运客运量将为 60 万人次。随着水上运输活动水平的迅速提升，港口与航运的 $CO_2$ 排放也将大幅增长。

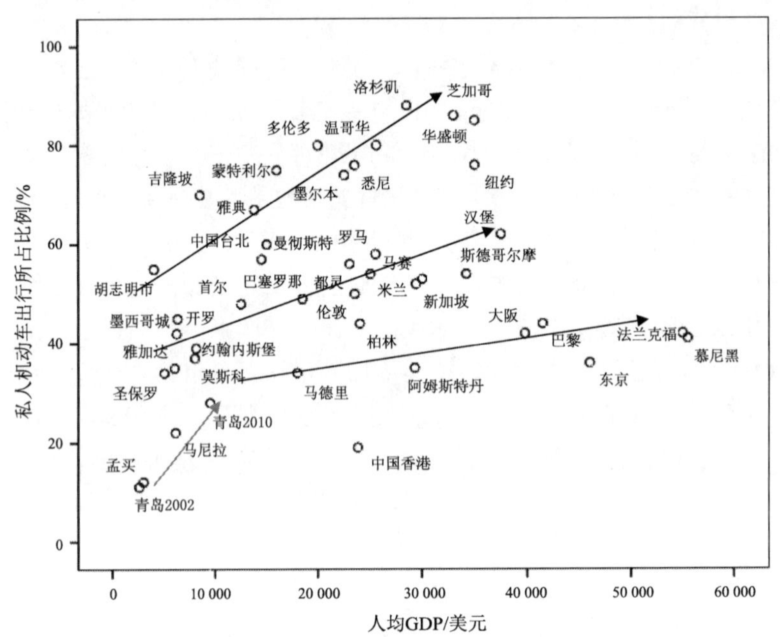


资料来源：IEA (2008); International Association of Public Transport (2006); 青岛第二次交通出行调查（2010）。

**图 7-6 青岛与世界各大城市私人机动车出行所占比例的对比**

## 四、青岛市低碳交通发展的主要对策

按照调节对象与作用机制的不同，控制交通部门温室气体排放的政策措施可以分为两类，即交通供给侧措施与交通需求侧措施。交通供给侧措施是指增加非机动交通、公共交通、使用新能源的交通工具等相对低碳的交通供给的策略，通常包括公共交通基础设施的建设，增加与完善城市公共交通的运营，引入智能交通系统等措施。交通需求侧措施是指对出行者的交通需求进行引导，通过规制、经济激励、劝说鼓励等手段促使出行者控制交通活动水平、优化交通出行线路，选择相对低碳的出行方式，通常包括引导和鼓励出行者转向大容量公共交通的公交优先政策，对个体机动交通（主要是小汽车）的拥有和使用加以控制和引导，通过空间结构优化以减少出行频率、缩短出行距离等措施。

近期，青岛市控制交通部门温室气体排放的重点措施主要集中在道路交通与水上运输方面。青岛市应采取的主要政策措施可以分为六类：提高车船燃料经济性；城市规划与土地利用的优化；加快公共交通基础设施建设，实施“公交优先”发展战略；发展非机动交通；加强机动车出行需求管理，推广现代运输组织方式；提高现代交通管理和运输服务水平。

## （一）提高车船燃料经济性

青岛市将首先从公交车开始示范推行碳排放相对较低的天然气汽车与电动汽车。到 2011 年年底，全市共有公交车 6 758 辆。七区共有公交车 5 381 辆，国Ⅲ排放标准占 90% 以上。现有纯电动公交车 203 辆，居全国首位。青岛市公交集团在 2011 年将 1 200 部柴油车换为天然气汽车，按照青岛市公交 2011 年的平均行驶里程估算，全年可实现二氧化碳减排 4 282 t。青岛公交集团将同时开展电动公交车的试运营，争取新增 100 ～ 200 辆纯电动公交车。

青岛市可在现有和规划的高速公路服务区、国省道沿线建设 LNG 加气站，完善天然气能源供给保障体系，大力推广应用以 LNG 为代表的清洁能源车辆，引导主城核心区新增公交和出租车辆使用 CNG 汽车，实现营运车辆能耗结构优化，显著降低碳排放水平。

青岛市可在已有的纯电动公交车示范运行基础上，进一步扩大示范规模，提高纯电动公交车在公交、出租、公务、环卫、邮政、旅游景点、机场等车辆中的比例。建设标准化的公交车充换电站、环卫车充换电站、乘用车充换电站、电池配送站和维护保养站、交流充电桩与直流充电桩，提供电池租赁、电池充换及检测维护等配套服务，为纯电动汽车的示范与推广构建基础设施配套体系。

青岛市应严格执行《营运客车燃料消耗限值标准》《营运货车燃料消耗限值标准》《乘用车燃油经济性标准》等车辆燃料消耗限值标准，加快淘汰更新车辆。择机推行第三阶段乘用车燃料经济性标准，使乘用车燃油经济性水平比第二阶段下降 20%。

青岛市应加大老旧车船的淘汰力度，严格执行老旧机动车强制报废制度，对达到国家规定的机动车强制报废标准的机动车予以强制报废，大力推进城市公交车、出租车、客运车、货运车等的更新淘汰。

青岛市应加强实施机动车污染物排放标准，在控制局地大气污染物排放的同时实现车辆使用过程中碳排放强度的降低。严格执行国家机动车污染排放控制标准，禁止生产、销售、转入和使用不符合排放标准的机动车。实施高污染黄标车提前淘汰经济鼓励政策，建设黄标车限行电子监控系统，扩大高污染黄标车区域限行范围。推广使用国Ⅳ车用燃油，建立健全油品质量抽查监管制度，全面保障车用燃油质量。

青岛市应推广柴油车辆、混合动力汽车、替代燃料车等节能车型，推广应用自重轻、载重量大的运输设备；开发、推广汽油发动机直接喷射、多气阀电喷、稀薄燃烧、提高压缩比、发动机增压等先进节油技术。鼓励使用子午线轮胎、安装导流板、安装风扇离合器等汽车节能技术和产品，降低附属设备能耗。大力加强在用车辆的定期检测维修保养，改善营运车辆技术状况。

青岛市应推广“油改气”和“油改电”，提高船舶与港区的清洁能源消费比重，促进水上运输业的低碳化。

应发展液化天然气船，研发推广新型船用替代燃料。推广靠港船舶使用岸电技术，鼓励新建码头和船舶配套建设靠港船舶使用岸电的设备设施，鼓励既有码头开展靠港船舶使用岸电技术改造。

应提高天然气等清洁能源在港区的消费比重。推广水平运输车辆“油改气”，继续增加 LNG 集卡购置数量；试点实施轮胎吊、自卸车、港作船舶等 LNG 改造；探索以天然气为能源的建筑供暖制冷系统在港区的应用。大力推广 RTG 等港口大型设备“油改电”；研究实施石油化工码头、罐区电伴热技术应用。提高可再生能源消费比重，推广太阳能、地热能、海水能、风能等可再生能源利用技术，建立试点工程，探索太阳能、风能等清洁能源在港口照明、设备运行、洗浴等方面的应用。

应推广新一代节能型运输船舶，大力发展船舶节能新技术。重点发展大型集装箱运输船、原油运输船、散货运输船。积极采用节能型柴油机，推广应用优化电子喷油控制装置、节油减烟器、精确导航系统设备、防污漆、新型燃油添加剂、燃油均质等先进适用节能技术与产品。加强船舶主动力装置的技术改造、故障诊断及维护保养，海运船舶维护保养率达到 100%，提高船舶动力装置的效率，加强船舶航行优化决策，采用经济航速、减速航行、气象导航、机舱自动化控制、燃料油以重代轻等节能技术。推广应用主机废气余热回收利用、主机排气管扩压、轴带发电机等节能技术。推广船用海水源热泵技术的应用。研究、开发并推广应用新型节能型航标灯器，鼓励在航标中应用新技术、新材料、新光源和新能源。

### （二）城市规划与土地利用的优化

紧凑型的城市规划与土地的混合利用可以缩短城市居民的出行里程，从而减少交通能耗与温室气体排放。根据中国人民大学能源与气候经济学项目组 2011 年 7 月在青岛市主城区进行的调查，目前青岛市主城区居民的通勤空间分布如表 7-2 所示。

**表 7-2　青岛市主城区居民通勤空间分布矩阵**　　单位：%

| | | 工作地 | | | | | | | |
|---|---|---|---|---|---|---|---|---|---|
| | | 市南区 | 市北区 | 四方区 | 李沧区 | 黄岛区 | 崂山区 | 城阳区 | 合计 |
| 居住地 | 市南区 | 16.6 | 2.6 | 1.9 | 1.5 | 0.3 | 1.4 | 0.5 | 23.3 |
| | 市北区 | 6.2 | 11.5 | 1.9 | 1.1 | 0.3 | 1.1 | 1.1 | 23.2 |
| | 四方区 | 3.4 | 1.8 | 4.4 | 0.8 | 0.1 | 0.7 | 0.3 | 11.5 |
| | 李沧区 | 0.7 | 0.4 | 0.8 | 10.7 | 0 | 0.1 | 1.5 | 13.4 |
| | 黄岛区 | 0 | 0 | 0 | 0 | 11.8 | 0 | 0 | 11.8 |
| | 崂山区 | 0.4 | 0 | 0.1 | 0.5 | 0 | 2.5 | 0.1 | 3.7 |
| | 城阳区 | 0 | 0 | 0 | 0 | 0 | 0 | 9.9 | 9.9 |
| | 合计 | 27.3 | 16.3 | 9.1 | 14.6 | 12.5% | 5.8 | 13.4 | 96.8 |

注：每一单元格表示的是居住在所在行所代表的城区，并在所在列的城区就业的居民在青岛市主城区所有具有固定就业地点居民中所占比例。单元格内为“0”者代表其比例不及 0.1%。由于在远郊区就业的通勤者未纳入表中，故而合计小于 100%。

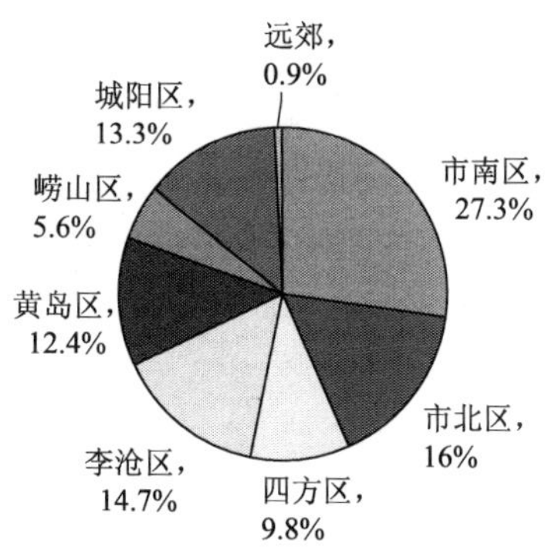


**图 7-7　青岛市主城区居民通勤目的地分布图**

根据通勤空间分布矩阵与通勤目的地分布图（图 7-7），有如下发现。

第一，市南区、黄岛区、崂山区、城阳区是青岛市通勤净流入区；市北区、四方区、李沧区是青岛市通勤净流出区。

第一，目前，63% 的青岛市主城区居民在其居住地所在城区内就业。对于黄岛和城阳两区的居民而言，这种“职住同区”的现象尤为明显，这两区在“居住—就业”空间功能方面与其他城区相对独立。

第二，主城区内就业密集区的分布较为集中。市南区依然是最主要的就业集中地，吸引了主城区内 27.3% 的通勤者。

第三，黄岛区与城阳区逐渐成为新的就业集中区，就业分布的郊区化现象初露端倪。随着黄岛、城阳两区与其他城区之间的交通更为便捷，这种就业郊区化的趋势在未来可能会愈加明显。未来青岛市主城区居民的通勤距离或将增长。交通能耗与排放或将因此而保持增长态势。

由此可见，青岛市有必要通过合理的城市规划与土地利用政策来缩短居民平均出行距离，促进各区域“职住平衡”，从而实现温室气体减排。

青岛市应通过城市土地资源的配置影响人口分布、就业分布、各种其他经济活动的分布，以及在此基础上形成的交通出行分布，进而控制作为引致需求的居民出行需求、缩短居民交通出行的距离、促进城市交通方式构成低碳化，最终减少城市能源消耗与碳排放。

青岛市促进城市空间布局低碳化应遵循以下主要规划原则。

第一，建设紧凑型城市，坚持集约用地的原则，强调土地的混合利用，控制人均建设用地面积，提高各组团内部的紧凑度。促进土地的高密度开发，减少居民出行里程，使发展地区一体化的能源供应系统等基础设施成为可能，将人均碳排放控制在较低水平。

第二，促进空间匹配，注重“职住平衡”，避免居民居住、就业、购物、休憩及各种公共服务功能之间空间上的过度分离。增强城市各相关产业和服务机构之间的联系，促进住宅、就业、购物、教育、医疗卫生、文化、休憩等各城市功能的均衡分布，打造多功能、多空间、多业态的复合型城市生态单元。

青岛市应贯彻“全域统筹、三城联动、轴带展开、生态间隔、组团发展”的空间发展战略。认真落实《青岛市城市总体规划（2011—2020 年）》，以低碳理念指导老城区改造与新城区的规划与建设，推动城市空间布局的低碳化。先期实现七区统筹，同时加快推进城乡统筹、陆海统筹，继续推动城市组团式科学发展。统筹各组团协调发展，统筹城乡基础设施建设与基本公共服务功能建设，改善城市新区、新组团的交通便利程度，提高水、电、气供给保障水平，积极促进各组团功能完善，通过城乡一体化发展，积极引导人口合理分布，注重“职住平衡”，进而控制交通活动水平及其引起的能耗与碳排放。

## （三）加快公共交通基础设施建设，实施“公交优先”战略

公共交通基础设施建设是发展公共交通的基础。根据《青岛市城市综合交通规划（2008—2020 年）》，青岛市远景市区轨道交通线总长 227 km，由 8 条线路组成；市域轨道线网由 4 条线组成，总长 287.9 km。地铁通车后将大幅增加公共交通系统的运力，增加低碳交通方式的吸引力。此外，根据市政府的规划，公交集团拟规划开辟重庆南路至城阳长城路的 BRT 线路，计划配车 30 部，可以实现对一部分私家车出行的替代。

青岛市应加快城市轨道交通建设，尽快形成轨道交通网络。完成轨道交通线网规划修编，推动新一轮轨道交通建设规划尽早获得批复，全面建设连接西海岸经济新区、蓝色硅谷的轨道交通线，形成覆盖胶州湾东岸、西岸、北岸三大主城区的轨道交通体系，以快速大运量公共交通引导新区的开发，加快推进环湾各区融合发展。2016 年 12 月 18 日，地铁 3 号线全线建成通车。根据相关部门的估计，在完成地铁二期建设规划（1 号、4 号、6 号线）批复工作后，计划 2017 年 1 号线建成运营，2018 年 4 号线与 6 号线建成运营。

青岛市应推动城际铁路建设，近期建设从胶州湾东岸城区通往蓝色硅谷的城际铁路，争取早日开工建设连接胶州湾东岸、西岸城区的城际铁路。

青岛市应结合公共交通网络的建设，倡导“以公共交通为导向”的城市开发模式，将公共交通规划与土地利用总体规划紧密结合，以快速大运量公共交通引导新区的开发。以胶州湾为核心，通过东岸、西岸、北岸三大主城区建设，形成功能互补、相互依托、各具特色的都市区核心区域。以环胶州湾三大主城区为依托，以五市城区、重点组团和中心镇为重点，形成层次清晰、核心突出、功能明确的“中心城区—次中心城市—重点组团—重点中心镇—一般镇—农村社区”城镇体系。保证不同人口规模的城镇具备满足其居民需求的公共交通设施与基本公共服务功能。提高城乡融合度，引导人口向郊区和城镇迁移。

与私人小汽车出行相比，公共交通的单位周转量碳排放要小很多，因此增加公共交通在居民出行结构中的比重是发展低碳交通的重要举措。近年来，青岛市居民小汽车出行比重快速上升。在各种不同目的的出行中，通常通勤出行中私人汽车所占比重较小。然而，根据中国人民大学能源与气候经济学课题组 2011 年 7 月在青岛市主城区的调查，私家车通勤所占比重也已达 20%。如图 7-8 所示，私家车通勤与公交车通勤的平均里程大致相等，而私家车通勤的平均时间比公交车通勤要少 13 min。

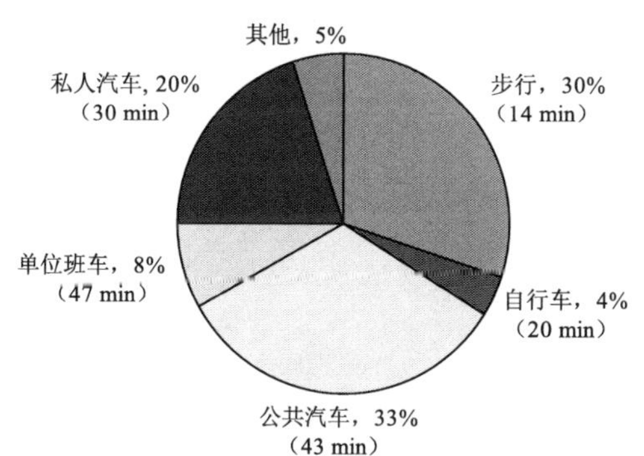


注：百分比表示每种出行方式所占比重，括号内为选择该种出行方式的平均通勤时间。
数据来源：中国人民大学能源与气候经济学项目青岛调查，2011。

**图 7-8　青岛市主城区居民通勤方式与通勤时间关系**

如图 7-9 所示，除车速慢以外，可达性差、车次少、乘坐不舒适是居民认为青岛市公交系统更加需要改进的方面。鉴于此，青岛市优先发展公共交通战略中最需要做的就是公交路线的新增与优化，以此为契机，全力打造“易达、低价、舒适”的现代化公共交通体系，增强公共交通系统对居民的吸引力。

青岛市应结合海底隧道和海湾大桥的建成通车，开通至黄岛区、高新区等区域的公交线路，构建青岛、黄岛、红岛之间有效衔接的中心城区环湾型地面公交网络。结合快速路网的形成，开辟跨区域公交快线，实现七区之间的公交覆盖。结合轨道交通建设，对常规公交网络进行调整，对主干道的部分公交线路进行分解，疏散到次干道

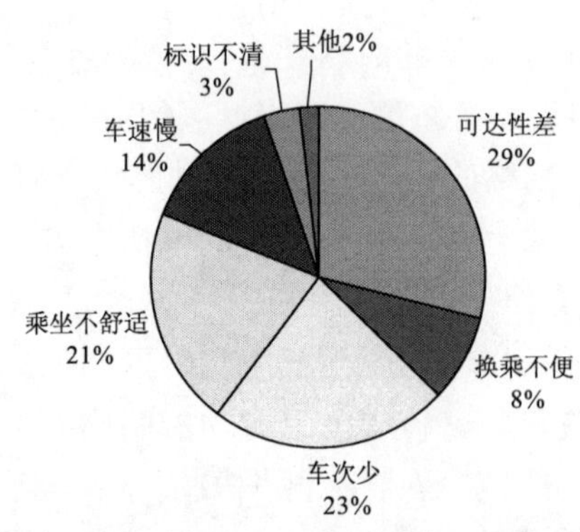


**图 7-9 青岛市主城区居民认为公交系统最需要改进的方面**

和支路，扩大公交覆盖范围，优化线网布局，每年开辟调整 5 ～ 10 条公交线路，解决市区较偏远地区居民出行问题，实现中心城区公交全覆盖和与近郊重点中心镇的有机衔接，积极推进城乡公共交通一体化，提高公共交通分担率。

青岛市应着力加强城市交通换乘枢纽建设，实现公交各方式之间的方便快捷换乘，以及与对外交通之间的有效衔接。合理规划设置公交停车场和首末站，提高公交车辆进场率。

青岛市应建设完善公交专用道体系，提高公交服务水平。建设山东路、鞍山路、辽阳路等公交专用道，整合香港路、中山路等既有公交专用道。

青岛市应统筹公交一体化管理，建立公共交通补贴补偿机制，界定公共交通的补贴补偿范围，维持公交低票价政策。

## （四）发展非机动交通

倘若只考虑直接排放，步行与自行车出行等非机动交通比公交出行更为低碳，应优先发展。青岛市由于地理条件所限，很多山地与丘陵地区不适宜发展自行车出行。但根据中国人民大学能源与气候经济学课题组 2011 年 7 月在青岛市主城区的调查，在主城区居民通勤结构中，步行与自行车出行等非机动交通比重达到 34%，可见，对于某些平原地区，非机动交通依然是满足短途出行的重要的低碳交通方式。青岛市可以通过优化城市路网功能结构，推进自行车专用道和行人步道网络建设；同时在有条件的区域鼓励自行车的使用，优化调整自行车和步行系统，从而增加非机动交通在居民短途出行结构中所占比重。

青岛市应大力打造城市绿道系统，促进公众选择低碳环保的交通出行方式。构建“35417”格局的城市绿道体系，涵盖市域绿道、城区绿道和区内绿道“3”个级别，包括绿廊系统、慢行系统、交通衔接系统、服务设施系统、标识系统“5”个系统，以及都市型绿道、滨海型绿道、滨河型绿道、山林型绿道“4”种类型，包含绿化保护带、绿化隔离带、步行道、自行车道、综合慢行道、衔接设施、停车设施等“17”个要素组成的，具有青岛特色的城市绿道体系。

## （五）加强机动车出行需求管理，推广现代运输组织方式

如上文所述，青岛市已进入快速机动化发展阶段，居民机动车保有量与私家车出行在出行结构中所占比重皆呈现持续上升趋势。根据中国人民大学能源与气候经济学课题组 2011 年 7 月在青岛市主城区的调查，主城区居民拥有私家车的家庭比例为 26.4%，同时有 14.3% 的家庭在近两年内有购车打算，2013 年青岛市主城区将有 41% 的家庭拥有私家车。因此加强机动车出行需求管理，引导其合理使用成为青岛市未来低碳交通发展的一个重点。调查中私家车的活动水平、燃油经济型水平与年均二氧化碳排放水平如表 7-3 所示。

**表 7-3　青岛市居民私家车活动水平与二氧化碳排放**

| 私家车年均行驶里程（2010 年） | 私家车平均燃油经济性水平 | 私家车年户均碳排放 |
|---|---|---|
| 13 000 km | $8.95L/10^2km$ | 2.8 t |

数据来源：中国人民大学能源与气候经济学项目青岛调查，2011。

命令控制型的机动车出行需求管理政策通常为区域限行、尾号限行等措施，而差别化的停车收费政策、拥堵收费政策则是常见的基于市场的经济激励手段。青岛市已提出在城市中心区适当控制停车泊位供应，同时也已开始考虑差别化的停车收费政策。鉴于拥堵收费等政策尚处于研究阶段，近期并不具备可行性，本研究选取“每周限行一天”的限行政策和提高中心城区停车收费水平的差别化停车收费政策作为青岛市近期有望采取的机动车出行需求管理政策进行分析。假设青岛市私人机动车保有量仍然保持 25% 左右的年增长率，参照北京等城市的经验，不采取任何需求管理政策的基准情景、限行情景与提高停车费情景下的私家车年二氧化碳排放量分别如表 7-4 所示。如图 7-10 所示，至 2015 年，限行政策情景与提高停车费情景分别可以比基础情景实现 60 万 t 与 150 万 t 的二氧化碳减排。

**表 7-4　不同政策情景下的私家车二氧化碳年排放总量**　　单位：万 t

| 年份 | 基准情景 | 限行情景 | 提高停车费情景 |
|---|---|---|---|
| 2011 | 217 | 187 | 143 |
| 2012 | 259 | 224 | 171 |
| 2013 | 309 | 267 | 204 |
| 2014 | 368 | 318 | 242 |
| 2015 | 437 | 377 | 287 |

数据来源：中国人民大学能源与气候经济学项目青岛调查，2011。

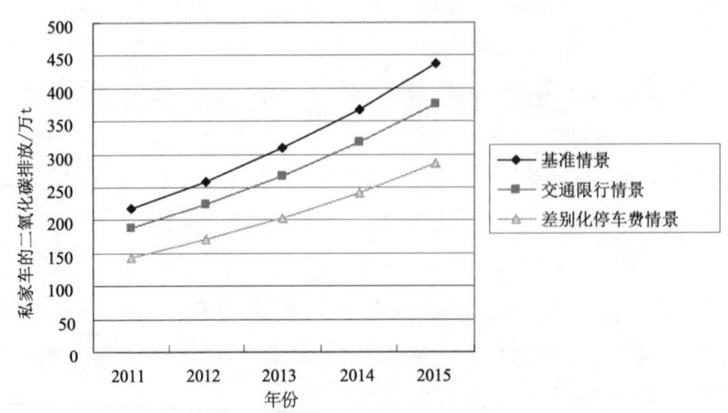


**图 7-10 交通限行与差别化停车收费政策情景的政策效果对比**

因此，青岛市应制定并实施差别化停车收费等交通需求管理措施，引导机动车的合理使用，控制机动车的活动水平。

在市域范围内制定并实施差别化停车收费制度，引导车辆选择到中心城区外围停放，引导市民尽可能选择公共交通方式出行。

将胶州湾东岸老城区各种形式的停车场与停车位纳入管理范围，按照“中心区高于郊区、商业区高于非商业区、路内高于路外、地上高于地下、白天高于夜间”的原则统一制订差别化停车收费标准，对路侧停车、路外露天停车、停车楼（库）停车收费推行阶梯价格，居住区及夜间停车收费价格原则保持不变。逐步整合停车场管理体制，实行规范化、制度化、专业化管理。

参照东岸老城区的相关政策与收费标准，对在西岸城区、北岸城区及若干周边组团实施差别化停车收费政策开展研究。根据轨道交通的建设进度与公交线网的辐射程度，在具有轨道交通与公交线路的新区与新组团适时推行差别化停车收费政策，鼓励居民选择公共交通出行，或采取“P+R”（停车换乘）交通模式。

青岛市应整合公路、铁路、水路等各种运输方式的优势，以港口集装箱多式联运为重点，大力推进多式联运发展。通过多种运输方式的“无缝衔接”和“一体化”运作提高运输效率与质量，降低中转环节能源消耗。

应建立并完善相应的信息服务平台，及时发布有效信息，促进物流顺畅，提高集疏港效率，重点推进集疏港一体化运输组织模式，推动公铁联运、公水联运、铁水联运等多种模式多式联运的发展。建立区域交通一体化网络，改造、建设和完善集疏港道路、优化港区铁路线的布局和与港外铁路线的衔接，构建与完善新、老港区的集疏运交通体系。建立港口与铁路之间的紧密联系，提高海铁联运比重。

应提升公铁货运场站与其他专业化物流基础设施的联合运作水平，加强港口与陆路的协调工作，加快实施中韩陆海联运甩挂运输项目，利用公路甩挂运输的推广，为多式联运提供高效的运输服务。

青岛市应倡导节能驾驶和节能操作，在全市大力开展节能驾驶行业标准《汽车节能驾驶操作规范》（JT/T 807—2011）的培训宣传工作。选择大型客运企业对驾驶员进行节能驾驶技术培训，并加强对驾驶员燃油消耗的考核，推广节油驾驶技术。

应总结推广港口各类用能设备节能操作，将节能意识和操作技能作为车船驾驶员和设备操控者从业资格、资质考核和认定的重要考核内容和依据。在港区推广优秀操作技术。

## （六）提高现代交通管理和运输服务水平

### 1. 推广智能化信息化技术在交通部门的应用

积极鼓励智能化信息化技术在交通部门的应用，重点推动交通运输信息化系统工程的实施、不停车收费系统的建设、物联网应用服务的推广、港区物流的信息化与智能化，提高车辆和船舶的运输效率，提高管理水平，降低能源消耗。

（1）实施交通运输信息化系统工程

建设由公路管理、运输管理、港航管理、应急管理、行政管理等业务数据分中心组成的交通数据中心；构建公路综合信息平台、水路交通管理综合信息平台、综合类管理信息平台、物流综合信息服务平台；开发和推广交通运行综合分析、交通行政执法综合管理信息、公路水路交通应急处理信息、出租车电召服务等应用系统；建设和完善交通主管部门的内外网两大门户网站；实施交通综合指挥中心的建设，建立科学的、较完善的具有数据采集处理能力、决策能力和组织协调指挥能力的交通指挥管理体系。

努力建设公众出行信息服务系统，完善交通公众信息服务。通过建立交通信息平台等方式，采取多种方式发布交通出行信息，增加低碳交通信息服务功能，提供低碳车辆和燃料的专业信息，提供多样化出行方式的选择，帮助公众制定安全、便捷、舒适、低碳的出行方案。

（2）推进不停车收费（ETC）系统的建设

大力推进高速公路不停车收费与服务系统建设，提高自动取卡系统的车型识别能力和通过速度，减少收费过程中由于车辆低速、怠速造成的能源浪费和排放。

（3）在交通领域开展物联网应用服务

进一步加大对现代物流、智能交通等领域的新兴物联网创新服务模式的支持力度。推进物联网服务在现代物流和多式联运等领域的应用。实现水路、铁路、公路等不同运输方式的货运信息自动化采集和实时信息交换与共享。开展面向城市交通和轨道交通的物联网技术应用，通过城市道路智能化控制系统、交通流量实时监测与动态诱导系统、不停车收费系统、停车场智能诱导和车位管理系统等，在全市范围内，向公众提供包括车辆监测、交通诱导、车位引导等在内的各种与交通出行相关的查询和诱导服务。

（4）大力推进港区物流与管理的信息化与智能化

大力推进港区物流的信息化和智能化，加快现代信息技术在水路运输领域的研发应用，建立以水上调度指挥中心为依托的水运客货运信息平台，促进港口调度系统合理配置码头资源。推进实施大宗货物多式联运信息系统和集装箱海铁联运信息系统，实现港口、铁路、公路及各企业之间信息交换共享。

加强港口智能化管理，建立全港能源综合管理系统，实现对全港能源的实时动态管理，实现港口节能工作从传统粗放式向数字化、智能化节能管理的革命性突破。

### 2. 建立交通运输碳排放管理体系，加强低碳交通能力建设

建立比较健全的低碳交通运输的管理体系、统计指标体系、监测和考核制度，加强低碳交通能力建设，为低碳交通方面的政策制定提供重要的决策支撑。

（1）建立低碳交通工作组织体系

建立强有力的统筹全市低碳交通工作的领导机构，指导各部门成立低碳交通管理工作组，形成上下有序、责任明确、衔接有效的低碳工作组织体系。制订低碳交通发展中长期工作计划，市级和各区市交通运输节能减排工作人员每年定期接受相关培训。

（2）完善低碳交通统计体系

进一步加强节能统计的基础工作，完善节能管理体系，改进用能管理，强化对交通重点用能单位的监管。建立交通行业重点企业用能状况动态监测信息平台，定期公布重点企业的能源利用状况，充分发挥重点企业节能的示范效应，促进交通运输企业节能管理的规范化、常态化。

（3）完善低碳交通监测与审计体系

完善交通运输各子行业低碳工作监测指标体系和考核指标体系，在此基础上进行定期监测和考核，加强交通用能的规范管理，建立低碳交通的奖惩机制。引入能耗内部审计和第三方审计等管理方式，通过开展能源审计，对用能单位的能源利用物理过程和财务过程进行监督检查和分析评价。通过合理政策引导，加大能源合同管理应用范围。

# 参考文献


[1] Bagley M N, Mokhtarian P L. The Impact of Residential Neighborhood Type on Travel Behavior: a Structural Equations Modeling Approach [J]. The Annals of Regional Science, 2002, 36(2):279-297.

[2] Bhat R C, Koppelman F S. A Conceptual Framework of Individual Activity Program Generation[J]. Transportation Research A, 1993, 27(6): 433-446.

[3] Brownstone D. Key Relationships between the Built Environment and VMT [A]. In: Transportation Research Board and the Division on Engineering and Physical Sciences Special Report 298, Driving and the built environment: the effects of compact development on motorized travel, energy use, and $CO_2$ emissions, 2008.

[4] Cervero, R. & Kockelman, K. Travel Demand and the 3Ds: Density, Diversity, and Design[J]. Transportation Research D, 1997, 2: 199-219.

[5] Cervero, R. Efficient Urbanisation: Economic Performance and the Shape of Metropolis[J]. Urban Studies, 2001, 38 (10): 1651-1671.

[6] Cervero, R. Transit Oriented Development's Ridership Bonus: A Product of Self Selection and Public Policies[J]. Environment and Planning A, 2007, 39 (9): 2068 - 2085.

[7] City of Portland Bureau of Planning and Sustainability. The City of Portland and Multnomah County Climate Action Plan2009[R]. Portland, Oregon. October 2009.

[8] Creutzig F, He D. Climate Change Mitigation and Co-benefits of Feasible Transport Demand Policies in Beijing[J]. Transportation Research Part D, 2009, 14: 120-131.

[9] Dhakal S. Urban Energy Use and Carbon Emissions from Cities in China and Policy Implications[J]. Energy Policy, 2009, 37: 4208-4219.

[10] Domencich T A, McFadden D. Urban Travel Demand: A behavioral analysis[M]. Amsterdam: North Holland Publishing Company, 1975.

[11] Ewing, R., Bartholomew, K., Winkelman, S., Walters, J., & Chen, D. Growing Cooler: The Evidence on Urban Development and Climate Change[M]. Urban Land Institute, Washington, DC, 2008.

[12] Gleaser, E.L. & Kahn, M.E.. The Greenness of Cities: Carbon Dioxide Emissions and Urban Development[J]. Journal of Urban Economics, 2008, 67 (3): 404-418.

[13] Grazi F, Bergh J, & Ommeren J. An Empirical Analysis of Urban form, Transport, and Global Warming[J]. The Energy Journal, 2008, 29(4): 97-122.

[14] Hankey S, & Marshall J D. Impact of Urban form on Future us Passenger-vehicle Greenhouse gas Emissions [J]. Energy Policy, 2009, 7(5): 1-8.

[15] He Dongquan, and et al.. Energy Use and $CO_2$ Emissions from China's Urban Passenger Transportation Sector - Carbon Mitigation Scenarios upon the Transportation Mode Choices[J]. Transportation Research Part A: Policy and Practice, July 2013: 53-67.

[16] He K, Huo H, Zhang Q, et al.. Oil consumption and $CO_2$ Emissions in China's Road Transport: Current Status, Future Trends, and Policy Implications[J]. Energy Policy, 2005, 33: 1499-1507.

[17] Horton F E, Reynolds D R. Effects of Urban Spatial Structure on Individual Behavior[J]. Economic Geography, 1974, 47(1): 36-48.

[18] Hu X J, et al.. Energy for Sustainable Road Transportation in China: Challenges, Initiatives and Policy Implications[J]. Energy, 2010, 35: 4289-4301.

[19] International Energy Agency. Transport, Energy and $CO_2$: Moving toward Sustainability[M]. IEA Paris, 2009.

[20] IPCC. 2006 年 IPCC 国家温室气体清单指南 [R].2006.

[21] IPCC. Climate Change 2014: Mitigation of Climate Change[M]. Cambridge University Press, 2014.

[22] Kahn, M.E. The Environmental Impact of Suburbanization[J]. Journal of Policy Analysis and Management, 2000, 19(4): 569-86.

[23] McFadden D. Economic Choices[J]. The American Economic Review, 2001, 91(3): 351-378.

[24] McFadden D. The Behavioral Science of Transportation[J]. Transport Policy, 2007, 14: 269-274.

[25] OECD. 2012. Compact City Policies: A Comparative Assessment[R]. 13 June, 2012.

[26] Schafer A. The Global Demand for Motorized Mobility[J]. Transportation Research Part A: Policy and Practice, 1998, 32(6): 455-477.

[27] Schipper L, Marie-Lilliu C, Gorham, R. Flexing the link between transport and greenhouse gas emissions: A path for the World Bank[R]. International Energy Agency, 2000.

[28] Stern N H. The Economics of Climate Change: The Stern Review [M]. Cambridge: Cambridge University Press, 2007.

[29] Stopher P R, Meyburg A H. Urban Transportation Modeling and Planning[M]. Lexington, Mass.: D.C. Heath & Company, 1975.

[30] Valle D, & Niemeier D. $CO_2$ Emissions: Are Land-use Changes Enough for California to Reduce VMT? Specification of a Two-part Model With Instrumental Variables[J]. Transportation Research B, 2011, 45(1): 150-161.

[31] World Bank. Cities and Climate Change: An Urgent Agenda[R]. 2010.

[32] Zheng S, Wang R, Kahn M, and Glaeser E. The Greenness of China: Household Carbon Dioxide Emissions and Urban Development[R]. NBER Working Paper15621, 2009.

[33] Serge Salat. 城市与形态——关于可持续城市化的研究 [M]. 北京：中国建筑工业出版社，2012.

[34] 埃德温 · S. 米尔斯 . 区域和城市经济学手册（第 2 卷）：城市经济学 [M]. 北京：经济科学

出版社，2003.

[35] 迈克尔 ·D. 迈耶，埃里克 ·J. 米勒 . 城市交通规划 [M]. 2 版 . 北京：中国建筑工业出版社，2008.

[36] 肯尼斯 · 巴顿 . 运输经济学 [M]. 北京：商务印书馆，2001.

[37] 包丹文，邓卫，顾仕珲 . 停车收费对居民出行方式选择的影响分析 [J]. 交通运输系统工程与信息，2010(3):80-85.

[38] 蔡博峰，曹东，等 . 中国交通二氧化碳排放研究 [J]. 气候变化研究进展，2011(5): 197-203.

[39] 蔡博峰 . 中国城市温室气体清单研究 [J]. 中国人口 · 资源与环境，2012(1): 21-27.

[40] 柴彦威，沈洁 . 基于居民移动—活动行为的城市空间研究 [J]. 人文地理，2006(5): 108-112.

[41] 丁成日 . 城市空间规划——理论、方法与实践 [M]. 北京：高等教育出版社，2007.

[42] 董志勇 . 行为经济学原理 [M]. 北京：北京大学出版社 ,2006.

[43] 冯健，周一星 . 郊区化进程中北京城市内部迁居及相关空间行为——基于千份问卷调查的分析 [J]. 地理研究，2004(2): 227-242.

[44] 冯相昭 . 中国特大城市交通系统温室气体减排的战略研究 [D]. 中国人民大学，2008.

[45] 顾朝林 . 气候变化与低碳城市规划 [M]. 2 版 . 南京：东南大学出版社，2013.

[46] 顾朝林，谭纵波，刘宛，等 . 气候变化、碳排放与低碳城市规划研究进展 [J]. 城市规划学刊，2009（3）: 38-45.

[47] 关宏志 . 非集计模型——交通行为分析的工具 [M]. 北京：人民交通出版社 .2004.

[48] 郭继孚，毛保华，等 . 交通需求管理——一体化的交通政策及实践研究 [M]. 北京：科学出版社，2009.

[49] 国家发改委宏观经济研究院 . 低碳发展方案编制原理与方法 [M]. 北京：中国经济出版社 , 2012.

[50] 黄建中 .1980 年代以来我国特大城市居民出行特征分析 [J]. 城市规划学刊，2005（3）: 71-75.

[51] 贾顺平，彭宏勤，刘爽，等 . 交通运输与能源消耗相关研究综述 [J]. 交通运输系统工程与信息，2009(3): 6-16.

[52] 姜洋，何东全，等 . 城市街区形态对居民出行能耗的影响研究 [J]. 城市交通，2011(4): 21-29.

[53] 李连成 , 吴文化 . 我国交通运输业能源利用效率及发展趋势 [J]. 综合运输 , 2008 (3): 16-20.

[54] 李强，李晓林 . 北京市近郊大型居住区居民上班出行特征分析 [J]. 城市问题，2007(7): 55-59.

[55] 李伟 . 中国未来能源发展战略探析 [N]. 人民日报，2014-02-12(12).

[56] 李霞 . 城市通勤交通与居住就业空间分布关系——模型与方法研究 [D]. 北京交通大学，2010.

[57] 刘明君，郭继孚，等 . 私人小汽车出行行为特征分析与建模 [J]. 吉林大学学报（工学版），2009(2): 25-30.

[58] 刘志林，秦波 . 城市形态与低碳城市：研究进展与规划策略 [J]. 国际城市规划，2013,

28(2): 4-11.
[59] 陆化普 . 交通规划理论与方法 [M]. 北京：清华大学出版社，2006.
[60] 陆化普，王建伟，张鹏 . 基于能源消耗的城市交通结构优化 [J]. 清华大学学报（自然科学版），2004(3): 383-386.
[61] 陆化普，王继峰，张永波 . 城市交通规划中交通可达性模型及其应用 [J]. 清华大学学报（自然科学版），2009(6): 765-769.
[62] 马静，柴彦威，刘志林 . 基于居民出行行为的北京市交通碳排放影响机理 [J]. 地理学报，2011, 66 (8): 1023-1032.
[63] 毛蒋兴，闫小培 . 我国城市交通系统与土地利用互动关系研究述评 [J]. 城市规划汇刊，2002(4): 34-37.
[64] 毛蒋兴，闫小培 . 基于城市土地利用模式与交通模式互动机制的大城市可持续交通模式选择 [J]. 人文地理，2005(3): 107-111.
[65] 毛保华，曾会欣，袁振洲 . 交通规划模型及其应用 [M]. 北京：中国铁道出版社，1999.
[66] 梅娟，等 . 交通领域温室气体减排与控制技术 [M]. 北京：化学工业出版社，2009.
[67] 孟斌 . 北京城市居民职住分离的空间组织特征 [J]. 地理学报，2009(12): 1457-1466.
[68] 潘海啸 . 面向低碳的城市空间结构——城市交通与土地使用的新模式 [J]. 城市发展研究，2010, 17(1): 40-45.
[69] 潘家华，等 . 低碳城镇化的宏观路径 [J]. 环境保护，2014，42(1): 33-36.
[70] 齐晔 . 中国低碳发展报告 [M]. 北京：科学出版社，2010.
[71] 秦波，邵然 . 城市形态对居民直接碳排放的影响——基于社区的案例研究 [J]. 城市规划，2012(6): 33-38.
[72] 仇保兴 .C 模式之一：应对机遇与挑战——中国城镇化战略研究主要问题与对策 [M]. 2 版 . 北京：中国建筑工业出版社，2009.
[73] 仇保兴 .C 模式之三：笃行借鉴与变革——国内外城市化主要经验教训与中国城市规划变革 [M]. 北京：中国建筑工业出版社，2012.
[74] 邵春福 . 交通规划原理 [M]. 北京：中国铁道出版社，2004.
[75] 世界银行 . 畅通的城市：世界银行城市交通战略评估报告 [M]. 北京：中国财政经济出版社，2006.
[76] 孙斌栋，潘鑫 . 城市空间结构对交通出行影响研究的进展——单中心与多中心的论争 [J]. 城市问题，2008(1): 19-22.
[77] 宛素春 . 城市空间形态解析 [M]. 北京：科学出版社，2004.
[78] 万霞，陈峻，王炜 . 我国私人小汽车的使用和城市经济相关性研究 [J]. 城市规划，2009(1): 74-79.
[79] 王春才 . 城市交通与城市空间演化相互作用机制研究 [D]. 北京交通大学，2007.
[80] 王建军，严宝杰 . 交通调查与分析 [M]. 北京：人民交通出版社，2004.
[81] 王克，邹骥 . 中国温室气体清单编制指南 [M]. 北京：中国环境出版社，2014.
[82] 王炜，陈学武，陆建 . 城市交通系统可持续发展理论体系研究 [M]. 北京：科学出版社，2004.
[83] 王媛媛 . 基于个人决策行为的居住地选择模型及应用研究 [D]. 清华大学，2005.

[84] 吴良镛 . 人居环境科学导论 [M]. 北京：中国建筑工业出版社，2001.
[85] 吴世江，史其信，陆化普 . 城市客运出行非线性效用离散选择模型研究 [J]. 武汉理工大学学报，2008(9): 108-111.
[86] 吴文化 . 我国交通运输行业能源消费和排放与典型国家的比较 [J]. 中国能源，2007(10): 19-23.
[87] 徐涛，宋金平，方琳娜，等 . 北京居住与就业的空间错位研究 [J]. 地理科学，2009(2): 174-180.
[88] 许光清，邹骥，杨宝路，等 . 中国机动车交通燃油消耗和温室气体排放的技术选择与政策体系 [J]. 气候变化研究进展，2009(3): 167-173.
[89] 薛领，王冰松，杨开忠 . 我国大都市居民通勤、就业与居住变迁的时空特征研究——以北京市为例 [J]. 学习与实践，2007(12): 32-39.
[90] 杨宝路 . 城市居民交通行为研究与低碳化对策分析 [D]. 中国人民大学，2011.
[91] 杨宝路，邹骥，冯相昭 . 北京市居民通勤方式研究与低碳化策略分析 [J]. 环境与可持续发展，2011（2）:32-35.
[92] 杨宝路，冯相昭，邹骥 . 我国绿色出行现状分析及对策探讨 [J]. 环境保护，2013，41（23）:39-40.
[93] 杨齐，霍华德 · 斯莱威，沈青 . 城市交通规划模型的探讨 [J]. 城市交通，2008(2): 87-91.
[94] 岳昆 . 基于出行行为研究的私家车低碳化对策分析——以青岛市为例 [D]. 中国人民大学，2013.
[95] 张景秋，贾磊，孟斌 . 北京城市办公活动空间集聚区研究 [J]. 地理研究，2010(4): 675-682.
[96] 张蕊，吴海燕 . 北京市交通出行方式合理结构模式研究 [J]. 北京建筑工程学院学报，2005(1): 24-27.
[97] 张树伟，姜克隽，刘德顺 . 中国交通发展的能源消费与对策研究 [J]. 中国软科学，2006(5): 58-62.
[98] 张树伟，姜克隽，刘德顺 . 城市客运交通的发展与能源消费——分析与情景模拟 [J]. 城市问题，2006(9): 61-64.
[99] 张文尝，王成金，马清裕 . 中国城市居民出行的时空特征及影响因素研究 [J]. 地理科学，2007(6): 737-742.
[100] 张文佳，柴彦威 . 基于家庭的城市居民出行需求理论与验证模型 [J]. 地理学报，2008(12): 1246-1256.
[101] 赵敏，张卫国，俞立中 . 上海市居民出行方式与城市交通 $CO_2$ 排放及减排对策 [J]. 环境科学研究，2009(6): 747-752.
[102] 赵强 . 城市模型研究的发展趋势及展望 [J]. 地域研究与开发，2006(5): 29-31.
[103] 赵童 . 国外城市土地使用——交通系统一体化模型 [J]. 经济地理，2000(6): 79-83.
[104] 郑思齐，霍燚 . 低碳城市空间结构：从私家车出行角度的研究 [J]. 世界经济文汇 . 2010(6): 50-65
[105] 中国城市科学研究会 . 中国低碳生态城市发展报告 [M]. 北京：中国建筑工业出版社，2014.
[106] 阿特金斯 . 低碳生态城市规划方法 [R]. 中国城市科学研究会，2014.
[107] 中国城市科学研究会，等 . 中国城市交通规划发展报告（2011）[M]. 北京：中国城市出

版社，2014.

[108] 周江评 . 交通拥挤收费——最新国际研究进展和案例 [J]. 城市规划，2010(11): 47-54.

[109] 周钱 . 基于家庭决策的交通行为和需求预测研究 [D]. 清华大学，2008.

[110] 周素红，闫小培 . 城市居住—就业空间特征及组织模式——以广州市为例 [J]. 地理科学，2005(6): 664-670.

[111] 周素红，闫小培 . 广州城市居住—就业空间及对居民出行的影响 [J]. 城市规划，2006(5): 13-26.

[112] 周一星，孟延春 . 北京的郊区化及其对策 [M]. 北京：科学出版社，2000.

[113] 朱松丽，姜克隽 . 北京市城市交通能源需求和污染物排放：1998—2020[J]. 中国能源，2002(6): 26-31.

[114] 朱松丽 . 交通需求和交通能源需求预测方法 [J]. 数量经济技术经济研究，2004(5): 100-108.

[115] 朱跃中 . 中国交通运输部门中长期能源发展与碳排放情景设计及其结果分析 [J]. 中国能源，2001(12): 29-31.